战 略 与 运 营 管 理 教 材 系 列

管理学

Management

田虹 杨絮飞 主编

厦门大学出版社
XIAMEN UNIVERSITY PRESS
国家一级出版社
全国百佳图书出版单位

前 言

随着经济的发展和时代的进步,全球化竞争的局面逐渐形成,企业外界环境的不确定性也逐渐增强。在这种新的竞争形势下,企业迫切需要提高其管理的效能,通过对内外资源的有效组合与利用,提高企业管理效率,在保证企业短期与长期目标顺利实现的同时,巩固并进一步提升企业的竞争地位。

管理学是在自然科学与社会科学的交叉点上建立和发展起来的一门综合性交叉学科,同时也是从事经营管理研究和实践必须掌握的基本知识和技能。

作为一门应用性很强的管理学科,国内外的许多学者和专家对此已有很多描述。本书作为管理学科的教材,在体系设计和内容安排上,我们更多地考虑了学习者的要求,并适当兼顾了该学科的系统性与整体性。根据这一思想,我们设计了本书的框架:第一篇绪论,详细介绍了管理的基础、管理理论的发展与演进、管理环境与企业伦理等内容,使读者了解管理学的基本概况;紧接着按照管理职能展开本书内容,第二篇详细介绍了管理职能中计划的内容、工具和方法,第三篇介绍了组织的设计与结构、组织变革与组织文化以及人力资源管理等内容;第四篇介绍了领导理论与激励理论,使读者了解管理中领导与激励的方法与技巧;第五篇介绍了管理控制的工具与方法以及运营与价值链管理的内容。

本书内容有以下特点:

第一,学科前沿性。近年来国内外管理学前沿问题研究的成果在本教材中有体现。

第二,结构系统性。以管理学职能为主线,编排了 18 章内容,详细分析了管理职能的主要内容,便于读者清晰掌握本课程的知识体系。

第三,案例成熟性。为方便读者了解和掌握管理学知识,本教材每章均编写了导入案例并设有思考题。案例选取方面,既保留国外经典案例,又结合中国本土实际,选取了中国企业的案例。

全书共 18 章,田虹教授编写第三、四、九、十、十一、十二、十三、十四、十

五、十六、十七、十八章;杨絮飞副教授编写第一、二、五、六、七、八章。全书由田虹和杨絮飞修改和统稿。

　　本书适合高等院校本科生和经济管理类专业研究生使用,也可供 MBA 课程教学以及企业和各经济管理部门的工作者作为参考书使用。

　　《管理学》作为经济管理类的学科基础课程,其基本理论和实践仍在不断完善。本书在编写过程中,参考并采纳、吸收了多位专家学者的相关文献和思想,在此表示万分感谢! 由于编者受水平和时间所限,书中难免存在错讹之处,恳请同行及读者批评指正。

田　虹　杨絮飞

2012 年 3 月于吉林大学匡亚明楼

目 录

第一篇 绪论

第二篇 计划

第三篇　组织

第四篇　领导

第五篇　控制

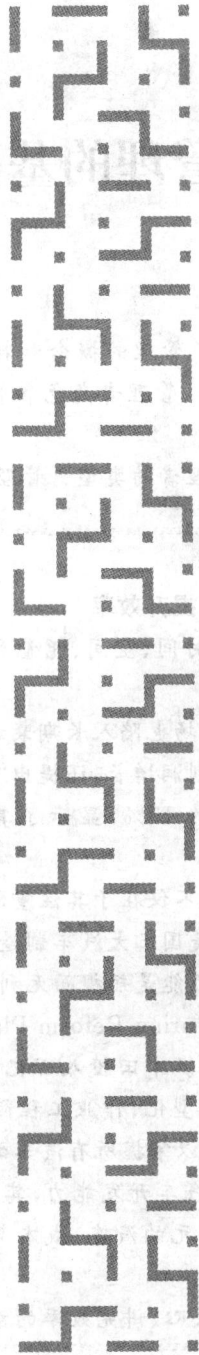

第一篇 绪 论

第一章 管理的基础

【学习目标】 通过本章学习,了解管理的概念和特征,管理的性质和职能,掌握管理者的概念及管理者的类型,管理者角色和管理者技能,理解管理学的定义、研究对象和研究方法。

【关键词】 管理 管理职能 管理者的类型 管理者角色 管理者技能

导入案例

丰田力求提升效率

杜绝浪费任何一点材料、人力、时间、空间、能量和运输等资源,是丰田汽车生产方式最基本的概念。

随着日本经济低迷,日本汽车市场也陷入长期衰退之中,然而丰田汽车却在日益激烈的竞争中继续保持利润增长,还提出"世界第一"的目标,宣称要达到全世界汽车销售总量的 15%,显示了其迈向世界顶点的决心。

丰田汽车继续保持增长的关键,不仅在于其注重降低生产成本,而且在于其强调如何提高整体竞争力。美国三大汽车制造商越来越依赖于用折扣来维持销售,而在丰田看来,这可能是短视而无利润的做法。他们提出了"UMR 计划"(United Manufacturing Reform Plan),用来强化汽车基本零件的设计开发能力,提高效率。丰田投入百亿日元预算开发引擎设计软件,目的是使生产引擎设备小型化、作业工程简单化,并且贯彻生产一体化,在工厂通过中心看板就可以掌握所有汽车的制程进度。

由于丰田追求高效率的制造和汽车开发能力,其零件成本只占汽车总成本的 1/20,而销售一台 5 000 美元的汽车,成本只需 2 000 美元,这无形中大大提升了利润。

丰田保持增长的基础是变革的决心、讲究效率的意志力,是丰田领导者如名誉会长丰田章一郎等人所倡导的企业文化。丰田前社长张富士夫（Fujio Cho）认为，日本要脱离困境，唯一的良方就是打破传统产业樊篱，引进"丰田式的生产管理"。那么，丰田生产管理的关键原则是什么呢？可以归纳如下：

重新改造流程，改变由经营者主导生产数量的传统，转而重视顾客的需求，由后面的工程人员借助看板告诉前一项工程人员的需求（比方需要多少零件、何时补货等），亦即逆向控制生产数量的供应链模式。这种方式不仅能节省库存成本（达到零库存），更重要的是能提高流程的效率。

强调实时存货，依据顾客的需求，生产必要的东西，在必要的时候，生产必要的量。

丰田对生产的内容、顺序、时间控制和结果等所有工作细节都制定了严格的规范，比如装轮胎和引擎需要几分几秒等。

杜绝浪费任何一点材料、人力、时间、空间、能量、运输等资源，是丰田生产方式最基本的概念。丰田要求每个员工在每一项作业环节里，都要重复问为什么（Why），然后想如何做（How），即"5W1H"，并确认自己以严谨的态度打造完美的制造任务。

采用生产平准化，平准化指的是"取量均值性"。假如后一个工程生产作业的取量变化大，则前一个作业工程必须准备最高量，这样会造成库存浪费。丰田要求各生产工程的取量尽可能达到平均值，也就是前后一致，为的是将需求与供应达成平准，降低库存与生产浪费。

资料来源：林建煌著.管理学[M].复旦大学出版社，2010年第1版。

第一节　管理概述

自从有了人类的组织活动，就有了管理活动。人们对管理活动的经验总结，形成了一些朴素、零散的管理思想。19世纪末，随着欧洲工业革命的发展，管理理论才真正出现。管理理论是对管理思想的提炼与概括，是较成熟、系统化程度较高的管理思想。1890年，英国的阿尔弗雷德·马歇尔在《经济学原理》一书中最先提出了"管理也是生产力"的思想，把管理与土地、劳动和资本并列，认为是生产的第四要素。到了20世纪70年代，人们甚至把管理和技术并列为经济发展的"两大支柱",或称之为"推动现代经济发展的两个轮子"。管理是任何宏观和微观的社会、政治、经济组织有效地实现其目标的必要前提和可靠保证。

一、管理的概念及其特征

(一)管理的概念

管理自古有之,但时至今日,人们对管理的概念也还很难给出一个普遍而统一的定义。这不仅是因为管理历史悠久,还因为其内涵太丰富,涉及面太广。从不同的角度出发,人们对管理可以有不同的理解。从字面上看,管理有"管辖"、"处理"、"管人"、"治事"等含义,即对一定范围内的人员及事物进行安排和处理,是人们为了实现一定的目标而进行的自觉活动。长期以来,中外学者从不同的研究角度出发,对管理做出了不同的解释,其中较有代表性的有:

法国古典管理学家亨利·法约尔(Henri Fayol,1916)在他的代表作《工业管理与一般管理》中指出:"管理是由计划、组织、指挥、协调和控制等职能要素组成的活动过程。"他第一次提出了计划、组织、指挥、协调、控制等管理职能,这一观点强调管理是一个过程。

哈罗德·孔茨(Harold Koontz,1955)和海因茨·韦里克(Heinz Weihrich)认为,"管理就是设计并保持一种良好环境,使人在群体里高效率地完成既定目标的过程"。这两位学者认为这一定义需要展开为以下五个方面:(1)作为管理人员,需要完成计划、组织、人事、领导、控制等管理职能;(2)管理适用于任何一个组织机构;(3)管理适用于组织的各级管理人员;(4)所有管理人员都有一个共同的目标:创造盈余;(5)管理关系到组织的效率与效益。这说明了管理是一种资源配置过程,也是一种服务,主要服务于组织成员。

西蒙(Herbert A. Simon,1960)认为,"管理就是决策"。这一定义强调了决策在现代管理中的主导地位,说明了决策与管理的内在联系。决策贯穿于管理的全过程和管理的所有方面,管理者进行计划、组织、控制等工作,其过程说到底都是由决策的制定和决策的执行两大活动所组成的。由于决策渗透于管理的所有职能中,管理者在某种程度上也被称作决策者。

罗宾斯和库尔塔(Robbins and Coultar,1996)认为,"管理这一术语是指和其他人一起并且通过其他人来有效地完成工作的过程。"这一定义把管理视作过程,它既强调了人的因素,又强调了管理的双重目标:既要完成工作,又要讲究效率,即以最低的投入换取既定的产出。

普伦基特和阿特纳(Plunkett and Attner,1997)把管理者定义为"对资源的使用进行分配和监督的人员。"在此基础上,他们把管理定义为"一个或多个管理者单独或集体通过行使相关职能(计划、组织、人员配备、领导和控制)和利用各种资源(信息、原材料、货币和人员)来制定并实现目标的活动"。这一定义比前面的定义更加具体,突出了管理的职能。

刘易斯等人(Lewis,Goodman and Fandt,1998)指出,"管理是指有效支配和协调资源,并努力实现组织目标的过程"。这一定义立足于组织资源,其中原材料、人员、资本、土地、设备、顾客、信息等都属于组织资源。

我国的管理科学起步较晚,国内学者对管理的含义表述也不尽相同。

徐国华等(1998)指出,管理是"通过计划、组织、控制、激励和领导等环节来协调人力、物力和财力资源,以期更好地达成组织目标的过程"。这一定义有三层含义:第一层含义说明管理有五种职能——计划、组织、控制、激励和领导。第二层含义是第一层含义所要达到的目的,即通过采取上述措施来协调人力、物力和财力资源。第三层含义是第二层含义所要达到的目的,即通过协调人力、物力和财力资源来更好地达成组织目标。以上三个层次环环相扣,构成一个有机整体。

杨文士和张雁(1994)认为,管理是指"组织中的管理者通过实施计划、组织、人员配备、指导与领导、控制等职能来协调他人的活动,使他人同自己一起实现既定目标的活动过程"。该定义强调了人的作用,而忽视了对其他资源的作用。

复旦大学芮明杰教授提出:"管理是对组织的资源进行有效整合以达到组织既定目标与责任的动态创造性活动。"他认为,计划、组织、指挥、协调、控制等行为是有效整合资源所必需的活动,应归于管理的范畴之内,它们本身并不等于管理,管理的核心在于对现实资源的有效整合。

周三多和陈传明(2006)认为,所谓管理,就是为了有效地实现组织目标,由专门的管理人员利用专门的知识、技术和方法对组织活动进行计划、组织、领导与控制的过程。这个定义指出了管理工作的一般特征:

1.管理的任务是有效地实现组织预定的目标

管理本身并不是目的,管理是为组织目标的有效实现服务的。"有效"的要求至少表现在两个方面:一是要通过管理来保证组织活动顺利地进行;二是要通过管理使组织的目标活动在不断提高经济效益的前提下进行,即要求通过管理,保证能以较少的资源消耗来实现组织目标。

2.管理的主体是具有专门知识、利用专门技术和手段来进行专门活动的管理者管理劳动是社会生产过程中分离出来的一种专门劳动,是一种职业,它符合一般职业要求的标准:(1)从业人员必须具有专门的知识结构;(2)职业技能的获取需要经过长期的教育和培训;(3)入职有门槛,通常要经过某种形式的考试;(4)从业人员必须遵守一定的职业道德,违反者将会受到惩罚。显然,并非任何人都可以成为管理者,只有具备一定素质和技能的组织成员,才有可能从事管理工作。

3. 管理的客体是组织活动及其参与要素

组织需要通过特定的活动来实现其目标,任何活动的进行都是以利用一定的资源为条件的,或者说,任何组织的活动过程实际上都是各种资源的消耗和利用过程。因此,要促进组织目标的有效实现,管理需要研究的是怎样充分地利用各种资源,如何合理地安排组织的目标活动。

4. 管理是一个包括了多阶段、多项工作的综合过程

计划与决策虽然在管理劳动中占有十分重要的地位,但是管理不仅是计划与决策。管理者在管理劳动中,制订了活动计划与决策后,还要组织计划的实施,激发组织成员的工作热情,检查和控制计划的执行,把握组织活动的进展情况。因此,管理是一个包括了计划、组织、领导与控制等一系列工作的综合过程。

邵喜武(2010)认为:管理是指一定组织中的管理者,为了实现管理目标对该组织的人力、物力、财力、信息、技术等管理对象进行决策、计划、组织、领导、控制的活动过程。管理活动的实现必须包括以下 4 个基本要素:管理主体——管理者;管理客体——管理对象;管理手段——管理职能;管理目标。

在本书中,我们采用南京大学周三多教授(2010)对管理的定义,即管理是指组织为了达到个人无法实现的目标,通过各项职能活动,合理分配、协调相关资源的过程。对这一定义可作进一步解释:

(1)管理的载体是组织。组织包括企事业单位、国家机关、政治党派、社会团体以及宗教组织等。

(2)管理的本质是合理分配和协调各种资源的过程,而不是其他。所谓"合理",是从管理者的角度来看的,因而有局限性和相对的合理性。

(3)管理的对象是相关资源,即包括人力资源在内的一切可以调用的资源。可以调用的资源通常包括原材料、人员、资金、土地、设备、顾客和信息等。在这些资源中,人员是最重要的。在任何类型的组织中,都同时存在人与人、人与物的关系,但人与物的关系最终仍表现为人与人的关系,任何资源的分配、协调实际上都是以人为中心的。所以,管理要以人为中心。

(4)管理职能是在一定技术经济条件下,在管理活动中反复出现的带有共

性的管理活动的理论概括。管理的基本职能活动包括决策、计划、组织、领导和控制等,它贯穿于管理活动的始终。

(5)管理的目的是为了实现既定的目标,而该目标仅凭单个人的力量是无法实现的,它是一切管理活动的出发点和归宿。严格地说,管理是为了实现组织目标而进行的,是促使组织有效地利用资源达成组织目标而进行的活动。组织可以小到几个人,大到几万、几十万、几千万、几亿人。

(二)管理的基本特征

管理的基本特征包括以下五个方面。

1.管理是一种社会现象和文化现象

只要有共同劳动的地方,就有管理,管理是社会普遍存在的现象。从科学的定义上讲,这种现象是否存在,必须具备两个必要条件:①两个人以上的集体活动;②有一致认可的、自觉的目标。管理是一种社会现象,即不同的社会制度下,管理手段和方法体现出不同的形态;管理是一种文化现象,即不同组织、不同民族、不同宗教等背景下的管理呈现出不同的特点,管理活动是文化的体现。

2.管理有任务、职能和层次

管理的任务,即管理者的任务,是指设计和维持一种环境,使在这一环境中工作的人们能够用尽可能少的支出实现既定目标。在管理实践中,管理者的工作环境可能各不相同,所遇到的问题也不尽相同,但他们为了完成任务所采用的管理职能是相同的。即在管理活动中,管理者都要承担决策、计划、组织、人员配备、领导、沟通、激励和控制等基本职能。为了更好地发挥这些基本职能,一个组织通常分成上层主管人员、中层主管人员、基层主管人员3个层次。

3.管理的核心是处理好各种人际关系

中国自古就有"天时不如地利,地利不如人和"的说法,处理好人际关系是管理的第一要务。管理者的工作或责任中很大一部分是与人打交道,这在领导、沟通、激励的职能中表现得尤为充分。因此,善于协调处理错综复杂的人际关系,培养合作意识,树立共同目标,是管理者必须具备的能力。只有管理者与其共同工作的人们关系融洽,保持适当的距离,被管理者才能保持心情愉悦,增强积极性和创造能力。

4.管理的"载体"是组织

在人类社会生产活动中,人们总是或多或少地组织起来,通过管理实现个人单独活动所不能达到的效果。所以,管理活动存在于组织活动中,只有在一个组织中,才能有管理者和被管理者,才能实施管理活动,管理者的作用只有在组织中才能得到发挥。同时,任何组织活动都需要有计划与目标。管理就是通过制订计划,确定目标,引导组织成员实现目标,收到组织成员协作的整体效果,进而实现目标的过程。

二、管理的性质

(一)管理的二重性

管理活动是人类整个社会活动的一部分,它直接与社会的经济基础和上层建筑相联系,所以其具有二重性。管理的二重性是指管理既有同生产力、社会化大生产相联系的自然属性,又有同生产关系、社会制度相联系的社会属性。

管理的自然属性也称管理的生产力属性。它是与生产力相联系的,是为了组织共同劳动而产生的通过"指挥劳动生产"表现出来的适应社会化生产要求的一般属性。管理的自然属性体现在两个方面:①管理是社会劳动过程的一般要求,是适应生产力发展和社会分工发展的要求而产生的,是社会协作过程本身的要求,是共同劳动得以顺利进行的必要条件,共同劳动的规模越大、劳动的社会化程度越高,管理就越重要,这与生产关系、社会制度没有直接的关系;②管理在社会劳动过程中具有特殊的作用,只有通过管理,才能把实现劳动过程所必需的各种要素组合起来,使各种要素发挥各自的作用,这也与生产关系、社会制度没有直接的联系。任何管理过程都是对资源的科学配置和协调整合的过程。它包括许多客观的、不因社会制度和社会文化的不同而变化的自身规律。管理理论揭示了这些规律,并创造了与之相适应的管理手段和管理方法。管理的这种特性不因人的意志而转移,也不因社会制度和社会文化的不同而变化,完全是一种客观存在,所以被称为自然属性。

管理的社会属性也称管理的生产关系属性,它是与生产关系、社会制度相联系的,反映了一定社会形态中统治阶级的要求,通过"监督生产劳动"表现出来,并受到生产关系或经济基础的影响与制约。管理必须反映与之相关的生产关系和社会文化的要求。不同的生产关系和社会文化使管理思想、管理目标和管理方式表现出不同的特色,从而使管理带有与生产关系、社会文化相适应的个性特色和特殊个性。

管理的自然属性为人们学习、借鉴先进的管理经验、管理方法提供了依据;管理的社会属性则告诉人们,不能简单地、机械地照搬他人的理论与做法,必须结合本国国情,在引进的基础上消化吸收、不断创新。管理的二重性是相互联系、相互制约的。一方面,管理的自然属性不可能孤立存在,它总是存在于一定的社会制度、生产关系中。同时,管理的社会属性也不可能脱离管理的自然属性而存在,否则,管理的社会属性就会成为没有内容的形式。另一方面,管理的二重性又是相互制约的。管理的自然属性要求具有一定社会属性的组织形式和生产关系与其相适应;同时,管理的社会属性也必然对管理的方法和技术产生影响。

(二)管理的科学性与艺术性

管理是一门科学。孔茨在《管理学精华》中指出:"管理作为一门科学尽管是粗糙的,但毕竟已有了不同于其他学科的、独特的学科知识体系。"

管理的科学性表现为以下两点:

第一,管理具有系统性。管理经过长期的发展和演变,已不是零散的、个别或局部经验的总结,而是形成了自身一整套系统的理论和科学的方法,并借助于现代科学技术和手段,利用系统的基本管理原理和科学方法,研究和探索管理者如何有组织地、有效地实现预期目标,从中揭示管理活动的各种规律,同时,还不断通过管理实践的结果来验证和丰富管理理论本身。管理学借用了许多学科的理论、知识和方法,这些学科包括经济学、社会学、人类学、心理学、数学、计算机科学、系统科学、哲学等。

第二,管理具有发展性。把管理作为一门学问来研究已有 100 多年,但管理学仍可算是一门年轻的学科,还有很大的发展空间,还需要在发展中不断充实、修正和完善,使之能更有效地指导实践。

值得一提的是,虽然管理学已具备了科学的特点,但它却不是一门精确的科学。管理学中几乎不存在什么定理或法则(laws),甚至连"原理"或"原则"(principles)这样的词汇也用得越来越少。这主要是因为影响组织运行和管理的环境因素太多,而且很多是不可控因素。管理可以通过科学的方法来学习和研究,但人们控制和解释管理过程中干扰变量的能力仍然较弱,并且不能像精确科学那样进行严格的实验。

管理的艺术性表现在管理的实践性上。管理是一门从实践中产生并发展起来的学科,它所包含的知识都是人们在实践中所获得的经验的总结,它的直接目的就是要有效地去指导实践。由于管理对象分别处于不同的环境、不同的行业、不同的资源供给条件等状况下,实施同样的管理措施,结果可能截然不同。管理的艺术性就是强调管理的实践性必须灵活运用管理理论,才能进行有效的管理。也就是说,管理者在管理实践中,既要运用管理知识,又要发挥创造性,采用适宜措施,高效地实现目标。最富有成效的管理艺术是在拥有一定知识、经验、才能等的基础上,在行使管理职责过程中,创造性地运用相关理论和方法,分析和解决问题时所表现出来的特殊技巧。

管理既是一门科学,又是一门艺术,管理的科学性与管理的艺术性并不是相互对立的,而是相互补充的。管理的科学性揭示了管理活动的规律性,反映了管理的共性;管理的艺术性则揭示了管理活动的创新性,反映了管理的个性。

三、管理的职能

管理的职能是指管理者在管理过程中所从事的活动或管理所具有的作用和功能,人们对管理职能的认识,经历了漫长的历史过程。国内外的学者对管理职能的划分各有不同(表 1-1)。

表 1-1　不同学者对管理职能的划分

年份	职能 / 学者	计划	组织	指挥	协调	控制	激励	人事	集合资源	信息沟通	决策	创新
1916	法约尔	△	△	△	△	△						
1925	梅奥						△	△		△		
1934	戴维斯	△	△			△						
1937	吉利克	△	△	△	△	△		△				
1947	布朗	△	△			△			△			
1949	厄威克	△	△									
1951	纽曼	△	△	△		△						
1955	孔茨,奥唐内尔	△	△	△		△						
1964	梅西										△	
1966	希克斯	△	△			△	△			△		△
1970	海曼,斯科特	△	△			△		△				
1972	特里	△	△									

资料来源:杨娅婕主编.管理学理论与实务[M].云南大学出版社,2010.

20 世纪初,法国工业家法约尔(Fayol,1916)在其著作《工业管理与一般管理》一书中提出,所有管理者都行使着五种管理职能:计划、组织、指挥、协调和控制。

20 世纪 50 年代中期,美国加州大学洛杉矶分校的两位教授哈罗德·孔茨和西里尔·奥唐内尔(Koontz and O'Donnell,1955)把管理的职能划分为五种:计划、组织、人员配备、指导和控制。随后,管理职能一般被压缩为四种:计划、组织、领导和控制(如 Robbins and Coultar,1996;Lewis,Goodman and Fandt,1998)。

周三多(2010)认为管理职能有五种:决策与计划、组织、领导、控制、创新。五种管理职能各有自己独特的表现形式。决策职能通过方案的产生和选择以及通过计划的制订表现出来;组织职能通过组织结构的设计和人员的配备表现出来;领导职能通过领导者和被领导者的关系表现出来;控制职能通过对偏差的识别和纠正表现出来;创新职能是通过组织提供的服务或产品的更新和完善以及其他管理职能的变革和改进来表现其存在的,创新是各项管理职能的灵魂和生命。

通过以上归纳和分析,我们将管理职能划分为四个基本职能,即计划、组织、领导、控制。管理者通过执行这四项基本职能以实现组织目标,如图 1-1 所示。

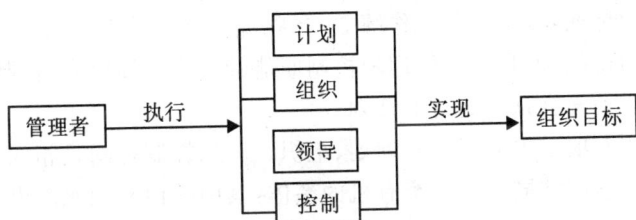

图 1-1 管理的四项基本职能

资料来源:杨娅婕主编.管理学理论与实务[M].云南大学出版社,2010.08.

（一）计划职能（planning）

计划职能是指管理者对将要实现的目标和应采取的行动方案做出选择及具体安排的活动过程,简言之,就是预测未来并制订行动方案。其主要内容涉及:分析内外环境、确定组织目标、制订组织发展战略、提出实现既定目标和战略的策略与作业计划、规定组织的决策程序等。任何组织的管理活动都是从计划出发的,因此,计划职能是管理的首要职能。

（二）组织职能（organizing）

组织职能是指管理者根据既定目标,对组织中的各种要素及人们之间的相互关系进行合理安排的过程,简言之,就是建立组织的物质结构和社会结构。其主要内容包括:设计组织结构、建立管理体制、分配权力、明确责任、配置资源、构建有效的信息沟通网络等。

（三）领导职能（leading）

领导职能是指管理者为了实现组织目标而对被管理者施加影响的过程。管理者在执行领导职能时,一方面要调动组织成员的潜能,使之在实现组织目标过程中发挥应有作用;另一方面要促进组织成员之间的团结协作,使组织中的所有活动和努力统一和谐。其具体途径包括:激励下属、对他们的活动进行指导、选择最有效的沟通渠道解决组织成员之间以及组织与其他组织之间的冲突等。

(四)控制职能(controlling)

在执行计划的过程中,由于环境的变化及其影响,可能导致人们的活动或行为与组织的要求或期望不一致,出现偏差。为了保证组织工作能够按照既定的计划进行,管理者必须对组织绩效进行监控,并将实际工作绩效与预先设定的标准进行比较。如果出现了超出一定限度的偏差,则需及时采取纠正措施,以保证组织工作在正确的轨道上运行,确保组织目标的实现。管理者运用事先确定的标准,衡量实际工作绩效,寻找偏差及其产生的原因,并采取措施予以纠正的过程,就是执行管理的控制职能的过程。简言之,控制就是保证组织的一切活动符合预先制订的计划。

管理的四项基本职能——计划、组织、领导、控制之间是相互联系、相互制约的关系。它们共同构成一个有机的整体,其中任何一项职能出现问题,都会影响其他职能的发挥乃至组织目标的实现。

第二节　管理者

一、管理者及其分类

几乎所有的组织都有管理者,但并非组织内所有的人员都是管理者。管理者是对在组织中从事管理活动的成员的总称,任何管理活动都要由一定的管理者来执行。在组织中存在两种基本活动:一是管理活动,即协调其他人活动的活动,由管理者来完成;二是业务活动,即由管理活动进行协调的其他人的活动,由业务活动者来完成。比如,学校的校长、工厂的厂长、公司的总经理等,他们虽然有时也做一些具体的操作性事务,但其主要职责是指挥下属开展工作。因此,管理者是组织中由职能分工而产生的一种角色,并非组织中所有成员都是管理者。管理者与作业人员的一个最大不同,在于管理者必须对他人(指其所直接管辖的部属)工作的成败负责,而作业人员则只需做好自己分内的工作即可。

(一)管理者的概念

在任何组织中都有一些人通过执行计划、组织、领导、控制等职能,带领其他人为实现组织目标而共同努力,即从事管理活动,这些人就是管理者。管理者是指执行管理工作的人,属于管理的主体。管理者通过协调其他人的活动,以与其他人或者通过其他人实现组织的目标。

一般而言,不管组织的性质如何、规模大小,所有管理者执行的基本职能都大致相同,即构建并维持一种体系,使在这一体系中共同工作的人能够用尽可能少的资源消耗,完成既定的工作任务,或在资源消耗一定的情况下,创造出更多的产品或提供更多的服务。

（二）管理者的类型

在组织中,管理者往往是由多个人、多个职能角色构成的群体。在一个组织中,有各种各样的管理者,按照不同的划分标准可以有不同的分类。

1. 按管理者在组织中所处的地位划分

（1）高层管理者。高层管理者是指处在组织最高层次的管理者。高层管理者的主要职责是对组织中的重大问题、远景问题做出谋划,评价整个组织的绩效,对组织的成败负有根本的责任等。公司的总经理、学校的校长、医院的院长等都是高层管理者。组织的重大对外交往活动往往由他们作为组织的代表。因此,高层管理者很少从事具体的事务性工作,而把主要精力和时间放在组织全局性和战略性问题的考虑上。

（2）中层管理者。在组织中的各个部门的管理者,处于高层管理人员和基层管理人员之间的都是中层管理人员,包括职能部门和直接部门的管理者,如地区经理、部门经理、车间主任等。中层管理者的职责是落实高层管理者的决定或决策,协调本部门及其所管理的基层的活动,他们向最高管理层直接报告工作,同时还负责监督和协调基层管理人员的工作。

（3）基层管理者。基层管理者也称一线管理人员,是处在组织的最基层的管理人员,其所管辖的是作业人员。他们的职责主要是上传下达,既执行中层的决策,又协调具体业务活动,如给下层人员分派具体工作、直接指挥和监督现场作业活动等。

2. 按管理者所从事管理活动的领域宽度划分

（1）综合管理者。综合管理者是指负责组织的若干类或全部活动的管理者,如公司的总经理、工厂的厂长、大型企业的事业部经理、地区经理等。他们大都不只负责一项活动,而是统管包括生产、营销、人事、财务、计划等在内的几类或全部活动。

（2）职能管理者。职能管理者指在组织中仅负责某一类活动的管理者。根据其所管理的具体专业领域的不同,又可细分为生产管理人员、营销管理人员、人事管理人员、财务管理人员、研发管理人员、后勤供应管理人员等诸多类型。

二、管理者的角色

管理者是管理活动中最基本和最主要的要素。管理者是一个社会组织或社会单位的若干首脑或负责人组成的群体。既然管理是管理者让他人与自己一道去实现既定目标的过程,那么管理者对管理的效果和组织的效果将承担主要责任。管理者角色是指组织中的管理者需要做的一系列特定的工作任务。在一个组织中,管理者的角色是一个社会角色。1955 年,美国著名管理大师彼得·F. 德鲁克(Peter F. Drucker)率先提出了"管理者角色"的概念。他认为,管理是一种无形的力量,这种力量是通过各级管理者体现出来的,所以管理者扮演着三种角色:管理一个组织、管理管理者、管理工人和工作。管理者的第一个责任是管理一个组织。组织是一个整体,为此,管理者应明确:组织是什么,它的目标是什么,如何实现目标。只有如此,组织才能取得最大的效益,更好地服务社会。管理者的第二个责任是管理好下属和自己。对管理者应该通过目标管理和自我控制进行管理,管理者应该培养其下属和约束自己。管理者的第三个责任是管理好工作。主要是激发组织成员工作的积极性和创造性,求得组织的最佳效果。20 世纪 60 年代末期,管理学家亨利·明茨伯格(Henry Mintzberg)研究发现,管理者扮演着十种不同却高度相关的角色,即所谓的管理者角色(managerial roles)。这十种角色可被归为三大类:人际角色、信息角色和决策角色,如图 1-2 和表 1-2 所示。

图 1-2 管理者角色

资料来源:Henry Mintzberg(1973),*The Nature of Managerial Work*,New York:Harper & Row,pp. 92~93。

表 1-2　管理者角色的描述与举例

角　色		描　述	举　例
人际关系方面	代表人	象征性的首脑,必须履行许多法律性的或社会性的例行义务	迎接来访者,签署法律文件(如大学校长签署毕业文凭)
	领导者	负责激励和动员下属,负责人员配备、培训以及有关的职责	有下级参与的所有活动
	联络者	维护自行发展起来的外部关系和消息来源,从中得到帮助和信息	通过电话、信件、会议等与外界保持联系
信息方面	监听者	寻求和获取各种内部和外部的信息,以便透彻地理解组织和环境	阅读期刊和报告;与有关人员保持私人接触
	传播者	将从外部人员和下级那里获得的信息传递给组织的其他成员	举行信息交流会,用打电话的方式传达信息
	发言人	向外界发布有关组织的计划、政策、行动、结果等信息	举行董事会议,向媒体发布信息
决策方面	企业家	寻求组织和环境中的机会,制订改进方案以发起变革	组织战略制定和检查会议决议执行情况,开发新项目
	混乱处理者	当组织面临重大的、意外的混乱时,负责采取纠正行动	组织应对混乱和危机的战略制定和检查会议
	资源分配者	负责分配组织的各种资源——制定和批准所有重要的组织决策	调度、授权,开展预算活动,安排下级的工作
	谈判者	在主要的谈判中作为组织的代表	参加与工会的合同谈判

资料来源:(美)斯蒂芬·P.罗宾斯(Stephen P. Robbins),(美)玛丽·库尔特(Mary Coulter)著;孙健敏等译:《管理学》(第 9 版),中国人民大学出版社,2008 年。

1.人际角色

人际角色直接产生于管理者的正式权力基础,管理者在处理与组织成员和其他利益相关者的关系时,就在扮演人际角色。管理者所扮演的三种人际角色是代表人角色、领导者角色和联络者角色。

作为所在单位的领导,管理者必须行使一些具有礼仪性质的职责。例如,管理者有时必须参加社会活动,如出席社区的集会或宴请重要客户等。这时,管理者扮演着代表人的角色。

由于管理者直接对所在单位的成败负责,他们必须在单位内扮演领导者角色。这时,管理者和员工一起工作并通过员工的努力来确保目标的实现。举例来说,管理者必须正式或非正式地指导部属如何执行其工作,并考虑如何影响与带领部属努力达成组织的目标。

管理者还必须扮演联络者的角色。管理者无论是在与组织内的个人和工作小组一起工作时,还是与外部利益相关者建立良好关系时,都起着联络者的作用。这些外部利益相关者包括顾客、供应商、政府机构以及大众媒体等。管理者必须对重要的组织问题有敏锐的洞察力,从而能够在组织内外建立关系和网络。

2.信息角色

在信息角色中,管理者负责确保和其一起工作的人能够得到足够的信息,从而能够顺利完成工作。管理职责的性质决定了管理者既是其所在单位的信息传递中心,也是别的单位的信息传递渠道。整个组织的人依赖于管理结构和管理者以获取或传递必要的信息,以便完成工作。管理者所扮演的信息角色包括监督者、传播者与发言人。

管理者必须扮演的一种信息角色是监督者角色。监督的目的是获取信息。管理者可通过各种方式获取一些有用的信息,如通过密切关注组织自身状况以及外部环境的变化,通过接触下属,利用个人关系网等方式来获取信息。这些信息有助于管理者识别潜在的机会和威胁。

作为传播者,管理者把监督获取的大量信息传递出去,有时也因特殊目的隐藏特定的信息,更重要的是其必须保证员工了解必要的信息,以便切实有效地完成工作。

管理者的最后一种信息角色是发言人角色。管理者必须将组织内的信息传达给组织外部的个人或机构,例如,必须向董事和股东说明组织的财务状况和战略方向,必须向消费者保证组织在切实履行社会义务,以及必须让政府官员对组织遵守法律的良好表现感到满意。

3.决策角色

决策可以说是管理者工作内容的基本单位,管理者每天的工作就包含了一连串的决策。在决策角色中,管理者处理信息并得出结论。管理者负责做出决策,并分配资源以保证决策方案的实施。

管理者所扮演的第一种决策角色是企业家角色。作为企业家,管理者对发现的机会进行投资,如开发新产品、市场开发、提供新服务或发明新工艺等。企业家的角色往往具有某种程度的风险,但常能使组织突破现有的瓶颈而展开新局面。

管理者所扮演的第二种决策角色是冲突管理者。一个组织不管被管理得多么好,它在运行的过程中总会遇到冲突或问题。管理者必须善于处理冲突和解决问题,如平息客户的怒气,和不合作的供应商进行谈判,或者调解员工之间的争端等。

　　管理者所扮演的第三种决策角色是资源分配者。由于组织的资源有限，面对着组织成员对资源的超额需求，管理人员必须扮演着资源分配者的角色。作为资源分配者，管理者决定组织资源用于哪些项目。组织的资源包括财务资源或设备、时间和信息等多种类型的重要资源。

　　管理者所扮演的最后一种决策角色是谈判者角色。管理者把大量的时间花在谈判上，谈判对象包括员工、供应商、客户和其他组织。例如，和工会之间的劳动契约或劳资关系谈判，或是与经销体系之间的合作契约谈判。无论是何种类型的组织，其管理者为确保组织目标的实现都必然要进行谈判。

三、管理者的技能

　　任何管理者都要具备相应的管理技能，这是从事管理工作的先决条件。根据罗伯特·卡茨（Robert L. Katz，1974）的研究，管理者要具备三类技能（图1-3）：

　　1. 技术技能

　　技术技能是指管理者掌握和熟悉特定专业领域中的过程、惯例、技术和工具的能力，即熟悉和精通某种特定专业领域的知识，如工程、制造、财务、计算机科学与技术等。如工程师的设计能力、会计师编制和分析财务报表的能力、医生的医术、教师的授课能力、律师起草法律文件的能力等。管理者越是熟练地掌握技术技能，越能够有效地指导下属开展工作，也就越能得到下属的尊重和信任。技术技能对于基层管理者、中层管理者、高层管理者的重要程度依次下降。

　　2. 人际技能

　　人际技能又称为人际关系技能，是指成功地与别人打交道并与别人沟通的能力，包括联络、处理和协调组织内外人际关系的能力，激励和诱导组织内工作人员的积极性和创造性的能力，正确地指导和指挥组织成员开展工作的能力。具有良好人际技能的管理者能够使员工做出最大的努力。他们知道如何与员工沟通，如何激励、引导和鼓舞员工的热情和信心，这种技能对于各个层次的管理的重要性大体相同，因为各个层次的管理者都必须通过与其他人员进行有效沟通，才能相互合作，共同完成组织的目标。

　　3. 概念技能

　　概念技能是指"把观点设想出来并加以处理，以及将关系抽象化的思维能力"（Plunkett and Attner，1997 年），也就是管理者对复杂情况进行抽象和概念化的技能。理查德·L. 达夫特在其所著的《管理学》中对此问题作了清楚的表述:"概念技能是把组织作为一个整体进行考察和考虑各个构成部分之间关系的认知能力,它包括管理者的思维、信息处理和计划能力,包括对部门如何适应整个组织和组织如何适应所在产业、社区与社会环境的认知能力,体现了用广阔而长远的眼光进行战略思维的能力。"从概念技能的角度,管理者要具有对事物的洞察、分析、判断、抽象和概括的能力。管理者应看到组织的全貌和整体,了解组织各个部分与环境是如何互动的,了解组织内部各部分是怎样相互作用的,能预见组织的发展趋势和行业未来。概念技能对于高层管理最重要,对于中层管理较重要,对于基层管理较不重要。高层管理者是组织理论和组织文化的主要创造者,需要有较高的概念抽象技能。

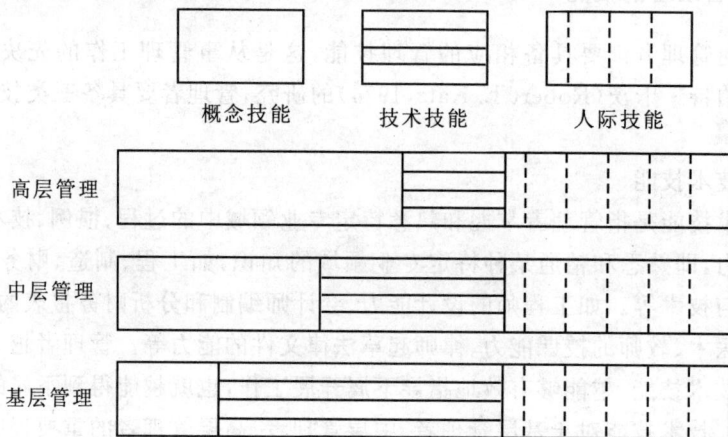

图 1-3 管理的层次与管理技能之间的关系

资料来源:周三多主编. 管理学(第 3 版)[M].高等教育出版社,2010 年。

第三节 管理学

一、管理学及其特点

(一)管理学的概念

管理学是研究社会组织中管理活动的基本规律、基本原理和一般方法的科学,研究领域相当广泛,它所研究的管理基本原则、基本思想是各类管理学科的概括和总结,它是整个管理学科体系的基石。管理学与社会科学、自然科学两大领域的多种学科有着广泛而密切的联系。管理学是以社会科学中的经济学理论为主导,以自然科学中的相关学科为工具,以生产理论中的技术科学为基础的一门边缘学科,具有与社会科学和自然科学相互渗透的特点。

管理学来源于人类社会的管理实践活动,而社会实践活动的领域是多样化的。不同行业、不同部门、不同性质的组织,其具体管理业务的方法和内容可能很不相同。即有多种不同的社会组织,就会有多种解决这些领域特殊问题的管理原理和方法,由此形成了各种不同门类的管理学科,如企业管理学、行政管理学、教育管理学、科技管理学、农业管理学、城市管理学、交通管理学、财政管理学、信息管理学等。但是,不同组织或领域的管理工作的共同基础是为实现组织目标,通过决策、计划、组织、激励、领导、控制等职能来协调他人的活动,分配各种资源。这些专门管理学中所包含的共同的普遍的管理理论、管理原理、管理方法,就是管理学的研究对象。

管理学正式形成于 20 世纪 50 年代,其代表作是美国管理学家哈德罗·孔茨和西里尔·奥唐内尔(Koontz and O'Donnell)于 1955 年出版的《管理学原理》,该书于 1976 年第六版时更名为《管理学》。20 世纪 60 年代以来,管理学受到各国管理学界的广泛重视,从而形成各种各样的管理学派。

(二)管理学的特点

1.管理学是一门不精确的科学

管理工作既是科学,又是艺术。所以,管理学不同于自然科学等精确科学,希望它本身具有足够的条件、明确的因果关系、确定的结论或结果,那是不可能的,更是错误的。因为管理工作的影响因素众多,而这些因素又大都不可控,没有固定的规律和数据,尤其是管理工作要与各种各样的人打交道,其变数更大。但是,这不影响管理学成为科学。经过这些年的探索和总结,管理学已经形成了反映管理过程客观规律的理论体系,拥有一套成熟的预测、分析管理问题的方法,可以用许多方法定义、分析和度量各种管理现象,对实践具有较强的指导意义和应用价值。管理者如果能够灵活运用管理学的知识、技术和方法,就能够把管理工作做好。管理者如果对管理学的知识、技术和方法生搬硬套,那么就不能成为优秀的管理者。

2.管理学是一门综合性科学

管理学的领域十分广阔,美国出版的《管理百科全书》认为,管理学是把自然科学和社会科学探索的成果加以改造而成为这个时代最高成就的唯一的一门科学。确实,管理过程的复杂性、动态性和管理对象的多样性决定了管理所要借助的知识、技术和方法的多样化。因而,管理学的研究必然涉及众多学科,主要有哲学、经济学、社会学、生理学、心理学、伦理学、人类学、法学、数学、信息科学、控制科学、系统科学等。管理学的综合性,要求管理者具备广博的知识,以在面对管理问题时应变自如。

3. 管理学是一门实践性很强的科学

管理学的基本原理、原则、方法都来源于实践,是实践的结晶。管理学学习和研究的目的是指导实践。所以,管理学会随着实践的发展而不断发展,对实践的指导价值也会越来越大。要成为合格的管理者,除了要掌握管理学的基本知识,更要努力同实践相结合,在实践中不断地磨炼、积累管理经验。

4. 管理学是一门发展中的科学

管理学的建立和发展有其深刻的历史渊源。管理学作为一门学科虽然只有几十年的时间,但管理理论已经历了许多不同的发展阶段,在每一个阶段,由于历史背景不同,便产生了不同的管理理论,具体内容将在第二章中加以阐述。这些理论有些已经过时,有些仍在发挥作用。但总的来说,管理学与其他学科相比还是一门非常年轻的学科,还处于不断更新、完善的大发展之中。同时,其作为一门与社会、经济和科技发展紧密关联的学科,也必将随着社会经济的发展和科学技术的进步而进一步发展。

二、管理学的研究对象及研究内容

管理学的研究对象是组织中的管理活动。具体来说,就是通过对复杂的管理活动的研究,探讨并总结其内在规律性,然后上升为理论而形成的一个理论体系。这个理论体系由一系列反映管理活动内在规律性的概念、原理、原则、制度、程序、方法等组成。管理学是从管理实践中产生发展起来,又反过来对管理实践活动进行指导,并随时代发展而不断演进的。

概括地说,管理学的研究对象包括以下几方面:

1. 生产关系方面

管理学作为一门以经济科学为主导的科学,生产关系是管理学研究的重点。研究生产关系就是要研究人们在物质资料的生产、分配、交换、消费过程中的关系。其具体包括:如何正确处理组织中人与人的相互关系;如何建立和完善组织机构以及各种管理体制等问题;如何激励组织成员,最大限度地调动其积极性和创造性等问题。

2. 生产力方面

管理学与生产力的发展密切相关,生产力发展水平不同,对管理的要求也不同。管理学主要研究生产力诸要素相互间的关系,合理组织生产力是管理学研究的重要内容,具体包括:如何处理生产力诸要素间的关系;如何配置各种资源、要素,使其为实现组织目标充分发挥作用;如何根据组织目标的要求和社会需求,合理地利用各种资源实现最佳的经济效益和社会效益等。

3. 上层建筑方面

管理学离不开政策、法令、计划、管理机制、规章制度等,因此,管理学与上层建筑也有着密切的关系。其具体包括:如何使组织的内部环境与外部环境相适应;如何使组织的规章制度与社会的政治、经济、法律、道德等上层建筑保持一致。管理学主要研究组织的结构与机制,如各类组织结构形式及运行、维系组织运行的规章及制度、组织及管理者的社会责任和管理道德等。

4. 管理的一般规律

管理的一般规律是指从管理者出发研究管理的一般规律和管理过程,即管理学反映管理活动中内在的、本质的、必然的联系,具体包括:管理活动中的职能;执行这些职能涉及组织中的哪些要素;在执行各项职能时应遵循的原则,采用的方法、技术等;如何克服在执行各项职能时所遇到的各种障碍与阻力等。管理学研究管理的本质及规律,着眼于企业管理、公共管理等各类管理的共性,即一切管理活动都具有的本质和规律,一般不涉及各类管理的个性。从这一角度来说,管理学着重研究管理的普遍原理。

三、管理学的研究方法

管理学是一门综合性科学,它与经济学、社会学、心理学、政治学、数学、法学、哲学、统计学等有关。它吸取了这些学科的有关部分,因而管理学不仅研究范围十分宽广,而且研究方法多种多样。

(一)归纳法和演绎法

归纳法和演绎法是两种正好相对的认识事物的逻辑推理方法。

归纳法就是通过对客观事实的一系列典型事物或经验进行观察和研究,研究各种因素之间的因果关系,从中找出事物发展变化的一般规律,也就是从特殊到一般的推理研究方法,这种从典型到一般的研究方法也称为实证研究。在管理学研究中,归纳法的应用最为广泛,因为管理过程十分复杂,影响管理活动的相关因素极多,并且相互交叉,人们所能观察的往往只是综合结果,很难把各个因素的影响程度分解出来,所以,大量的管理问题都只能用归纳法进行实证研究。

运用归纳法一定要注意选好典型,调查对象应有足够的数量,即应尽可能多地选取样本。在运用归纳法对管理问题进行实证研究时,应注意以下问题:

1.应弄清与研究对象相关的因素以及系统的或偶然的干扰因素,并尽可能剔除各种不相关的因素。

2.选择好典型,且分类标志应能反映事物的本质特征。

3.尽量使样本容量能保证调查结果的必要精确度。

4.调查提纲或问卷的设计应包括较多的信息,以便于做出简单明确的答案。

5.应采取历史唯物主义和辩证唯物主义的方法,对调查资料进行分析整理,寻找发现事物之间的因果关系。

演绎法与归纳法正好相反,它是在运用归纳法找出一般规律的基础上,再由一般到特殊,运用基本结论或基本模型来研究个别现象的推理研究方法。演绎法是指对某些较复杂的管理问题,可以从某种概念出发,运用某种逻辑推理和统计分析的方法,找出各种变量之间的相互关系,建立某种相关的数学和经济模型,反映管理活动简化了的事实,如管理学中常见的投入产出模型、决策模型、预测模型、库存模型、现金流量模型等。演绎法的发展和运用,进一步加强了数学与管理学的结合,大大促进了管理学定量分析方法的推广,特别是现代计算机技术迅速发展,使得运用演绎法处理管理问题的速度、精确度以及使用范围都得到进一步的改善和加强。在管理学研究中,演绎法的应用也十分广泛。

在管理学研究中,归纳法和演绎法一般结合运用,先运用归纳法研究得出一般结论,并在此基础上运用这些基本结论来研究特殊管理问题,即个案研究,同时运用演绎法进一步验证、修订或补充原来的一般结论,从而保证最终得出正确的结论。

(二)历史研究方法

历史研究方法是研究问题的重要方法,它是通过对历史现象的考察、分析,认识研究对象的产生、发展过程,从中总结出规律性的结论,并在此基础上预测事物的发展变化趋势。任何管理现象都不是孤立的,都有其产生的历史背景及发生、发展的过程。对管理学的某一种理论、某一个定义、某一项规律的研究,都应放在一定的历史条件下,从其发生和发展的过程中去考察,才能掌握它的来龙去脉,了解其实质所在。管理学运用历史研究方法研究管理问题主要从两大方面进行:一是从管理活动的起源与发展来分析研究什么是管理、管理产生的原因、管理与组织的关系、管理与环境的关系、管理的职能、管理的性质、管理者的职责与角色等,并从中找出管理的特点和规律,以建立管理的体系框架;二是从管理思想的起源与发展来研究管理问题,即从历代管理理论研究者和实践者关于管理问题的论述或研究结论来分析、研究管理的职能等诸问题，揭示管理的特点和规律。应该说，现阶段人们关于管理学基本框架及体系的认识主要是运用历史研究方法得出的，人们对管理理论认识的不断深化、新管理理论及思想的不断涌现，以及管理职能的不断延伸和拓展，也主要得益于历史研究方法。

（三）比较研究方法

比较研究法是通过对两种及以上事物间的纵向、横向比较，发现异同，探索事物及其发展变化规律，找出事物结果的产生原因，为指导管理活动提供依据。比较研究法一般可分为类比法和对比法，前者是将一类事物的某些相同方面进行比较，以另一事物的正确或谬误证明这一事物的正确或谬误，即引用和自身比较相似的，有共同性的方面或特点；后者是将截然相反的两种事物或情况进行比较，因为比较的双方形成鲜明的对照，互为衬托，所以这种方法特别能突出事物某一方面的性质，显出双方的差别。

（四）试验研究方法

试验研究方法是人为地为某一试验创造一定的条件，并观察试验结果，再与未给予这些试验条件（对照组）的对比试验的实际结果进行比较分析，从中寻求外加条件与试验结果之间的因果关系，找出其中某些普遍适用的规律。试验的时机、地点、范围、规模不同，对试验的结果会产生一定的影响。试验研究方法是一种用实践来检验理论、总结经验、发现规律的好方法，但在实际运用中应科学地组织、系统地观察、正确地组织试验活动。例如，美国在1927年到1932年所进行的霍桑试验，后来根据其试验结果所发表的人际关系理论就是一个典型的试验法事例。这种方法在微观管理工作中，如生产管理、设备管理、产品质量管理以及营销方法、劳动组织等许多领域中，都得到广泛的应用。在管理活动中，试验法已成为摸索经验、进行决策的强有力的工具。管理实践中比较常见的试验方法有对比试验、可行性试验、模拟试验等。

（五）案例分析法

案例分析法是指在研究、学习管理学的过程中，通过对典型的管理案例进行分析研究，从中总结出管理的经验、理论和规律，再用这些经验、理论和规律去指导实践，以加强对管理理论的理解与运用。在运用案例分析法时，要注意案例的代表性以及搞清楚事物发生结果的前提、背景和条件。研究管理学必须掌握案例分析法，将自己置身于模拟的管理环境中，运用所学的原则、原理和方法去指导实践。案例分析方法可以培养学习者和研究者信息获取、分析问题、论述辨析等方面的能力，在反复分析中，举一反三，由此及彼，在看似缓慢的自我参与过程中实现管理思维的升华。

管理学是一门实践性很强的学科。管理理论来源于管理实践,应用于管理实践,并在管理实践中得到丰富、发展和完善。因此,在学习和研究管理学时,还应运用理论联系实际的方法,要善于观察管理实践、总结管理经验,在实践中学习、运用和提炼,真正领会管理理论的精髓。

在实践中,可根据具体情况灵活采用上述其中一种研究方法,也可以把几种方法综合地加以运用,以便收到更好的研究效果。

【本章小结】

管理是一种社会现象,是管理者在特定的环境下,通过计划、组织、领导和控制等职能活动,协调以人为中心的组织资源,以有效的方式实现组织目标的过程。管理活动具有双重属性,它一方面与社会化大生产相联系,具有自然属性;另一方面又与生产关系相联系,具有社会属性。管理还是科学性与艺术性的有机统一,具有计划、组织、领导、控制等职能。管理的主体是管理者,管理者在管理中扮演着复杂的角色,其工作可以概括为10种角色:(1)代表人;(2)领导者;(3)联络者;(4)监听者;(5)传播者;(6)发言人;(7)企业家;(8)冲突管理者;(9)资源分配者;(10)谈判者。作为一名管理人员,应该具备的管理技能包括技术技能、人际技能和概念技能。明确管理学的研究对象及内容,了解管理学的研究方法,是学习和研究管理学的前提。管理学具有以下特点:第一,管理学是一门综合性科学;第二,管理学是一门实践性很强的应用科学。

【思考题】

1. 什么是管理?如何理解管理的含义?你的任课老师是管理者吗?

2. 美国管理学家德鲁克指出:"发展中国家并不是发展上落后,而是管理上落后。"如何理解这句话?

3. 管理的职能是什么?如何理解各管理职能之间的关系?

4. 为什么说管理既是一门科学,又是一门艺术?

5. 根据明茨伯格的研究,管理者应扮演哪些角色?

6. 说明管理的三项基本技能,解释不同层次管理者对所需管理技能的侧重面。

第二章 管理理论的发展与演进

【学习目标】 通过本章学习,了解管理思想发展与演进的脉络,西方早期管理思想的代表人物和主要观点,中国古代管理思想的代表人物和主要观点,掌握古典管理理论的代表人物和主要观点,行为管理理论的主要观点以及现代管理理论:决策管理理论、系统管理理论、权变管理理论等。

【关键词】 管理活动 管理思想 管理理论 科学管理理论 行为科学理论

导入案例

"现代管理学之父"彼得·德鲁克高龄辞世

"假如这世界上果真有所谓大师中的大师,那个人的名字,必定是彼得·德鲁克。"这是著名财经杂志《经济学人》对彼得·德鲁克的评价。2005年11月11日,有着"现代管理学之父"之称的彼得·德鲁克在美国辞世,享年95岁。

彼得·德鲁克于1954年首次提出"管理学"的概念。无论是英特尔公司创始人安迪·格鲁夫,微软董事长比尔·盖茨,还是通用电气公司前CEO杰克·韦尔奇,他们在管理思想和管理实践方面都受到了彼得·德鲁克的启发和影响。

彼得·德鲁克于1909年生于奥匈帝国统治下的维也纳,祖籍荷兰。其家族在17世纪时就从事书籍出版工作。德鲁克先后在奥地利和德国受教育,1931年获法兰克福大学法学博士学位。他于1937年移民美国,1943年加入美国籍。德鲁克在美国的一些银行和跨国公司任管理顾问,还曾在贝宁顿学院任哲学教授和政治学教授,并在纽约大学研究生院担任了20多年的管理学教授。尽管被称为"现代管理学之父",但德鲁克一直认为自己是一名作家和教师。

1942年，德鲁克受聘为当时世界最大企业——通用汽车公司的顾问，对公司的内部管理结构进行研究。他于1946年将心得写成《公司概念》，"讲述拥有不同技能和知识的人在一个大型组织里是怎样分工合作的"。

在90岁生日时，德鲁克说："我的工作很简单，我关注的是人，而不是机器和厂房。"简单地说，德鲁克的管理思想主要体现在以人为本的管理体系，以成就与道德为中心的管理价值观，以自我控制为主的管理目标论，以实践为核心的管理本质论和以高层战略管理为中心的管理战略观等。德鲁克重视人的作用，"人是企业最重要的资源"是他最主要的观点。

此外，德鲁克强调成就，成就指的是企业的经济成就和员工的个人成就，企业是为了取得经济成就才存在的，经济成就在企业机构中是合理的；而要使员工具有成就感，就必须按照人的心理进行管理，从不同角度满足员工的需要。

在60多年的职业生涯中，德鲁克出版了超过30本管理学方面的著作，被翻译成30多种文字在世界各地出版，直到2004年，德鲁克还有新书问世。当有人问他这些著作卖出多少册时，他满不在乎地回答："大约五六百万册吧。"此外，德鲁克还是日本艺术的爱好者，并写过两本小说和一本叫做《旁观者的冒险》的自传。

在《福布斯》杂志的一篇访问中，德鲁克被问到，在他漫长的写作生涯中，有没有什么希望做而还没有做的事。德鲁克说："是的，相当多。我本应该写出许多更好的书，我最好的一本书应该叫做《管理缺失》，但很遗憾我还没有写出来。"

资料来源："'现代管理学之父'彼得·德鲁克95岁高龄辞世"，广州日报，http:/news. xinhuanet. com/fortune/2005-11/15/con-tent _ 3782605. htm,2005/11/15。

19世纪末20世纪初，泰勒的科学管理理论的出现是管理理论形成的标志。经过漫长的岁月，管理理论形成阶段可分为以下几个阶段，见表2-1。

表 2-1　管理理论形成的阶段划分

管理学形成的不同阶段	时　　间
早期管理实践与管理思想	有了人类集体劳动至 18 世纪
管理学的萌芽	18 世纪至 19 世纪末
古典管理理论	20 世纪初至 20 世纪 30 年代
行为科学理论	20 世纪 30 年代至 20 世纪 60 年代
现代管理理论	20 世纪 60 年代至今

第一节　中外早期的管理思想

　　管理理论来自管理实践,管理的知识与理论体系,是在人类长期的社会实践中逐渐构建起来的。先于系统管理理论出现的是一些在总结管理经验的基础上形成的管理概念和管理思想,它们在一定程度上反映了人类对管理实践的初步了解和认识。19 世纪末 20 世纪初以来,随着人类社会的发展和生产力水平的提高,人们越来越有条件利用科学的思维方式和先进的技术手段,对前人的管理经验和管理思想进行归纳、提炼,通过系统地总结管理的客观规律,建立了管理理论体系,这些理论又反过来对人们的管理实践发挥重要的指导和推动作用,并在实践中得到发展和完善。考察管理理论的历史,它的产生与发展大体经历了早期管理思想的产生、古典管理理论的形成、现代管理理论的发展等重要阶段。本章着重介绍管理思想发展史上一些有代表性的管理思想和管理理论,以便从整体上展示管理思想与理论演进过程。

一、中国早期管理思想

　　只要存在人类的集体活动,就存在对这种活动的管理,从而有可能在此基础上形成某种管理思想。管理学作为一门独立学科出现虽然只有近百年的时间,但是管理思想却和人类历史一样悠久深远。中国有着数千年的文明史,有着光辉灿烂的民族文化,并在长期的社会实践中形成了许多优秀的管理思想。《论语》、《孙子兵法》、《三国演义》、《资治通鉴》等著作中的管理思想,备受世界各国管理学界的重视。遗憾的是,我国的管理思想与实践缺少系统的整理和提炼,没有像西方那样形成系统的理论。

　　中国古代著名的管理思想流派有儒家、道家、法家、兵家等,四大思想流派的主要代表人物分别是孔子、老子、韩非子、孙武等,这些思想可为现代管理者提供重要启迪和思想借鉴。

(一)孔子的管理思想

孔子,名丘,字仲尼,春秋末期著名的思想家、政治家、教育家,儒家学派的创始人。《论语》是孔子生前言论的汇编,集中反映了孔子的思想,它是除《圣经》以外,对东西方文化影响最大的著作。孔子的管理思想大部分是与治理国家或社会的主张紧密联系在一起的,是同其伦理思想交织在一起的。

1. 以民为本

孔子认为管理的着眼点是人,即以民为本,与西方古典管理理论以物为本的管理思想不同,但它也不同于当今社会所倡导的人本管理。孔子的民本思想,目的在于维护统治阶级的利益,他认为人民群众是统治阶级的根基。

2. 追求稳定

孔子心目中管理的最高境界是"仁",即"克己复礼为仁",符合君君、臣臣、父父、子子的伦理规范,符合社会尊卑贵贱秩序。治理国家就是要符合这个伦理规范。而孔子的民本思想是着眼点和手段,维护君主的利益,维护统治阶级地位,才是追求稳定的目标。

3. 中庸之道

中庸是孔子学说中的一个重要观点。从孔子的思想行为看,中庸是追求卓越的法则,但能把握这个法则的人却很少。"庸"是做事的原则和方法;"中"是指综合各种倾向而反映出来的事物的现实状态,最接近客观事物本身,不带有个人主观色彩,"中"就是"度"。中庸在管理实践中广泛应用,如集权与分权的关系、组织规模的大小、管理幅度的宽窄等。特别提示,中庸在现代管理中的应用就是"适度"管理。

4. 举贤育才

孔子提出了人才标准、考察人才的方法及考察中应遵循的原则。在育才上,提出了育才的方法和内容。

(二)老子的管理思想

老子相传是春秋时期的思想家,道家学派的创始人,又称老聃,姓李名耳,字伯阳,楚国人,做过周朝管理藏书的史官。其著作《老子》,又称《道德经》,共81章,前37章论"道",后44章论"德"。《老子》是先秦道家学派的经典文献,对中国传统文化的影响非常深远,是唯一可以与《论语》相抗衡的著作。

1. 无为而治——老子管理思想的核心

无为而治是老子管理的最高境界,无为并不是什么都不做。老子的"无为"思想有着深奥的哲理,运用到现代管理中,无为而治就是将日常事务的决策权、监督权下放,管理者致力于重大方针的确定,从而达到管理的目的。

老子的无为管理思想是一种软性管理模式。"无"字的含义是"实有似无",无为是一种不为人注意却在实际发挥作用的行为方式。所以老子说,最好的管理者,人们没有注意到他的存在;次之的管理者,人们亲近他、赞扬他;更次的管理者,人们畏惧他;最差的管理者,人们蔑视他。优秀的管理者工作轻松悠然,很少发号施令,不怒自威。老子的软性管理模式包括两部分内容,一是自主管理、民主决策;二是在管理过程中行的是不言之教。

2.柔弱胜刚强——老子的竞争谋略

老子说:"天下莫柔弱于水,而攻坚强者莫之能胜,以其无以易之。弱之胜强,柔之胜刚。"意思是:天下的东西,没有比水更柔弱的了,但攻坚克强的能力,没有什么东西能胜过水,因为没有东西可以代替它。弱能胜强,柔能胜刚。这充分体现了老子的辩证管理思想。

(三)韩非子的管理思想

韩非子是战国末期韩国的贵族公子,著有《韩非子》55 篇,是法家思想的集大成者,强调法治天下。法家的先驱都是身居要职的政治家,有长期从政管理的实践经验,其思想就是从政管理的设想。

1.韩非子的变革管理思想

韩非子说:"古今异俗,新故异备",即古今的习俗风气不一样,管理措施也就不一样。社会在发展,时代在变化,新的矛盾、新的问题需要新的方法和手段来解决。真理是在一定的时期和条件下成立的,拒绝变革就意味着违背了事物发展的客观规律。

2.韩非子的分级管理体制

韩非子主张建立分级管理逐级监督的管理体制。治吏不治民是高层管理的重点。最高管理者的任务不是处理基层的琐碎事务,而是管理直接下属的官吏。韩非的管理思想博大精深,他的成本效益思想、识人用人、管人的方法等都与现代管理有着密切关系。

(四)孙武的管理思想

孙武,字长卿,也称孙武子,是春秋末期齐国人。他著的《孙子兵法》,是中国也是世界上最古老的军事理论著作,被国外誉为"世界第一兵书"。

1.孙武的战略思想

孙武强调,优秀的战争指挥员应该依靠谋略取胜,"故上兵伐谋,其次伐交,其次伐兵,其下攻城。"这些重视战略谋划的思想,对现代管理者有重要的启迪作用。

2．孙武的策略思想

孙武指出："故兵无常势，水无常形，能因敌变化而取胜者，谓之神。"这就是随机应变，因变制胜的策略思想。

3．孙武的信息思想

"知己知彼，百战不殆；不知彼而知己，一胜一负；不知彼，不知己，每战必殆。"这说明了解双方，掌握双方信息的重要性。

（五）中国古代的管理思想总结

中国古代的管理思想可归纳为如下八大点：

1．顺道

中国历史上的"道"有多种含义，属于主观范畴的"道"指治国的理论；属于客观范畴的"道"指客观经济规律，又称为"则"、"常"。"顺道"是指管理要顺应客观规律，根据这种思想，管理者必须：第一，辨道，辨识客观规律；第二，顺道，根据客观规律的要求来组织管理活动。

2．重人

"重人"是中国传统管理的一大要素，重人包括两个方面：一是重人心向背，二是重人才归离。治理国家，办成事业，人是第一位的，所以我国历来讲究得人之道，用人之道。民本思想源于先秦，汉以后被进步思想家们奉为治国的基本方针。

3．人和

"和"强调的是人际关系融洽、和谐。对治国来说，和能兴邦；对治生来说，和气生财。天时、地利、人和是人们普遍认为的成功的三要素。其中的"人和"是发挥"天时"、"地利"作用的先决条件，"天时不如地利，地利不如人和"，所以孔子提倡"礼之用，和为贯"，管子强调"上下不和，虽安必危"，为求事业成功，务必"和协辑睦"，"上下和同"。

求和，不仅要团结顺从自己的人，而且要善于团结敢于提出反对意见的人。在这方面，唐太宗堪称楷模。他不仅重用拥护自己的人，而且重用反对过自己的魏徵，且"从谏如流"，常思己短己过，广泛团结人才，形成了一个高效能的人才群体结构，为"贞观之治"提供了组织保证。

4．法治

法律是由国家制定的体现统治阶级意志，以国家强制力保证实施的行为规则的总和。法治就是根据法律，而非君主或官吏的个人好恶来调整社会、经济、政治关系，组织社会、政治、经济活动。

中国古代的法治思想源于先秦,其后不断发展、完善,包括了三条基本原则:明法、一法和常法。明法是法的公开性原则。一法包括统一性原则和平等性原则。一法要求法令统一,一切"唯令是行";一法还要求法律面前人人平等,"刑过不避大臣,赏善不遗匹夫"(《韩非子·有度》),要反对官吏乃至君主的法外特权,任何人不得游离于法律之外。常法,亦称固法,即保持法的稳定性。只有保持法的稳定性,才能取信于民,从而强化法的权威。

5. 守信

信誉是人类社会人与人之间建立稳定关系的基础,是国家兴旺和事业成功的保证。

孔子认为,"君子信而后劳其民"(《论语·尧曰》)。治理国家,言而无信,出尔反尔,政策多变,从来都是大忌。故《管子》十分强调取信于民,提出国家行政应遵循一条重要原则——不行不可复。"不行不可复"者,"不欺其民也"。欺骗人民只能是一次,第二次,人民就不信你了。治生亦然。商品质量、价格、交货期,以至借贷往来,都要讲究一个"信"字。我国向来有提倡"诚工","诚贾"的传统,商而不诚,苟取一时,终致瓦解,成功的商人多是商业信誉度高的人。

6. 预谋

"凡事预则立,不预则废。"预者,预测、预谋、预备,核心是预谋。为预谋必须先预算,谋划出方案,后落实到人力物力的预备。《孙子》主张未战先算,"以虞待不虞者胜"(《孙子·谋政》)。管子提倡"以备待时","事无备则废"(《管子·霸言》),要有预见,才能备患于无形立于不败之地,"唯有道者能备患于无形也"(《管子·牧民》)。有道即能遵守客观规律,由此产生了重视调查和预测的传统。政情预测、军情预测、年景预测、商情预测、气象预测等广泛运用于管理实践,而成为预谋策划的基础。

7. 利器

生产要有工具,打仗要有兵器,中国历来有利器的传统。孔子说:"工欲善其事,必先利其器。"(《论语·卫灵公》)中国古代四大发明(造纸术、印刷术、指南针、火药)的出现及其推广,极大地推动了社会经济、文化和世界文明的发展,并使"利器说"成为中国管理思想的重要内容。历史上许多重大发明,都是在当时政府官员的主持下发明和推广的,如西汉出现的新式粮食加工机械——水碓,"役水而舂,其利百倍";东汉和三国时出现的新式炼铁鼓风器——水排,大大提高了铁的质量,从而提高工具和兵器的质量。明清时代在长江下游乃至全国先后推广松江地区先进纺车和纺技,也多是由地方官员出面相邀和主持。这些都说明利器思想已引起当时国家管理机构的重视。及至近代,一再出现机器兴邦说。如郑观应主张维护民族独立要靠"商战",商战必赖机器,机器生产"工省价廉"、"精巧绝伦",可与外货竞争,因此,必须自制各种机器。魏源提出"师夷长技以制夷"的口号。孙中山实业救国的核心是技术革命,实现现代化,"用机器去制造货物,……把国家变富庶"。可见,"利器说"贯穿古今,成为兴邦立业的重要思想。

8. 求实

实事求是,办事从实际出发,是思想方法和行为的准则。儒家提出"守正"原则,看问题不要偏激,办事不要过头,也不要不及,过了头超越客观形势,会犯冒进错误;不及于形势则会错过时机,流于保守。两种偏向都会坏事,应该防止。

《管子》提出"量力"原则和"时空"原则。"量力"原则是指凡事量力而行,"动必量力,举必量技","不为不可成,不求不可得"。"时空"原则就是办事要注意时间(时机)和地点等客观条件。

二、外国早期管理思想

系统的管理理论最先产生于西方国家,这些管理理论经历了一个由萌芽到观念再到思想最后形成理论的漫长的发展过程,因此,要掌握管理理论的发展脉络,首先要了解作为其基础的早期管理思想的产生与发展过程。

外国的管理实践和思想也有着悠久的历史。在奴隶社会,管理实践和思想主要体现在指挥军队作战、治国施政和管理教会等活动上。古巴比伦人、古埃及人以及古罗马人在这些方面都有过重要贡献。在欧洲文艺复兴时期,也出现过许多管理思想,如 16 世纪莫尔(Thomas More,1478—1535)的《乌托邦》和马基雅维利(Niccolo Machiavelli,1469—1527)的《君主论》。然而,外国管理实践和思想的革命性发展是在工厂制度产生之后。18 世纪 60 年代开始的工业革命,在工业技术上和社会关系上都引起了巨大的变化,加速了资本主义生产的发展。小手工业受到大机器生产的排挤,社会的基本生产组织形式迅速从以家庭为单位转向以工厂为单位。在新的社会生产组织形式下,效率和效益问题,协作劳动的组织和配合问题,机器生产条件下人和机、机和机之间的协调运转问题,使传统的军队式、教会式的管理方式和手段遇到了前所未有的挑战。为适应手工业生产向机器生产转变、以手工业为基础的资本主义工场向采用机器的资本主义工厂制度过渡的形势发展需要,一些经济学家在著作中越来越多地提及管理问题,很多实业家也潜心于总结管理经验,研究探讨管理问题,于是出现了一系列早期管理思想。这些思想和观点为后来管理理论的产生与发展奠定了重要的基础。

许多新的管理问题需要人们去回答、解决。工厂制度的出现,不仅使管理活动的思考有了众多的对象,而且使管理劳动逐渐成为许多组织成员的专门职业,他们的任务便是思考和改善管理劳动的组织。这种思考的累积使得对管理理论的建立和发展具有重大影响的管理实践和思想应运而生。

(一)亚当·斯密的管理思想

亚当·斯密(Adam Smith,1723—1790)出生于苏格兰东岸的克卡尔迪,是英国工场手工业开始向机器大工业过渡时期的经济学家,是英国古典政治经济学的杰出代表和理论体系的建立者。他不仅第一个系统地论述了古典政治经济学,同时也为管理思想的发展作出了重大贡献。1776年,他出版了最重要的著作《国富论》(全名为《国民财富的性质和原因的研究》),系统论述了劳动价值论和劳动分工理论。《国富论》不仅是经济学说史上的不朽巨著,而且是管理学宝贵的思想遗产。亚当·斯密认为,劳动是国民财富的源泉。一国财富的多寡,取决于两个因素:一是该国从事有用劳动的居民在总人口中所占的比重;二是这些人的劳动熟练程度、劳动技巧和判断力的高低。财富的增加可以提高人民的幸福程度,而提高劳动者技巧的熟练程度,从而提高劳动生产率,则是增加一国物质财富的重要途径。亚当·斯密提出的劳动分工观点和"经济人"观点,对古典管理理论的产生和发展具有深刻影响。

1.劳动分工的观点

亚当·斯密详细分析了制针业的情况,他指出,即使是制针这样简单的作业,如果每个人都完成全部的制造过程,那么一个雇用10个工人的工厂每天只能生产2 000根针;而如果将制造过程分解成多个不同的作业程序,每个人只从事有限的操作,那么尽管工厂设备简陋,也可以使产量达到48 000根以上。为什么同样数量的劳动者因为有了劳动分工就能完成更多量的工作呢?亚当·斯密认为,劳动分工是使劳动生产率提高的重要因素,原因是:(1)分工可以减少劳动者工作转换,节约通常由一种工作转到另一种工作所损失的时间;(2)重复同一作业可以使工人提高劳动的熟练程度,增进技能;(3)由于分工,使劳动简化,使劳动者的注意力集中在一种特定的对象上,有利于发现比较方便的工作方法,促进工具的改良和机械的改进。

亚当·斯密的分工观点适应了当时社会对迅速扩大劳动分工以促进工业革命发展的要求,成为资本主义管理的一条基本原理。

2."经济人"观点

亚当·斯密认为,经济现象是基于具有利己主义目的的人们的活动所产生的,人们在经济活动中追求的完全是个人利益,社会上每个人的利益总是受到他人利益的制约。每个人都要兼顾他人的利益,由此而产生共同利益,进而产生和发展了总的社会利益。所以,社会利益是以个人利益为基础的。这种观点对于古典管理思想和理论的形成有着重要影响。

(二)小詹姆斯·瓦特和马修·鲁滨逊·博尔顿的科学管理制度

小詹姆斯·瓦特(James Watt Jr.,1769—1848)和博尔顿(Mathew Robinson Boulton,1770—1842)分别是蒸汽机发明者瓦特和其合作者马修·博尔顿的儿子。1800年,他们接管了一家铸造厂后,小瓦特开始着手改革该厂的组织和管理,并对管理事务进行了分工,而博尔顿则特别关注营销活动。他们采取了不少有效的管理方法,制定了许多管理制度,并在组织工厂的生产与销售活动中运用了许多管理技术,如:(1)在生产管理和销售方面,根据生产流程的要求,配置机器设备,编制生产计划,制定生产作业标准,实行零部件生产标准化;他们组织市场调查,向欧洲大陆派出许多代表收集各项可能影响蒸汽机需求的资料,并据此确定企业的生产能力和编制生产计划。(2)在成本管理方面,建立了详尽的统计记录和控制系统,采用了原料成本、人工费用、成品库存等分别记账的会计制度,从而能够计算工厂制造的每台机器的成本和每个部门所获的利润。(3)在人事管理方面,他们进行了工作效率研究,制定工人和管理人员的培训和发展规划;进行工作研究,并按工作研究结果确定工资的支付办法;实行由职工选举的委员会来管理医疗费制度等福利制度。

(三)马萨诸塞车祸与所有权和管理权的分离

1841年10月5日,在美国马萨诸塞至纽约的西部铁路上,两列火车迎头相撞,造成近20人伤亡。事件发生后,舆论哗然,人们对铁路公司老板低劣的管理工作进行了严厉的抨击。为了平息公众的怒气,在马萨诸塞州议会的推动下,这家铁路公司不得不进行管理改革。老板交出了企业的管理权,只拿红利,企业另聘具有管理才能的人员担任企业领导。这是历史上第一次在企业管理中实行所有权和管理权分离。这种分离对管理有重要的意义:(1)独立的管理职能和专业的管理人员正式得到承认,管理不仅是一种活动,还成为一种职业;(2)随着所有权和管理权的分离,横向的管理分工开始出现,这不仅提高了管理效率,而且为企业组织形式的进一步发展奠定了基础;(3)具有管理才能的雇员掌握了管理权,直接为科学管理理论的产生创造了条件。

（四）罗伯特·欧文（Robert Owen，1771—1858）的人事管理

罗伯特·欧文是 19 世纪初英国著名的空想社会主义者。他是当时最有成就的实业家之一，也是杰出的管理学先驱者，他最早播下了人事管理的种子。欧文于 1800—1828 年担任英格兰新拉那克工厂的经理，任职期间，他进行了一系列劳动管理方面的改革试验。试验主要针对当时在工厂制度下工人劳动条件和生活水平都相当低下这一情况而进行，试验主要包括改善工作条件、缩短工作日、提高工资、改善生活条件、发放抚恤金等。试验的目的是探索对工人和工厂所有者双方都有利的方法和制度。为了吸引其他实业家也来关心工人工作条件和生活条件的改善，欧文正确地指出了人的因素在工业生产中的重要作用。欧文开了在企业中重视人的地位和作用的先河，因此，有人称他为"人事管理之父"。欧文的人事管理方面的理论和实践，对后来的行为科学理论产生了很大的影响。

（五）查尔斯·巴贝奇（Charles Babbage，1792—1871）的作业研究和报酬制度

查尔斯·巴贝奇是英国著名的数学家和机械学家，曾于 1828—1837 年在剑桥大学任数学教授，并在 1833 年设计了一种能自动执行指令、具有现代计算机的所有基本因素（包括存储设备、穿孔卡输入系统、运算器、机外储存系统）的分析机器。正因如此，有人把巴贝奇称为"计算机之父"。1832 年，他发表了《论机器与制造业经济学》一书。在这本书中，巴贝奇延续了亚当·斯密关于劳动分工的研究，并指出劳动分工不仅可以提高工作效率，还可以带来减少工资支出的好处。他认为，一项复杂的工作，如果不进行分工，每个工人都要完成制造过程中的每项劳动，企业则必须根据全部工序中技术要求最高和体力要求最强的标准来雇用工人，并支付每个人的工资。相反，在进行了合理的分工后，企业就可以根据不同工序的复杂程序和劳动强度来雇用不同的工人，支付不同标准的工资，从而使工资总额减少。此外，巴贝奇还强调不能忽视人的因素。他认为，企业与工人之间有一种共同的利益，主张实行分红制度，使提高了劳动效率的工人能分享工厂的一定利润，并对那些提出合理建议且收到效果的工人给予奖励，等等。他对管理的贡献主要有以下两方面：

1. 对工作方法的研究

他认为，一个体质较弱的人如果他所使用的铲的形状、重量、大小等方面都比较适宜，那么他的工作效率可能胜过体质较强的人。因此，要提高工作效率，必须仔细研究工作方法。他提出了劳动分工、用科学方法有效地使用设备和原料等观点。

2. 对报酬制度的研究

他主张按照对生产率贡献的大小来确定工人的报酬。工人的收入应由三部分组成:按照工作性质所确定的固定工资;按照对生产率所作出的贡献分得的利润;为增进生产率提出建议而应得的奖金。

(六)亨利·汤(Henry R. Towne;1844—1924)的收益分享制度

亨利·汤是美国的工程师和管理学家,也是一位杰出的企业家。他于1868年与人合伙创办制造公司,并担任总经理达48年。亨利·汤在管理思想上的主要贡献有以下几方面:

1. 首先强调的是管理的重要性,认为管理是一门独立的学科

当时美国的企业界不重视管理,否认管理是一门独立的学科,工程师一般局限于自己的专业领域,只用纯技术的观点来考察问题,不关心企业的管理。1886年,亨利·汤发表了《作为经济学家的工程师》一文,强调了管理的重要性,呼吁他的工程师同事们承认并努力发展管理的科学。他认为:"为了高效率地指挥一个企业,工厂管理与工程技术有着同样的重要性。"

2. 支持并推广科学管理运动

亨利·汤在1870年开始系统地应用高效率的管理方法。1884—1890年,他先后担任过美国机械工程师学会的副会长和会长,此外还有相当长的时间是学会的领导成员之一。他运用自己的影响力支持科学管理运动,提供宣传阵地,促进了该学会成员对科学管理运动的兴趣和支持。亨利·汤是科学管理运动的重要先驱者之一。

3. 提出了一种激励职工的收益分享制度

亨利·汤在1889年发表的《收益分享》一文中,提出采取收益分享制度。在他之前也有人提出用利润分享的办法来缓和劳资矛盾,但他认为利润分享既不是一种公正的措施,也不是一种正确解决问题的方法。因为一个部门职工努力节省下来的利润,会被另一些部门职工的失误所抵消,使得整个企业的利润减少或没有利润。收益分享,实质上是按某一部门的业绩来支付该部门职工的报酬。这样就可避免某一部门业绩好而另一部门业绩差时,实行利润分享制度使前者受损这一不合理现象。他提议为每个工作单元或部门确定生产成本和定额,然后根据职工的表现,把赢利返还给他们。其具体做法是:(1)每个职工享有一种最低"保证工资";(2)每个部门按科学方法制定工作标准,并确定生产成本,该部门超过定额时生产出来的收益,职工和雇主各得一半;(3)定额应在3~5年内维持不变,以免降低工资,挫伤职工的积极性。亨利·汤的收益分享制度,实际上是对作为刺激生产的手段——工资问题进行了开

创性实验。

（七）哈尔西（Frederick A. Halsey,1856—1935）的奖金方案

弗雷德里克·哈尔西是美国的机械工程师,他对管理的贡献也体现在工资制度方面。1891 年,他向美国机械工程学会提交了一篇题为"劳动报酬的奖金方案"的论文。论文指出了当时普遍使用的三种报酬制度的弊端:计时制对员工积极性的发挥无激励作用;计件制常因雇主降低工资率而扼杀工人提高产量的积极性;利润分享导致部门间良莠不分,有失公允。他认为,亨利·汤的收益分享虽有改进,但在同一部门中不公平问题依然存在。因而,他提出了自己的奖金方案。该方案是按每个工人来设计的:给予每个工人每天的"保证工资";以该工人过去的业绩为基准,超额者发给约为正常工资率 1/3 的奖金。哈尔西认为他所提出的制度,与当时其他所见的工资制度相比有许多优点,如不管工人业绩如何,均可获得一定数额的计日工资。提高的收益由工人和雇主共享,促进了劳资双方的积极性,从而消除了因刺激工资而引起的常见的劳资纠纷。工人增加生产,就可得到奖金,工人奖金仅为超出部分的 1/3,即使工人增产 1 倍也不致太高,雇主从中获益 2/3,因而就不会总想削减工资率。以工人过去的业绩为基准,旨在鼓励工人比过去进步。工人所要超越的是他本人过去的业绩,而不是根据动作和时间研究制定出来的标准。

哈尔西的奖金方案在英、美等国曾经被广泛采用,在当时被誉为工资报酬制度的一种创新,他同泰勒的计件工资制一起成为以后多种工资方案的参考模式。

西方早期管理思想虽然尚未形成一套科学系统的管理理论,还不足以产生巨大的推动力以引导传统管理摆脱小生产方式的影响,当时的管理也仍然主要依靠个人经验进行,但还是对传统管理实践发挥了重要指导作用,将其推入了一个新的发展阶段,为管理理论体系的产生和发展奠定了重要基础。

第二节　管理理论的形成和演进

在人类历史上,自从有了有组织的活动,人们的社会实践活动就表现为集体协作的方式,也就有了管理活动。管理活动的出现促使一些人对这种活动加以研究和探索。经过长期的积累和总结,人们对管理活动有了初步的认识和见解,从而开始形成一些朴素、零散的管理思想。随着社会生产力的发展和科学技术的进步,人们又对管理思想加以归纳总结,找出其中带有规律性的东

西,并将其作为假设,在管理活动中进行检验,继而对检验结果加以分析研究,从中找出属于管理活动的普遍原理。这些原理经过抽象和综合就形成了管理理论。这些理论被应用于管理活动,指导管理活动的进行,并在实践中得到修正和完善,这就是管理理论的形成过程。从中我们可以看出,管理活动(或管理实践)、管理思想和管理理论这三者之间的关系:管理活动是管理思想的根基,管理思想来自管理活动中的经验;管理思想是管理理论的基础,管理理论是管理思想的提炼、概括和升华,是较成熟、系统化程度较高的管理思想,但并非所有管理思想都是管理理论;管理理论对管理活动有指导意义,同时又要经受管理活动的检验(图 2-1)。

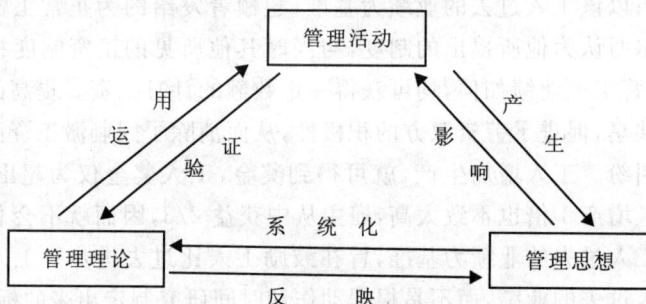

图 2-1 管理活动、管理思想与管理理论三者的关系

资料来源:邵喜武主编. 管理学实用教程[M]. 中国农业大学出版社,2010.08。

纵观管理理论发展的历史,大致可以划分为三个阶段:

第一阶段为古典管理理论。19 世纪末 20 世纪初在美国、法国、德国等西方国家形成的有一定科学依据的管理理论,其代表人物有泰勒、法约尔、韦伯等。

第二阶段为行为科学理论。早期的行为科学理论叫做人际关系学,出现于 20 世纪 30 年代,后来发展成为行为科学理论;在 20 世纪 60 年代中叶,发展成为组织行为学,其代表人物包括梅奥、巴纳德等。

第三阶段为现代管理理论。该理论主要出现于第二次世界大战以后,这一时期管理领域非常活跃,出现了一系列管理学派,每一学派都有自己的代表人物。这些理论和学派在历史渊源和理论内容上互相影响和联系。按照出现的先后顺序,依次是古典管理理论、行为管理理论、数量管理理论、系统管理理论、权变管理理论和质量管理理论。

一、古典管理理论

随着资本主义由自由竞争逐步向垄断过渡,科学技术水平及生产社会化程度不断提高,资本主义市场范围和企业规模的扩大,特别是资本主义公司的兴起,使企业管理工作日益复杂,对管理的要求越来越高。资本家单凭个人的经验和能力管理企业,包揽一切的做法,已不能适应生产发展的需要。这在客观上要求资本所有者与企业经营者实行分离,要求管理职能专业化,建立专门的管理机构,采用科学的管理制度和方法。同时,也要求对过去积累的管理经验进行总结提高,使之系统化、科学化并上升为理论,以指导实践,提高管理水平。这表明,西方企业发展面临着如何提高劳动生产率和管理水平以促进生产的实际问题,迫切需要用"科学管理"取代"传统的经验管理"。

早期的管理思想只是西方管理理论的萌芽。在西方,管理科学是随着工厂制度和工厂管理实践的发展,在 19 世纪末 20 世纪初开始系统形成的。其主要标志是泰勒的《科学管理原理》和法约尔的《工业管理和一般管理》分别于1911 年和 1916 年出版。这个时期的管理理论通常被称为"古典管理理论",其中具有代表性的理论是科学管理理论和组织管理理论,主要代表人物有美国的泰勒、法国的法约尔以及德国的韦伯。

(一)科学管理理论

科学管理理论是 20 世纪初在西方工业国家影响最大、推广最普遍的一种管理理论,着重研究如何提高单个工人的生产率。它包括了一系列关于生产组织合理化和生产作业标准化的科学方法及理论依据,是由美国的机械工程师泰勒首先提出并极力推广的,因此,它通常也被称作泰勒制(Taylorism)。其代表人物主要有:泰勒(Frederick W. Taylor,1856—1915)、吉尔布雷斯夫妇(Frank B. Gilbreth,1868—1924;Lillian M. Gilbreth,1878—1972)以及甘特(Henry L. Gantt,1861—1919)等。

1.泰勒的贡献

弗雷德里克·温斯洛·泰勒(Frederick W. Taylor,1856—1915)于 1856年生于美国费城的一个律师家庭。青年时期考取哈佛法学院。1875 年以后弃学就工,到一家水力机械厂当徒工。1878 年,泰勒来到米德瓦尔钢铁公司当普通工人,先后被提升为工长、机修车间主任、总机械师,1884 年被提升为总工程师;1898—1901 年,泰勒受雇于宾夕法尼亚的伯利恒钢铁公司;1901 年以后,他把大部分时间用在写作和演讲上;1906 年,他担任美国机械工程师学会会长。泰勒在米德瓦尔钢铁公司工作期间,曾推行了一套科学的管理方法。

泰勒的代表著作有《计件工资制》(1895)、《车间管理》(1903)和《科学管理原理》(1911)等。《科学管理原理》奠定了科学管理的理论基础,并使泰勒获得了"科学管理之父"的尊称。而管理学学科也因《科学管理原理》一书的出版而正式确立,同时,1911年也被当作管理学的元年。

泰勒的科学管理理论主要包括以下五方面:

第一,确定合理的工作定额。

要为工人制订出有科学依据的"合理的日工作量",就必须进行时间和动作研究。所谓动作研究就是对工人的操作进行细致科学的分析研究,去掉不合理的动作,保留先进的、合理的动作,并制定出标准的操作方法和操作程序。时间研究就是对工人的劳动时间进行科学分析,以达到对工时的科学利用,即通过对工人的劳动时间进行分析研究,按照经济合理的原则,在实行标准操作方法的基础上,规定完成每一标准操作和动作的标准时间,制定工时定额。方法是把工人的操作分解为基本动作,再对尽可能多的工人进行测定以确定完成这些基本动作所需的时间。同时,选择最适用的工具、机器,确定最适当的操作程序,消除错误的和不必要的动作,得出最有效的操作方法作为标准。然后,累计完成这些基本动作的时间,加上必要的休息时间和其他延误时间,就可以得到完成这些操作的标准时间。据此制订一个工人的"合理的日工作量",就是所谓的工作定额原理。

泰勒在伯利恒钢铁公司进行了有名的搬运生铁块试验。该公司让75名工人负责把92磅重的生铁块搬运到30米以外的铁路货车上,他们每人每天平均搬运12.5吨,日工资1.15美元。泰勒找了一名工人进行试验,研究并试验搬运的姿势、行走的速度、持握的位置等对搬运量的影响,以及多长的休息时间为好。经过分析确定了搬运生铁块的最佳方法和将57%的时间用于休息的标准,方法调整后,使每个工人的日搬运量达到47~48吨,同时,使工人的日工资提高到1.85美元。

第二,工作方法标准化。

为了使工人能完成工作定额,泰勒认为,还必须使工人掌握标准化的操作方法,使用标准化的工具、机器和材料,并使作业环境标准化,这就是所谓的标准化原理。

泰勒在伯利恒钢铁公司还做过有名的铁锹试验。当时公司的铲运工人拿着自家的铁锹上班。这些铁锹各式各样、大小不等。堆料场中的物料有铁矿石、煤粉、焦炭等,每个工人的工作量为16吨。泰勒经过观察发现,由于物料的比重不一样,铁锹的负载大不一样。如果是铁矿石,一铁锹有38磅;如果是煤粉,一铁锹只有 3.5 磅。那么,一铁锹到底负载多少才合适呢?经过试验,最后确定一铁锹负载 21 磅对于工人是最合适的。根据试验的结果,泰勒针对不同的物料设计出不同形状和规格的铁锹。以后工人上班时都不自带铁锹,而是根据物料情况从公司领取特制的标准铁锹,工作效率大大提高。堆料场的工人从 400~600 名降为 140 名,平均每人每天的操作量提高到 59 吨。工人的日工资从 1.15 美元提高到 1.88 美元。这是工具标准化的典型案例。

第三,做到能力与工作相适应。

为了提高劳动生产率,必须为工作挑选一流的工人。第一流的工人是指这样的工人:他的能力最适合做这种工作而且他愿意去做。泰勒认为,每个人都具有不同的天赋和才能,要根据每个工人的性格、特点和长处来分配工作,发现他们的局限性和发展的可能性,然后,按照科学的方法对他们进行教育和培训,使他们承担能胜任的、最感兴趣的工作。只要工作对他们合适,能够发挥每个人的特长,他们就能成为一流的工人,从而提高工作效率。

第四,实行有差别的计件工资制。

泰勒认为,工人磨洋工的一个重要原因是报酬制度不合理。计时工资不能体现劳动的数量。计件工资虽能体现劳动的数量,但工人担心劳动效率提高后雇主会降低工资率,从而等同于劳动强度的加大。

针对这些情况,泰勒提出了一种新的报酬制度——有差别的计件工资制。所谓"有差别计件工资制",是指计件工资率随完成定额的程度而上下浮动,就是对完成和超额完成工作定额的工人,按较高的工资单价支付工资,对完不成工作定额的工人,则按较低的工资单价支付工资,这样就起到了鼓励先进,鞭策后进的作用。例如,如果工人完成或超额完成定额,则定额内的部分连同超额部分都按比正常单价高 25% 计酬;如果工人完不成定额,则按比正常单价低 20% 计酬;工资支付的对象是工人而不是职位,即根据工人的实际工作表现而不是根据工作类别来支付工资。泰勒认为,实行有差别的计件工资制会大大提高工人的积极性,从而大大提高劳动生产率。

第五,计划职能与执行职能相分离。

泰勒认为应该用科学的工作方法取代经验工作方法。所谓经验工作方法,是指每个工人采用什么操作方法、使用什么工具等,都根据个人经验来决定。所以,工人工作效率的高低取决于他们的操作方法和使用的工具是否合理,以及个人的熟练程度和努力程度。所谓科学的工作方法,是指每个工人采用什么操作方法、使用什么工具等,都根据试验和研究来决定。为了采用科学的工作方法,泰勒主张把计划职能同执行职能分开,由专门的计划部门承担计划职能,由所有的工人和部分工长承担执行职能。计划部门的具体工作包括:(1)进行时间和动作研究;(2)制订科学的工作定额和标准化的操作方法,选用标准化的工具;(3)拟订计划,发布指示和命令;(4)比较标准和实际的执行情况,进行有效的控制;等等。

2. 其他人的贡献

除泰勒外,科学管理观点的主要贡献者以法兰克·吉尔布雷斯与莉莉恩·吉尔布雷斯(Frank Gilbreth and Lillian Gilbreth)、亨利·甘特(Henry L. Gantt,1861—1919),以及福特(Henry Ford,1863—1947)最为著名。

法兰克·吉尔布雷斯(Frank Gilbreth,1868—1924)与莉莉恩·吉尔布雷斯(Lillian Gilbreth,1878—1972)是一对夫妻档,他们最有名的研究是"砌砖"研究。他们透过对动作的研究来消除砌砖时不必要的手部与身体动作,从而提高效率;他们以录像带来研究手部与身体的动作,可精确计时到 1/2 000 秒的时间。透过动作时间的研究,他们可以得到每一位员工在每一动作上所花费的时间。此外,法兰克与莉莉恩也是发明动素(therbligs)的人,他们根据对动作的分析,设计了一套包括七项基本手部动作的分类及命名系统,诸如"寻找"、"抓住"、"握住"等。动素使我们能够以更科学、更精确的方式来分析工人的手部动作。此外,莉莉恩·吉尔布雷斯在工业心理学上也作出了很多杰出的贡献。

亨利·甘特(Henry L. Gantt,1861—1919)是泰勒在宾州密得威与伯利恒两家钢铁公司的同事。甘特与泰勒、吉尔布里斯夫妇一样,希望以科学的方法来增进工作的效率,其最著名的贡献是甘特图(Grantt Chart)。这是一种条形图,其中一轴表示时间,另外一轴表示工作计划及目前进度,主要用在工作排程规划上。除此之外,他还修改了泰勒的按件计酬法。甘特将泰勒原本适用在奖励作业人员的按件计酬法,更进一步扩展至领班。例如,只要领班所辖的任一员工在规定时间内完工,则领班也有红利;如果领班手下的所有员工都按时完工,则领班另有一份额外的奖励。甘特将科学管理的领域从作业面上的应用,扩展至管理者的工作。

科学管理开启了人们对管理进行科学探索的序幕。

科学管理理论的贡献主要有:(1)强调以科学方法代替传统单凭个人经验进行作业和管理的旧方法,这是管理理论的进步,开创了管理研究的新局面;(2)科学的管理方法和科学的操作程序使劳动生产率提高 2~3 倍,推动了生产的发展,适应了资本主义经济发展的需要;(3)突出强调了实践对于管理的巨大作用;(4)研究开发了一系列有助于提高管理效率的技术和方法。

科学管理理论的主要历史局限有：(1) 把工人看成是纯粹的"经济人"，认为人的活动仅仅出于个人的经济动机，忽视了成员之间的交往及工人的感情、态度等社会因素对生产效率的影响，忽视了人的能动作用，也抑制了工人的个性化发展，有时甚至使人成为机器的附属；(2)科学管理理论的研究范围比较小，内容比较窄。因为泰勒长期在企业从事现场的生产和管理工作，所以，他对生产或作业的组织等有关问题比较熟悉，也比较敏感，他的一系列主张主要是解决工人的操作问题，以及对生产现场的监督和控制问题，而对企业的其他活动，如供销、人事、财力等，则基本上没有涉足。泰勒的这种局限性被与他同时代的另一位管理科学家法约尔所补充。

（二）组织管理理论

组织管理理论着重研究管理职能和整个组织结构，其代表人物是法国的亨利·法约尔（Henry Fayol，1841—1925）、马克斯·韦伯（Max Webber，1864—1920)和查斯特·Z. 巴纳德（Chester Z. Barnard，1886—1961)等。

1. 亨利·法约尔（Henry Fayol）的贡献

亨利·法约尔（Henry Fayol）于 1841 年生于法国中部一个中产阶级家庭，1860 年毕业于圣艾蒂安国立矿业学院，以矿业工程师的身份进入一家大型矿业公司，并在此度过了整个职业生涯。在公司里，他起初担任采矿作业的基层技术职务，由于管理才能迅速得到承认，先后被任命为矿井矿长、经理，直至董事长兼总经理。1918 年他从公司退休，专门致力于管理理论的研究和宣传，创立并领导了一个管理研究中心，直至 1925 年去世。其间，他曾应法国政府的邀请，对邮政和烟草专卖机构的管理状况进行了调查，提出了改进政府组织行政管理的若干建议。在探索和总结管理经验的基础上，法约尔生前发表了一系列关于管理的著述，比较重要的有：《工业管理和一般管理》(1916)、《国家在管理上的无能》(1921)、《公共精神的觉醒》(1927)、《管理的一般原则》(1908)、《高等技术学校中的管理教育》(1917)和《国家的行政管理理论》(1923)。法约尔认为，他的管理理论虽以大企业为研究对象，但除了可应用于工商企业外，还可应用于政府、教会、慈善机构和军事组织等。所以，法约尔被公认为是第一位概括和阐述一般管理理论的管理学家。他的理论贡献主要体现在他提出了适用于一切组织的企业的经营活动和管理的五种职能，以及有效管理的 14 条原则。法约尔的一般管理理论对后来的管理理论发展一直起着重大的作用，因而西方把他称为"现代经营管理之父"。

（1）企业的经营活动和管理的五种职能

法约尔认为，任何企业都存在着六种经营活动，管理只是其中的一种，这六种经营活动的关系如图 2-2 所示。除了管理活动外,经营还包括技术、商业、财务、安全以及会计等一系列活动。其中,技术活动是企业加工材料、生产产品的制造活动;商业活动是指与原材料和设备的购买和产品的销售有关的市场活动;财务活动是指围绕资金的筹集和运用而展开的活动;安全活动是指与设备和人员保护有关的活动;会计活动是指为监视资金的合理运用而对其运动过程中的变化状况进行的记录、归类和分析活动。作为经营的一个方面,管理活动本身由计划、组织、指挥、协调、控制等一系列工作构成。其中,计划是指预测未来并制订行动方案;组织是指建立企业的物质结构和社会结构;指挥是指使企业人员发挥作用;协调是指让企业人员团结一致,使企业中的所有活动和努力都统一和谐;控制是指保证企业中进行的一切活动符合所制订的计划和所下达的命令。他明确了管理与经营的关系,他在《工业管理与一般管理》一书中写道,"所谓经营,就是努力确保六种固有活动的顺利运转,以便把企业拥有的资源变成最大的成果,从而导致企业实现它的目标"。而管理既是经营不可缺少的一种活动,又是自成体系的一项职能。

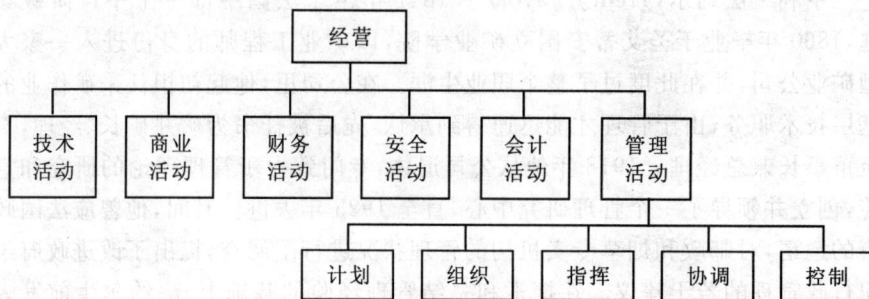

图 2-2　经营活动和管理职能

(2)管理的原则

由于任何组织的活动都存在共同的管理问题,因此,人们在管理实践中必然要遵循一系列一致的原则。法约尔根据自己的经验总结了 14 条管理原则,这 14 条管理原则包括:劳动分工;权责相当;纪律严明;统一指挥;统一领导;个人利益服从整体利益;报酬合理;集权与分权;等级链;秩序;公平;人员的稳定;首创精神;人员的团结(表 2-2)。

表 2-2　管理的 14 条原则

劳动分工	劳动分工属于自然规律,不仅适用于技术工作,也适用于管理工作。分工能降低操作培训费用,使企业扩大生产规模和降低生产成本,提高效率,其目的是用同样的努力生产出更多更好的产品
权责相当	权力是指下达命令、指挥和要求别人服从的力量,而责任是指承担的职责和任务。权力与责任相互一致,互为因果
纪律严明	纪律的实质是雇员必须遵守公司各方达成的协议,职工对组织的服从和尊重
统一命令 (统一指挥)	一个下属人员在工作中只应接受一个领导者的命令、指挥,这就是"统一指挥"原则。这是一条普遍的、永久必要的原则
统一领导	统一领导是讲组织机构的设置问题,是指一个下级只能有一个直接上级,这是统一行动、协调力量和一致努力的必要条件
个人利益要服 从整体利益	整体利益大于个人利益总和,实现组织目标比实现个人目标更重要。所以在一个组织中,个人或部门利益不能置于整个组织之上
报酬合理	人员的报酬是其服务的价格,应该合理,这样才能调动员工的积极性。法约尔认为,任何优良的报酬制度都无法取代优良的管理
集权与分权	集权是指组织的权力相对集中在高层管理者手中,权力集中的程度依据管理人员的个性、品质、能力,下级的可靠性,企业规模等情况而定
等级链(法约 尔桥)	等级链就是指从最上级到最下级各层权力连成的等级结构,它显示出权力执行的路线和信息传递的渠道。为了提高信息传递和命令执行的速度,法约尔设计了一种"联系桥",以便横跨过权力执行的路线而直接联系,即在紧急情况下,不经上级批准而直接同有关人员联系,事后报告上级,但只有在有关方面都同意而上级又始终知情的情况下,才能这样做(图 2-3)
秩序	秩序是指有放东西和人的位置,而每件东西和人都应在恰当的位置上。这样就做到了物尽其用,人尽其才,避免物资、时间、人才的浪费和损失
公平	公平并不排斥刻板,也不排斥严格,只要一视同仁,规章制度对谁都是一样,员工受到平等的待遇就是公平
人员的稳定	鼓励员工尤其是管理人员长期为本组织服务,保持管理工作的连续性和稳定性
首创精神	首创精神是创立和推动一项计划的动力。领导者不仅本人要有首创精神,还要鼓励全体员工发挥首创精神,尽一切可能调动员工的积极性、主动性和创新性
团结精神	生活在集体中的人员要有合作精神,有集体荣誉感,作为管理者在组织内部要努力建立起和谐与团结的气氛,形成一种凝聚力

资料来源:邵喜武,林艳辉主编. 管理学实用教程[M]. 中国农业大学出版社,2010.08

```
                    A（总经理）


         B（副总经理）  L（副总经理）
                ----------


   C（部门经理）            M（部门经理）
            ----------------


 D（班组长）------------------------ N（班组长）


E（工人）------------------------------- P（工人）
```

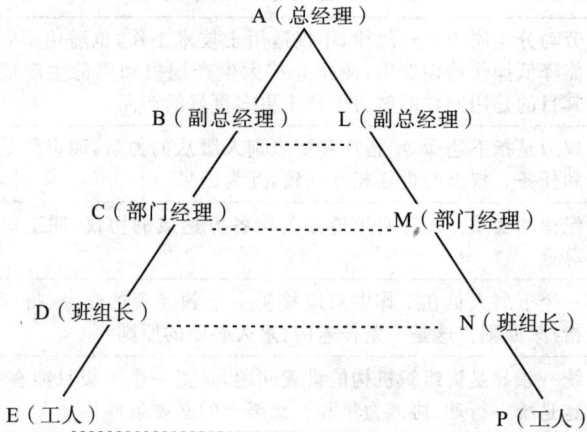

图 2-3　法约尔桥

资料来源：邵喜武，林艳辉主编. 管理学实用教程[M]. 中国农业大学出版社，2010. 08。

法约尔的管理思想具有较强的系统性和理论性，他提出的一般管理理论对西方管理理论的发展具有重大的影响，成为管理过程学派的理论基础，也是以后各种管理理论和管理实践的重要依据之一。他对管理职能的分析为管理科学提供了一套科学的理论架构。

法约尔的管理理论的不足之处是他的管理原则缺乏弹性，以至于有时让管理人员无法完全遵守，如统一指挥与分工原则相矛盾。另外，法约尔的管理理论只考察了组织的内在因素，没有考察组织同其外在环境的关系，因而不够全面。

2. 马克斯·韦伯(Max Weber)及其行政组织理论

马克斯·韦伯(Max Weber，1864—1920)与泰勒和法约尔是同时代的人，于 1864 年出生于德国爱尔福特的一个律师家庭。1882 年，韦伯高中毕业后进入海德堡大学法律系学习，1889 年完成博士论文，1891 年取得在大学授课的资格。从 1892 年起，韦伯曾先后在柏林大学任法学讲师，在弗莱堡大学和海德堡大学任经济学教师，以及在慕尼黑大学任社会学教授。1920 年，韦伯死于流行性感冒引起的肺炎，享年仅 56 岁。与泰勒和法约尔相比，韦伯主要是一个学者。其研究领域涉及了法律制度、宗教体系、政治制度和权力关系等多个方面，但凡他涉及的领域，他都提出了许多新的观点，促进了这些学科的形成和发展。他一生发表了许多著述，比较重要的有《一般经济史》、《社会和经济组织的理论》(该书为其在管理思想史上奠定了不可动摇的地位)、《新教伦理与资本主义精神》(1905 年),等等。韦伯对管理理论的主要贡献是提出了"理想的行政组织体系"理论,他因此被人们称为"组织理论之父"。

韦伯认为,等级、权力和行政制(包括明确的规则、确定的工作任务和纪律)是一切社会组织的基础。对于权力,他认为有以下三种类型。(1)法定权力,即理性—合法的权力。指的是依法任命,并赋予行政命令的权力,对这种权力的服从是依法建立的一套等级制度,这是对确认职务或职位的权力的服从。(2)传统权力。它是以古老的、传统的、不可侵犯的和按传统执行这种权力的人的正统性的信念为依据的。(3)超凡权力。其依据是对个人的明确而特殊的尊严,英雄主义或模范品格的崇拜,或对这个人的启示或发布的标准模式和命令的崇拜。韦伯认为,在这三种权力中,只有理性—合法的权力才是理想行政组织的基础。因为传统权力的效率较差,其领导人不是按能力挑选的,其管理单纯是为了保存过去的传统;超凡权力带有过重的感情色彩,并且是非理性的,依据的不是规章制度,而是神秘的或神圣的启示;只有理性—合法的权力才能保证经营管理的连续性和合理性,能任人唯贤,并按照法定的程序来行使权力。这是保证组织健康发展的最好的权力形式。

韦伯的"理想的行政组织体系"具有以下特点:

(1)存在明确的分工。把组织内的工作分解,按职业专业化对成员进行分工,每个职位的权力和责任都应有明确的规定。

(2)自上而下的等级系统。按等级原则对各种职位进行法定安排,形成一个自上而下的指挥链或等级体系。每个下级都处在一个上级的控制和监督下。每个管理者不仅要对自己的决定和行动负责,而且要对下级的决定和行动负责。

(3)正式遴选。根据经过正式考试或教育培训而获得的技术资格来选拔员工,并完全根据职务的要求来聘用员工。

(4)除个别需要通过选举产生的公职(例如,选举产生的公共关系负责人,或在某种情况下选举产生的整个单位负责人等)以外,所有担任公职的人都是任命的。

(5)行政管理人员。行政管理人员是"专职的"管理人员,领取固定的"薪金",有明文规定的升迁制度。

(6)行政管理人员不是其管辖的企业的所有者,只是其中的工作人员。

(7)遵守规则和纪律。行政管理人员必须严格遵守组织中的规则、纪律和办事程序。

(8)组织中成员之间的关系以理性准则为指导,不受个人情感的影响。组织与外界的关系也是这样。

韦伯认为,这种高度结构化的、正式的、非人格化的理想行政组织体系是强制控制的合理手段,是达到目标、提高效率的最有效形式。这种组织形式在精确性、稳定性、纪律性和可靠性等方面都优于其他形式,适用于当时日益增多的各种大型组织,如教会、国家机构、军队、政党、经济组织和社会团体。韦伯的这一理论,是对泰勒、法约尔理论的补充,对后来的管理学家,特别是组织理论家产生了很大影响。

韦伯行政组织理论的核心,是建立起一个理性的、不受个人情感影响或尽量少受个人情感影响、强调规则而非个人、强调效率而非偏爱的组织体系。在20世纪初期,用这种科学、理性的观念研究组织理论对于克服当时组织中任人唯亲、人浮于事、组织涣散的弊端十分必要。韦伯的组织理论至今仍是管理组织理论的重要内容之一,他所提出的许多基本思想仍在被广泛使用,韦伯的组织模式已成为"机械式"组织设计的样板。

由于历史的局限,韦伯的理论也存在一些不足。这主要是由于韦伯的行政组织理论强调"刚性"的组织结构。这种组织在灵活多变的环境中明显表现出应变能力不强的弱点。具体而言,其不足主要体现在:过分强调权威,压抑下属的创造性;过多的规章制度常常有副作用;组织信息沟通不便;组织缺乏弹性;无法充分发挥员工的能动作用;人员提拔任命中经常出现问题等。

3. 查斯特·巴纳德的管理思想

查斯特·巴纳德(Chester Barnard,1886—1961)出生于美国的马萨诸塞州,是美国著名的管理理论家,同时又是一位成功的商业人士。巴纳德于1909年进入美国电话电报公司统计部工作,专门研究欧洲一些国家的电话电报收费问题,很快成为专家。他于1915年被提升为商业工程师,1926年任宾夕法尼亚贝尔电话公司总经理,1927年任规模庞大的新泽西州贝尔电话公司总经理。在漫长的工作实践中,巴纳德积累了丰富的企业组织和管理经验,写出许多著作,主要有《经理人员的职能》(1938)、《经理人员的教育》(1945)、《科学和组织》(1951)等。其管理理论有两项主要的观点:社会协作系统的观点与职权接受理论。

巴纳德认为,组织是两人或更多人经过有意识地协调而形成的系统,若要组织产生绩效,员工必须互相合作。他认为在组织中,经理人员是最为重要的因素,经理人员的职能主要有:(1)建立并维护一个信息系统;(2)使组织中每个人都能作出贡献;(3)明确组织的目标。巴纳德把组织分为正式组织和非正式组织。对正式组织来说,不论级别高低和规模大小,其存在和发展都必须具备三个条件:明确的目标、协作的意愿和良好的沟通。在正式组织中还存在着一种因为工作上的联系而形成的有一定看法、习惯和准则的无形组织,即非正式组织。巴纳德的这一理论为后来的"社会系统学派"奠定了理论基础。

巴纳德的另外一个重要观点,则来自于他对职权的观点。巴纳德的职权接受理论主张主管之所以有职权,乃是源自于部属的接受。这个观念和当时普遍接受的传统职权观点大为不同。传统职权的观点认为组织内的主管拥有要求部属服从的权力,因此,职权是由上而下的;巴纳德的职权接受理论则认为职权来自部属接受的意愿。根据巴纳德的观点,职权的意义并不在于具有职权的人,而在于职权所施加的对象,亦即只有在部属接受了主管的命令与指挥后,主管的职权才有意义。至于部属是否会接受上司的命令,主要取决于三个要件:(1)了解这项命令是必要的;(2)相信命令是符合组织的目标的;(3)执行这些命令可以产生正面的利益。

二、行为管理理论

泰勒的研究侧重于生产作业,以机器为中心,把人视作机器的附属物,因此,泰勒制的广泛运用导致了企业管理人员严重忽视人的尊严和人的主观能动作用。实行泰勒科学管理方法的初期,由于劳动分工、作业标准化带来的好处,企业生产率迅速提高。但是由于工人长期从事一种简单、标准的操作,不久便觉得工作单调、枯燥、乏味。长期下去,工作效率不仅难以持续提高,甚至有所下降。于是,有人开始研究:人的工作效率究竟受到哪些因素的影响?为什么在同样的组织环境中,不同的人,即使体力和技术能力大致相当,从事相同的工作,结果却差异极大?为什么同一个人从事同样的工作,而在不同时期具有不同的工作效率呢?根据分析,他们得出了这样的结论:人的劳动生产率不仅受到工作场所的物质环境或企业的制度环境、人的工作能力以及技术水平的影响,而且与人们在劳动中的工作态度和情绪,与人们的工作积极性和主动性有关,与人们的诸多社会心理需要能否得到满足有关,这就是人际关系学说,后来发展为行为科学理论。

(一)梅奥及其领导的霍桑试验与人际关系学说

乔治·埃尔顿·梅奥(George Elton Mayo,1880—1949)是原籍澳大利亚的美国行为科学家,他20岁时,在澳大利亚阿尔弗雷德大学取得逻辑学和哲学硕士学位,后赴苏格兰爱丁堡研究精神病理学,对精神上的不正常现象进行分析,从而成为澳大利亚心理疗法的创始人。1922年,梅奥移居美国,在宾夕法尼亚大学沃顿管理学院任教,期间,他曾从心理学角度解释产业工人的行为。1923年,梅奥在费城附近一家纺织厂就车间工作条件对工人的流动率、生产率的影响进行实验研究。1926年,他进入哈佛大学工商管理学院任教,并从事工业研究,直到退休。梅奥的主要著作有《工业文明的人类问题》(1933)和《工业文明的社会问题》(1945)。1927年,他开始主持著名的霍桑试验。霍桑试验是1924—1932年在美国芝加哥郊外的西部电器公司的霍桑工厂进行的。霍桑工厂当时有25 000名工人,具有较完善的娱乐设施、医疗制度和养老金制度,但是工人们仍然有很强的不满情绪,生产效率很低。为了探究原因,找出影响员工生产效率的因素,从而寻求提高企业劳动生产率的新途径,梅奥率领一个由多方面专家组成的研究小组进驻霍桑工厂,开始进行一系列试验。试验分成了四个阶段,即工作场所照明试验、继电器装配室试验、大规模访谈和电话线圈装配室试验。

1.工作场所照明试验(1924年11月—1927年5月)

照明试验的目的是研究照明情况对生产效率的影响。研究人员选择了两个工作小组,一个为试验组,变换工作场所的照明强度,使工人在不同照明强度下工作;一个为对照组,工人在照明强度保持不变的条件下工作。当试验组照明度增加时,该组产量增加;当工人要求更换灯泡时,实际只给他们更换了一个同样亮度的灯泡,但产量继续增加。与此同时,对照组的产量也在不断提高。通过这个试验,专家们发现照明强度的变化对生产率几乎没有影响。这说明:(1)工作场所的照明只是影响工人生产率的微不足道的因素;(2)由于牵涉因素较多,难以控制,且其中任何一个因素都可能影响试验结果,所以,照明对产量的影响无法准确衡量。

2.继电器装配室试验(1927年8月—1928年4月)

继电器装配室试验的目的是通过“增加福利”找到更有效地控制影响职工积极性的因素。研究人员选择了5名女装配工和1名女画线工,把她们安置在继电器装配试验室工作。另外,专家们还指派了一位观察员加入这个小组,专门负责记录室内发生的一切,以便对影响工作效果的因素进行控制。这些女工们在工作时间可以自由交谈,观察员对她们的态度也很和蔼。在试验过程中,研究小组分期改变工作条件。开始时增加休息次数,延长休息时间,缩短工作时间,供应午餐和茶点,实行5天工作制等;接着又逐渐取消这些待遇,恢复了原来的工作条件。结果是,无论工作条件如何变化,生产量都是增加的,而且工人的劳动积极性有所提高。试验表明:无论如何变换福利条件,工人的出勤率都增加,产量都上升,工人们认为这是没有工头监督与控制的原因。最后得出的结论是:改变监督与控制的方法能改善人际关系,能改变工人的工作态度,从而促进产量的提高。于是,决定进一步研究工人的工作态度和可能影响工人工作态度的其他因素成为霍桑试验的一个转折点。

3.大规模访谈(1928 年 9 月—1930 年 5 月)

大规模访谈试验的目的是了解工人对工作、工作环境、公司和使他们烦恼的任何问题的看法以及这些看法如何影响生产效率。研究小组前后用了两年的时间对两万多名职工进行访问交谈。结果发现,影响生产效率的最重要因素是工作中发展起来的人际关系,而不是待遇及工作环境,每个工人工作效率的高低,不仅取决于他们自身的情况,而且与其所在小组中的其他人员有关,任何一个人的工作效率都要受小组中其他人员的影响。

4.电话线装配室试验(1930—1932)

试验的目的是要证实在工人当中存在着一种非正式组织,而且这种非正式组织对工人的态度有着极其重要的影响。这次试验选了 14 名工人在一间单独的观察室中进行。这 14 人分成三组,相互之间在工作上有高度的联系。工资报酬是按小组刺激计划计算的,即以小组的总产量为基础付酬给每个工人,强调他们在工作中要协作,以便共同提高产量和工资报酬。在试验中发现了以下几个问题:(1)工作中,工人有自行限制产量的行为;(2)工人对不同级别的管理人员的态度不同;(3)工作小组中存在着非正式的群体。

梅奥等人分析了在霍桑试验中获得的大量第一手资料后得出的结论是:生产效率不仅受物理的、生理的因素影响,而且受社会环境、社会心理的影响。他们的观点表现在以下方面:

1.职工是"社会人"而不是"经济人"

以前的管理把人看成"经济人",认为金钱是刺激人的积极性的唯一动力,工人工作就是为了追求最高的工资收入。霍桑试验证明人是"社会人",是复杂的社会关系的成员,工人并非单纯追求金钱收入,他们还有社会、心理方面的需求,如追求人与人之间的友情、安全感、归属感和受人尊重等。在生产效率的决定因素中,逻辑的、经济的因素远不如感情的、非逻辑的态度和情绪所起的作用大。

2.企业中存在着非正式组织

所谓正式组织就是具有一定的目标,并且由规章、制度、政策等规定各成员间相互关系和职责范围的组织。非正式组织就是成员在共同的工作过程中,由于抱有共同的情感和爱好而形成的非正式团体。这些团体蕴含着浓厚的友谊和感情因素,成员行为表现出感情上对非正式组织的忠诚。这种非正式组织对职工的行为有极为重要的决定作用,它是影响生产效率的重要因素。

如果管理人员只是根据效率逻辑来管理,而忽略工人的感情因素,必然会引起冲突,影响企业生产率的提高和目标的实现。领导者要诱导非正式组织向健康的方向发展。

3.满足员工的社会欲望,提高员工的士气是提高生产效率的关键

梅奥认为,金钱或经济刺激对促进工人提高劳动生产率只是起第二位的作用,起首要作用的是工人的情绪和态度,即士气。而士气又与工人的满足度有关。工人的满足度越高,士气越高;而士气越高,生产效率也越高。

梅奥的人际关系学说的重要意义在于它引发了人们对生产中的人的因素的兴趣和重视,是管理思想的一个伟大历史转折,它否定了古典管理理论的"经济人"的观点,提出了"社会人"的主张,为管理学和管理实践的发展开辟了一个崭新的领域,在一定程度上弥补了古典管理理论的不足,为行为科学理论的产生和发展奠定了重要基础。但是,由于历史条件的限制,人际关系理论对人的因素的研究也是不全面的。如对于人际关系之外的问题涉及不多,过分强调了非正式组织的作用,过于偏重人的感情和社会因素而忽视了理性和经济因素,也有忽视经济报酬、工作条件、外部监督和工作标准的重要性的倾向。

(二)行为科学理论

20世纪50年代初期,人际关系学说发展为行为科学理论。行为科学理论综合运用社会学、心理学等相关学科的知识与方法,对工人在生产中的行为以及这些行为产生的原因进行分析研究,其内容主要涉及人的本性与需要、动机、行为之间的关系以及生产中的人际关系等。行为科学理论的特点:致力于探索人类行为的规律,提倡善于用人、进行人力资源开发;强调个人目标与组织目标的一致性,认为调动积极性必须从个人因素和组织因素两方面着手,使组织目标包含更多的个人目标,不仅改进工作的外部条件,而且改进工作设计,从工作本身满足人的需要;主张在企业中恢复人的尊严,实行民主参与管理和员工的自主自治。

第二次世界大战以后,行为科学的发展主要集中在两个领域。一是关于人的需要、动机、行为等方面的研究,其结果是形成一系列激励理论,其中有代表性的理论包括马斯洛的"需要层次论",赫茨伯格的"双因素理论",弗鲁姆的"期望理论",亚当斯的"公平理论"和斯金纳的"强化理论",等等。二是关于领导行为方面的研究,产生了麦格雷戈的"X理论—Y理论"、阿吉里斯的"不成熟—成熟理论",布莱克和默顿的"管理方格理论",等等。

从人际关系学说到行为科学理论的研究,进一步丰富和发展了管理理论体系,扩展了管理作为一门科学的研究领域和发展空间,在更大程度上改变了

人们对员工在企业中地位与作用的传统看法,强调从满足人的需要、动机、相互关系和社会环境、领导方式等方面考察管理职能的执行结果对组织目标的实现和员工个人成长的双重影响,对当时及后来的管理实践具有重要的指导意义。

三、现代管理理论

第二次世界大战以后,特别是 20 世纪 60 年代以来,西方企业的经营环境发生了重要变化,主要表现在以下几个方面:(1)工业生产迅速增长,企业规模进一步扩大,资本在国际间相互渗透,出现了许多巨型的跨国公司,企业的经营范围不断扩展,结构更加复杂,影响和制约经营的因素也随之不断增加。(2)技术进步的速度日益加快,新的科技用于工业生产的周期大大缩短,因此,市场上新产品、新设备、新工艺、新材料不断出现,企业之间的竞争进一步加剧。(3)生产的社会化程度不断提高,许多复杂产品的生产和大型工程的建设需要组织大规模的广泛协作。(4)在凯恩斯理论和罗斯福"新政"的影响下,西方政府对经济活动的干预范围不断扩大,手段不断增加。上述种种变化表明:环境对企业的影响越来越重要,它已成为企业经营与管理不可忽视的一个重要变量。在新的形势下,企业在组织内部的生产经营活动时,不仅要考虑自身的条件限制,而且要研究环境的特点要求,要提高适应外部环境的能力。为了解决管理理论与实践相脱离的矛盾,许多研究人员就企业如何在变化的环境中经营进行了许多方面的探索,在此基础上形成了一系列不同的理论观点和流派,主要有数量管理理论、系统管理理论、权变管理理论等。

（一）数量管理理论

数量管理理论产生于第二次世界大战期间。它以现代自然科学和技术科学的成果(如先进的数学方法、电子计算机技术、系统论、信息论和控制论等)为手段,运用数学模型,对管理领域中的人、财、物和信息资源进行系统的定量分析,并做出最优规划和决策。数量管理理论的内容主要包括:

1.运筹学

运筹学是数量管理理论的基础。第二次世界大战期间,一些英国科学家为解决雷达的合理布置问题而开发了一些分析与计算技术,这些技术构成了运筹学的雏形。就其内容讲,运筹学是一种分析的、实验的和定量的方法,专门研究在既定的物质条件下,为达到一定目的,如何最经济、最有效地使用人、财和物等资源。运筹学后来被应用到管理领域。

2.系统分析

"系统分析"这一概念由美国兰德公司于1949年提出。其特点是:解决管理问题要从全局出发进行分析和研究,以制定出正确的决策。系统分析一般包括以下步骤:(1)确定系统的最终目标,同时明确每个特定阶段的目标和任务;(2)必须把研究对象视作一个整体,一个统一的系统,然后确定每个局部要解决的任务,研究它们之间以及它们与总体目标之间的相互关系和相互影响;(3)寻求完成总体目标及各个局部任务的可供选择的方案;(4)对可供选择的方案进行分析和比较,选出最优方案;(5)实施组织所选方案。

3.决策科学化

决策科学化是指决策要以充足的事实为依据,按照事物的内在联系对大量的资料和数据进行分析和计算,遵循科学的程序,进行严密的逻辑推理,从而做出正确决策。电子计算机、管理信息系统、DSS(决策支持系统)、ERP(企业资源计划)等的应用为决策科学化提供了可能。

(二)系统管理理论

随着管理环境和管理实践的发展,管理中面临的问题日益复杂化,组织内外环境对于管理活动的影响也日益明显。美国管理学家理查德·A. 约翰逊(Richard A. Johnson)、弗里蒙特·E. 卡斯特(Fremont E. Kast)和詹姆斯·E. 罗森茨威克(James E. Rosenzeig)等人借鉴一般系统理论的研究成果,于1963年出版的《系统理论和管理》一书中,用开放系统的观点研究组织,建立企业管理的系统模式,成为系统管理理论最初的代表作。

自20世纪60年代中期开始,系统理论的架构大量地被应用在组织分析上,希望以一种整合的观点来了解管理的过程。系统管理理论是指运用系统理论中的范畴、原理,对组织中的管理活动和管理过程,特别是组织结构和模式进行分析的理论。这一理论的要点如下:

组织是一个系统,是由相互联系、相互依存的要素构成的。根据需要,可以把系统分解为子系统,子系统还可以再分解。如为了研究一个系统的构成,可以把系统分解为各个结构子系统;为了研究一个系统的功能,可以把系统分解为各个功能子系统。这样,对系统的研究就可以从研究子系统与子系统之间的关系入手。当系统的各个子系统间(如企业的各个单位间)能够协调一致有效运作,则整个系统便可能产出比各子系统单独运作所产生的绩效之和还要大的绩效,这就是综效(synergy)。

系统可以分成两种形态:封闭系统与开放系统。封闭系统(closed systems)是指系统的成分不与外界环境互动;相反地,开放系统(open systems)

则指系统与环境间存在着互动的关系。组织是一个开放系统,也就是组织与其所在的环境间存在着持续的互动。系统在一定的环境下生存,与环境进行物质、能量和信息的交换。系统从环境输入资源,把资源转换为产出物,一部分产出物为系统自身所消耗,其余部分则输出到环境中。系统在投入—转换—产出的过程中不断进行自我调节,以获得自身的发展。运用系统观点来考察管理的基本职能,可以提高组织的整体效率,使管理人员不至于只重视某些与自己有关的特殊职能而忽视了大目标,也不至于忽视自己在组织中的地位和作用。

(三)权变管理理论

古典管理理论认为存在着一个最佳方法,如果管理当局或其他人采用最佳方法以外的其他方式做事,只会降低效率。而这样的论点一直主宰着管理学界。直到 20 世纪 60 年代,有学者发现高度结构化的组织方式,也就是机械式方法(mechanistic approach)非常适合稳定的外界环境、高度重复性的工作,以及具有较低技术与专业技能的员工。反过来说,弹性的组织方式,也就是有机式方法(organic approach),较适合快速变迁与复杂的外界环境、非重复性的工作,以及具有较高技术与专业技能的员工。这样的发现导致管理权变观点(contingency approach),有时称为情境观点(situational approach)的出现。

权变管理理论是 20 世纪 70 年代在美国形成的一种管理理论。权变理论学派的代表人物弗雷德·卢桑斯(Fred Luthans)在他的著作《权变管理理论:走出丛林的道路》和《管理导论:一种权变学说》中,详细介绍了这一学派的观点。这一理论的核心是力图研究组织与环境的联系,并确定各种变量的关系类型和结构类型。它强调在现实中不存在一成不变、普遍适用的理想化的管理理论和方法。管理要根据组织所处的环境随机应变,针对不同的环境寻求相应的管理模式。

权变管理理论着重考察有关的环境变量与各种管理方式之间的关系。在通常情况下,环境是解释变量,而管理方式是被解释变量。这就是说,组织所处的环境决定着何种管理方式更适合于组织。比如,在经济衰退时期,由于企业面临的市场环境是供大于求,集权的组织结构可能更为适合;在经济繁荣时期,由于企业面临的市场环境是供不应求,分权的组织结构可能更为适合。

权变管理理论的最大挑战在于找出权变变数。以下是一些较常探讨到的权变变数:

1.组织规模

组织的成员人数往往是影响管理者作为的主要因素。简单地说,当组织规模扩大时,成员间的协调问题也随之增加,管理的难度也增加。因此,组织规模是一个重要的权变变数。

2.任务科技的例行性

组织为了达成目标,必须使用科技,亦即组织必须进行一种将输入转换成输出的程序。例行性科技所需的组织结构与定制或非例行科技所需的结构不同,这意味着管理作为会受到任务科技例行性的影响。

3.环境不确定性

政治、科技、社会文化以及经济变革所引起的不确定性会影响管理程序。适合于稳定与可预测环境的,并不一定完全适合快速变革与不可预测的环境。

4.个人差异

每个人在成长需求、自主、对模糊的容忍度,以及期望上都有所差异。管理者在选取激励的技术、领导形态与工作设计时,都必须考虑其所管辖部属的个人差异。

(四)全面质量管理

20世纪80和90年代,西方的工商企业界和公共管理部门掀起了一场质量革命——全面质量管理。戴明(W. Edwards Deming)和朱兰(Joseph M. Juran)是质量管理之父。20世纪50年代,戴明和朱兰的思想在美国没有得到支持和欢迎,而在日本却得到欢迎和实践。到80年代,在诸如电子、家电、汽车等一些产业,日本企业的产品质量和竞争力超过美国,这引起了美国等西方理论界和实践界对全面质量管理的高度重视。全面质量管理的本质是由顾客需求和期望驱动企业持续不断改善的管理理念。它包括以下几个要点:(1)关注顾客。顾客不仅包括购买组织产品或服务的外部顾客,而且包括组织内相互联系的内部顾客(如上下游价值活动间的员工)。(2)注重持续改善。"很好"不是终点,质量能够永远被提升和改善。(3)关注流程。全面质量管理把工作流程视为产品或服务质量持续改善的着眼点,而不仅仅是产品和服务本身。(4)精确测量。全面质量管理运用统计方法对组织工作流程的每一关键工序或工作进行测量,把测量的结果与标准或标杆进行比较,识别问题,探究问题根源,消除问题产生的原因。(5)授权于员工。质量管理是全体员工而不仅仅是管理者或质检员的职责和任务。全面质量管理事关组织中的一切员工,质量管理小组、工作团队全面质量管理广泛运用于工作之中。

第三节　管理理论发展前沿

随着计算机尤其是个人计算机的广泛普及，互联网的广泛运用，人类进入了信息化的新经济时代。信息化、网络化、知识化和全球化是新经济时代，尤其是 20 世纪 90 年代以来的显著特征。20 世纪 90 年代以来，产生了一些体现时代特征的管理理论，主要有人本管理思想、柔性管理、学习型组织、业务流程再造、精益思想和核心能力理论等。

一、人本管理

人本管理思想是把员工作为企业最重要的资源，以员工的能力、特长、兴趣、心理状况等综合性情况来科学地安排最合适的工作，并在工作中充分地考虑员工的成长和价值，使用科学的管理方法，通过全面的人力资源开发计划和企业文化建设，使员工能够在工作中充分地调动和发挥工作积极性、主动性和创造性，从而提高工作效率、增加工作业绩，为达成企业发展目标作出最大的贡献。人本管理思想于 20 世纪 30 年代在西方产生，真正将其有效运用于企业管理，是在 20 世纪六七十年代。可以说，人本管理思想是现代企业管理思想、管理理念的革命。

（一）以人为本的企业管理的标准

首先，在企业的人、财、物、信息四大资源要素之中，人的管理是第一位的。"办企业就是办人"，只有理解了人，才能把企业这个人群的能量充分地发挥出来。

其次，满足人的需要，以激励为主要方式。包括满足社会人的需要，企业不断创造顾客；满足企业投资者的需要，实现利润最大化；满足企业全体员工的需要，使员工获取收入最大化，获得全面发展。

再次，优化教育培训体系，完善人，发展人。企业人员自身不断地发展与完善，始终是人本管理的最高目标，也是人本管理最本质的核心含义。

复次，建立和谐的人际关系。人际关系影响着企业的凝聚力，影响着员工的身心健康。

最后，企业与员工个人共同发展。企业发展依赖于员工，特别是高素质人才。个人发展必须以企业为依托，离开企业及其工作，无所谓个人发展。必须坚持个人与企业同命运、共发展、双赢的原则。

（二）以人为本的企业管理的操作层次

目前较为普遍的方法是把人本管理由低至高分为五个层次。

1.情感沟通管理是人本管理的最低层次，也是提升其他层次的基础。

2.员工参与管理。即企业管理者与员工的沟通不再局限于对员工生活的关心，员工已经开始参与到工作目标决策之中。

3.随着员工参与管理的程度越来越高，对业务娴熟员工或知识员工可实行自主管理。

4.有针对性地进行人力资源开发培训工作，建立完善的培训体系。

5.企业文化的建立。企业文化的形成需要公司管理的长期积累。企业文化作用就是建立一种导向。企业文化管理的关键是对员工的工作习惯进行引导，而不仅仅是为了公司形象的宣传。

二、柔性管理

柔性管理从本质上说是一种对"稳定和变化"进行管理的新方略。柔性管理理念的确立，以思维方式从线性到非线性的转变为前提。线性思维的特征是历时性，而非线性思维的特征是共时性，也就是同步转型。从表面混沌繁杂的现象中，看出事物发展和演化的自然秩序，洞悉下一步前进的方向，识别潜在的未知需要和开拓的市场，进而预见变化并自动应付变化，这就是柔性管理的任务。柔性管理以"人性化"为标志，强调跳跃和变化、速度和反应、灵敏与弹性，它注重平等和尊重、创造和直觉、主动和企业精神、远见和价值控制，它依据信息共享、虚拟整合、竞争性合作、差异性互补、虚拟实践社团等，实现管理和运营知识由隐性到显性的转化，从而创造竞争优势。

柔性管理是相对于刚性管理提出来的。刚性管理以规章制度为中心，用制度约束管理员工。而柔性管理则以人为中心，对员工进行人格化管理。柔性管理的最大特点，在于它主要不是依靠外力如发号施令，而是依靠人性解放、权力平等、民主管理，从内心深处来激发每个员工的内在潜力、主动性和创造精神，使他们能真正做到心情舒畅、不遗余力地为企业开拓优良业绩，成为企业在全球激烈的市场竞争中取得竞争优势的力量源泉。

柔性管理的特征：内在重于外在，心理重于物理，身教重于言教，肯定重于否定，激励重于控制，务实重于务虚。显然，在知识型企业管理柔性化之后，管理者更加看重的是职工的积极性和创造性，以及职工的主动精神和自我约束。

（一）组织结构的扁平化和网络化

组织结构是从事管理活动的人们为了实现一定的目标而进行协作的机构

体系。刚性管理下的组织结构大多采取直线式的、集权式的、职能部门式的管理机构体系,强调统一指挥和明确分工。这些组织结构的弊端是信息传递慢、适应性差、难以适应信息化社会中组织生存和发展的需要。柔性管理提倡组织结构模式的扁平化,压平层级制,精简组织中不必要的中间环节,下放决策权力,让每个组织成员或下属单位获得独立处理问题的能力,发挥组织成员的创造性,提供人尽其才的组织机制。与此同时,通过组织结构的扁平化,使得纵向管理压缩,横向管理扩张,横向管理进一步向全方位信息化沟通扩展,将形成网络型组织,团队或工作小组就是网络上的节点,大多数的节点相互之间是平等的、非刚性的,节点之间信息沟通方便、快捷、灵活。

(二)管理决策的柔性化

在传统的刚性组织中,决策层是领导层和指挥层,管理决策是自上而下推行,组织成员是决策的执行者,因此,决策往往带有强烈的高层主观色彩。柔性决策中决策层包括专家层和协调层,管理决策是在信任和尊重组织成员的基础上,经过广泛讨论而形成的,与此同时,大量的管理权限下放到基层,许多管理问题都由基层组织自己解决。管理决策柔性化的第二个表现是决策目标选择的柔性化,刚性管理中决策目标的选择遵循最优化原则,寻求在一定条件下的最优方案。柔性管理认为,由于决策前提的不确定性,不可能按最优化准则进行决策,因而提出以满意准则代替最优化准则,让管理决策有更大的弹性。

(三)组织激励的科学化

为了充分调动组织成员的积极性、主动性和创造性,实行科学的激励方法是柔性管理的重要组成部分。柔性管理认为,激励是对组织成员尊重、信任、关心和奖励的全面综合,分为物质激励和非物质激励。在实施时,要充分把二者相结合。物质激励属于基础性的激励办法,能满足组织成员的低层次需求,却无法在激励中发挥更大的作用。非物质的激励方法则能满足组织成员对尊重和实现自我的高层次需求,它力求为组织成员创造宽松、平等、相互尊重和信任的工作环境,提供发展机遇,实行自主管理、参与管理等新的管理方法。

三、学习型组织

学习型组织是指具有持续不断学习、适应和变革能力的组织。当今管理者所面临的最大挑战是变化,正如管理学大师彼得·德鲁克(Peter P. Drucker)所言,“当今世界,唯一不变的就是变化”。学习型组织与传统型组织具有明显的不同:

1. 在对待变革的态度上,传统组织认为,只要还管用就不要改变它;而学习型组织认为,如果不变革那就不管用了。

2. 在对待新观点的态度上,传统组织认为,如果不是产生于此时此刻就拒绝它;而学习型组织认为,如果是产生于此时此刻就拒绝它。

3. 在关于谁对创新负责的问题上,传统组织认为,创新是研发部门的事;而学习型组织认为,创新是组织中每位成员的事。

4. 传统组织的主要担心是发生错误,而学习型组织的主要担心是不学习不适应。

5. 传统组织认为产品和服务是组织的竞争优势,而学习型组织认为学习能力、知识和专门技术是组织的竞争优势。

6. 在管理者的职责上,传统组织认为,管理者的职责是控制别人;而学习型组织认为,管理者的职责是调动别人、授权别人。

彼得·圣吉(Peter M. Senge)在《第五项修炼:学习型组织的艺术与实务》中指出,企业应成为一个学习型组织,并提出了建立学习型组织的四条标准:(1)人们能不能不断检验自己的经验;(2)人们有没有生产知识;(3)大家能否分享组织中的知识;(4)组织中的学习是否和组织的目标息息相关。他还提出了建立学习型组织的技能,即五项修炼:自我超越、改善心智模式、建立共同愿景、团体学习和系统思考。圣吉还指出,在学习型组织之中,领导者是设计师、仆人和教师。他们负责建立一种组织,能够让其他人不断增进了解复杂性、愿景和改善共同心智模式的能力,也就是领导者要对组织的学习负责。

四、业务流程再造

传统的组织结构建立在职能和等级制的基础上。虽然这种模式过去曾经很好地服务于企业,但是面对知识经济时代竞争环境的要求,它的反应已经显得缓慢和笨拙。业务流程再造对许多传统的组织构造原则提出了挑战,将流程推到管理日程表的前列。通过重新设计流程,可以在流程绩效的改善上取得飞跃,激发和增进企业的竞争力。迈克尔·哈默(Michael Hammer)和詹姆斯·钱皮(James Champy)在 1993 年出版的《再造公司》一书中,主张采取上述方法对变化和为提高产品与经营的质量而付出的努力进行管理。他们把再造定义为"对经营流程彻底进行再思考和再设计,以便在业绩衡量标准(如成本、质量、服务和速度等)上取得重大突破"。采取再造方法的公司迅速学会对其所做的一切以及为何这样做提出疑问。"'再造'首先确定公司必须做什么,然后确定它如何去做。'再造'不把任何事想当然,它对'是什么'有所忽视,而对'应该是什么'相当重视。"再造中最关键的部分是在公司的核心竞争力和经验的基础上确定它应该做什么,即确定它能做得最好的是什么。之后确定需要做的事最好是由本组织来做还是由其他组织来做。采取再造方法的结果是公司规模的缩小和外包业务的增多。

五、精益思想

精益思想(Lean thinking)源于 20 世纪 80 年代日本丰田发明的精益生产(lean manufacturing)方式,在市场竞争中遭受失败的美国汽车工业,在经历了曲折的认识过程后,终于意识到致使其竞争失败的关键是美国汽车制造业的大批量生产方式输给了丰田的精益生产方式。1985 年,美国麻省理工学院的丹尼尔·琼斯(Daniel T. Jones)教授等筹资 500 万美元,用了近 5 年的时间对 90 多家汽车厂进行对比分析,于 1992 年出版了《改造世界的机器》一书,把丰田生产方式定名为精益生产,并对其管理思想的特点与内涵进行了详细的描述。四年之后,琼斯和詹姆斯·沃麦克(James Womack)合作出版了它的续篇《精益思想》,进一步从理论的高度归纳了精益生产中所包含的新的管理思维,并将精益方式扩大到制造业以外的所有领域,尤其是第三产业,把精益生产方法外延到企业活动的各个方面,不再局限于生产领域,从而促使管理人员重新思考企业流程,消灭浪费,创造价值。

精益思想包括精益生产、精益管理、精益设计和精益供应等一系列思想,其核心是通过"及时适量"、"零库存"、"传票卡"等现场管理手段实现"订货生产",从而确保产品质量并降低成本。精益思想最初体现在对产品质量的控制中,即指不追求产品的成本优势和技术领先,而是强调产品的成本与技术的合理匹配、协调。此后,企业界将精益思想逐步引申、延展到企业经营活动的全过程,即追求企业经营投入和经济产出的最大化、价值最大化。从字面意思来看,"精"体现在质量上,追求"尽善尽美"、"精益求精";"益"体现在成本上,只有成本低于行业平均成本的企业才能获得收益。因而,精益思想不是单纯追求成本最低、企业眼中的质量最优,而是追求用户和企业都满意的质量、追求成本与质量的最佳配置、追求产品性能价格的最优比。

詹姆斯·沃麦克(James Womack)和丹尼尔·琼斯(Daniel T. Jones)在他们精辟的著作《精益思想》中提炼出精益管理五原则:顾客确定价值(customer value)、识别价值流(value stream mapping)、价值流动(value flow)、拉动(pulling)、尽善尽美(perfection)。精益管理的核心思想可概括为消除浪费、创造价值。

六、核心能力理论

核心能力理论由 20 世纪 80 年代的资源基础理论发展而来。在 50 年代，斯尔兹尼克（Selznick，1957）提出了"独特能力"（distinctive competence）概念，并且在 60 年代形成了企业战略管理的基本范式，即公司使命或战略建立在"独特能力"基础之上，其包括企业成长方式，有关企业实力与不足的平衡思考，以及明确企业的竞争优势和协同效应，从而开发新市场和新产品。到 80年代，资源基础理论认为企业的战略应该建立在企业的核心资源上。所谓核心资源是指有价值的、稀缺的、不完全模仿和不完全替代的资源，它是企业持续竞争优势的源泉。1990 年，普拉哈拉得和哈梅尔（C. K. Prahalad & Gary Hamel）在《哈佛商业评论》五六月卷上发表了一篇具有广泛影响的论文《公司的核心能力》，一下子把众多学者、企业家的目光吸引过去。从核心资源到核心能力（core competence），资源基础理论得到进一步发展。按普拉哈拉得和哈梅尔的定义，核心能力是组织内的集体知识和集体学习，尤其是协调不同生产技术和整合多种多样技术流的能力。一项能力可以界定为企业的核心能力，其必须满足以下五个条件：①不是单一技术或技能，而是一簇相关的技术和技能的整合；②不是物理性资产；③必须能创造顾客看重的关键价值；④与对手相比，竞争上具有独特性；⑤超越特定的产品或部门范畴，从而为企业提供通向新市场的通道。

【本章小结】

管理理论的产生与发展经历了早期的管理思想、古典管理理论、现代管理理论等漫长的历史过程。中国早期就提出了至今还具有一定意义的管理思想。在西方，亚当·斯密的"劳动分工"和"经济人"等观点，为管理理论的产生奠定了基础；泰勒的"科学管理理论"、法约尔的"组织管理理论"以及韦伯的"理想的行政组织理论"，促进了经验管理向科学化、规范化管理过渡。西方古典管理理论虽然从不同的研究角度对推动管理经验、管理思想的升华及其系统化作出了重要贡献，在很大程度上促进了劳动生产率的提高，但也存在一定的局限性，这些局限性的存在导致理论与管理实践脱节，于是，从 20 世纪 20年代开始特别是第二次世界大战结束以后，以行为科学理论和管理科学理论为代表的现代管理理论迅速发展。行为科学理论的产生，促使人们对生产中"人"这个关键性因素更加重视，与此同时，产生了系统管理理论、权变管理理论等诸多管理理论。

【思考题】

1. 简述中外早期管理思想，并对之进行简要评价。

2. 西方管理理论出现哪些分支？每个理论分支的内容与特征各是什么？

3. 如何认识亚当·斯密的"劳动分工"和"经济人"观点？

4. 什么是古典管理理论？

5. 如何理解法约尔的 14 条管理原则？

6. 韦伯认为组织存在着哪三种不同的职权关系类型？其内涵为何？

7. 现代西方管理学有哪些主要学派？其主要观点各是什么？

第三章　管理环境

【学习目标】　通过本章学习，了解管理与环境管理，熟悉管理环境的含义和类型，掌握管理环境分析的内容和企业对环境的反应策略。

【关键词】　管理环境的含义　分析内容　环境应对策略

导入案例

索尼公司进入欧洲与美国市场的成功经验

索尼公司前总经理盛田昭夫在总结索尼公司进入海外市场的经验时，着重说明了以下几点体会。

一、适应各国的习惯与法律

如盛田昭夫全家移居美国，参与美国人的社会生活，把自己融入美国人的生活圈子。

二、让优秀的年轻人富有创造性地去干

盛田昭夫回忆道，对于索尼来说，打入欧洲市场并不是一件容易的事情。他派了公司里最优秀和富有创造精神的年轻人去。虽然他们没享有特殊的待遇或丰厚的薪水，但公司不用那些烦琐的条条框框去约束他们，而是放手让他们工作。结果，他们干得非常出色。

三、好产品加扎根国外市场的打算

盛田昭夫说，只要你手头有适合外国市场的优质产品，又有努力"扎根"国外市场的打算，就一定能在海外出售你的产品，当然，要实现这一目标，还会遇到重重困难，还需要经过艰苦奋斗。

盛田昭夫回忆道，20世纪60年代在西德（按当时称呼，下同）销售索尼公司的产品，索尼公司面临着一个巨大挑战。西德是电子工业的鼻祖，西德人当然认为在电子产品方面自己是世界第一，因为西德的一些电子企业如格兰迪赫、诺德门迪等著名大企业往往使人们望而生畏。

索尼公司有一位叫水歧康雅的青年职员,进索尼公司之前曾在某贸易公司的海外办事处供职,在纽约工作过两年半时间。盛田昭夫将水歧康雅召回东京,命令他在4周内学会德语,然后立即着手创建索尼公司驻西德的办事处。水歧康雅二话不说,立即买了一套4周内速成德语的教科书,开始学习起来。由于工作需要,盛田昭夫不得不命令他立即出发,上飞机前,一再吩咐他在飞机上将教科书中没有学完的部分学完。

西德的消费者并不轻易购买日本货。索尼经销店的生意开始并不好。但水歧却干劲十足,自己掏钱,晚上跟老师学德语。他向盛田昭夫提议,应该在西德开办一个分公司。盛田昭夫欣赏他的热情,也很依赖他的才干,完全委托他制订创办索尼西德销售公司的计划,并让他负责去做说服总公司的工作。他都按盛田昭夫的要求去做了。

在新公司雇用的17名职员中,应聘前就已经知道索尼这个名称的只有一人。在索尼公司工作的西德职员长年累月辛勤劳动,工作极有成效,几乎都被委以重任。如就他们的资历和学历而论,在一般的德国公司中是绝对享受不到这种"殊荣"的。

四、选择适当的经销店

五、做好市场调查管理工作

要向各国市场提供适销产品,就必须很好地了解这些市场。盛田昭夫认为,一味模仿欧洲款式,充其量也只不过是出色的仿制品,还不如坚持索尼公司自己原有的款式,这更容易取得好的效果,他最终下决心选择了后者。没多久,索尼公司的产品果然以其独特的款式引起了消费者的注意和兴趣,大受欢迎。很快,精巧秀丽的日本款式又给传统的欧洲款式带来了更大的冲击。

六、从寻找代理经销商发展到建立自己的销售公司

七、从建立自己的销售公司发展到直接投资建厂

在英国开办工厂时,盛田昭夫最担心的事情就是英国工人罢工,特别是害怕交通部门的罢工会给生产带来巨大损失。为此,盛田昭夫决定每天早晚都用公司的班车接送职员上下班,这样做,就可以不受交通部门罢工风潮影响了。

另外,按日本的规矩,在工厂里,不论职务和地位的高低,都一视同仁,没有任何待遇上的差别,既不为干部或厂长设专用食堂,也不给他们准备特殊的停车场。厂里还向全体职工发放索尼制服。刚开始,维修部

门的工程师们不接受，因为按照英国的传统，他们一般是穿那种又长又大的工作服的。索尼公司并不强迫所有的人都穿索尼制服，但没过多久，大部分职员都怀着自豪的心情穿上它，连那些维修服务部门的工程师也不例外。就这样，英国人的等级观念开始一步一步地消失。

八、用日本方式进行经营管理

盛田昭夫很快发现不少新职员并没有按照流水线的顺序工作，而是采用跳跃性方式从事生产。在日本，如果有谁在组装流水线上漏掉哪道工序，后面的人发现后会立即补上。但是指望美国新工人也能准确无误地发现前一道工序的错误或疏忽是不现实的。为此，索尼公司决定设立质量检查制度，严密把关，防止出现以上的错误。当然，这样做的目的并不在于对谁进行惩罚，而在于防止这些错误"若无其事"地进入别的生产工序，最终酿成大错。要完全避免这种问题的出现，大约需要三四个月的时间。

索尼公司还注意到日本工人的工作态度与美国工人的工作态度的区别。盛田昭夫发现了一个有趣的现象。在日本的工厂里，一件产品，如果要求误差率不得超过5％的话，那么工人们总会设法将这一误差率缩小到零，并为之努力。在一种无意识的工作习惯中，目标不知不觉就像一个旋转的罗盘一样，自动朝着这一方向旋转。可是在美国的工厂里，工人们就不会这么做。规定产品误差率不超过5％，那好，他们就不超过5％，至于是否在这一基础上再加把劲，将误差率缩小至零呢，对不起！甚至还会冲你来一句"不是规定不超过5％就行了吗，为什么非要降到零呢？"索尼公司刚开始在美国设一条对策，即把美国工人的误差率降至2％，结果十分奏效，误差率真的就被严格控制在2％内。而且盛田昭夫相信，即使再苛刻一点，将产品误差率降至零，美国工人们一定会按这一要求去尽力的。当然，这样也许会降低生产效率。

盛田昭夫并不怀疑外国工人也和日本工人一样，都具有很高的技能和本事，但他们的国情、习惯和思维方式都与日本迥然不同。记得索尼公司开始在美国圣迭戈的工厂组装单枪三射彩色电视机的时候，盛田昭夫心里感到十分紧张。因为工人中的一大半都没有这方面的经验。当然，索尼公司已经三番五次地向美国工人说明，要求他们从事什么工作，其道理何在，等等。对于生产过程中将会遇到什么挫折，索尼公司都周密考虑过，盛田昭夫还和担任生产现场负责人的史蒂夫·小寺、麦克森·本、伦·迪肖尼等人商议了应急措施。同时，采取开现场会的方式，将按照生产标准程序组装出来的电视机放在全体职工面前,让他们解剖,并查明电视机报废的原因,从中看到因自己所生产的机架、抽塞不合格而造成电视机报废的情景,认清自己的职责,增强责任感。经过努力,该工厂产品的质量很快就达到了日本生产的产品质量要求。

通过实践,盛田昭夫开始知道,只要经过训练,美国人也和日本人一样,能成为出色的生产能手。

不过,圣迭戈的经营管理方式也存在一些问题。比如说,根据工作的难易程度来划分不同的工资等级便是一例。等级不同,工资也不同,这当然就引起了工人们对高级劳动的拼命追求,以增加自己的工资。在日本,工人在变换工作或改变工种时都不吵闹。因为他们所实行的年功序列型工资制,工资差别只体现在工龄、年龄上而不体现在工种上,所以不会出现像美国那样的问题。在圣迭戈,组装作业的工人全部都是刚掌握这项技术的新手,工作中当然避免不了一些疏忽和漏洞,因此,也不可能达到将产品返修率控制在一定程度之内的技术要求。针对这种情况,索尼公司决心修改圣迭戈的经营管理制度,考虑试行一种即使从事同一工作也可以提薪的办法,制止那股整天闹着要调换工作或工种谋求高工资的势头。索尼公司没有解雇过任何一位职员,即使在1973年受到石油危机袭击的困难时期。

如前所述,要使美国工人(英国工人也如此)按照索尼公司的愿望从事工作,就必须采取这么一种方式,即将操作内容及其顺序进行详细说明,并且要求他们一定要严格遵循这些规定,听凭个人判断或自由处理的工作要尽可能减少。另外,与日本妇女不同,美国妇女当中,不同的人,手指的灵活性差异很大,因此,在安排组装作业人选时要充分考虑这一点,尽量扬长避短,让工人们各尽所能。工厂刚投产时,盛田昭夫经常到厂里去,利用午饭时间向职员发表10分钟左右的简短讲话,谈谈索尼公司的企业哲学,以及其他一些即兴想起的观点和看法等。但是,盛田昭夫这样做的根本目的在于让职员们更好地了解他是一个什么样的人,让职员们理解索尼公司绝不是那种没血没肉非人道的公司,让职员们产生一种自己就是索尼大家族中一员的意识与情感。事实上,他们也确确实实是索尼公司家庭中的重要成员。

资料来源:http://www.qnr.cn/zy/guanli/fuxi/anli/200911/237579.html

任何组织都是在一定的环境中生存的,任何管理活动也都离不开环境。管理环境的状况制约并影响着组织管理活动的内容和特点。管理环境的变化也需要管理的内容、方式、手段等不断地做出调整,以便更好地利用环境变化带来的机会,躲避威胁,更好地发挥管理的效力。

第一节　管理环境概述

一、管理环境的含义

(一)管理环境的概念

环境是一个开放的系统,它不断地与周围的事物相互影响。美国管理学家孔茨认为所有的主管人员,不论他们管理的是一个企业、政府、教堂、大学还是慈善基金,都必须不同程度地考虑外部环境的各种因素和力量。因此,管理者需要对外部的环境和内部的条件进行评估,并做出相应的决策。对管理环境的界定,不同学者有不同的观点。

著名管理学学者斯蒂芬·P.罗宾斯认为管理环境是"对组织绩效有着潜在影响的外部机构和力量"。组织的环境是组织生存与发展的物质条件的综合体,它存在于组织之外,并可能对管理者的行为产生直接或者间接的影响。

美国市场营销专家菲利普·科特勒认为,每个组织都和总体环境中的某一部分有着密切的关系,他们相互作用、互相影响,这部分环境称为相关环境。例如,一个汽车制造商的相关环境主要包括汽车购买者、供应商、经销商、竞争者、银行及各种公众。如果一个组织能够与其环境相适应,它就能够取得成功。科特勒将这种适应性称为"组织—环境互适性"。只有组织与环境相互适应,它才能取得很好的经济效益。

本书认为管理环境对组织的生存和发展有着重要的影响。管理环境主要分为外部环境和内部环境,外部环境一般是指政治环境、社会文化环境、经济环境、技术环境和自然环境;内部环境主要是指人力资源环境、内部文化环境、财务资源环境等。

(二)环境对管理的影响

环境对管理的影响主要表现在以下几个方面:

1.环境是管理系统生存和发展的基础

任何管理系统都必须在一定的环境中生存,需要不断地与外界环境进行物质、信息等的交流,依赖内外环境来开展各项活动。如果没有一定的外界环境为管理提供适当的生存和发展的基础,那么这个管理系统也无法生存和发展。

例 3-1

锦公司不同时期环境对其发展的作用

提到婴儿,你会想到哪两种产品? 牛奶和尿布。二者同等重要。而提到尿布你又想到了谁? 日本锦公司的多川博。锦公司的多川博和尿布的不解之缘,让他自己都感到奇怪。当梦想被太平洋战争的炮火打破后,神户商业大学毕业的多川博只好在其岳父一个有 30 名职工的、生产胶质尿布、雨衣等产品的小厂当帮手。多川预测,战争结束后会出现生孩子的高峰,便建议工厂专门生产尿布。他预料尿布的需求量肯定会随着婴儿出生率的提高而扩大。然而,他没有料到,在战后经济异常困难的日本,谁肯把钱花在买尿布上? 因此,工厂的产品滞销,营业额下降,多川日夜为推销产品绞尽脑汁。到 1955 年日本经济由复兴转向准备起飞时,锦公司正式成立。1959 年,多川接任经理。到 80 年代中期,锦公司的年营业额已达 73 亿日元。在经营过程中,多川发现:胶质尿布的销售量并不和婴儿的出生率成正比,而是同家庭的生活水平及文化程度成正比例。低则买得少,高则买得多。察觉到这一信息后,多川专门搜集了全世界有关尿布的信息。多川在重视扩大销路的同时,也倾注心血改进生产技术,积极推进工厂的机械化和自动化。

由此可见,不同的时期环境对锦公司的发展有着至关重要的作用。

资料来源:http://guanli. 100xuexi. com/HP/20100623/DetailD1168185. shtml

---

2. 环境制约着管理活动的内容与方向

管理活动必须在一定的环境下进行。从宏观上来看,人们不能脱离环境而存在,但是可以对环境进行改造或者服从;从微观上来看,人们做什么,能够做到何种程度,都会受到环境的制约。因此,管理活动必须因地制宜地进行,并根据环境决定的内容和方向来开展,人们的管理行为不能脱离环境,更不能背离环境。

3.稳定的环境是管理活动正常发挥作用的重要前提

如前所述,任何管理活动都不可能脱离环境而存在,同样,管理系统的正常运行也必须有一个稳定的环境。如果没有一个稳定的环境,系统就无法正常发挥功能。如果环境混乱,组织机构极容易被破坏,管理的等级链也可能被打破,此时,组织系统将不能正常运转。

4.环境制约着管理活动的过程和效率

环境不仅制约着管理活动的内容与方向,而且还会影响管理的过程和效率。例如,在资源丰富的环境中,花费同样的劳动成本能够取得更好的成绩;相反,在资源匮乏的状态下,同样的劳动成本,获得的经济效益却有着天壤之别。

二、管理环境的构成

管理环境一般可分为外部环境和任务环境。外部环境一般有政治和法律环境、社会文化环境、经济环境、技术环境和自然环境等;任务环境一般由公众、竞争对手、物力环境和供应商等构成。

(一)外部环境

外部环境是在组织之外客观存在的对组织有重要影响的各种因素的总和,它不以组织的意志为转移,是组织开展管理活动必须面对的重要影响因素之一。

1.政治和法律环境

政治和法律环境是对组织活动具有实际和潜在影响的政治力量和有关法律法规等因素的总和。

国家政治环境直接影响着企业的经营管理状况。政治环境是指制约和影响企业生产经营的环境要素。对企业来说,政治环境需要分析的主要因素有:

(1)政治制度及政党制度。例如,我国社会主义的根本政治制度是人民代表大会制度;我国的政党制度是中国共产党领导的多党合作制度。

(2)各种政治性团体。例如,工会、妇联。这些政治性团体一方面对国家的政治环境及政治决策具有很大的影响和作用;另一方面,它们也会使企业的政治环境发生变化,对企业施加影响。

(3)企业所在地区或国家的政局稳定状况。政治环境一旦发生变化,将会关系到企业的生产经营,这会使企业发生十分迅速和明显的变化,而这种变化往往是企业难以预料和驾驭的。

(4)国家的方针政策以及这些政策的连续性和稳定性。比如,"一个中心,两个基本点"的基本路线,是企业要遵守的方针政策。另外,政府往往通过各种法律政策来保护消费者和环境,调整产业结构,引导投资方向。

法律环境是指政府制定的对组织具有刚性约束力的法律法规,包括国家制定的法律、法规、法令以及国家的执法机关等因素。法律法规对企业的影响作用是双重的:一方面,它们保护企业的合理竞争和正当权利;另一方面,监督和制约企业的行为。法律环境需要分析的主要因素有:

(1)国家的法律法规

国家的法律法规是由国家制定和认可的,由国家强制力保证实施的行为准则。它主要包括国家的宪法、基本法律、行政法规、地方性法规等,尤其是与企业的经营相关的经济法律法规。例如,我国的《公司法》、《合同法》、《劳动法》、《企业破产法》、《专利法》、《商标法》、《税法》、《环境保护法》等。

(2)国家司法执法机关

国家司法执法机关主要指国家所设立的法律监督、法律审判和法律执行部门,在我国主要有法院、检察院、公安机关以及各种行政执法机关等。其中,与企业密切相关的行政执法机关有工商行政管理机关、技术质量管理机关、环境保护管理机关、计量管理机关、政府审计机关、物价机关、税务机关等。

(3)企业自身所具有的法律意识

企业的法律意识是法律观和法律思想的总称,主要是企业对国家相关法律制度的认识和评价。企业的法律意识最终都会转化为一定性质的法律行为,企业法律意识的强弱,会直接影响企业的法律行为,并造成一定的法律后果,从而造成一定的行为后果,构成每个企业必须面对的法律环境。

(4)国际法所规定的国际法律环境和目标国的国内法律环境

企业进行跨国界的经营活动,必须深入研究国际法规和目标国的法律,以保障企业管理活动的正常开展。

2.社会文化环境

社会文化环境是指企业所处的社会结构、社会风俗和习惯、信仰和价值观念、行为规范、生活方式、文化传统、人等因素的形成和变动。社会文化因素对企业有直接影响也有间接影响。具体而言,社会文化环境包括的因素有文化传统、价值观、社会发展趋向等。

(1)社会文化及文化传统

社会文化因素强烈地影响着企业的经营决策及方式。社会文化通常是指人们的价值观、思想、社会行为等的综合体。文化传统是影响企业经营活动的一个非常重要的因素,是一个国家或地区在较长历史时期内形成的一种社会习惯,如中国的各种传统节日。文化环境对企业的影响是间接的、持久的。哲学、宗教、语言文字、文学艺术等文化基本要素共同构成了文化传统,对企业的文化形成与构建有重大的影响。其中,哲学这一要素是文化的核心部分,在总体文化中起主导作用;宗教在长期的发展过程中,作为文化的一个侧面,与传统文化有着紧密的联系;语言文字和文化艺术是社会现实生活及文化的具体反映,直接影响到企业职工的心理、人生观、价值观、道德及审美观等。

（2）价值观

价值观是指社会公众评价各种行为的观念标准。公众的价值观念随着时代的不同而不同,显然,不同国家和地区的价值观也是不同的。它具体表现在人们对婚姻、生活方式、工作、道德、性别角色、教育等方面的态度和意见。这些价值观念与员工的工作态度一同对企业的工作安排、管理行为以及绩效报酬制度等产生相当大的影响。

（3）社会发展趋向

改革开放以来,中国的大环境发生了翻天覆地的变化,这些变化打破了传统的习惯,使人们的生活发生了较大的变化,人们对穿着款式、消费倾向、业余爱好以及产品与服务有了新的需求,开始重新审视自己的信仰和追求生活的方式。这种变化给企业带来了机遇和挑战。

3.经济环境

经济环境是指构成企业生存和发展的社会经济状况及国家经济政策。包括经济体制、经济发展水平、社会经济结构、经济政策、社会购买力、消费者收入水平和支出模式等要素。

（1）经济体制

经济体制是指国家经济的组织形式。经济体制对企业的生存和发展的形式及内容、途径提出了系统的基本规则和条件。它规定了国家与企业、企业与企业、企业与各经济部门之间的关系,并通过一定的手段来影响社会经济流动的范围、内容和形式等。

（2）经济发展水平

经济发展水平是指一个国家经济发展的规模、速度和所达到的水准。反映一个国家经济发展水平的常用指标有国内生产总值、国民生产总值、经济增值速度、人均国民收入等。

（3）社会经济结构

关于社会经济结构的定义或者内涵,东西方学者看法不一。根据马克思关于社会经济结构的论述,社会经济结构是指人们在社会生产和再生产过程中的各种人际关系,即人与自然的关系和人与人之间社会关系的总和。此处的社会经济结构指的是国民经济中不同经济成分、不同产业部门以及社会再生产部门的各个方面在组成国民经济整体时相互的质的适应性、量的比例性及其构成状况。一般来说,社会经济结构如果发生变化,会给企业的生产经营带来不好的影响,严重时会造成国民经济危机。所以,企业应该随时关注社会经济结构的变化,以此来调整自身的管理活动,积极、主动地去适应宏观经济环境的变化。

(4)社会购买力

社会购买力是指一定时期内社会各方面用于购买产品的货币支付能力。消费和储蓄构成国民收入的主要使用部分,而消费部分又可以分为个人消费和社会消费,个人消费构成居民购买力,社会消费主要是形成社会集团的购买力。市场规模最终取决于购买力的大小,因此,企业在进行经济环境分析时要注意国家经济政策和分配政策带来的居民购买力的变化及不同地区居民的货币收入的变动情况。

(5)消费者收入水平和支出模式

消费者支出模式取决于消费者的收入水平。随着消费者收入水平的提高,他们用于购买食品的支出比重会逐渐下降。通常用恩格尔系数来描述此变化。

4.技术环境

科学技术是第一生产力。在技术日新月异的时代,技术环境因素对企业的发展越来越重要,也就是说,现代企业的发展在很大程度上受到科学技术的影响。科技环境因素主要是指与本企业有关的科学技术的现有水平、发展速度及趋势,包含所有参与创造新知识及将新知识转化为新产品的产出、流程和材料的组织机构及其行为。

科学技术的发展给企业带来的影响主要体现在两个方面:一方面,能为企业带来新的发展空间和生存机会,如果企业在新技术革命中抓住机会就很可能成为行业中的佼佼者;另一方面,对企业来说也是一种挑战,那些因循守旧者,如果跟不上现代科技发展的速度,就会在竞争中被淘汰。因此,企业要想求得发展就必须及时掌握新的技术,关注科学技术的发展动向,不失时机地紧跟时代的发展与前进步伐。

总之,企业都是在一定的环境中生存和发展的,环境的变化和发展会给企业的管理活动带来新的机遇和挑战。

5.自然环境

自然环境是与组织存在和发展相联系的各种自然条件的总和,主要包括矿产、空气、地理位置、水资源、地址资源、气候条件等因素。对企业来说,这些资源的好坏决定了组织资源的优劣。相对于社会环境来讲,自然环境的变化相对比较缓慢,并且随着科学技术的不断进步,人们也可以对自然环境的变化进行预测。

(二)任务环境

由于组织是具有特定的使命和任务的机构,组织的活动必然受到其所在的区域内的环境的影响,这些对组织的决策和行为产生直接的影响,并且与组织的目标直接相关的要素就是组织的任务环境,如公众、竞争者、顾客、供应商等。

1.公众

公众是指对企业实现其经营目标发生兴趣并能产生实际影响的群体的集合。企业面对的公众群体主要有政府机构、媒介公众、金融界公众、企业内部公众等。企业在开展生产经营活动的过程中,不断地与各类社会公众进行信息与物质的交流,社会公众的支持对企业管理活动的开展有着至关重要的作用。

2.竞争者

所谓的竞争者是指与企业生产相同或者类似产品的企业和个人。企业与其竞争者之间的关系是一种竞争的关系,这种竞争将直接影响到企业的生存和发展,进而影响企业长期的竞争优势。因此,企业在其运转的过程中需要不断地搜集竞争对手的有关情况,并对其进行详细分析研究,以便采取有力的管理活动。

竞争者的情况是企业管理环境中需要重点关注的问题,对于这一要素的分析,美国哈佛大学教授迈克尔·波特提出了著名的"五力模型",比较全面地分析了竞争这一因素。按照波特的"五力模型",产业中存在着五种基本竞争力量,即潜在的竞争者、行业内现有企业间的竞争、替代品生产者的威胁、供应商的讨价还价能力和购买者的讨价还价能力,如图3-1。

(1)潜在的竞争者

所谓潜在的竞争者,又称新加入者或潜在进入者。新加入者或者是潜在竞争者与现有企业争夺市场份额和利润,但同时也带来了新的生产能力和充裕的资源。潜在竞争者的进入往往会给现有企业的生存和发展带来威胁,这种威胁被称为进入威胁。显然,进入威胁的大小取决于进入障碍。通常而言,

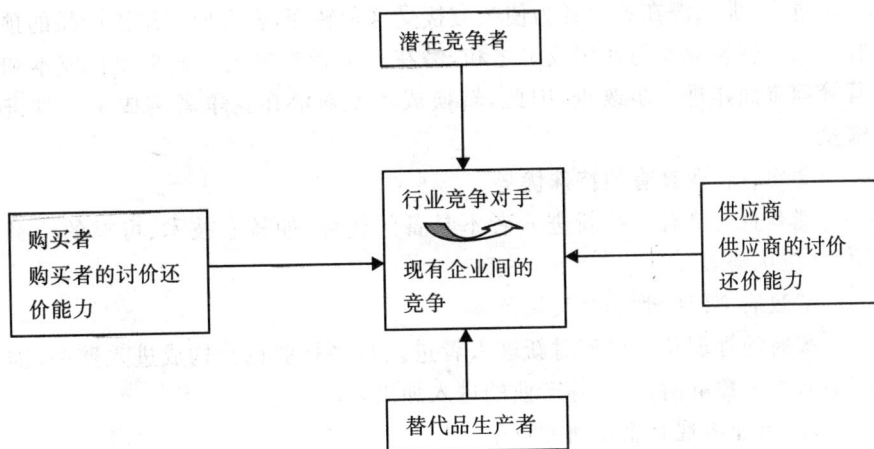

图 3-1　波特五种竞争力量模型

影响进入障碍的主要因素有：

①规模经济

规模经济是指一个企业的单位产品成本随生产规模和产量的增加而下降。当产业规模经济很显著时，处于最佳规模或超过最佳规模经济经营的企业就比潜在竞争者有成本优势，就构成进入障碍。

②产品差异化优势

产品差异化优势是指原有企业通过长期的广告宣传、商标信誉、用户服务及忠诚度、产品质量等，获得市场信誉和顾客忠诚度进而形成行业差异优势。潜在的竞争者进入行业后必须通过很大的代价来克服顾客对现有产品的忠诚问题。

③资金需求

企业进入某产业所需要的物资和货币的总量即为资金需求。潜在竞争者想要进入一个新的行业并在竞争中取胜，需要大量的资金，或者因为竞争需要而投资大量的资金，而这种资金需求就是一种进入障碍，构成进入壁垒。

④销售渠道

潜在竞争者进入新的产业面临着与以往不同的产品分销渠道方式，对大多数消费品生产厂家而言，最大的进入障碍可能是分销商对现有产品的偏好及选择。

⑤转换成本

转换成本是指买方变换供应者所需要支付的一次性成本费用。如果转换成本过高,那么潜在竞争者为使买方接受这种转变,就会使使用该产品的预期收益大于转换成本与使用成本之和,潜在竞争者要想进入就必须在成本和经营管理方面作进一步改进,因此,转换成本就对潜在竞争者构成了一种进入壁垒。

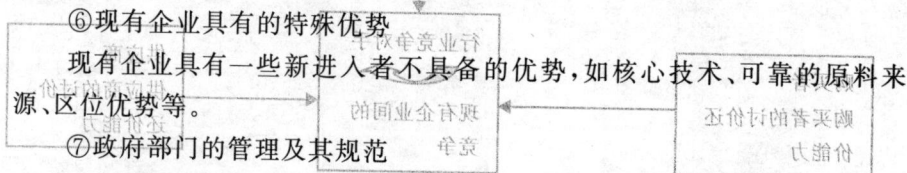

⑥现有企业具有的特殊优势

现有企业具有一些新进入者不具备的优势,如核心技术、可靠的原料来源、区位优势等。

⑦政府部门的管理及其规范

政府的管理及其规范对新进入者进入某些行业也会构成进入壁垒,如政府会对大多数电信、电力等产业的进入加以限制。

(2)行业内现有企业间的竞争

行业内现有企业间会同时出现竞争与合作的行为。不同行业现有企业间的竞争激烈程度不同。影响行业内现有企业间竞争的因素主要有以下几个方面:

①竞争者的数量及实力

行业内的企业数量越多,行业内企业间的合作就变得越困难。合作机会的降低从某种程度上说意味着企业间竞争加剧。另外,企业间实力均衡情况不同,再加上企业都有进行竞争和回击的资源,也会导致现有竞争者间的抗衡激烈化。

②行业增长速度

在行业增长较缓慢的情况下,各企业为寻求发展空间,会把力量放在争夺市场占有率上,从而使竞争激烈化。当行业增长速度较为迅速时,市场总体需求会扩大,甚至可能引起供不应求的状况,各企业可以在与行业保持一致的情况下,充分发挥各自的资金和资源优势来发展自己,从而使现有竞争者的竞争激化。

③固定成本和库存成本

固定成本与库存成本之比决定了竞争对手间为了利用多余生产能力怎样进行压价。当行业的固定成本较高时,会给行业内企业带来较大压力,企业为降低这种压力,必然会采取一定的措施提高生产能力的利用率,结果会导致价格的迅速下降。显然,产品的库存成本也会影响企业的赢利性和竞争程度。某些行业库存费用较高,在这种情况下,企业会因为要尽快销售而不得不遭受降价的损失。

④产品差异化

行业内企业间产品或服务缺少差异化即产品或服务的统一性较高时，顾客可能会因顾客忠诚度和个人偏好选择一家产品或服务来代替其他企业的产品，行业内企业间的竞争会相对缓和；当产品或服务的差异化较高时，顾客所选择的是价格和服务，这势必会使生产者在价格和服务上展开激烈的竞争，使现有企业间的竞争抗衡激化。

当然，企业的产品或服务是否能导致行业内竞争激化，不仅与企业提供的产品或服务的差异化程度有关，还与顾客能否很好地识别这种差异性有很大的关系。

⑤竞争者的性质

企业都会根据自己的战略愿景和使命及发展目标来制定相关的战略并设法在竞争中取胜。因此，竞争者的性质异同决定着采取的竞争方式和手段的异同。

⑥退出障碍

所谓退出障碍，主要是指那些迫使投资收益低，甚至是亏损的企业仍然留在行业中从事生产经营活动的因素，包括专业化的固定资产、退出费用、战略的协同关系、政府和社会的限制等。

（3）替代品生产者的威胁

所谓替代品，是指那些与本行业的产品具有相同或相似功能的其他产品。几乎所有行业都面临着替代品生产者的威胁，有些替代是由经济环境因素引起的，有些是技术进步的结果，而有些是由原材料短缺而引起的。虽然替代品是广泛存在的，但是不同行业其影响程度不同。

（4）供应商讨价还价的能力

供应商可以通过提高产品的价格、降低供应量和产品的等级等行为来对企业施加压力。供应商竞争能力的大小主要取决于以下几个方面的因素：

①供应商的集中程度。如果行业中供应商的数量较少，对企业的竞争压力相对较大；反之，竞争压力较小。

②供应商产品的可替代程度。如果供应商产品的可替代程度较高，那么供应商对企业的竞争压力相对较小；反之，竞争压力将会较大。

③行业对供应商的重要程度。如果本行业是供应商主要的贸易伙伴，那么来自供应商的压力相对较小。

④供应商对本行业的依赖程度。如果供应商所提供的产品是本行业生产经营的关键产品，那么供应商的讨价还价能力就强，反之就弱。

⑤供应商前向一体化的可能性。如果供应商的前向一体化可能性大,则对企业的竞争压力就大。

⑥企业后向一体化的可能性。如果企业后向一体化的可能性较大,那么企业对供应商的依赖性小,来自供应商的竞争压力也小;反之,则大。

⑦供应商产品的差异性和用户的转换费用。如果供应商提供的产品差异大,用户的转换费用较高,则供应商对企业产生的竞争压力较大;反之,则小。

(5)购买者讨价还价的能力

购买者是企业所提供的产品和服务的对象,即顾客。顾客对行业内企业实施的竞争压力表现在要求企业尽可能地提供优质的产品和服务,同时,要求所需要的产品及服务的价格低廉。另外,购买者还可能利用现有企业间的竞争对生产厂家施加竞争压力。影响购买者讨价还价能力的因素主要有:

①购买者的集中程度。如果购买者采取大批量的进货方式或者集中进货,则购买者对企业具有很强的讨价还价能力。

②购买者从供方购买的产品及服务占其成本的比重。购买者从行业内企业中购买的产品及服务占其成本的比重较小,则购买者的讨价还价能力相对较弱;如果所购产品在购买者成本中所占比重较大,那么购买者的讨价还价能力就会增强,并千方百计地压低价格。

③购买者选择后向一体化的可能性。购买者实力足够强大,选择后向一体化的经营方式,就可以采取自行生产与外购的方式,这两种方式显然增强了购买者对供应方的讨价还价能力。

④购买者从供方购买的产品的标准化程度及转换成本。行业内企业提供的产品的标准化程度越高,顾客的转换成本越小,那么购买者的讨价还价能力就会越强。

⑤购买者对信息的掌握程度。当购买者充分掌握了所购产品的市场需求、价格、生产成本等方面的信息,就有足够的余地与供方进行讨价还价。

另外,对于任务环境中的顾客和供应商,在本节的竞争者分析中已经进行了详细的论述,此处不再进行详细分析。

总之,以上几种力量是企业管理环境的主要因素,每一个因素的变化都可能会引起一系列其他变量的改变。因此,要制定正确的管理决策,就必须积累各种相关的资料,对企业的管理环境进行深入、细致的研究。

第二节　管理环境分析

一、管理环境分析的内容

企业管理活动必须在一定的环境中开展。由于环境本身具有不确定性，为了制定正确的决策，管理者必须对管理环境做出全面的分析评估。第一节所论述的管理环境的类型是管理者环境分析的重要内容之一。除此之外，在对管理环境进行分析时，还必须认真研究环境的不确定性、企业的能力和战略性要素。

（一）外部环境的不确定性分析

由于企业外部环境缺乏稳定性，使得管理者缺乏足够的有关环境变化的信息，从而很难对环境的变化进行准确的预测，最终给管理系统带来威胁和机会。下面我们就环境机会和环境威胁两个方面来进行详细分析。

1.环境机会

环境机会是指对企业经营管理活动具有吸引力的领域，在该领域中公司将获得竞争优势。对于环境机会的分析，我们可以用环境机会矩阵来表示，如图 3-2 所示。

对于处于区域Ⅰ中的环境机会，其出现的概率和对企业的吸引力都是最大的，因此，是企业面临的最佳机会，作为公司的决策者应该制订若干计划以寻求这样的机会。对于处于区域Ⅳ中的机会，因为其出现的概率和对公司的吸引力都比较小，因此，公司决策者对该机会可以不必给予太多关注。对于处于区域Ⅱ和区域Ⅲ中的机会，企业应该给予充分的关注，因为这其中任何一个机会的吸引力或者成功的概率都有可能出现新的变化。

2.环境威胁

环境威胁是指环境中不利于企业营销的因素及其发展趋势对企业形成的挑战，或者是对企业现有的竞争地位所构成的威胁。著名美国市场营销学家菲利普·科特勒认为，"环境威胁是环境中的一种不利的发展趋势所形成的，如果不能采取有力的措施，那么这种不利的趋势可能会侵蚀企业的竞争地位"。从中不难看出，环境威胁是由多种因素造成的。对于环境威胁的分析，我们一般用环境威胁矩阵来描述。管理者根据掌握的资料，按照威胁出现的概率和潜在的严重性对其进行分析，在此基础上描绘出威胁矩阵。如图 3-3 所示。

成功的概率

高　　　　　　　　　　　　　　低

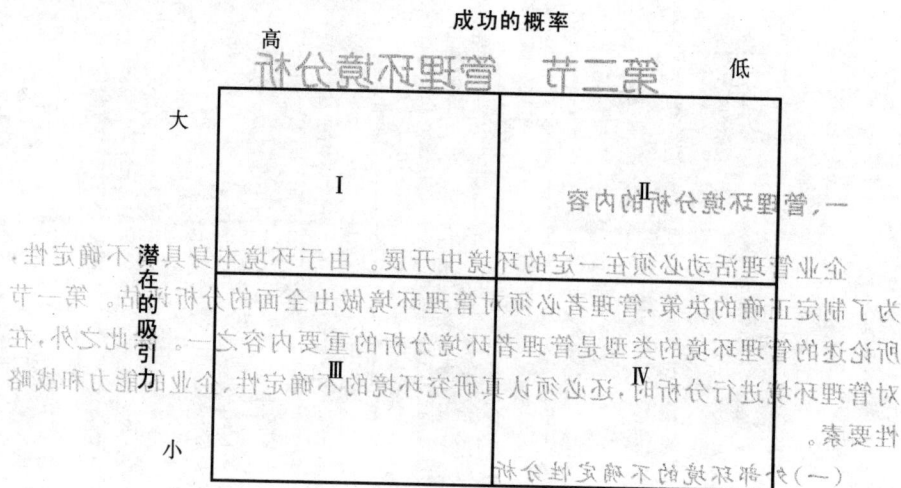

图 3-2　环境机会矩阵

出现的概率

高　　　　　　　　　　　　　　低

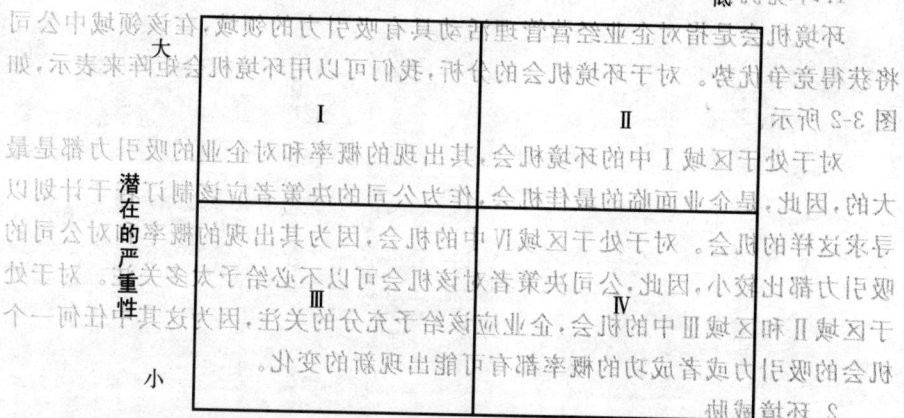

图 3-3　环境威胁矩阵

其中,区域 I 的威胁是关键性的,它对公司的潜在威胁最大,而且出现的概率也最高。因此,企业非常有必要针对其制订一个专门的应变计划以预防可能出现的威胁,使其危害程度降到最低。对于区域 IV 的威胁,因为其对公司的潜在威胁和出现概率均最小,因此,公司可以置之不理,不给予太多关注。对于处于区域 II 和 III 的威胁,公司不必针对其制订专门的计划,但是必须密切关注这些方面,以防止这些威胁向区域Ⅰ发展,成为重大威胁。

3.环境机会和环境威胁的组合

企业在运转的过程中总是面临着不同的机会和威胁,由于机会和威胁的程度不同,企业面临的综合管理环境也不同,具体而言主要有恶化的环境、理想的环境、老化的环境和冒险的环境四种,如图3-4所示。

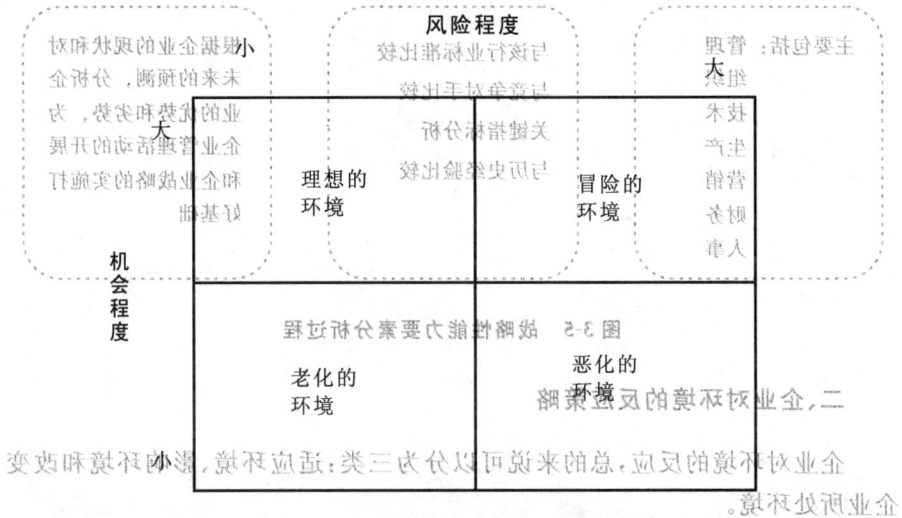

图 3-4　企业环境类型

(二)企业能力分析

企业能力分析是指对企业的关键性能力进行识别,并对其进行深入、细致的分析,以发现企业的长处和短处。企业能力分析能够帮助企业决策者制定长期以及短期的企业战略,衡量企业现有战略的可靠性和有效性,并能够帮助企业运用相关的手段对其能力进行完善。

企业的能力是由企业的经营要素决定的。管理学专家一般都用6M+T+I来表示构成企业能力的八大要素,即人力(manpower)、资金(money)、物料(materials)、机械设备(machine)、营销方法(methods)、管理(management)、时间(time)、信息(information)。这些因素结合起来形成企业的能力。

(三)战略性能力要素分析

企业能力的构成因素有很多种,企业如果要进行战略管理,必须对其能力的构成因素进行分析,识别战略性的能力因素,然后对这些因素进行评估,明确企业的优势和劣势。具体而言,企业战略性能力要素的分析过程如图3-5所示。

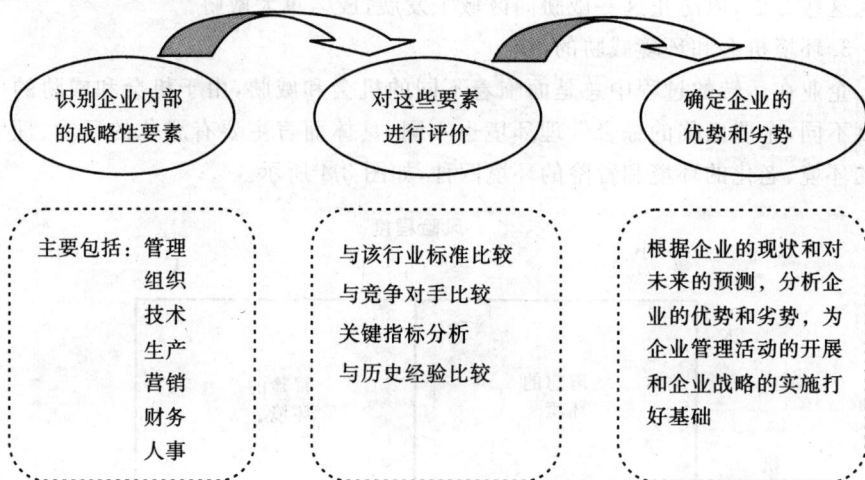

图 3-5　战略性能力要素分析过程

二、企业对环境的反应策略

企业对环境的反应,总的来说可以分为三类:适应环境、影响环境和改变企业所处环境。

(一)适应环境

为了适应环境变化所引起的不确定性,企业需要尽可能地采取各种应对策略,如在边界处适应、在核心处适应等。

1.在边界处适应环境

从开放的系统观点来看,组织在与环境进行物质、信息等交流的边界设置了缓冲器。这种缓冲器通过创造超出资源的供应以防不可预测的需求。在系统的输入端,组织通过雇用临时工、兼职工等来缓冲劳动力需求,在系统的输出端,通过拥有一定的存货来缓冲顾客需求过多的局面。

另外,除了缓冲,组织还尽可能地平缓环境边界的正常运动。例如,服装零售商在季末时通过打折等方式来处理存货。

2.在核心处适应环境

当缓冲或者平缓组织的边界不确定时,企业既可以调整技术核心的柔性或者工艺,也可以提供其他个性化的服务。例如,越来越多的公司开始根据顾客的需求提供产品或者服务;来满足顾客。

（二）影响环境

企业除了适应环境、改变自己外，还可以主动地改变环境。企业主动改变环境的类型有合作行动和独立行动。

1.合作行动

在某些情况下，两个或者更多的企业可以联合起来，使用合作战略来影响环境。企业合作行动有很多形式，如合同、增添、联盟等，具体如表 3-1 所示。

表 3-1　合作行动

战　略	含　义	实　例
合　同	企业与其他企业就交换产品、服务、专利、信息等方面进行谈判	合同营销体系
增　添	在企业的领导机构中吸取新的要素来规避对其稳定和生存的威胁	董事会中的消费者和工人代表以及银行家
联　盟	在一段时间内就某些问题两个或者多个企业结成联盟	行业协会；企业圆桌会等

资料来源：《营销期刊》，美国营销学会出版，C. V. 塞斯姆尔，"环境管理：改变营销视角"，1984。

2.独立行动

独立行动是指企业依靠自己的能力来改变周围的环境，具体来说企业独立行动的战略主要有以下几种，如表 3-2 所示。

表 3-2　独立行动

战　略	含　义	实　例
竞争攻击	挖掘企业独特的竞争力或者提高其内部效率来创造企业的竞争优势	攻击性价格 比较广告
竞争妥协	企业与竞争者改善关系的独立行动	帮助竞争对手找到原材料
公共关系	在环境组成人员中建立和保持良好的形象	赞助体育项目
义务行为	义务参加各种利益集团、活动和社会问题	麦当劳之家
法律行为	公司与竞争对手就不信任、欺骗广告或者其他问题进行司法活动	蓝山艺术公司起诉豪马克非法复制其图片
政治行为	努力影响选举人代表创造一个更加有利的商业环境或者减少竞争者	ARCO'S 参与选举活动，发行广告

资料来源：《营销期刊》，美国营销学会出版，C. V. 塞斯姆尔，"环境管理：改变营销视角"，1984。

(三)改变企业所处环境

为了应对外界环境的不确定性,企业除了采取上述策略外,还可以通过改变企业所处环境来适应环境的不确定性,其手段和方式主要有以下几种,如表3-3所示。

表3-3　企业改变环境的手段和方式

战　略	含　义	实　例
领域选择	进入竞争程度较低或者有管制的行业或者市场;有大量的供应商或者消费者;市场高增长	IBM进入个人计算机市场;米勒进入啤酒市场
多样化	投资于不同业务;生产不同类型的产品;进行地域扩展以减少对单一技术或者市场的依赖	通用收购RCA和NBC
并　购	将两个或者多个企业合并为一个,企业获得已有企业的所有权	Google并购摩托罗拉
撤　资	出售一项或者多项业务	柯达·伊士曼化学公司

资料来源:《营销期刊》,美国营销学会出版,C.V.塞斯姆尔,"环境管理:改变营销视角",1984。

【本章小结】

通过本章的学习,首先明确管理与环境的关系,企业组织是一个开放的系统,不断地与外界环境进行物质和信息交流,受外界环境影响;反过来,企业的行为也会影响环境。企业环境是一个复杂的系统,由一般环境和任务环境构成,通过对企业环境内容的剖析,进一步明确企业环境分析的内容,最后在对环境分析的基础上,明确企业的环境反应策略,使企业能够更好地适应不断变化的环境。

【思考题】

1.简述管理环境的含义和内容
2.简述企业管理环境分析的内容。
3.企业对环境的分析策略是什么?

第四章　企业伦理与社会责任

【学习目标】　通过本章的学习,掌握企业伦理的层次与规范、企业社会责任的概念与内容,了解企业伦理与企业社会责任的特征。

【关键词】　企业伦理　规范　层次　企业社会责任

导入案例

强生公司的泰诺危机

　　1982 年 9 月 30 日,星期二,强生公司总部得到消息:在芝加哥有人在服用掺有氰化物的"泰诺"(Tylenol)胶囊后死亡。泰诺是强生的一个子公司的产品,占止痛药市场 35％ 的份额,其销售额大约占强生总销售额的 7％,利润占强生总利润的 15％～20％。

　　由于公司内部沟通失灵,强生一开始否认这一事实,但第三天早晨便向报界承认了此事。公司管理层认为,虽然生产厂商并未出现氰化物污染,但是公司不应心存侥幸。

　　强生的董事长兼首席执行官詹姆斯·伯克决定亲自处理泰诺危机。10 月 4 日,星期一,他到华盛顿会见联邦调查局(FBI)和美国食品与药品管理会(FDA)的人士。他考虑收回泰诺胶囊,但两个机构的人士都建议他不要这么做。伯克解释说:"联邦调查局不希望我们那么做,因为如果那样的话,就会使掺毒者认为:'嗨,我赢了,我能迫使一家大公司就范。'而 FDA 的人则怀疑如果那样做的话,所制造出来的恐慌比可能消除的还要多。"然而,第二天,当加利福尼亚州又发生了一起涉及泰诺的中毒事件后,FDA 同意伯克收回所有的泰诺胶囊。

　　这次共收回了零售价值 1 亿多美元的 3 100 万瓶泰诺胶囊。收回活动从向消费者提供药片换回胶囊的广告开始。强生公司为了澄清事实真相,登出广告许诺以药片换回胶囊,并向医生、医院和销售商发出 50 万份邮递电报,向媒体发表声明,以便找到尚留在市场上的泰诺胶囊,伯克出现在大型电视节目中,强生还允许麦克·华莱士来拍摄强生公司的公司战略小组的会议,并在高收视率的电视专栏节目《60分钟》中播放。

按理讲,药是在离开公司后被下毒的,强生公司与污染药品的人没有任何来往,但是强生公司还是陷入了困境。泰诺的销售额大幅度下降。据统计,损失接近80%。强生报道说,他们1982年采取的保护公众的主动行为使公司损失了1亿美元。然而到1985年底,泰诺的市场销售额达到了新的高峰。

1986年2月9日,有人发现纽约州的一名年轻妇女死在床上。前一天晚上她服用过两颗超力泰诺胶囊。这两颗胶囊中掺有氰化物。泰诺的噩梦重演了!

这次中毒事件十分令人费解,因为为了防止1982年的中毒事件重演,已对药瓶进行了三层密封。首席执行官詹姆斯·伯克立刻取消了所有胶囊装的泰诺广告。强生建立了一个由高级主管们组成的危机处理小组来应对此事。举行会议时,伯克认为,目前没有任何包装是可以阻止掺毒的,将来也不可能有这样的包装。2月16日,公司决定收回所有的泰诺胶囊,并停止所有胶囊装药品在药店的销售。

泰诺马上经历了第二次快速复苏。五个月内,市场份额重新回到原来的90%。之后,强生重新成为市场止痛药的领导者。

资料来源:[美]罗伯特·F.哈特利著,胡敏等译.商业伦理[M].北京:中信出版社,2000年7月.

第一节　企业伦理

随着经济文化的发展,全球公众意识不断提升,在现实生活中,人们不仅关注企业的经济活动,更加密切关注企业的伦理行为。因此,企业作为道德行为的主体,不仅要讲究伦理,而且还应该承担道德责任。企业可以通过多种途径,将基本的伦理规范融入企业战略、企业文化、企业制度和企业的日常生产经营活动中。

例 4-1

2001 年 11 月,安然向美国证券交易委员会递交文件,承认做了假账,并于 12 月正式向法院申请破产保护,破产清单所列资产高达 498 亿美元,成为美国历史上最大的破产企业。2002 年,安达信倒闭、世通公司财务丑闻等一系列恶劣事件震撼了美国与全球业界。曾屡次创造利润神话、一度号称"中国第一蓝筹股"的 ST 银广夏,因伪造经营业绩、虚报财务报表而受到中国证监会的处罚。由此可以看出,企业伦理已成为全球企业共同面临的问题。

资料来源:http://wiki.mbalib.com

一、企业伦理概述

(一)伦理与道德

伦理与道德是两个相互联系又相互区别的概念。企业伦理学是关于企业道德问题的科学,要深刻认识企业道德,必须先明确伦理与道德这两个概念。

"伦"是指人的关系,即人、群体与自然之间的关系,这一关系包括个人与他人、与群体、与社会、与自然的关系,以及群体与群体、群体与社会、群体与自然的关系等;"理"是指道德律令和原则。所以,"伦理"是指人与人相处应遵守的道德和行为准则,"伦理"的概念蕴含着西方文化的科学、理性、公共意识等属性。

道德的含义在实际运用中和伦理没有太大的区别。根据施泰因曼教授的观点,道德是指在一定的文化领域占实际支配地位的规范,而伦理则是对这种道德规范严密性的思考。道德这一概念包含了社会的道德原则和个人的道德品质两个方面的内容。

"道德"与"伦理"这两个概念,在一般情况下并不做严格的区分,它们经常可以互换使用,特别是作为"规范"讲时,"道德规范"与"伦理规范"是等同的。

著名学者曼纽·G. 维拉斯奎认为道德规范主要有以下特点:

首先,道德规范的有效性是建立在合理性的基础上的,并不是由某个权威机构来决定的。

其次,道德规范应该在自身利益之上,也就是说当自身利益与道德义务相冲突时,应该以道德伦理为先,不能将自身利益置于道德伦理之上。

再次,道德规范是建立在公正、没有偏见的基础上的,而且道德规范通常会与特定的情感和词汇联系在一起。

最后,道德规范要处理的问题是会给人类带来利益或者伤害的事情。

但是严格来讲,"道德"与"伦理"是有细微的区别的。比如,当我们形容一个人是"有道德的"的时候,一般不会说这个人是"有伦理的"。另外,"伦理学"是一门学问,这门学问的名称很少用"道德学"来代替。因此,不难发现,"道德"这一词汇更多的用于人,而"伦理"则更具有客观、社会、团体的含义。

(二)企业伦理学的产生与发展

企业伦理的研究起始于20世纪五六十年代的美国。当时美国的一些企业出现了一系列的经营丑闻,包括环境污染、受贿、欺诈交易等,引起了社会公众的强烈反应,为此要求政府对此进行调查。1962年,美国政府公布了《对企业伦理相应行动的声明》的公告,表达了社会公众对企业伦理行为的极大关注。同年,威廉·洛德(William Ruder)在美国管理学院联合会成员中发起了一项对开设企业伦理学必要性的调查,被调查者认为企业伦理学应该成为管理学教育的一个重要组成部分,但是当时大多数的学校并没有在这个领域开设专门课程的可能。1963年,T. M.加瑞特等人编写了《企业伦理案例》,搜集了形形色色的有关企业伦理的案例,并对其进行了深入的分析研究。

1974年11月,在美国堪萨斯大学召开了第一届企业伦理学讨论会,此次会议标志着企业伦理学的正式确立。后来,此次会议的记录被汇编成《伦理学、自由经营和公共决策:企业中的道德问题论文集》。

从20世纪70年代初开始,学术界对企业的社会责任问题进行了深入的研究,并由此引发了"伦理先于利润"与"利润先于伦理"的争论。与此同时,日本也开始关注企业伦理模式。第二次世界大战后,由丸山敏雄创立的日本伦理研究所倡导伦理实践,其中企业伦理就是一项重要的内容。日本的企业伦理模式是对日本家庭伦理传统的拓展,丸山敏雄将日本传统的伦理观念融入企业的经营活动中,并通过确立社是、社训、员工培训、做朝礼等方式来强化这一概念,使伦理道德成为日本企业调节内外关系、处理利益冲突的主要手段。

20世纪80年代后,国外对企业伦理学的研究开始进入全面发展阶段。一方面,企业伦理学开始从美国和日本扩展到了其他国家,如加拿大、西欧、东南亚、澳大利亚等;另一方面,高校课堂开始设置关于企业伦理学的专门学术研究机构或以企业伦理为重要研究课题的应用伦理学研究中心。随着理论研究的不断深入,人们开始就伦理道德与企业活动、企业道德地位、企业伦理学的理论基础等问题展开激烈的讨论。另外,在实践方面,企业伦理也开始在美国大型企业中得到广泛应用,其他国家如英国、加拿大、澳大利亚的企业开始将企业伦理规范变成书面文件等。80年代末,开始出现了一批企业伦理与管理相结合的影响力深远的著作,如1987年美国拉鲁·托尼·霍斯曼的《管理伦理》,1988年R.爱德华·弗里曼和小丹尼尔·R.吉尔伯特合著了《公司战略与企业伦理》一书等。20世纪90年代以后,关于企业伦理研究的著作更是层出不穷,如劳拉·L.纳什所著的《仅有良好的愿望是不够的》,查理得·T.乔治的《国际商务中的诚信竞争》等。

90年代中期,《财富》杂志排名前500家企业中,90%以上的企业有成文的伦理守则。1995年8月,英国《经济学家》杂志资料显示,美国有3/5的大企业设有专门的伦理机构,在欧洲有一半的大型企业设置了企业伦理工作机构。在美国制造业和服务业前1 000家企业中,20%聘有伦理主管。截止到90年代中期,30%～40%的美国企业开展了各种形式的伦理培训。美国教育界也非常重视企业伦理,到1993年,美国90%以上的商学院开设了企业伦理的相关课程,企业伦理学不再是"企业与社会"、"公共政策"之类课程中的部分章节,而是作为一门独立的学科,成为商学院学生的必修课。

近年来,随着企业伦理学的教学、研究和学术交流的频繁,人们对企业伦理学的理论和实践研究都取得了突破性的进展,企业伦理学也日趋成熟。

(三)企业伦理的特征

纵观企业伦理的发展,企业伦理主要有以下特征:

首先,企业伦理是关于企业和其成员行为的规范。企业是由个人组成的,但是企业的行为不是员工个人行为的总和。企业作为一个独立运行的主体,它有着自己的目标、利益和行为方式,因此,企业本身就是一个"道德角色"或者"道德主体"。但是企业具体的工作是由企业成员来完成的,所以,在讨论企业道德或者伦理规范时,实际上也是对每个员工应有的行为所制定的一个标准,因此,从另一个角度来看,企业伦理也是针对员工行为所制定的一种规范。

其次,企业伦理在一定程度上是指导企业处理其与利益相关者关系的规范。道德的基础是利益,其核心内容是协调不同利益相关方的利益。在企业生产经营活动中,企业的利益相关者不仅包括企业内部各员工、股东与管理者,而且包含企业外部利益相关者,如企业的供应商、合作伙伴、竞争者、政府等。企业伦理在一定程度上能指引企业正确地处理其与利益相关者的关系,为企业的健康稳定发展提供一个良好的经营环境。

最后,企业伦理是通过社会舆论、传统习俗、内部规范与内部信念来发挥作用的。法律与企业伦理都是调节企业与员工行为的手段,但是二者在运行机制上有着很大的差别：企业伦理是一种道德规范，是依靠社会舆论、传统习俗、内部规范和内部信念来发挥作用的，因此，它更多的是一种自觉性和内在性；而法律则依靠国家这个机构的强制力量来执行，因此，体现了强制性和外在性。

二、企业伦理的层次与规范

(一)企业伦理的层次

在市场经济条件下，企业积极地参与市场活动，并与多个利益相关者有着直接或者间接的联系，其社会交往逐渐增多，形式也变得多种多样，因此，其呈现出的企业伦理关系也有着多层次化的特点。

1.企业与其出资人的伦理关系

在市场经济条件下，企业与股东之间的关系是企业内部关系的主要内容。企业的首要责任是维护股东的利益，扮演好代理人的角色，保证股东利益的最优化，通过财务上的合理经营，为股东带来更多的财富。因此，企业在其正常的生产经营过程中，必须正确处理好其与出资人即股东之间的伦理关系，保证企业健康运行和发展。

2.企业与员工的伦理关系

企业通过组织员工的生产经营活动，在实现员工能力发展、个性发展和社会关系发展的过程中，来实现企业的长期稳定发展，因此，企业必须保护员工的合法权益，建立和谐稳定的劳动关系，为员工提供安全健康的环境、公平的升迁机会以及接受教育的机会和民主参与管理企业的渠道，为企业的长期稳定发展做好充足的准备。

3.企业与消费者的伦理关系

企业的消费者每天都直接或者间接地与企业有着千丝万缕的联系，企业的产品只有流通到消费者手中，获得其认可和满意，才能源源不断地以资金的形式回流到企业，消费者的认可与满意对企业的生存有着至关重要的影响，所以，企业必须正确处理其与消费者的伦理关系，为消费者提供真实可靠的产品信息、安全的产品、优质的售后服务等，保护消费者的合法权益，提高顾客对企业的忠诚度。

4.企业与竞争对手和商业伙伴之间的伦理关系

在市场经济条件下，企业与其竞争对手和商业伙伴的关系并不是纯粹的竞争关系，而是一个以实现多赢为目标的新的竞争环境，因此，在这种条件下，需要企业与其竞争对手及其商业合作伙伴建立一种良性的合作关系，即战略联盟,使企业在激烈的竞争环境中得以生存。

5.企业与政府的伦理关系

企业作为社会的细胞,是国家、社会的成员和重要组成部分;政府作为管理者对企业这个社会成员实施宏观上的管理、控制和组织协调,保证社会秩序的良性循环,它们之间相互影响,相互作用。企业必须与政府建立良好的关系,为企业健康发展提供良好的政治环境。

6.企业与自然环境的伦理关系

环境是企业赖以生存的必要条件,企业生产经营所必需的原料等都直接或者间接地来源于环境。随着科学技术的发展,经济的繁荣给环境带来了巨大的破坏,并引起了社会公众对环境问题的关注,因此,企业必须正确处理其与自然环境的关系,积极保护环境,建立严格的环境绩效考核体系,维持企业生存的条件。

(二)企业伦理的规范

1.团队意识

企业的团队意识表现为企业团队成员的向心力、凝聚力,即 $1+1>2$ 的效应,这种效应也称为"系统效应",团队中的每个成员都有强烈的归属感和安全感。在团队意识的影响下,能够实现企业团队利益和个人利益的辩证统一,即团队利益和个人利益的同一性;团队利益和个人利益的辩证性;当团队利益和个人利益发生冲突时,团队利益为先的自我牺牲性;现代企业伦理观和高效率的市场经济相结合的意识。

2.义利并重

所谓的义利并重,首先,是在企业的经营活动中,要遵纪守法,不得损害企业利益相关者的合法权益;其次,企业在为自身获取利益的同时,也要能够为其利益相关者带来一定的利益;最后,企业在获得相关的利益之后,要积极采取合理的方式回报社会。

3.互惠互利

企业的经营离不开其利益相关者的积极参与,因此,企业必须正确处理其与利益相关者的利益,做到互惠互利,与利益相关者维持良好的合作关系。互惠互利的最低要求是不能损害其他利益相关者的利益,遵守正当或者正义的原则,将企业的员工看做企业的一部分,而不是企业的工具。

4.效率与进取

效率是企业伦理规范中需要首先考虑的问题。具体来讲,效率是指企业的资源配置效率。效率是靠生产要素供给者自己的投入或贡献而取得的,来自生产要素供给者主动性、积极性的发挥。

5.公平

公平原则作为一种企业伦理规范，一般体现在企业内部员工之间。这里所指的公平，是指机会均等，正确处理好企业员工之间的公平问题，并采取合理的形式将这一规范贯彻实施。

三、企业伦理的构建

伦理是企业赖以生存的基石，作为一项极为宝贵的无形资产，企业伦理不仅会促进企业经济目标的实现，而且对企业声誉及企业形象的建立有着极为重要的作用。因此，在现代企业制度建设中，必须加强伦理建设。

企业可以从以下几个方面入手，来推动企业伦理的建立。

（一）制定并执行企业伦理的相关准则

企业的伦理准则要反映企业与其利益相关者即员工、股东、消费者、政府、社区等的责任管理，同时包含公司的愿景与使命，为企业的行为与发展方向提供正确的指引。另外，企业的伦理准则要具有一定的效力，将组织成员的思想和信仰予以具体化。

例 4-2

威塞里尔协会是一家小型的、为汽车行业提供电子部件的私人供应商，它拥有一本《质量担保手册》，是思想方针、行为指导、技术手册和企业简介的统一体，记录了公司对于正直人格的承诺和关于正确行为的指导原则。公司从来不用销售比赛等来激励员工的个人工作表现，也不通过销售数字来判断竞争状况，而是教育员工在制定决策时，既要考虑公司和个人的利益，也要考虑供应商、客户以及社会的需求，绝对的诚实、礼貌以及尊重他人是公司业务程序的标准。自步入业界以来，威塞里尔的销售收入不断增长，在一个发展缓慢的行业里创造了奇迹。

资料来源：http://wiki.mbalib.com/wiki/%E5%95%86%E4%B8%9A%E9%81%93%E5%BE%B7

（二）设定企业伦理目标

企业伦理目标不仅要体现企业行为的经济价值，还必须具有伦理价值，使得企业在追求相关的经济目标时，能够将企业的伦理渗入企业行为中，将道德伦理作为衡量企业行为价值的唯一尺度。企业伦理对企业的长期可持续发展有着极其重要的作用,企业的伦理目标是企业经济目标和伦理目标的结合,正确合理的企业伦理目标的制定与实施是企业长期发展的重要保证。

(三)加强伦理教育

企业要加强对其员工的伦理教育,企业的相关活动是通过其员工的行为来表现的,因此,其员工的伦理行为对企业伦理有着重要的作用。企业应该加强对其员工的伦理教育,提高公司向心力,在激励员工的士气的同时提升员工的个人素质,满足员工更高层次的精神需求,从而激发员工的积极性、创造性和忠诚度,促进企业经济目标的实现。

(四)树立高层对企业伦理的榜样作用

企业高层领导的行为和思想对企业员工的行为有着较强的影响力。因此,企业高层领导不仅要将企业伦理规范渗入自身的行为中,在道德义务存在冲突时,敢于以身作则,而且要为企业建立一个良好的道德环境,向员工展示一种荣辱与共、共同承担的责任感,促进企业伦理的有效实施。

第二节 企业社会责任

一、企业社会责任的概念

企业社会责任自成立之初就伴随着各种争论,但是随着经济的发展和时代的进步,人们对企业社会责任的争论焦点不再是企业是否应该承担社会责任,而是对企业社会责任的界定问题。迄今为止,关于企业社会责任的概念,不同学者有着不同的观点。

(一)企业社会责任概念的演进

1. 企业社会责任概念在国际发展中的演变

企业社会责任(corporate social responsibility,简称 CSR)观念起源于美国。20 世纪的二三十年代,著名的哈佛大学法学院教授多德与哥伦比亚大学法学院教授贝利展开了一场关于坚持公司只应对股东负责的传统模式,还是建立除股东之外,公司还应对其他利害关系人负责的新模式的论战,最后这场辩论以多德教授的公司社会责任理论胜出而告终,企业社会责任思想逐渐形成。根据企业社会责任这一概念在欧美的发展过程,结合社会对其关注程度和关注的范围,企业社会责任的概念在欧美大致经历了三个阶段。

(1)企业社会责任概念的个别研究阶段(20世纪20年代至60年代)

在这一阶段,企业社会责任刚刚萌芽,仅有一些学者对企业社会责任进行了研究。

企业社会责任这一概念最早由英国学者欧利文·谢尔顿于1924年提出。欧利文·谢尔顿认为企业应该为其影响到其他实体、社会和环境的所有行为负有责任,并认为企业社会责任含有道德因素在内。他将企业社会责任与公司经营者满足产业内外各种人群需要的责任联系了起来。

1953年,霍华德·R.鲍恩的划时代著作《商人的社会责任》问世,这被公认为是现代企业社会责任概念构建的开始。他在此书中明确提出企业社会责任的概念,他认为"商人具有按照社会期望的目标和价值观来制定政策、进行决策或采取行动,自愿承担社会责任的义务"。鲍恩认为社会责任原则是一种思想,商人们自愿承担社会问题是改善经济和更好地实现经济目标的可行方法。他认为社会责任的概念应该包括三方面的内容:首先,承担社会责任的主体——现代大公司;其次,企业社会责任的实施者是公司的管理者;最后,社会责任的原则是自愿。但是对于自愿这一原则,鲍恩后来又给出了新的解释。1967年,鲍恩在伊利诺伊大学召开的"公司与社会责任"研讨会上发表了《商人的社会责任——20年后》一文,对早期提出的公司社会责任概念中的自愿原则进行了修正。他认为公司与工会组织联盟权利强大,影响广泛,以至于自愿性的原则已经不能有效约束公司。对于企业承担社会责任还是社会顺从企业,他认为这仍然是一个悬而未决的问题。很多迫切的社会问题,如环境污染、种族问题等,不能仅靠公司自愿承担社会责任来解决,所以,鲍恩最后放弃了"自愿原则",转而提出了公司社会责任的有效性应该建立在社会控制公司的基础上。

戴维斯认为企业社会责任是一个含糊的思想,可以有很多不同的定义。在20世纪60年代至70年代的整整20年的时间里,戴维斯对企业社会责任问题进行了一系列的研究。他对公司社会责任概念的扩展主要表现在两个方面:首先,发展了所谓的"责任铁律",即商人们的社会责任必须与他们的权利相对应。他认为企业对社会的责任不仅包括经济方面,还包括非经济方面。其次,在20世纪70年代戴维斯提出了公司社会责任的五条定理:定理一,社会责任来自社会权利;定理二,企业应该作为一个双向开发的系统来经营,一方面接受来自社会的投入,另一方面还要向社会公众公开其基本经营结果;定理三,企业在进行有关活动、产品或者服务的决策时应该全面考虑和计算其社会成本和社会收益;定理四,企业的社会成本应该计入活动、产品或者服务的价格中,使得消费者支付其对社会的消耗;定理五,企业作为公民,除了要考虑社会成本外,还有责任尽其所能地参与到社会需要的活动中去。戴维斯认为,"有企业社会责任感的组织在保护和提高社会生活的质量的同时,也要保护和提高自身的生存质量。从本质上看,生活质量是指人们在多大程度上生活在与自己的内心、与他人以及与自然环境的和谐中。这种和谐尤其是后两种和谐对企业有重要的影响作用。如果一个企业能够从一个更大的系统中看问题,就可以促进人与人之间、人与环境之间的和谐"。①

综上,从这一时期学术界对企业社会责任的研究成果来看,人们对企业社会责任并没有给出一个明确且可被广泛接受的定义,企业社会责任的内容、范围和性质还不清晰。

(2)企业社会责任概念的广泛关注阶段(20 世纪 70 年代至 21 世纪初)

这一时期,"企业社会责任就是追求企业利润最大化"的观点逐步失去了统治地位,人们开始对企业社会责任这一问题进行深入的思考。

1971 年,美国经济发展委员会编写了《商业公司的社会责任》一书,它将企业的社会责任定义为三个同心圆:内层是范围清晰的有效履行经济功能的基本责任,包括产品、就业机会以及经济增长;中层是将履行经济功能的责任与对变化中的社会价值观和主要的问题的敏锐感相结合,如环境问题、与员工的关系等;外层是新近出现但还不是很清晰的责任,要求公司更广泛、更积极地介入到改善社会环境的活动中去,如贫困和城市问题。美国经济发展委员会的公司社会责任同心圆的概念反映了大公司的高层管理人员对 20 世纪 60年代提出的社会问题的态度和关注。公司的社会责任管理者不仅意识到公司的社会责任,而且还积极推动了公司社会责任思想和运动的发展。

曼尼虽然是企业社会责任的反对者之一,但是他对企业社会责任的界定有着更加严谨、独到的见解。1972 年,曼尼提出了企业社会责任概念必须包含三个要素:首先,公司的社会责任支出或者行动给公司带来的边际收益低于其他支出的边际收益,但是这并不意味着公司承担社会责任会赔钱,只是与其他活动相比,少赚了钱;其次,公司的社会责任行为必须是自愿的;最后,公司的社会责任行为必须是公司的行为而不是个人的行为,借助公司这个渠道进行的个人慈善活动不是公司社会责任。曼尼将鲍恩提出的"自愿原则"进行了明确和理论化,对公司社会责任概念的发展产生了重大的影响。但是曼尼对企业社会责任的界定也存在着一些明显的缺陷,这主要体现在他主要是从经

---

① 沈洪涛,沈艺峰.公司社会责任思想起源与演变[M].上海人民出版社.2007,1.

济分析的角度来诠释企业社会责任,忽略了非经济因素的作用。另外,他关注的只是企业社会责任中有形的、能够衡量的部分,在实际中还是难以进行判断。在现实生活中,公司的很多行为都包含了复杂的动机,很难将公司纯粹的慈善行为与带有私利的行为区分开。

1979年,卡罗尔对企业社会责任进行了概括,他认为企业社会责任主要由经济责任、法律责任、伦理责任和自愿责任组成。在此基础上,1991年,卡罗尔对该模型进行了进一步的修正,将自愿责任改为慈善责任,并提出了企业社会责任的"金字塔"模型。这一模型比较全面地概括了企业社会责任中的多个维度。

在这一时期,另一个具有代表性且影响较大的企业社会责任的概念是由英国学者约翰·埃尔金顿(John Elkington)最早于1997年提出来的"三重底线理论"。他认为在责任领域,企业的社会责任可以分为经济责任、环境责任和社会责任。所谓的经济责任,也就是传统的企业责任;环境责任是指企业环境保护;社会责任是企业对其他利益相关者的责任。

在这一时期,除上述比较有代表性的企业社会责任概念外,众多的学者从各个维度对企业社会责任这一问题进行了研究界定。特别是20世纪90年代后,企业社会责任与利益相关者理论呈现出相结合的趋势,这一趋势也为企业社会责任的发展提供了新的研究视角和研究手段。

(3)企业社会责任概念的全球发展阶段(21世纪初至今)

21世纪世界经济最显著的特征之一就是全球化。随着全球化趋势的不断深入和发展,企业社会责任问题也成为全球企业共同面临的责任、义务和挑战。此时,国际组织成为推动企业社会责任发展的主要力量。

在21世纪,公司公民成为公司社会责任思想的主流。公司公民这一概念最早来自"公民社会",是于20世纪70年代提出来的,在20世纪90年代末这一概念得到了进一步的发展。卡罗尔认为公司公民行为不仅仅指公司与社区之间的关系,还应该包括公司对其他利益相关者的回应,对此他提出了公司公民的"四面说",即公司公民有经济面、法律面、道德面和慈善面四个面的责任。马特恩(Matten)认为由于传统的政府角色的失败,公司进入公民权领域,国家不再是公民权的唯一保证人,公司接管了某些原来完全由政府承担的保护、形成和确保公民权的功能,所以,"公司"和"公民"联系了在一起,出现了公司公民这一反映情形的术语。在全球化经济时代,全球公司公民的概念也应运而生,这一概念将公司公民从本地推向了全球。洛格斯登认为"全球公司公民"是指"一套政策和行为,使得企业组织可以遵守数量有限的一半道德原则

（称为超原则），尊重那些与超原则一致的当地文化，尝试一些将当地的做法与超原则相协调的做法，然后为了组织、当地利益相关者以及更广泛的全球社会的利益进行系统的学习"。阿黛尔·奎罗斯（Adele Queiroz）认为全球公司公民是"看待跨越国界和文化界限的公司社会责任的一种方式"。[①]

世界银行认为企业社会责任是企业与关键利益相关者的关系、价值观、遵纪守法以及尊重人、社区和环境有关的政策和实践的集合。它是企业为改善利益相关者的生活质量而贡献于可持续发展的一种承诺。

社会责任国际（SAI）认为，企业社会责任区别于商业责任，它是指除了对股东负责，即创造财富之外，还必须对全体社会承担责任，一般包括遵守商业道德、保护劳工权利、保护环境、发展慈善事业、捐赠公益事业、保护弱势群体等。

联合国"全球契约"提出了企业履行社会责任应遵循的十项原则，这十项原则包括人权、劳工、环境和反贪污四个方面。

国际标准化组织在社会责任标准 ISO26000 中提出，"组织社会责任是组织通过透明的道德行为来确保对自身决策和活动的社会与环境负责，这些行为的特点包括有利于可持续发展、健康和社会福利，充分考虑利益相关方的期望，符合法律法规和国际行为规范，并全面融入组织，在组织与社会、环境的关系中得到充分体现"。[②]

综上所述，企业社会责任在这一阶段已经进入全球推进时期，国际组织在这一时期对企业社会责任的发展起到了巨大的推动作用。

2. 企业社会责任概念在我国的发展演变

与西方发达国家相比，我国对企业社会责任的研究起步较晚。近年来，随着经济的发展，社会责任才逐步引起我国政府和学者的重视。由于研究视角和时代发展不同，我国学者对企业社会责任的界定也不尽相同。

四川社会科学院吴克烈（1989）认为，"要全面探讨企业社会责任的基本含义，必须从企业、社会和责任这三个最基本的范畴出发，一般来说，前两个范畴人们比较熟悉，即所谓企业是指从事生产、流通或服务活动并有独立经济核算地位的经济组织；所谓社会是指以共同的物质生产活动为基础而相互联系的人们的总体；所谓责任，从法律上讲，乃是指含义很广的几乎包括各种类型的

---

① 沈洪涛,沈艺峰.公司社会责任思想起源与演变[M].上海人民出版社.2007,1.
② 匡海波主编.企业社会责任[M].清华大学出版社,2010,8.

由契约、侵权行为和法律规定所产生的各种义务、债务、职责或风险的一个术语"。①

尤力、王金顺(1990)认为,"企业社会责任,就是企业为了自身和社会的健康发展必须承担的法律上和道义上的责任"。②(在其《论企业的社会责任》一文中)他们还界定了社会责任的六个方面的内容:为国家创造财富,保证国有资产的完整和增值;为社会提供就业机会;促进社会健康发展,提高生活质量;满足消费者多方面的需要,保护消费者利益;改善职工工作条件;增进社会公益事业。

唐焕良、李敏龙在两人合著的《企业的社会责任》一书中,认为社会责任"是一种意识现象,但它广泛、丰富、深刻地反映着企业与国家间的关系,它的提出和存在,不是强制的,不是盲目、被动地在物质产品的生产、销售和各种劳务服务中随行就市形成的,它的产生是有确定的依据的"。③ 两位学者同时指出,企业的社会责任"主要包括经济方面、政治方面和道德建设三个方面的责任"。由于该书对企业社会责任的研究是从我国国情出发的,所以作者对企业社会责任内容的界定如下:发展社会主义经济;推动社会政治进步;加强企业道德建设。

中国人民大学工经系的李占祥教授(1993)认为,"企业的社会责任是指企业对社会履行的职责,应做的奉献和应尽的义务。也就是说,什么是企业社会责任,要由社会对企业的要求来回答"。④ 李教授的定义,是从企业的社会角色担当视角分析企业社会责任而得出的,认为社会对企业的期望得到了企业的响应,促成了企业社会责任行为产生。同时认为,"企业必须为社会服务和健康发展承担责任",包括经济责任与非经济责任,法律上的责任与道义上的责任。指出企业社会责任的内容有三个:履行物质资料再生产的职责,为社会的存在和发展创造物质条件;对给社会环境造成的不良影响承担责任;履行物质资料再生产领域以外的责任,如模范地贯彻执行国家法令法规,自觉遵守社会公德和职业道德;关心、支持社区文化教育和福利事业等。

李鸿贵(1995)认为,"企业的社会责任是指企业在组织生产过程中应以积

---

① 吴克烈.企业社会责任初探[J].企业经济,1989.8. P7

② 尤力,王金顺.论企业的社会责任[J].四川大学学报:哲社版,1990.1. P41

③ 唐焕良,李敏龙主编.企业的社会责任[M].北京:团结出版社,1990.12. P6

④ 李占祥.论企业社会责任[J].中国工业经济研究,1993.2. P58

极负责的态度,尽量地使自己的行为符合社会标准,并积极参与社会问题的解决"①。同时指出,"现代企业的社会责任内容应包括对消费者、股东、国家及主管部门的责任"。

李立清、李燕凌(2005)认为,企业社会责任"最本质的特征在于它的'内生性',即这种责任是企业在社会领域内的自身行为引起的必然结果,而非任何外在压力推促下的企业义务"。"企业的社会责任随着社会的变迁具有'流动性',企业社会责任是企业资源配置过程中'权利'与'义务'关系的交换结果"。

从原则上讲,企业社会责任范围包括"一个公司应该对其经营后果负完全责任,包括直接影响和间接的负面影响……",对企业社会责任更高的要求源于一些公司的外部负面影响。

简单地说,企业社会责任实际上是企业与社会之间的"社会契约",通常包括人权、环境保护和劳工权利等内容,在社会上显示着"公司的公民形象",实施企业社会责任的机制框架是由政府、企业、各种利益相关的非政府组织和个人构成的。一些善意的宗教组织也利用对公司各级人员的影响介入了这一活动。

在市场经济条件下,企业社会责任是指在企业的经济功能与社会功能相剥离的前提下,企业主动承担对员工、消费者和社区的社会责任,即企业在创造股东利润价值的同时,获得良好的品牌形象和社会赞誉,实现企业与其相关区域统筹协调发展,企业与社会和谐、可持续发展,企业利益和社会发展双赢。企业履行社会责任,是企业对其利益相关者实践科学发展观的重要方面,这一目标与企业经济利润共同构成了企业经营的义利观,促进社会全面进步,是实现全面建设小康社会目标的重要途径。

2005 年 9 月,中欧企业社会责任国际论坛召开,会上中国在企业社会责任案例征集中认为,企业社会责任是指,企业在所从事的各种活动中,应当对所有利益相关者承担相应的责任,以求不仅在经济方面,更在社会、环境等领域获得可持续发展的能力。本土企业已经有很多这方面的实践,只是没有这样的提法。所谓企业的"利益相关者",是指本地与世界各地既受到企业决策与活动的影响,同时又能够影响企业决策与活动的各利益群体。商业上的利益相关者包括员工、客户、供应商、合作伙伴、社会团体、当地的临近社群以及环境因素等。

---

① 李鸿贵.谈现代企业的社会责任[J].现代财经,1995.3.P40

综上所述,结合国内外不同的组织和学者对企业社会责任的定义,本书认为企业社会责任(corporate social responsibility)的本质是在经济全球化背景下,企业除了为股东(stockholder)追求利润外,也应该考虑相关利益人(stakeholder),即影响和受影响于企业行为的各方的利益。其中,雇员利益是企业社会责任中最直接和最主要的内容,是企业对其自身经济行为的道德约束,它超越了以往企业只强调技术性标准,超越了以往企业只对股东利益负责的范畴,超越了将赚取利润作为唯一目标的传统理念,强调对包括股东、员工、消费者、客户、政府、社区等在内所有利益相关者的社会责任,注重企业对社会的贡献,强调在生产过程中对人的价值的关注,注重生产过程中人的健康、安全和应该享有的权益。

二、企业社会责任特征

企业社会责任是企业作为主体对社会应该承担的责任。从整个社会的角度来看,企业是社会的重要成员之一,其行为必然会对其他社会成员造成一定的影响。因此,企业在社会生活中需要承担一定的社会责任。一般而言,企业应该承担的社会责任有以下特征。

(一)企业社会责任是对古典观的一种挑战和修正,是企业经济利益的要求

企业社会责任的概念经过了不同的发展阶段,其主要体现为企业社会对象及范围的变化。理论界将以美国新自由主义经济学家弥尔顿·弗里德曼为代表的企业社会责任的理论观点称之为企业社会责任的古典观,该观点认为企业唯一的社会责任就是追求股东利益的最大化,企业只需要对股东负责,而不需要对其他利益相关者承担责任。如果企业管理者将企业的一部分资源用来履行社会责任,那么实际上是损害了股东的利益。随着经济和社会的发展,这种观点逐渐暴露出一定的弊端,此时企业社会责任开始应运而生。企业社会责任理论以社会本位为出发点,它认为企业的目标应该是二元的,除了最大限度地实现股东利益,还应该尽可能地维护和增进社会利益。我们以企业社会责任观为横轴,企业社会责任的范围为纵轴绘出图 4-1,可以理清企业社会责任理论的扩展。从中可以看出,由古典观到社会经济观,企业社会责任的对象越来越广泛。企业社会责任是对股东利润最大化的古典经济观的修正和补充,但是这一修正和补充并不否认股东利益最大化的原则,因为实践证明,企业积极地履行社会责任对企业长期经济效益的实现和提高有着良好的促进作用。

图 4-1 中的 A 代表企业仅对所有者和投资者负责,B 代表企业对员工负

责,C代表企业对能改善经营绩效的利益相关者负责,D代表企业对更广泛的社会负责。

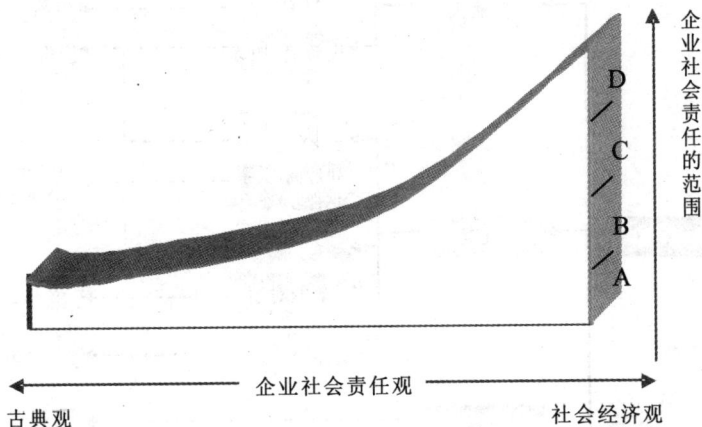

图 4-1　企业社会责任理论的扩展图

（二）企业社会责任的主体是企业

鲍恩认为公司是企业社会责任的主体,管理者是社会责任的实施者。鲍恩认为,在某种意义上,公司对社会责任的关注体现了公司在多大程度上能够被社会所接受,于是他明确了承担社会责任的主体是作为机构的公司。虽然这一问题在相当长的时间内都是社会责任争论不休的话题,但是从现今对企业社会责任的关注和理解来看,鲍恩的观点获得了普遍的认可。企业社会责任的主体是企业,而企业的管理人员只是企业社会责任的实施者。

（三）企业社会责任的客体是利益相关者

企业社会责任所指向的对象即为企业社会责任的客体。利益相关者理论认为,企业的生产经营活动必然要与企业外部和外部的利益相关者主体发生一定的关系,企业的利益相关者主体主要包括企业的股东、员工、顾客、供应商、环境、政府、社区等。企业的活动或者行为会对利益相关者造成一定的危害和影响,因此,企业社会责任的客体是企业的所有利益相关者,而不单单是企业的股东。但是这里我们所说的企业利益相关者实质上是企业所涉及的社会结构中的责任关系者。因此,它不是固定不变的,而是随着社会和企业的发展不断变化的。例如,在早期,企业社会责任活动仅仅指企业的慈善活动,但是随着社会经济的发展,人们对生态、安全等社会问题的关注程度逐渐提高,相应地,这些问题所涉及的对象也随之成为企业的利益相关者。在现行企业制度下,企业的利益相关者主要包括图 4-2 所示的全部内容。

```
                                      员工/职员 ┈┈┈┈┈┈┈> 员工/职员
                       自然人        消费者/客户 ┈┈┈┈┈┈> 消费者/客户
                                     投资者/股东 ┈┈┈┈┐  投资者/股东
                                                      ┊
                                      债权人        ┊
                                   供应商/关系       ┊
                                     伙伴    ┈┈┈┈┈┈┈┼┈> 商业伙伴
  企业                 组织          采购商 ┈┈┈┈┈┈┈┘
                                     竞争对手 ┈┈┈┈┈┈┈> 竞争对手
                                     政府    ┈┈┈┈┈┈┈> 政府

                       社区 ┈┈┈┈┈┈┈┈┈┈┈┈┈┈┈┈┈┈┈> 社区

                       环境/资源 ┈┈┈┈┈┈┈┈┈┈┈┈┈┈┈> 环境/资源
```

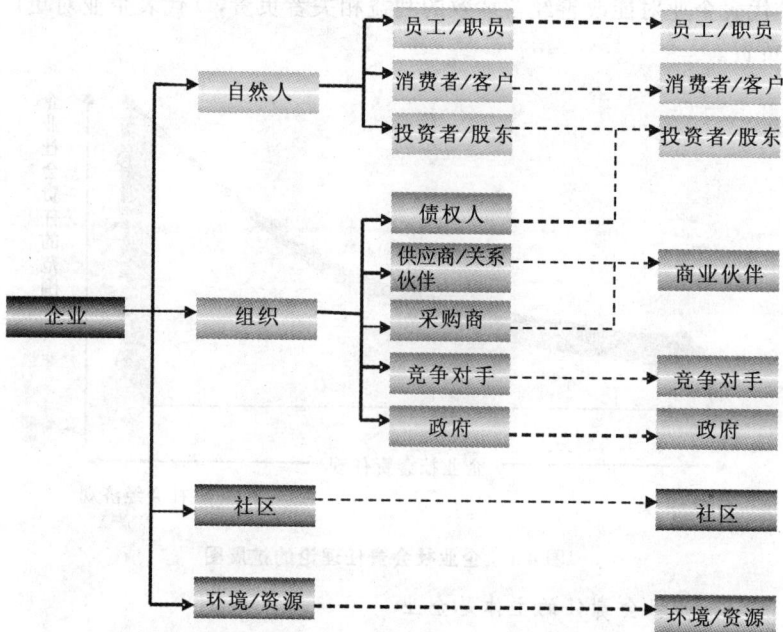

图 4-2 企业社会责任对象图

（四）企业社会责任的内容具有复杂性

企业社会责任的内容并不是单一的，它具有不同的表达形式和表现形式。对企业社会责任内容这一问题，不同的学者由于其研究的视角不同，所提出的理论有所区别。在这一问题上，获得广泛关注的理论主要有利益相关者理论和卡罗尔的"金字塔"模型。

三、企业社会责任的内容

（一）企业社会责任"金字塔"模型

卡罗尔（Archie B. Carroll）是企业社会责任领域最有声望的学者之一，他在1979年把企业社会责任概括为四个类别：经济责任（economy）、法律责任（law）、伦理责任（ethical）和自觉责任（discretionary）。卡罗尔强调，这四个责任并不是相互排斥的，这样排列的目的只是为了说明社会责任的发展顺序。卡罗尔于1991年对企业社会责任类别模型进行了更改，把"自觉责任"改为"慈善责任"（philanthropic），提出了企业社会责任"金字塔"模型，如图4-3。

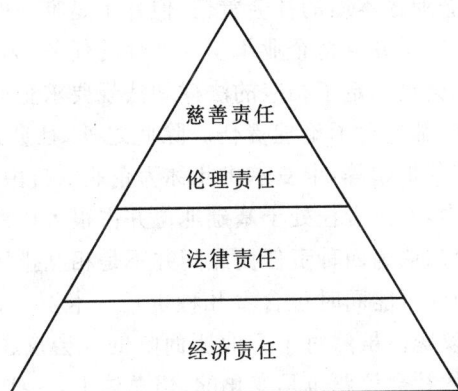

图 4-3　卡罗尔企业社会责任金字塔模型

　　这个模型概括了企业社会责任中的多个维度,因而被学者们广泛引用。社会责任"金字塔"模型表明,企业不仅需要为股东创造利润,也需要遵守法律、承担伦理责任和慈善责任,做一个好的企业公民。具体见表 4-1。

表 4-1　企业社会责任的具体内容

经济责任	法律责任
1. 企业在利润最大化原则下运作; 2. 企业追求尽可能多的利润; 3. 要保持竞争优势; 4. 保持较高的工作效率; 5. 成功企业是指那些能够长期获利的企业。	1. 在法律规定的范围内活动; 2. 做一个遵守法律的企业公民; 3. 成功企业是履行了法律责任的企业; 4. 企业提供的产品与服务至少符合法律标准。
伦理责任	慈善责任
1. 企业的运作符合社会道德观念和伦理规范; 2. 认可与尊重社会接受的新的道德标准; 3. 防止为完成企业目标而在伦理标准上做出让步; 4. 认识到企业的行为不仅仅是遵守法律和法规。	1. 企业的善举与社会期望相一致; 2. 资助高尚的艺术事业; 3. 企业的管理者和员工都在他们自己的社区内主动积极参加慈善活动; 4. 资助私人和公共教育机构; 5. 自愿资助旨在提高社区生活质量的项目。

　　（二）企业社会责任表现模型

　　卡罗尔从九种较具代表性的观点中总结出一个三个维度的 CSR 模型（图 4-4）。卡罗尔模型的第一个维度是企业社会责任的类别。按照他的观点,在特定时期内,企业社会责任包含了社会对经济组织在经济上、法律上、伦理上和自由裁量上的期望。卡罗尔并没有排斥弗里德曼的观点,他认为作为经济组织的经济责任是企业最本质的社会责任,但并不是唯一的责任;作为社会的一个组成部分,社会赋予并支持企业承担生产性的任务、为社会提供产品和服务的权利,但同时社会也制定了相应的法律和法规要求企业遵守。因此,企业的经济和法律责任中都包含了伦理责任。除此之外,社会还对企业寄予了一些其他的期望,如慈善捐赠等,卡罗尔将此称为企业的自由裁量责任。企业社会责任的四种责任中,经济责任处于基础地位并占很大比例,其他三种责任依次递减。同时,卡罗尔认为四种责任彼此间并不是相互排斥的,并且可能相互转化,任何一个行为中可能同时包含着几种责任。卡罗尔模型的第二个维度是企业涉及的社会议题。虽然每个行业所面临的社会议题可能不同,而且不同时期企业所面临的社会议题也是变化的,但总体上,一些社会议题总是企业管理者最需要考虑的。卡罗尔认为,企业最需要重视的社会议题取决于:(1)社会需要与企业需要的吻合程度;(2)社会需要的重要程度;(3)高层管理人员的兴趣;(4)社会行动的公共关系价值;(5)政府的压力。

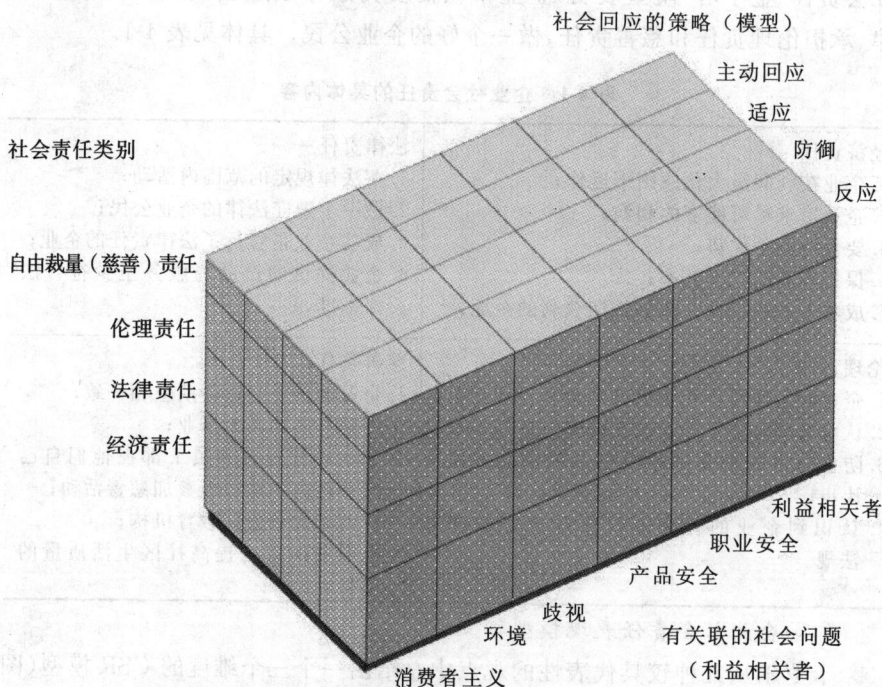

图 4-4 卡罗尔企业社会表现模型

　　卡罗尔列举了 70 年代末企业所面临的普遍社会议题,包括消费者主义、环境、歧视和产品安全等,他在此给企业管理者提供了具体而实际的思路。卡罗尔模型的第三个维度是企业社会回应的策略。卡罗尔从管理的角度提出了四种企业对社会责任和社会议题做出回应的战略。卡罗尔认为企业对社会所做出的回应可以划分为:反应性的、防御性的、适应性的和主动回应的四种模式,这反映了企业对待社会议题可能选择的从消极到积极的回应态度和策略。这个模型将人们所争论的关于企业社会责任的观点系统化,提出了企业必须承担的、从经济到自由裁量的四种不同责任,并将企业在处理企业与社会关系时所应考虑的、以前是分离甚至对立的社会责任、社会有效回应和社会议题观点进行了综合,构建了一个有价值的理论框架。但是卡罗尔虽然指出了企业社会绩效的多重相互联系的维度,但这个模型是静态的,本身更多的是对企业社会责任、社会议题或回应过程的描述,而没有提出如何去解决问题。

【本章小结】

　　通过本章的学习,首先了解企业伦理的产生与发展、伦理与道德的关系,深刻地理解企业社会责任的概念。在此基础上进一步明确企业伦理的规范和层次以及企业应该如何构建企业伦理。在对企业伦理进行了学习的基础上,进一步加强对企业社会责任的了解,熟悉企业社会责任的特征与内容,为企业社会责任的构建提供良好的基础。

【思考题】

1. 简述企业伦理的层次与规范。
2. 简述企业社会责任的概念。
3. 简述企业社会责任的特征。
4. 论述企业社会责任的内容。

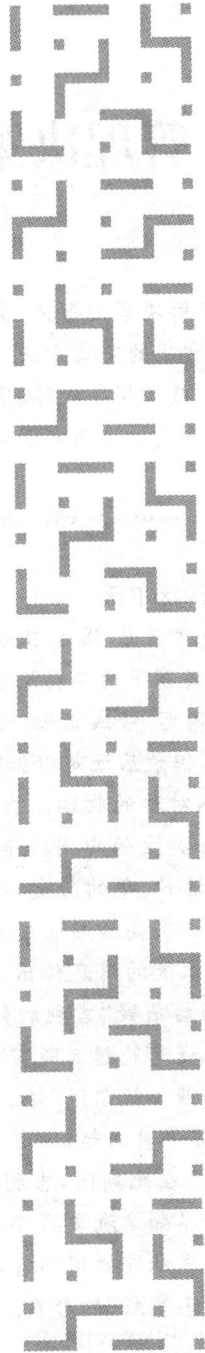

第二篇 计 划

第五章　管理决策

【学习目标】　通过本章的学习，了解决策的含义、类型、特点；决策的基本过程；掌握影响决策的主要因素；掌握常用的决策方法：头脑风暴法、名义小组技术、德尔菲法、经营单位组合分析法、政策指导矩阵、决策树法等。

【关键词】　确定型决策　风险型决策　非确定型决策　程序化决策　非程序化决策

导入案例

吉利收购沃尔沃

中国自主汽车品牌吉利于 2010 年 3 月 28 日在瑞典与美国福特公司正式签约，以 18 亿美元的价格收购其旗下的瑞典沃尔沃轿车 100％的股权，从而使这场备受行业关注的"异国恋"修成正果。此前，只有国内汽车业的龙头老大上汽收购韩国的双龙，但最后还是以失败告终。

以世俗的眼光来看，这是一次不对称的收购。吉利不过是一家创立 20 年，造车才 15 年，以生产低端汽车为主的中国汽车企业，而以"安全"、"品质"为形象的沃尔沃公司却有着近 80 年的历史，净资产超过 15 亿美元、品牌价值接近 100 亿美元，公司拥有高素质研发人才队伍，年生产能力接近 60 万辆。此前，吉利收购沃尔沃的消息传出，国内媒体先是习惯性猜测吉利这次收购纯属"炒作"，而后质疑"吉利的钱从哪里来"、"福特都经营不好，吉利能玩得转吗"，甚至还有臆想者断言"沃尔沃的高成本将拖垮吉利"、"吉利的低端品牌形象将毁了沃尔沃"等。

而事实上，吉利收购沃尔沃，并非一时兴起，早在七八年前，吉利汽车总裁李书福就一直谋划着海外并购。在此期间，吉利还收购了英国等国的一些汽车品牌，为吉利今后并购世界知名汽车品牌打下了坚实的基础。李书福深知，只有通过对具有深厚技术积淀的国际著名品牌的收购，才能彻底改变中国自主品牌汽车在海外"山寨版"的形象。此时，沃尔沃进入了李书福的视野。当吉利正式将沃尔沃"收入囊中"后,哥德堡市前市长、社会民主党议员 Goran Johansson 表示:"我认为这是目前沃尔沃所能遇到的最好的事。"

在中国的汽车市场上,从来都是跨国汽车巨头在讲着"并购或合资的故事",如今讲述者换成中国自主品牌吉利,确实给人一种时移世易的感觉。为什么"讲故事的"不是国内那些无论是实力还是技术都比吉利强得多的企业呢?因为近几年,根据世界经济格局的变化,中国的一些企业尤其是国字号的垄断企业,纷纷加快了拓展海外市场的步伐,大手笔收购国外的同类公司。然而,遗憾的是,除少数成功外,多数都"铩羽而归"。虽然跨国并购失败的案例中外比比皆是,虽然国企的官方背景也很容易引起一些国家的警惕从而导致失败,但不能不提到的一个根本因素是,多数垄断国企并没有经过残酷的市场化锤炼,只用在国内行政垄断环境中培养出来的虚假竞争力去参与海外并购,因此,其失败的风险要远大于成功的概率。

相比国企在股权结构、管理模式、经营理念、企业环境等方面存在的缺陷,以及人才、管理、技术、产品、服务等基本要素储备的不足对海外并购产生的不利影响,吉利无疑要优秀得多。当以生产摩托车为主的吉利进入汽车领域后,没有享受到合资企业在金融和财税方面的各种优惠政策,同时还得忍受同行的奚落、嘲笑甚至打压,但吉利却在 10 多年时间里,取得了快速而长足的进步。2009 年吉利的业绩表明,虽然产量仍远落后于上汽等国有企业,但其创造的利润已经超过上汽,稳居国内汽车企业首位。吉利在汽车行业的竞争力说明,它比国企拥有更灵活多变的市场策略以及符合市场竞争需要的公司治理结构;也比跨国汽车巨头更能对广大用户群的需求和利益做出判断。这就是吉利的竞争优势,也是其他民营车企的竞争优势。

因此,对于这次收购,海外媒体评论称"吉利在实现其堪称中国汽车厂商迄今最具雄心的全球化扩张计划方面,迈出了重要一步"。

当然,对吉利来说,成功竞购沃尔沃只是第一步,关键还在于如何去消化、吸收、重组它。毕竟沃尔沃的历史、文化、管理、环境和技术都与吉利有别,如果吉利消化不了沃尔沃,重演中国企业并购外企失败的悲剧,不仅对吉利来说是一个巨大的挫折,对中国的汽车业也会产生很大的负面影响。

资料来源:李柏洲,郭韬,孙冰编著. 管理学[M].哈尔滨工程大学出版社,2010。

20 世纪 40 年代,随着科学技术的迅速发展,控制论、系统论、信息论等学科相继问世,使决策的方法有了很大的发展。特别是电子计算机科学的发展与应用,为人们科学决策提供了现代化的手段和方法,使决策科学进入了新的发展阶段,即量化阶段。20 世纪 70 年代,美国卡内基—梅隆大学教授赫伯特•A. 西蒙(Herbert Simon)提出"决策贯穿于管理的全过程"、"管理就是决策"和决策的"满意标准"等重要观点,使决策科学作为一门新的学科在企业管理中被广泛应用。现在,决策在管理活动中占有十分重要的地位。

经营决策是企业管理的核心。所谓决策(decision making),就是为未来的行动制订多种可供选择的方案,并决定采用某种方案的过程。无论是个人还是组织,为实现某一目标,都需要拟订行动方案,然后选择决策者认为是最佳的方案并执行。决策正确与否直接关系到目标能否实现。整个企业管理就是围绕着如何制定和组织实施经营决策而展开的。为了有效地指导企业进行尽可能正确的决策,有必要研究经营决策的本质内容和特点,分析决策的过程及其制约因素,评价和介绍决策的方法与技术,以揭示经营决策的一般规律。

第一节　决策概述

一、决策的概念与特征

(一)决策的概念

关于决策的定义,仁者见仁,智者见智。一个简单的定义是,"从两个以上的备选方案中选择一个的过程就是决策"(杨洪兰,1996)。一个较具体的定义是,"所谓决策,是指组织或个人为了实现某种目标而对未来一定时期内有关活动的方向、内容及方式的选择或调整过程"(周三多,1999)。

美国著名经济学家赫伯特•A. 西蒙在谈到管理的本质时指出:"决策是管理的心脏,管理是由一系列决策组成的;管理就是决策。"决策就是找出要求制定决策的条件,寻找、拟订和分析可能的行动方案,选择特定的行动方案。

美国学者亨利•艾伯斯认为:"决策有狭义和广义之分。狭义地说,决策是在几种行动方针中做出选择;广义地说,决策还包括在做出选择之间必须进行的一切活动。"

管理学教授里基•格里芬在《管理学》中指出:"决策是从两个以上的备选方案中选择一个的过程。"

　　美国学者詹姆斯·斯通纳、爱德华·弗雷曼、丹尼尔·小吉尔伯特在《管理学教程》中把决策理解为制定决策，就是选择一系列的行动去处理某个问题或利用某个机会，它是管理工作中最重要的组成部分。

　　还有人从决策的过程入手对决策加以定义，如宁龙（2004）在《决策谋略：破解决策密码》一书中所列举的管理学专家伯利·卡塔尔和系统论专家杰伊·洛西对决策的定义。卡塔尔的定义是，"正确决策应该指人们为了实现特定的目标，运用科学的理论和方法，系统地分析主客观条件，在掌握大量有关信息的基础上，提出若干预选方案，并从中选择出作为人们行动纲领的最佳方案"。洛西的定义是，"决策就是为了实现一个特定的目标，根据客观情况，在占有一定信息与经验的基础上，借助一定的工具、技巧和方法，对影响目标实现的诸因素进行准确的计算和判断选优后，对行动做出决定"。

　　在本书中，我们采用路易斯、古德曼和范特（Lewis，Goodman and Fandt，1998）对决策的定义：管理者识别并解决问题的过程，或者管理者利用机会的过程。对于这一定义，可作如下理解：

　　（1）决策的主体是管理者，因为决策是管理的一项职能。管理者既可以单独做出决策，这样的决策称为个体决策；也可以和其他的管理者共同做出决策，这样的决策称为群体决策。

　　（2）决策的本质是一个过程，这一过程由多个步骤组成，尽管各人对决策过程的理解不尽相同。在第二节介绍的过程包含6个步骤。

　　（3）决策的目的是解决问题或利用机会，这就是说，决策不仅仅是为了解决问题，有时也是为了利用机会。

　　可见，决策是人们为了实现特定的目标，在占有大量调研预测资料的基础上，运用科学的理论和方法，充分发挥人的智慧，系统地分析主客观条件，围绕既定目标拟订各种实施预选方案，并从若干个有价值的目标方案、实施方案中选择和实施一个最佳执行方案的人类社会的一项重要活动，是人们在改造客观世界的活动中充分发挥主观能动性的表现，它涉及人类生活的各个领域。任何组织的管理工作，都经常存在各式各样的问题，需要研究对策并决定采取合适的措施加以解决，这个过程就是决策过程。组织在进行决策时，一方面需要有"应该达成的既定目标"；另一方面需要有能达成目标的"可利用的备选方案"。这就是说，决策需要有"目标"和"备选方案"两个方面的因素。

　　（二）决策的特征

　　现代科学化决策具有以下几个特征：

1. 目标性

决策目标就是决策所需要解决的问题,是组织在未来特定时期内完成任务所预期达到的水平。只有在存在问题,并且决策者认为这些问题必须解决的时候才会有决策。决策通过解决某些问题来达到目标。任何组织决策都必须首先确定组织的活动目标。目标是组织在未来特定时限内完成任务程度的标志。没有目标,人们就难以拟订未来的活动方案,评价和比较这些方案就没有了标准,对未来活动效果的检查也就失去了依据。

2. 可行性

组织的任何活动都需要拥有和利用一定的资源,缺乏必要的人力、物力和技术条件,理论上比较完善的方案在实践中并不可行,因此,决策所做的若干个备选方案应是可行的,这样才能在实践中贯彻决策方案。决策的可行性主要是指方案能够解决预定的问题,实现预定目标;决策的可行性应符合经济上合理、技术上可能、政策上允许、实践上可行的要求;方案的影响因素及效果可进行定性和定量的分析。组织决策应该在外部环境与内部条件结合研究和寻求动态平衡的基础上来制定。

3. 选择性

决策的实质是选择,没有选择就没有决策。而要有所选择,就必须提供可以相互替代的多种方案。因此,决策必须具有两个以上备选方案,通过比较、评定来进行选择。事实上,为了实现相同的目标,组织总是可以从事多种不同的活动。这些活动在资源要求、可能结果以及风险程度等方面均有所不同。因此,不仅有选择的可能,而且也有选择的必要。从本质上说,决策目标与决策方案两者都是经由选择而确定的。

4. 过程性

决策是一个多阶段、多步骤的分析判断过程。虽然决策的重要程度、过程繁简以及所耗费时间长短不同,但都具有过程性。决策的过程性特点可以从两方面去考察。一方面,组织决策不是一项决策,而是一系列决策的综合。通过决策,组织不仅要选择业务活动的内容和方向,还要决定如何组织业务活动的具体展开,同时还要决定资源如何筹集,结构如何调整,人事如何安排。只有当这一系列的具体决策已经制定,相互协调,并与组织目标相一致时,才能认为组织的决策已经形成。另一方面,这一系列决策本身就是一个过程,从活动目标的确定到活动方案的拟订、评价和选择,就是一个包含了许多工作、需众多人员参与的过程。

5.动态性

决策的动态性与过程性相联系。决策不仅是一个过程,而且是一个不断循环的过程。作为过程,决策是动态的,没有真正的起点,也没有真正的终点。决策的主要目的之一便是使组织活动的内容适应外部环境的要求。然而众所周知,外部环境是不断变化的,决策者必须监视并研究这些变化,从小处找到可以利用的机会,据此调整组织的活动,实现组织与环境的动态平衡。

决策是管理者的基本管理行为,是管理的首要职能。管理者在确定计划目标及手段时;在设计组织结构及分配权益时;在指挥、领导部属,激励员工,进行沟通时;在对计划和实际的行动进行对比与评价,实施控制行动时;在对组织机构、管理手段等进行创新时,都必须进行决策。所以,管理者也常被称为"决策者",整个管理过程都有决策活动存在,如图 5-1 所示。

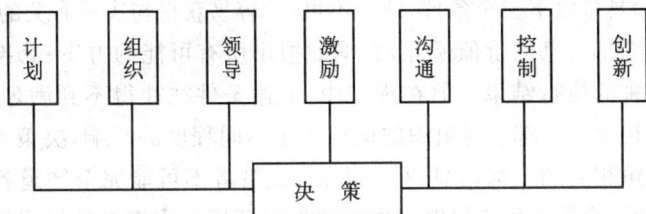

图 5-1 决策行为与管理过程

(三)决策在管理中的作用

1.决策是管理的核心

现代决策理论的创始人可以说是 1978 年诺贝尔经济学奖获得者、美国的赫伯特·A. 西蒙教授。西蒙的精辟结论是:"管理就是决策。"他认为要管理好一个组织,使其发挥最大的效益,就必须具备有效的组织、合理的决策和良好的人际关系。这三者之中,决策是基础和核心,脱离了决策就谈不上管理。

西蒙认为,各项管理职能中都存在着如何合理决策的问题。例如,在计划职能中,选择什么样的目标,为实现这个目标如何分配人力、物力和财力;在组织职能中,如何建立合适的组织结构,如何划分职权,以及如何配备各层次的管理人员;在领导职能中,如何针对不同的下属采取不同的领导方式,采取什么形式沟通各部门之间以及各部门与总部的关系,如何以最佳方式将上级的决策传达给下级;在控制职能中,如何选择控制的手段和方法,使每个部门都为组织的总目标而奋斗。以上这些选择的过程都是决策。此外,从组织的高层管理者到基层管理者,都要在其工作过程中进行决策,只是决策的重要程度和影响范围不同。因此,可以说决策是管理中最本质的东西。

2.决策关系到组织的生存与发展

现代组织(尤其是企业)外部环境变化剧烈。企业的生存与发展,并不完全取决于企业内部生产能力的大小或技术的先进与落后,而是在很大程度上取决于企业管理者,尤其是高层管理者的决策能力。一个企业的失败,往往是因为在投资、产品选择、营销计划、组织和人事等方面的决策发生了重大失误。

二、决策的原则与依据

(一)决策的原则

要使决策正确,在决策中就必须遵循以下原则。

1.满意原则

决策遵循的是满意原则,而不是最优原则。对决策者来说,要想使决策达到最优,必须具备以下三个条件,缺一不可:①容易获得与决策有关的全部信息;②真实了解全部信息的价值所在,并据此拟出所有可能的方案;③准确预测每个方案在未来的执行结果。但在现实中,上述条件往往得不到满足。一方面,组织内外的很多因素都会对组织的运行产生不同程度的影响,决策者不可能完全掌握与决策相关的全部信息;另一方面,决策者不可能完全知道各种方案及其后果。同时,决策者更不可能对未来的外部环境及内部条件做出完全准确的预测。现实中的上述状况决定了决策者难以做出最优决策,只能做出相对满意的决策。

这里讲的"满意决策",就是能够满足合理目标要求的决策,具体讲,它包括以下内容。

(1)决策目标追求的不是使企业及其期望值达到理想的要求,而是使它们能够得到切实的改善,实力得到增强。

(2)决策备选方案不是越多越好、越复杂越好,而是要达到能够满足分析对比和实现决策目标的要求,能够较充分地利用外部环境提供的机会,并能较好地利用内部资源。

(3)决策方案选择不是要避免一切风险,而是对可实现决策目标的方案进行权衡,做到"两利相权取其大"、"两弊相权取其小",尽量减少决策的风险。

2.科学化原则

要做出正确的决策,必须遵循科学决策的基本原则。所谓科学决策,就是经过科学的对比分析之后,只要采取某项决策之后的情况比采取该项决策之前情况有所改善,那采取这项决策就是科学的。这既是正确决策的基本原则和要求,也是检验决策正确与否的标准。这里需要说明的是,决策原则中所说的情况与决策的目的相联系,如果决策的目的是为了降低成本,就要考虑决策之后的成本能否低于决策之前的成本水平;如果决策的目的是为了增加销售收入,就要考虑决策之后的销售收入水平能否高于决策之前的销售收入水平;如果决策的目的是为了增加利润,就要考虑决策之后的利润水平能否高于决策之前的利润水平。

3.层级原则

决策在组织内分级进行是组织相关业务活动的客观要求,其主要原因如下。

(1)组织需要的决策一般都非常广泛、复杂,是高层管理者难以全部胜任的,必须按其难度和重要程度分级进行决策。

(2)组织管理的重要原则是责权对等、分权管理。实现分级决策,把部分重复进行的、程序化的决策权下放给下属,有利于分权管理。所以说,分级决策是分权管理的核心。

(3)每个组织都建立了领导制度和层级管理机构,而领导制度和层级管理机构要有效运行,必须遵循一定的规则。其中,包括确定决策机构的具体形式,明确决策机构同执行机构之间的关系等。这些规则的建立和运行也要以决策的层级原则为基础。实行层级决策,既有利于组织高层决策者集中精力抓好战略决策、例外决策,同时又可增强下级单位和领导者的主动性和责任感。

4.整体效用原则

组织作为独立个体,它内部有许多单元,这些单元同组织之间存在着局部和整体的关系。组织作为社会的一员,又是社会的一个单元,同社会也存在着局部与整体的关系。局部与整体,无论在组织内部,还是社会内部,利益不总是一致的。因此,决策者在做出决策时,应正确处理组织内部各个单元之间、组织与社会、组织与其他组织之间的关系,在充分考虑局部利益的基础上,把提高整体效用放在首位,实现决策方案的整体满意。

(二)决策的依据

管理者在决策时离不开信息。信息的数量和质量直接影响决策水平。这要求管理者在决策之前以及决策过程中尽可能地通过多种渠道收集信息作为决策的依据。但这并不是说管理者要不计成本地收集各方面的信息。管理者在决定收集什么样的信息、收集多少信息以及从何处收集信息等问题时,要进行成本—收益分析。只有在收集的信息所带来的收益(因决策水平提高而给组织带来的利益)超过为此而付出的成本时,才应该收集该信息。所以说,适量的信息是决策的依据,信息量过大固然有助于决策水平的提高,但对组织而言可能是不经济的；而信息量过少则使管理者无从决策或导致决策达不到应有的效果。

三、决策理论

决策理论是有关决策概念、原理、学说等的总称，是把第二次世界大战以后发展起来的系统理论、运筹学、计算机科学等综合运用于管理决策问题，形成的一门有关决策过程、准则、类型及方法的较完整的理论体系。其中有代表性的理论主要有以下几种：

(一)古典决策理论

古典决策理论又称规范决策理论，是基于"经济人"假设提出的，主要盛行于 20 世纪 50 年代以前。古典决策理论认为，应该从经济的角度来看待决策问题，即决策的目的在于为组织获取最大的经济利益。古典决策理论的主要内容有：(1)决策者必须全面掌握有关决策环境的信息情报；(2)决策者要充分了解有关备选方案的情况；(3)决策者应建立一个合理的层级结构，以确保命令的有效执行；(4)决策者进行决策的目的始终在于使本组织获取最大的经济利益。

古典决策理论假设，决策者是完全理性的，决策者在充分了解有关信息情报的情况下，是完全可以做出实现组织目标的最佳决策的。古典决策理论忽视了非经济因素在决策中的作用，这种理论不可能正确指导实际的决策活动，从而逐渐被更为全面的行为决策理论所代替。

(二)行为决策理论

行为决策理论的发展始于 20 世纪 50 年代。对古典决策理论的"经济人"假设发难的第一人是诺贝尔经济学奖得主赫伯特·A. 西蒙，他在《管理行为》一书中指出，理性的和经济的标准都无法确切地说明管理的决策过程，进而提出"有限理性"标准和"满意度"原则。其他学者对决策者行为做了进一步的研究，他们在研究中也发现，影响决策的除了经济因素，还有决策者的心理与行为特征，如态度、情感、经验和动机等。行为决策理论的主要内容有以下五方面：

(1)人的理性介于完全理性和非理性之间，即人是有限理性的，这是因为在高度不确定和极其复杂的现实决策环境中，人的知识、想象力和计算力是有限的。

(2)决策者在识别和发现问题中容易受知觉上的偏差的影响，而在对未来的状况做出判断时，直觉的运用往往多于逻辑分析方法的运用。所谓知觉上的偏差，是指由于认知能力有限，决策者仅把问题的部分信息当做认知对象。

（3）由于受决策时间和可利用资源的限制，决策者即使充分了解和掌握有关决策环境的信息情报，也只能做到尽量了解各种备选方案的情况，而不可能做到全部了解，决策者选择的理性是相对的。

（4）在风险型决策中，与对经济利益的考虑相比，决策者对待风险的态度对决策起着更为重要的作用。决策者往往厌恶风险，倾向于接受风险较小的方案，尽管风险较大的方案可能带来较为可观的收益。

（5）决策者在决策中往往只求满意的结果，而不愿费力寻求最佳方案。导致这一现象的原因有多种：①决策者不注意发挥自己和别人继续进行研究的积极性，只满足于在现有的可行方案中进行选择；②决策者本身缺乏有关能力，在有些情况下，决策者出于某些个人因素的考虑做出选择；③评估所有的方案并选择其中的最佳方案需要花费大量的时间和金钱，这可能得不偿失。行为决策理论抨击了把决策视为定量方法和固定步骤的片面性，主张把决策视为一种文化现象。例如，日裔美籍学者威廉·大内（William Ouchi）在其对美日两国企业在决策方面的差异进行的比较研究中发现，东西方文化的差异是导致这种决策差异的一个不容忽视的原因，从而开创了对决策的跨文化比较研究。

除了西蒙的"有限理性"模式，林德布洛姆的"渐进决策"模式也对"完全理性"模式提出了挑战。林德布洛姆认为决策过程应是一个渐进过程，而不应大起大落（当然，这种渐进过程积累到一定程度也会形成一次变革），否则会危及社会稳定，给组织带来组织结构、心理倾向和习惯等的震荡和资金困难，也使决策者不可能了解和思考全部方案并弄清每种方案的结果（这是由于时间的紧迫和资源的匮乏）。因此，"按部就班、修修补补的渐进主义决策者，似乎不是一位叱咤风云的英雄人物，而实际上是能够清醒地认识到自己是在与无边无际的宇宙进行搏斗的足智多谋的解决问题的决策者"。这说明，决策不能只遵守一种固定的程序，而应根据组织外部环境与内部条件的变化进行适时的调整和补充。

（三）当代决策理论

继古典决策理论和行为决策理论之后，决策理论有了进一步的发展，经历了一个从个体决策研究向组织和群体决策研究的过程，即产生了当代决策理论。西蒙认为，组织决策的一个根本特征是组织中决策前提的传递。在一个组织中，每个人在做决策时，还必须考虑到其他人的决策，即每个人要想唯一地确定其行动的后果，必须知道别人将如何行动。群体决策是近年来决策理论研究的一个热门方向，该理论目前已在博弈论、谈判理论等领域取得了许多新的进展。

随着社会的发展,决策理论的应用已受到普遍的重视,特别是随着计算机的飞速发展,出现了决策支持系统(DSS)、群体决策支持系统(GDSS)、群体支持系统(GSS)等技术和工具,这些领域迅速成为决策研究中的一朵奇葩。这类系统是以管理科学、运筹学、控制论和行为科学为基础,以计算机技术、仿真技术和信息技术为手段,面对半结构化的决策问题,辅助支持中、高层决策者的决策活动,具有智能作用的人—机计算机网络系统。现代决策理论在我国经历了从介绍引进、吸收借鉴到自我发展的过程,目前已有长足的发展。现在,无论是决策理论研究还是决策支持系统的研究在我国都取得了许多可喜的成果。

四、决策的类型

管理决策贯穿于管理全过程,涉及各方面的工作,因此,决策的内容十分广泛。决策所要解决的问题和采用的方法是多种多样的,分清决策问题所属的类型,并使其有条理、清晰化,无疑是正确选择决策方法的一个重要前提。在组织中处于不同位置、执行不同管理任务的管理者所面对的决策类型是有很大区别的。例如,人力资源部经理制订一项例行的招聘计划,同公司高层管理者讨论一项大规模的、痛苦的裁员计划相比,所面临的决策问题是迥然不同的。不同决策类型的特点不同,需要的信息不同,采用的方法也不同,因此,了解决策的各种分类是很有必要的。

(一)战略决策、管理决策和业务决策

按照决策的作用范围可将其分为战略决策、管理决策和业务决策。

战略决策对一个组织来说是最重要的,是一种组织与经常变化的外部环境之间谋求达成动态平衡的决策。对于一个组织来说,其在目标和方针、产品开发和市场开发、重大投资、主要领导人选、结构调整等方面的决策,都属于战略决策。战略决策的特点一般表现为:它决定着组织的兴衰存亡,关系到组织的发展方向、发展规模和发展速度等重大问题;实施时间较长,对组织起着比较长远的指导作用;风险性较大,常常依赖于决策者的直觉、经验和判断能力。战略决策要求抓住问题的关键,而不是注重细枝末节或面面俱到的问题。战略决策主要由组织内最高管理层负责进行。

管理决策又称战术决策或策略决策。它是指为了实现战略目标而做出的局部性的具体决策,其重点是解决如何组织、动员内部资源的具体问题,如组织的营销计划、生产计划、资金筹措、人力资源调整、设备更新等方面的决策。

管理决策旨在提高经济效益和管理效能,一般由组织的中间管理层负责进行。

业务决策又叫执行性决策,是日常业务活动中为提高工作效率和生产效率,合理组织业务活动进程等而进行的决策。这类决策是作业性决策,它是针对短期目标,考虑当前条件而做出的决策,如生产经营任务、日常分配决策等。企业的生产作业计划、具体某一次的广告策划、某一次培训计划等都属于业务决策。业务决策技术性强,时间紧,有很大的灵活性,一般由初级管理层负责进行。

战略决策、管理决策和业务决策是决策体系中不同层次的具有从属关系的三类不同的决策。它们相互依附又相互影响,上下两个层次之间有时没有绝对明晰的界限,与组织中三个不同的管理层次也并不产生一一对应的关系。相反,为了调动管理者的积极性,提高决策质量,三种不同的决策在组织管理的三个不同层次上可适当交叉。实践证明,基层管理者必须了解组织的战略决策与管理决策,这样才能将业务决策纳入更高的目标体系,才能清醒地做出符合大局的作业决策。同样,中层管理者在做决策时,也必须对战略决策有深入的理解。高层管理者除制定战略或管理决策以外,还应当通过高层决策来引导低层决策,并监督与控制高层决策的贯彻执行。

(二)确定型决策、风险型决策和非确定型决策

按照决策问题具备的条件和决策的可能程度,可将其分为确定型决策、风险型决策和非确定型决策。

确定型决策是指未来状态完全可预测,有精确、可靠的数据资料支持的决策。在确定型决策过程中,各种可行方案的条件都是已知的,问题的各种未来的自然状态非常明确,各种方案的效果可以确切地计算出来,决策者只要比较各个不同方案的结果,就可以选择出最优方案,而无需考虑决策的风险问题。严格意义下的确定型决策是很少见的,它只是一种理想化的情况,而大多数决策是非确定型的。这类决策问题一般可以运用线性规划等运筹学的方法或借助计算机进行决策。

风险型决策又称为随机型决策,是指因缺少信息而开展的一种有风险的决策。决策者对未来的情况无法做出肯定的判断,无论选择何种方案,都要承担一定的风险。风险型决策所面临的自然状态是一种随机事件,各种可行方案所需的条件存在不可控因素。一种方案可能出现几种不同的结果。各种后果的出现是随机的,但决策者可以根据相似事件的统计资料估计出各种自然状态的概率。决策的结果只能按客观的概率来确定,决策存在风险。风险型决策是管理活动中最常见的决策。例如,在市场销售前景不明确的情况下,开

发一种新产品的决策就是风险型决策。企业组织可以通过市场调查及专家咨询等方法,预测该产品未来的不同市场销量状态的概率。如果产品畅销的概率很大,而且产品利润较高,研发方案可行,就可以考虑开发这种新产品;如果产品滞销的概率较大,组织就可能放弃这种新产品。当然,由于预测误差,或者由于未来其他不可知因素的出现,组织选择任何方案都没有绝对的把握。因此,管理者必须具有风险防范和风险承担的意识。

非确定型决策是指人们对未来事件完全没有信息情况下的一种决策。决策者难以获得各种状态发生的概率,而且各种方案的结果又是未知的,只能靠决策者的经验确定一个主观概率而做出决策。在非确定型决策过程中,客观上存在两种以上的自然状态,它们出现的概率是未知的,各种可行方案出现的后果是不确定的,完全凭决策者的经验、感觉和估计来做出决策。例如,一个组织如果要和一个刚刚成立的公司进行一笔交易,由于没有任何关于这家公司的信誉记录,而且做出是否交易以及多大交易量的决策是有时间限制的,因此,这时环境状态的概率无法估计,这就是非确定型决策。

（三）个人决策和群体决策

按照参与决策的管理者数量及其合作关系,可将决策分为个体决策和群体决策(表5-1)。

表 5-1   个体决策与群体决策的特点比较

比较内容	个体决策	群体决策
决策的准确性	容易造成决策失误	能够克服个人的判断失误
决策的创造性	决策思路比较狭窄	便于相互启发,易于产生多种创新方案
决策的合法性与认可度	决策的合法性和决策方法的认可度较差,执行难度较大	有利于提高决策的合法性和决策方法的认可度,使决策易于被接受,并有力执行
决策信息	信息来源窄,难以获得更多决策信息	信息来源广泛,易于获得完整的信息和知识
决策责任	责任明确	责任不清
决策效率	决策时间短、效率高	决策时间长、效率低
群体思维倾向	便于充分发挥个人能力,提出独到见解,独立做出冷静的判断	从众压力大,个别不同意见得不到重视,导致群体决策质量下降
群体转移倾向	能够冷静和客观地分析自己的原始观点	在讨论中,成员倾向于夸大自己的观点,保守变得更保守,冒险变得更冒险

资料来源:张智光主编.管理学原理:领域、层次与过程(第2版)[M].清华大学出版社,2010。

　　个体决策是一种突出个人在组织中的地位的决策方式,在个体决策中尽管也有其他下属提供资料、提出和分析可行性研究方案等参与或参谋活动,但决策完全由组织中最高负责人独立做出。个体决策受决策者个人的经验、知识水平、决策能力、思想观念、欲望、意志等因素的影响,具有强烈的个人色彩。由于现代决策问题大多是复杂而困难的,任何决策者个人,无论他阅历多么丰富、知识多么渊博,往往都不能单独胜任所面临的决策任务,因而,个体决策一般只用于日常工作中程序化的决策和管理者职责范围内的事务的决策。

　　群体决策又称为组织决策,是一种强调全体成员形成共同认识、直接参与的决策方式,是指由多个人一起做出的决策。在这种方式下,决策是由有关人员直接参与全部过程,并以一致同意或多数赞成的原则来做出的。这类决策所涉及的范围和时限通常都较为宽广。群体决策时,决策主体的决策能力不仅取决于诸如学识、胆略、经验等个人素质,而且还取决于组织中由上述个人素质的组合所形成的整体智能结构和决策方式。国外有人认为,这种方式比个体决策更能做出创造性的决定,并且能够得到更好的贯彻。

　　其实,个体决策和群体决策都是符合组织管理原则的。无论在强调个人主义的组织中,还是在集体主义气氛浓厚的组织中,个体决策和群体决策都是适用的。

　　从两种决策方式的本质内容来说,个体决策与群体决策没有所谓优劣的差别。美国的一些学者在进行了日美管理的比较研究后认为,个体决策所用时间较短,但执行起来很缓慢;群体决策所用的时间长,但贯彻得快。以个体决策为特色的美国人,"签合同、作决定都很快,可是让他们履行合同呢,他们需要无限长的时间"!而在以群体决策为特色的日本企业里,"作个决定需要无限长的时间",但一旦做出决定,每个有关的人都会给予支持,这样不但能弥补决策本身的缺陷,而且执行起来相对更快。

　　(四)程序化决策和非程序化决策

　　决策者所面对的许多决策问题在其复杂程度、处理的难易程度、可定量程度、处理程序的灵活程度等方面都是不同的。按照决策的性质和重复程度不同,可将决策划分为程序化决策和非程序化决策。

　　程序化决策又称为例行决策、规范性决策或重复性决策,是指日常管理工作中那些例行的、按照一定的频率或间隔重复进行的决策,多属于业务决策。这类决策问题是经常反复发生的,而且有一定的结构,与问题相关的信息容易获得,也比较完整,决策者对它的处理方法非常熟悉,可以建立一定的程序,采用常规办法来处理,甚至可以由电子计算机处理。它可节约决策者的时间和精力,以便决策者把更多的时间和精力投入到其他更重要的活动中去。这类决策一般可以交由基层管理者进行,如材料进出库、零售店处理顾客退货、大学处理考试作弊的学生、企业解决供应商延迟交货事件、一般人员的聘用等日常问题的决策。程序化决策相对于非程序化决策而言,是比较简单的。管理者不会因为决策的复杂性而陷入困境,不会费尽心机地去建立一个新的决策方法和决策过程。在进行这类决策时,决策者很容易确定备选方案和方案的评价标准,只要遵循一套容易理解和得到认同的方法和程序做出选择即可。有时,这种决策的过程可能很烦琐,但是解决方式却是固定或程序化的。因此,这样的决策通常没有什么新奇之处。

非程序化决策又称为例外决策,是对组织中非例行活动进行的决策,是一些不经常重复出现的、有关信息是含糊的或不完整的决策,决策者不清楚应当用什么程序和方法进行决策。非程序化决策通常是独一无二的,未曾或极少发生的,没有事先准备好的解决方法可循,这正是非程序化决策的最大难点所在。这些决策问题的解决方法和处理程序灵活多变,需要决策者具有相关的知识、经验和创造性的思维能力。而且,不同的决策者对如何处理这种决策,以及对决策结果的评价等都会有不同的看法。这类活动对组织而言比较重要,故不能用常规办法来处理,必须由高层管理者集中精力处理,如企业的经营方向、重大的投资问题、组织变革问题、企业兼并等问题的决策。

五、决策的过程

决策不是瞬息之间的行为,是一个过程,即是一个发现问题、分析问题和解决问题的系统分析判断过程。决策是为实现组织特定目标而选择行动方案的过程,这个过程由一系列前后关联又相互独立的步骤组成,这就构成了决策的过程。一般而言,决策的过程包括诊断问题、确定决策目标、拟定备选方案、筛选方案、实施决策方案和检查评估效果等。

(一)诊断问题(识别机会)

决策者必须知道哪里需要行动,因此,决策过程的第一步是诊断问题或识别机会。管理者通常密切关注处在其责任范围内的相关数据与信息。实际状况与所预期状况的差异提醒管理者潜在机会或问题的存在。评估机会和问题的精确程度有赖于信息的精确程度,所以,管理者要尽力获取精确的、可信赖的信息。问题的界定除了必须知道实际与期望状况之间的差距外,管理者是否具有解决该问题的职权、资源与能力也很重要。一旦管理者察觉他并不具有解决该问题的职权、资源与能力，则纵使他发现了差距的存在，也很可能不会采取后续的动作以解决问题。

（二）确定决策目标

确定目标是决策的前提。这个目标是在一定外部环境和内部条件下，在市场调查和预测的基础上所预期达到的结果。所想要获得的结果的数量和质量都要明确下来，因为这两个方面都最终指导决策者选择合适的行动路线。有了目标后，才能拟出各种达到目标的备选方案，并根据目标树立价值标准，仔细进行衡量，从中选出最好的方案，做出决策。明确的目标应该具有以下特点：可以计量其结果，以便进行考核；可以规定时间，以便在拟订方案时有所参考；责任明确，即明确由谁来对这项目标负责。

在确定决策目标时，要注意以下几个问题：

（1）要把目标建立在需要与可能的基础上。为此，应弄清组织内外的生产经营形势及其需要，以及达到目标所必需的条件及其具备程度。

（2）要使目标明确、具体目标要尽可能数量化，便于用来衡量决策的实施效果。对难以数量化的目标，要采用间接的表示方式，使其具有相对的计量性。目标的衡量方法有很多种，如我们通常用货币单位来衡量利润或成本目标，用每人的产出数量来衡量生产率目标，用次品率或废品率来衡量质量目标。

（3）要明确目标的约束条件。确定目标，不仅要提出目标，而且对那些与实现目标有联系的各种条件，都应加以分析。直接影响目标实现的条件为"目标的约束条件"。例如，某企业把增加利润 20％ 作为目标，但同时规定这个目标只能在产品品种结构严格符合上级规定、产量不低于一定限度等条件下来完成。这些条件就是目标的约束条件。如果不遵守这些约束条件，即使利润增加了 20％，也不算达到目标。

（4）要明确主要目标。目标往往是多元的，它们之间常常存在着这样或那样的矛盾。确定决策目标时，要取消根本没有条件实现的目标，放弃某些相互矛盾的目标以及合并相似的次要目标。然后分清主次，综合平衡，使次要目标服从主要目标，突出主要目标，保证主要目标的实现。否则，目标过多或主次不分，势必难以决策或抓不住关键。

（三）拟订备选方案

一旦机会或问题被正确地识别出来，管理者就要提出达到目标和解决问题的各种方案。这一步骤需要创造力和想象力。备选方案的好坏在很大程度上影响着决策的质量。在提出备选方案时,管理者必须把试图达到的目标铭记在心,而且要提出尽量多的方案。管理者常常借助其个人经验、经历和对有关情况的把握来提出方案。备选方案可以是标准的和显明的,也可以是独特的和富有创造性的。标准方案通常是指组织以前采用过的方案。通过头脑风暴法、名义组织技术和德尔菲技术等可以提出富有创造性的方案。

（四）筛选方案

筛选方案就是确定所拟订的各种方案的价值或恰当性,从各备选方案中选择一个最满意方案。为此,管理者起码要具备评价每种方案的价值或相对优势/劣势的能力。在评估过程中,要使用预定的决策标准(如预期的质量)并仔细考虑每种方案的预期成本、收益、不确定性和风险,最后对各种方案进行排序。由于最好的选择通常建立在仔细判断的基础上,所以,管理者必须仔细考察所掌握的全部事实,并确信自己已获得足够的信息。

方案的筛选主要考虑 3 个方面的因素:

第一是备选方案的可行性,从方案必须具备的物质资源条件,到方案执行后所产生的结果和影响,进行全面论证,并且在考虑决策目标能否实现的同时,还要考虑决策后果对国家和社会持续稳定发展是否有利等问题。

第二是方案的可接受性,即备选方案实现各项目标的程度。

第三是方案的可靠性,即备选方案在不同自然状态下可能出现的风险,包括风险的概率和风险的大小。筛选方案要考虑环境变化,每个备选方案的效果要经过一段时期后才能出现,所以,只有通过预测才能了解方案的效果。要预测方案的效果,就要预测客观环境的可能变化,认真考虑对决策影响较大、决定组织命运的客观因素,使决策者在选择方案时做到心中有数。

（五）实施决策方案

方案的实施是决策过程中至关重要的一步。在方案选定以后,管理者就要制订实施方案的具体措施和步骤。方案的有效实施需要足够数量和种类的资源作保障。如果组织内部恰好存在方案执行所需要的资源,那么管理者应设法将这些资源调动起来,并注意不同种类资源的互相搭配,以保证方案顺利执行。如果组织内部缺乏相应的资源,则要考虑从外部获取资源的可能性与经济性。

（六）检查评估效果

由于决策的成败在很大程度上还取决于实施情况,因此,在实施中要对决策实施的过程和效果进行检查和评估。对方案执行效果的评估是指将方案实际的执行效果与管理者当初所设立的目标进行比较,看是否出现偏差。如果存在偏差,则要找出偏差产生的原因,并采取相应的措施。若方案本身有误,应会同有关部门和人员协商修改方案;若方案有根本性错误或运行环境发生不可预计的变化,使得实施方案产生不良后果,则应立即停止实施方案,待重新分析、评价方案及运行环境后再考虑实施。如果发现偏差是由方案实施过程中某种人为或非人为的因素造成的,那么管理者应该加强对方案执行的监控力度并采取切实有效的措施,确保已经出现的偏差不扩大甚至有所缩小,从而使方案取得预期的效果。

由于组织内部条件和外部环境的不断变化,管理者要不断修正方案以减少和消除不确定性,定义新的情况,建立新的分析程序,以适应变化了的环境。从这个意义上说,决策不是一次性的静态过程,而是一个循环往复的动态过程。

第二节　决策的影响因素

一般而言,决策受到环境因素、组织因素、决策问题、决策主体等多方面因素的共同影响(图 5-2)。决策是为组织的运行服务的,而组织总是在一定的环境下运行的,所以,决策首先受到环境的影响。在其他条件相同的情况下,环境的不同会导致不同的决策行为。同时,决策还受到组织自身因素的影响。由于决策的对象是组织在运行过程中产生的问题,问题的性质成了环境与组织自身因素以外的第三个影响决策的因素。影响决策的最后一个因素是决策主体。这些因素的影响不是割裂的,而是相互联系的。有些时候,某类因素的影响占主要方面;另一些时候,其他类型因素的影响占主要方面。如国际性金融危机的爆发、国内宏观经济形势发生重大变化可能带来宏观经济政策的重大调整,从而对企业决策产生重大影响。

一、环境因素

决策是为组织的运行服务的,而组织总是在一定的环境下运行的,所以,决策首先受到环境的影响。环境从三个方面对决策施加影响。

(一)环境的稳定性

一般来说,在环境比较稳定的情况下,组织过去针对同类问题所做的决策具有较高的参考价值,因为过去决策时所面临的环境与现时差不多。这种情况下的决策一般由组织的中低层管理者进行。而在环境剧烈变化的情况下,

```
                                        ┌─── 环境的稳定性
                            ┌── 环境因素 ──┤─── 市场结构
                            │             ├─── 买卖双方在市场的地位
                            │             └─── ……
                            │
                            │                 ┌─── 组织文化
                            ├── 组织自身的因素 ─┤─── 组织的信息化程度
                            │                 ├─── 组织对环境的应变模式
                            │                 └─── ……
    决策的影响因素 ──────────┤
                            │                 ┌─── 问题的紧迫性
                            ├── 决策问题的性质 ─┤─── 问题的重要性
                            │                 └─── ……
                            │
                            │                 ┌─── 个人对待风险的态度
                            └── 决策主体的因素 ─┤─── 个人能力
                                              ├─── 个人价值观
                                              ├─── 决策群体的关系融洽程度
                                              └─── ……
```

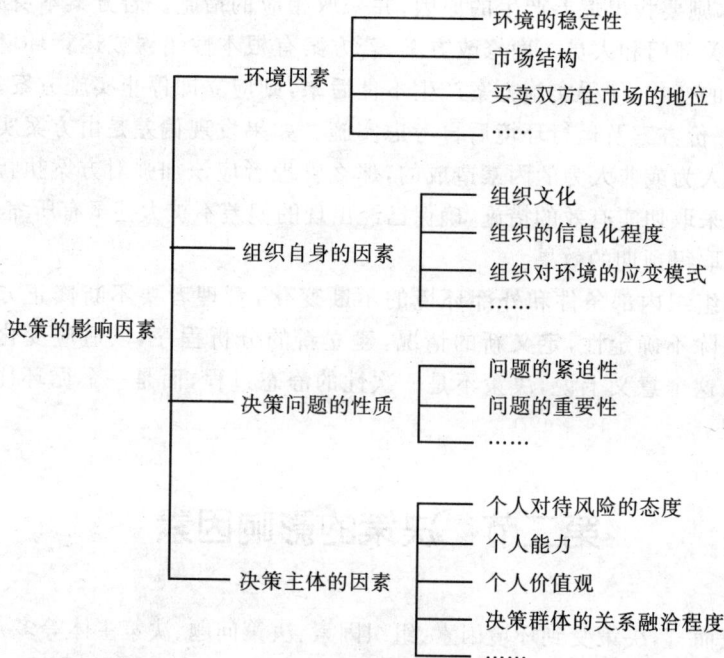

图 5-2　决策的影响因素

资料来源:周三多主编.《管理学》[M].高等教育出版社,2010 年 2 月第 3 版。

组织所要做的决策通常是紧迫的,否则可能被环境淘汰;同时,过去的决策的借鉴意义不大,因为已经时过境迁。为了更快地适应环境,组织可能需要对经营活动的方向、内容与形式进行及时的调整。这种情况下的决策一般由组织的高层管理者进行。相对于比较稳定的外部环境而言,灵活多变的外部环境使得组织的决策频率更高,对组织的决策效率要求也更高,对组织的决策压力更大;组织处于不利的外部环境下,决策的约束因素更多,决策也会更加困难。

(二)市场结构

如果组织面对的是垄断程度较高的市场,则其决策重点通常在于:内部生产条件的改善、生产规模的扩大以及生产成本的降低,比如如何改善生产条件,如何扩大生产规模,如何降低生产成本等。垄断程度高容易使组织形成以生产为导向的经营思想。如果组织面对的是竞争程度较高的市场,则其决策重点通常在于:如何密切关注竞争对手的动向,如何针对竞争对手的行为做出快速反应,如何才能不断向市场推出新产品,如何完善营销网络等。激烈的竞争容易使组织形成以市场为导向的经营思想。

（三）买卖双方在市场的地位

在卖方市场条件下，组织作为卖方，在市场中居于主动、主导地位。组织所做的各种决策的出发点是组织自身的生产条件与生产能力，"我生产什么就向市场提供什么"，"我能生产什么就销售什么"。而在买方市场条件下，组织作为卖方，在市场中居于被动、被支配的地位。组织所做的各种决策的出发点是市场的需求情况，"市场或用户需要什么我就生产什么"。"消费者主权"、"用户就是上帝"、"顾客永远是对的"等意识被融入决策中。

二、组织自身的因素

作为组织的决策，都会受到组织自身的影响和制约。因为任何决策都是对过去在某种程度上的否定，任何决策的实施都会给组织带来某种程度的变化。组织成员对这种可能产生的变化会怀有抵御或欢迎两种截然不同的态度，这种不同的态度会直接影响组织的决策。

（一）组织文化

组织文化影响组织中的一切行为。在具有开拓、创新精神的组织文化中，人们总是以发展的眼光来分析决策的合理性，渴望变化，勇于创新，宽容地对待失败，决策者的决策行为会更加大胆；相反，在崇尚稳健的组织文化中，人们不会轻易地容忍失败，而且害怕变化，对任何带来变化（特别是重大变化）的行动方案会产生抵触情绪，并以实际行动抵制，决策者的决策行为往往会更加保守。此外，组织文化是否具有伦理精神也会对决策产生影响。具有伦理精神的组织文化会引导决策者采取符合伦理的行动方案，而没有伦理精神的组织文化可能会导致决策者为了达到目的而不择手段。决策要尽量与组织文化相适应，不要破坏企业已有的组织文化。当企业环境发生重大变化时，企业的组织文化也需要相应地变化。

（二）组织的信息化程度

信息化程度对决策的影响主要体现在其对决策效率的影响上。信息化程度较高的组织拥有较先进的信息技术，可以快速获取质量较高的信息；另外，在这样的组织中，决策者通常掌握着较先进的决策手段。高质量的信息与先进的决策手段便于决策者快速做出较高质量的决策。不仅如此，在高度信息化的组织中，决策者的意图易被人理解，决策者也较容易从他人那里获取反馈，使决策方案能根据组织的实际情况进行调整从而得到很好的实施。因此，在信息时代，组织应致力于加强信息化建设，借此提高决策的效率。

（三）组织对环境的应变模式

通常对一个组织而言，其对环境的应变是有规律可循的。随着时间的推移，组织对环境的应变方式趋于稳定，形成组织对环境特有的应变模式。这种模式指导着组织今后在面对环境变化时如何思考问题，如何选择行动方案等，特别是在创立该模式的组织最高领导尚未被更换时，其制约作用更大。

三、决策问题的性质

（一）决策问题的紧迫性

时间本身就是决策的重要组成部分，同时又是限制决策的重要因素。美国学者威廉·R. 金和大卫·I. 克里兰把决策划分为时间敏感型决策和知识敏感型决策。所谓时间敏感型决策，是指决策涉及的问题对组织来说非常紧迫，急需处理，此类决策对时间的要求比较严格，其执行效果主要取决于速度，也就是说，对决策速度的要求高于对决策质量的要求。所以，管理者应该充分认识时间对决策的影响作用，并充分利用有限的时间做出正确的决策。战场上军事指挥官的决策多属于此类。组织在发生重大安全事故、面临稍纵即逝的重大机会时以及在生死存亡的紧急关头所面临的决策也属于此类。需要说明的是，时间敏感型决策在组织中不常出现，但每次出现都会给组织带来重大影响。

相反，如果决策涉及的问题对组织来说不紧迫，在时间上相对宽裕，并不一定要求在某一日期以前完成，则这样的决策可被称为知识敏感型决策。知识敏感型决策对决策质量的要求必然提高，而高质量的决策依赖于决策者掌握足够的知识。组织中的大多数决策均属于此类。对决策者而言，为了争取足够的时间以便做出高质量的决策，需要未雨绸缪，尽可能在问题出现之前就将其列为决策的对象，而不是等问题出现后再匆忙做决策，也就是将时间敏感型决策转化为知识敏感型决策。

（二）决策问题的重要性

问题的重要性对决策的影响是多方面的：(1)重要的问题可能引起高层领导的重视，有些重要问题甚至必须由高层领导亲自决策，从而使决策得到更多力量的支持；(2)越重要的问题越有可能由群体决策，因为与个体决策相比，在群体决策时，对问题的认识更全面，决策的质量可能更高；(3)越重要的问题越需要决策者慎重决策，越需要决策者避开各类决策陷阱。

四、决策主体的因素

(一)个人对待风险的态度

组织内外部的各种不确定性因素导致决策的风险随时存在。正常情况下,风险和收益存在正相关关系。有限理性导致不同的决策者对风险的态度不同,人们对待风险的态度有三种类型:风险厌恶型、风险中立型和风险爱好型。不同的决策者对风险的态度,决定了其决策的方式。风险爱好型的决策者敢于冒险,敢于承担责任,因此,有可能抓住机会,但也可能遭受一些损失。风险厌恶型决策者不愿冒险,不敢承担责任,虽然可以避免一些无谓的损失,但也有可能丧失机会。风险中立型的决策者对风险采取理性的态度,既不喜好也不回避。由此可见,决策者对待风险的态度会影响行动方案的选择。

(二)个人能力

决策者个人能力对决策的影响主要体现在以下方面:(1)决策者对问题的认识能力越强,越有可能提出切中要害的决策;(2)决策者获取信息的能力越强,越有可能加快决策的速度并提高决策的质量;(3)决策者的沟通能力越强,他提出的方案越容易获得通过;(4)决策者的组织能力越强,方案越容易实施,越容易取得预期的效果。

(三)个人价值观

组织中的任何决策既有事实成分,也有价值成分。对客观事物的描述属于决策中的事实成分,如对组织外部环境的描述、对组织自身问题的描述等。事实成分是决策的起点,能不能做出正确决策很大程度上取决于事实成分的准确性。对所描述的事物所做的价值判断属于决策中的价值成分。显然,这种判断受个人价值观的影响,决策者有什么样的价值观,就会做出什么样的判断。也就是说,个人价值观通过影响决策中的价值成分来影响决策。

(四)决策群体的关系融洽程度

如果决策是由群体做出的,那么群体的特征也会对决策产生影响。我们此处仅考察决策群体的关系融洽程度对决策的影响:(1)影响较好行动方案被通过的可能性。在关系融洽的情况下,大家齐心协力,较好的方案容易获得通过。而在关系紧张的情况下,最后被通过的方案可能是一种折中方案,未必是较好的方案。(2)影响决策的成本。在关系紧张的情况下,方案可能长时间议而不决,决策方案的实施所遇到的障碍通常也较多。

第三节 决策方法

在信息时代,信息技术就是做好管理决策的重要工具。然而,只有工具还不行,还要学会使用工具的方法。决策使用的方法依赖于客观条件,比如是否有计算机和相应软件;也依赖于决策者的能力,比如定性分析与定量分析的能力。根据决策所采用的分析方法,可以把决策方法分为定性方法、定量方法以及定性与定量相结合的方法;根据决策所采用的分析工具,可以把决策方法分为采用一般计算工具的方法以及采用计算机和网络等相关工具的方法。定性决策方法就是指难以量化或难以做精确数量分析的决策,如企业战略目标的确定、人事任免、企业形象设计等,可根据管理者和专家的经验、知识、判断能力及胆略,通过定性判断,寻求解决问题的最佳方案的决策方法。应用于程序化决策时,常采用借鉴法,即借鉴以往处理这类问题的惯例;用于非程序化决策时,常用德尔菲法、头脑风暴法、名义小组技术等。定量决策方法指既可以量化决策结果,又可对决策方案做数学分析的决策,如企业生产决策、组织的财务决策、企业投资决策等。较复杂的定量决策问题需要运用运筹学方法借助计算机解决,通过采用线性规划、非线性规划、统筹法、库存论等建立数学模型求得最优方案。目前,许多企业研制计算机软件,将程序化、决策化的过程交给计算机程序解决。一般的定量决策方法采用简单计算法就可以解决,如常用确定型决策、风险型决策与非确定型决策方法。定性与定量相结合的决策方法,运用于某些单纯利用其中一种方法难以解决的决策问题。

一、定性决策方法

定性决策方法又称软方法,是一种直接利用决策者本人或有关专家的知识、经验、智慧来进行决策的方法。定性决策方法主要适用于:(1)人们面对信息不完全的决策问题时,比如面对新的环境里出现的新问题,难以使用对数据依赖程度很高的定量方法。(2)当决策问题与人们的主观意愿关系密切时,比如定量分析的目标函数如何确定,特别是当多个决策者意见有分歧时,需要采用定性方法或以定性为主的决策方法。(3)当决策问题十分复杂,以及涉及社会心理因素较多的综合性的战略问题,现有的定量分析方法和计算工具难以胜任时,人们也不得不进行粗略的估计和采用定性分析方法。定性决策方法主要有德尔菲法、头脑风暴法、名义小组技术等,其中以头脑风暴法和德尔菲法最常用。

（一）集体决策方法

1. 头脑风暴法

头脑风暴法又称智力激励法（或自由思考法、畅谈法、畅谈会、集思法），是由英国心理学家奥斯本（A. F. Osborn）于1939年首次提出，1953年正式发表的一种激发性思维方法，是一种比较常用的集体决策方法。头脑风暴法是一种邀请专家、内行，针对组织内某一个问题，在完全不受约束的条件下，让大家开动脑筋，畅所欲言地发表个人意见，充分发挥个人和群体的创造性，集思广益，而后进行决策的方法。该决策方法的四项原则是：(1)各自发表自己的意见，对别人的建议不作评论，将相互讨论限制在最低限度内；(2)建议不必深思熟虑，越多越好；(3)鼓励独立思考、广开思路，想法越新颖、越奇异越好；(4)可以补充完善已有的建议，以使它更具说服力。头脑风暴法的特点是倡导创新思维。时间一般在1~2小时，参加者以5~6人为宜。头脑风暴法的目的在于创造一种自由思考的氛围，诱发创造性思维的共振和连锁反应，产生更多的创造性思维。采用头脑风暴法组织群体决策时，要集中有关专家召开专题会议，主持者以明确的方式向所有参与者阐明问题，说明会议的规则，尽力创造融洽轻松的会议气氛。主持者一般不发表意见，以免影响会议的自由气氛，由专家们"自由"提出尽可能多的方案。

2. 名义小组技术

在集体决策中，如果大家对问题性质的了解程度有很大差异，或彼此的意见有较大分歧，直接开会讨论效果并不好，可能争执不下，也可能权威人士发言后大家随声附和。这时，可以采取名义小组技术。管理者先选择一些对要解决的问题有研究或有经验的人作为小组成员，并向他们提供与决策问题相关的信息。小组成员各自先不通气，独立地思考，提出决策建议，并尽可能详细地将自己提出的备选方案写成文字资料。然后召开会议，让小组成员一一陈述自己的方案和意见。在此基础上，小组成员对全部备选方案投票，产生大家最赞同的方案，并形成对其他方案的意见，提交管理者作为决策参考。名义小组技术的优点在于它让群体正式集会，却不会像传统的互动群体一样限制个人独立思考的能力。名义小组技术可以产生更多的想法和建议，该方法耗时较少，成本较低。

3. 德尔菲法

德尔菲法（Delphi technique）是在20世纪40年代由O. 赫尔姆和N. 达尔克首创，经过T. J. 戈尔登和兰德公司进一步发展而成的，用于听取专家对某一问题的意见。德尔菲这一名称起源于古希腊有关太阳神阿波罗的神话,传说中阿波罗具有预见未来的能力。因此,这种预测方法被命名为德尔菲法。1946年,兰德公司首次用这种方法来听取有关专家对某一问题或机会的意见。

运用这一方法的步骤:(1)根据问题的特点,选择和邀请做过相关研究或有相关经验的专家。(2)将与问题有关的信息分别提供给专家,请他们各自独立发表自己的意见,并写成书面材料。(3)管理者收集并综合专家们的意见后,将综合意见反馈给各位专家,请他们再次发表意见。如果分歧很大,可以开会集中讨论;否则,管理者分头与专家联络。(4)如此反复多次,最后形成代表专家组意见的方案。

运用该方法的关键:(1)选择好专家,这主要取决于决策所涉及的问题或机会的性质;(2)决定适当的专家人数,一般10～50人较好;(3)拟订好意见征询表,因为它的质量直接关系到决策的有效性。

德尔菲法采用匿名通信和反复征求意见的形式,使专家们在互不知晓、彼此隔离的情况下交换意见,这些意见经过技术处理后会得出决策的结果。德尔菲法着眼于克服人群互动中的心理和行为问题,同时又保留了有组织的群体沟通的特点。这样的方式虽然可避免团体成员之间的不当影响,但缺点是如此的往返不仅耗费时间和成本,也容易使得很多成员因必须多次回答问题而半途退出。

(二)有关活动方向的决策方法

管理者有时需要对企业或企业的某部门的经营活动方向进行选择,这时,可以采用经营单位组合分析法和政策指导矩阵法。

1.经营单位组合分析法

经营单位组合分析法是由美国波士顿咨询公司提出来的。其基本思想是,大部分企业都有两个以上的经营单位,企业应该为每个经营单位确定其活动方向。该方法认为,在确定某个单位的经营活动方向时,应该考虑它的相对竞争地位和业务增长率两个维度,把公司的经营单位分为"明星"、"金牛"、"幼童"、"瘦狗"四种类型(图5-3),然后根据每类经营单位的特征,选择相应的经营方向和活动方案。相对竞争地位往往体现在企业的市场占有率上,它决定了企业获取现金的能力和速度,因为较高的市场占有率可以为企业带来较高的销售量和销售利润,从而给企业带来较多的现金流量。业务增长率对活动方向的选择有两方面的影响:(1)它有利于市场占有率的扩大,因为在稳定的行业中,企业产品销售量的增加往往来自竞争对手市场份额的下降;(2)它决定着投资机会的大小,因为业务增长迅速可以使企业迅速收回投资,并取得可观的投资报酬。

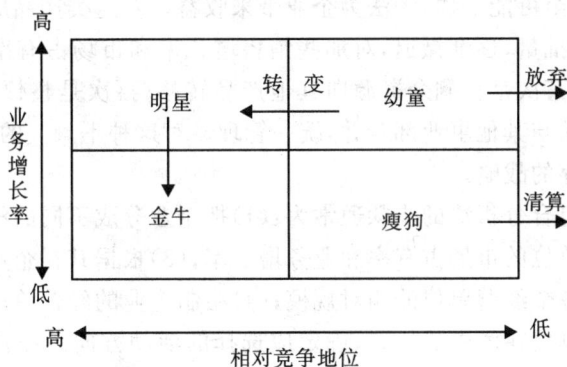

图 5-3 企业经营单位组合图

资料来源:李柏洲,郭韬,孙冰编著.管理学[M].哈尔滨工程大学出版社,2010。

(1)"明星"型经营单位的特点是市场占有率和业务增长率都较高,代表着最高利润增长率和最佳投资机会,企业应该不失时机地投入必要的资金,扩大生产规模。这类产品需要加大投资以支持其迅速发展。采用的发展战略:积极扩大经济规模和市场机会,以长远利益为目标,提高市场占有率,加强竞争地位。

(2)"金牛"型经营单位的特点是市场占有率较高,而业务增长率较低,从而为企业带来较多的利润,同时需要较少的资金投资。其财务特点是销售量大,产品利润率高、负债比率低,可以为企业提供资金,而且由于增长率低,无需增加投资,因而成为企业回收资金,支持其他产品,尤其是明星产品投资的后盾。对这一象限内的大多数产品,可采用收获战略,即所投入资源以达到短期收益最大化为限:①把设备投资和其他投资尽量压缩;②采用榨油式方法,争取在短时间内获取更多利润,为其他产品提供资金。对于这一象限内销售增长率仍有所增长的产品,应进一步进行市场细分,维持现存市场增长率或延缓其下降速度。

(3)"幼童"型经营单位业务增长率较高,目前市场占有率较低。这有可能是企业刚开发的很有前途的领域。高增长的速度需要大量资金,而仅通过该业务自身难以筹措。例如,在产品生命周期中处于引进期、因种种原因未能开拓市场局面的新产品即属此类问题的产品。对问题产品应采取选择性投资战略。企业面临的选择是向该业务投入必要的资金,以提高市场份额,使其向

"明星"型转变;如果判断它不能转化成"明星"型,应及时放弃。

(4)"瘦狗"型的经营单位市场份额和业务增长率都较低,只能带来很少的现金和利润,甚至可能亏损,无法为企业带来收益。对这类产品应采用撤退战略:首先应减少批量,逐渐撤退,对那些销售增长率和市场占有率均极低的产品应立即淘汰;其次是将剩余资源向其他产品转移;再次是整顿产品系列,最好将"瘦狗"产品与其他事业部合并,统一管理。对这种不景气的业务,应该采取收缩甚至放弃的战略。

经营单位组合分析法的步骤通常为:(1)把企业分成不同的经营单位;(2)计算各个经营单位的市场占有率和业务增长率;(3)根据其在企业中占有资产的比例来衡量各个经营单位的相对规模;(4)绘制企业的经营单位组合图;(5)根据每个经营单位在图中的位置,确定应选择的活动方向。经营单位组合分析法以"企业的目标是追求增长和利润"这一假设为前提。对拥有多个经营单位的企业来说,它可以将获利较多而潜在增长率不高的经营单位所产生的利润投向那些增长率和潜在获利能力都较高的经营单位,从而使资金在企业内部得到有效利用。

2. 政策指导矩阵法

政策指导矩阵法是荷兰皇家壳牌公司创立的一种新的战略分析技术。该方法把外部环境与内部环境归结在一起,并对企业所处的战略位置做出判断,进而提出指导性战略规划。政策指导矩阵从市场前景和相对竞争能力两个维度分析企业经营单位的现状和特征,用一个3×3的类似矩阵的形式表示(其实,它不是严格意义的3×3矩阵,只是分成了9个方格)。如图5-4所示,市场前景吸引力分为弱、中、强3种,并用赢利能力、市场增长率、市场质量和法规形势等因素加以定量化;相对竞争能力也分成了弱、中、强3种,由市场地位、生产能力、产品研究和开发等因素决定,据此制定相应的发展战略。

处于区域6和9的经营单位竞争能力强,市场前景也不错,应该确保足够的资源,优先发展。其中,处于区域9的业务代表大好的机会。

处于区域8的经营单位,其市场前景虽好,但竞争能力不够强,应该分配更多的资源,以提高其竞争能力。

处于区域7的经营单位市场前景虽好,但竞争能力弱,要根据企业的资源状况区别对待。最有前途的应该促进其迅速发展,其余的须逐步淘汰。

处于区域5的经营单位,其市场前景和竞争能力均居中等,一般在市场上有2~4个强有力的竞争对手。要分配给这些单位足够的资源,推动其发展。

处于区域2的经营单位市场吸引力弱且竞争能力不强,处于区域4的经

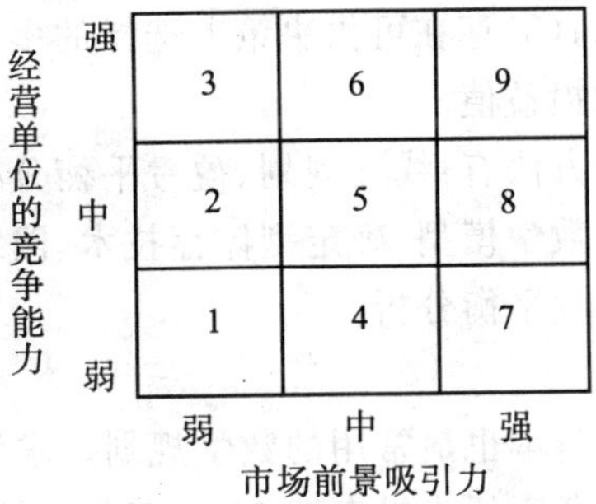

图 5-4　政策指导矩阵示意图

营单位市场吸引力不强且竞争能力较弱,应该选择时机放弃这些业务,以便把收回的资金投入到赢利能力更强的业务。

　　处于区域 3 的经营单位竞争能力较强,但是市场前景不容乐观,这些业务不应继续发展,但不要马上放弃,可以利用其较强的竞争能力为其他业务提供资金。

　　处于区域 1 的经营单位竞争能力和市场前景都非常弱,应尽快放弃此类业务。

二、定量决策方法[①]

　　随着信息技术的应用与计算机的普及,特别是多种定量分析软件的推广,定量分析方法从专家们的咨询机构走进企业、政府和各种实际应用部门。定量分析方法包括方差分析、线性回归、主成分分析、时间序列分析等,它们在数据分析和预测中得到广泛应用,为决策者提供了重要的支持。

　　定量决策方法有很多,主要可分为确定型决策方法、风险型决策方法和非确定型决策方法三大类。

(一)确定型决策方法

　　确定型决策是指决策面对的问题的相关因素是确定的,从而建立的决策模型中的各种参数是确定的。实际中有许多问题严格来说虽然不是确定型的,但如果主要因素是确定的,也可以暂且忽略不确定因素,简化为确定型决策问题。

　　确定型决策问题必须具备以下条件:(1)存在一个明确的决策目标;(2)存

---

　　① 部分案例参见李柏洲,郭韬,孙冰编著.管理学[M].哈尔滨工程大学出版社,2010。

在一个明确的自然状态;(3)存在可供决策者选择的多个行动方案;(4)可求得各方案在确定状态下的损益值。

确定型决策常用的方法有:线性规划、盈亏平衡分析、非线性规划、整数规划、动态规划、投入产出数学模型、确定型储存技术、网络分析技术等。在此主要介绍线性规划法和盈亏平衡分析。

1.线性规划法

线性规划是一种最基本也最常用的数学规划。求解线性规划的单纯形方法的基本原理是苏联学者康托洛维奇于1939年奠定的。1947年,丹捷格(G. B. Dantzig)提出了解线性规划问题的单纯形方法。线性规划法的基本思想是在满足一组已知的约束条件下,使决策目标达到最优。也就是在满足一组约束条件下,求目标函数的最大值(或最小值)的问题。它是一种寻求单位资源最佳效用的数学方法,常用于组织内部有限资源的调配问题。线性规划可用图解法、代数法、单纯形法等方法求解,在变量多时可利用计算机求解。

【例 5-1】某公司生产 A、B 两种产品,在生产过程中主要受到劳动力和原材料这两种资源的限制,其基本参数见表 5-2。应如何安排这两种产品的日产量,以使该企业利润最大?

表 5-2　A 产品和 B 产品的基本参数值

投入要素	每天能取得的总量	单位产品需要量	
		A 产品	B 产品
劳动力(个)	100	0.2	0.4
原料(千克)	900	1	4
单位利润(元)		2	3

设 X_1 为 A 的日产量,X_2 为 B 的日产量,则该决策问题的目标函数和约束条件如下。

目标函数:$\text{Max } Z = 2X_1 + 3X_2$

约束条件:$0.2X_1 + 0.4X_2 \leqslant 100$

$$X_1 + 4X_2 \leqslant 900$$

$$X_1 \geqslant 0, X_2 \geqslant 0$$

可利用代数法对上述线性规划问题求解,得 $X_1 = 100, X_2 = 200$。

2.盈亏平衡分析

盈亏平衡分析又称量—本—利分析。该方法通过分析商品数量、生产成本和销售利润三者之间的关系掌握盈亏变化的规律,指导企业选择能够以最小的生产成本生产最多产品并可使企业获得最大利润的经营方案。盈亏分析的关键在于找出盈亏平衡点。所谓盈亏平衡点,是指企业销售收入总额与成本总额相等的点。当产销量大于盈亏平衡点时,企业盈利;反之,则亏损。盈亏平衡分析的基本假设包括:

(1)产品的产量等于销售量;

(2)产品成本由固定成本和变动成本构成,单位产品的变动成本不变;

(3)单位产品的销售单价不变;

(4)生产的产品可以换算为单一产品计算。

其基本公式如下:

销售收入＝销售量×单价

总成本＝固定成本＋单位成本费用×销售量

利润＝销售收入－总成本＝销售量×单价－(固定成本＋单位变动成本×销售量)

利用上述公式可求出盈亏平衡点:

保本销售量＝固定成本/(单价－单位变动成本)

保本销售收入＝单价×保本销售量

盈亏平衡分析具体的分析方法有两种:

(1)图解法

利用坐标图可以形象而直观地描述量、本、利之间的关系,并用于求得盈亏平衡点,如图 5-5 所示:

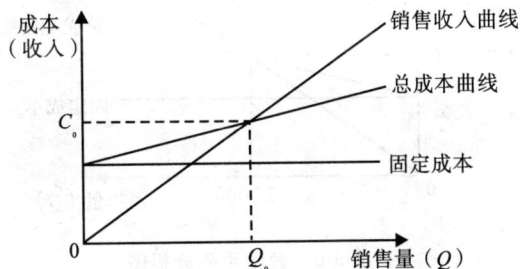

图 5-5　盈亏平衡分析图

(2)方程式法

根据量、本、利三者之间的基本关系式,也可以求出盈亏平衡点的销售量及销售额。

现设总成本为 C,其中固定成本为 F,单位变动成本为 V,销售收入为 R,产品单价为 P,销售量为 Q,那么

$$R = PQ$$

$$C = F + VQ$$

盈亏平衡时,有 $R = C$,可以求出盈亏平衡时的销售量:

$$Q_0 = \frac{F}{P - V}$$

上式两边同时乘以销售单价 P,则可以求出盈亏平衡时的销售额:

$$R_0 = \frac{F}{1 - V/P}$$

上式中,$(1 - V/P)$ 在会计学中称为边际贡献率,并用 m 表示。所谓边际贡献(M)是产品的销售收入与全部变动成本之间的差额,而边际贡献率就是边际贡献与销售收入的比值。所以,盈亏平衡点时的销售额 R_0 也可以表示为:

$$R_0 = F/m$$

【例 5-2】某企业每年的固定成本为 100 万元,生产一种产品,单价为 120 元,单位变动成本为 80 元,则该企业的保本销售量和保本销售额分别为多少?

(1)图解法

根据题意,销售收入方程为 $R = 120Q$,总成本方程为 $C = 1\,000\,000 + 80Q$。根据方程式,绘制销售曲线和成本曲线,如图 5-6 所示。

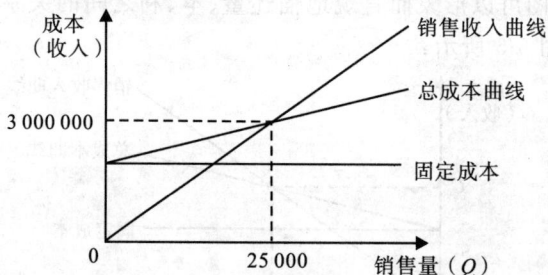

图 5-6 盈亏平衡分析图

观察图 5-6 可知,盈亏平衡时的销售量为 25 000 件,销售收入为 3 000 000 元。

(2)方程式法

由 $R = C$ 得:$120Q = 1\,000\,000 + 80Q$

解方程得:$Q_0 = 25\,000$,$R_0 = 25\,000 \times 120 = 3\,000\,000$(元)

或者,先求出边际贡献率

$$m=1-V/P=1-80/120=1/3$$

那么,平衡时的销售额

$$R_0=1\,000\,000/(1/3)=3\,000\,000(元)$$

(二)风险型决策方法

风险型决策方法也叫随机型决策方法。如果决策问题涉及的条件中有些是随机因素,它虽然不是确定型的,但我们知道它们的概率分布,这类决策被称为风险型决策。风险型决策需要具备以下条件:(1)具有一个决策者企图达到的明确目标;(2)存在两个以上可供选择的行动方案;(3)存在不以决策者意志为转移的自然状态;(4)各个行动方案在各个自然状态下的损益值可以计算出来;(5)决策者对未来可能出现何种自然状态不能确定,但其出现的概率可以大致估计出来。

风险型决策常用的方法有期望值决策法和决策树分析法,下面介绍这些方法的运用。

1. 期望值决策法

对每一个行动方案按照已知的损益值和概率综合计算其损益期望值,然后选择收益期望值最大(或损失期望值最小)者为最优方案,这种把每个行动方案的期望值求出来加以比较选优的方法,就叫做期望值决策法。期望值一般可用最大利润、最小损失、最少投资、最高产值来表示。

一个经济变量的期望值,就是它在不同自然状态下的损益值乘以相应发生的概率之和,即:

$$E(X_i)=\sum_{j=1}^{N}Y_{ij}P(S_j)$$

式中:$E(X_i)$——第 i 个方案的期望值;

　　　Y_{ij}——第 i 个方案在自然状态 S_j 下的损益值;

　　　$P(S_j)$——自然状态 S_j 发生的概率;

　　　N——自然状态的总数。

以期望值为标准,选择最大值(或最小值)的方案为最优决策。

【例 5-3】某公司对未来 5 年进行预测,A 产品市场需求的高需求概率为 0.3,中需求概率为 0.5,低需求概率为 0.2。对此可有建新厂、扩建老厂或对老厂设备进行技术改造三个方案。已知有关资料如表 5-3 所示。该公司采用哪个方案比较好?

表 5-3　某公司对未来 5 年的预测数据

单位:万元

	高需求 $P(S_1)=0.3$	中需求 $P(S_2)=0.5$	低需求 $P(S_3)=0.2$	投资
新建 X_1	120	40	−30	100
扩建 X_2	100	50	0	50
改造 X_3	40	30	20	20

根据已知资料,三个方案损益期望值计算如下:

建新厂方案　$E(X_1)=[120\times0.3+40\times0.5+(-30)\times0.2]\times5-100=150$(万元)

扩建方案　$E(X_2)=[100\times0.3+50\times0.5+0\times0.2]\times5-50=225$(万元)

改造方案　$E(X_3)=[40\times0.3+30\times0.5+20\times0.2]\times5-20=135$(万元)

通过对三个方案的期望收益值进行比较可见,扩建方案期望值最大,因此,在其他非计量因素允许的条件下,应采用扩建老厂的方案。

2.决策树分析法

决策树是图论中的树图应用于决策的一种工具。它是以树的生长过程的不断分枝来表示各方案不同自然状态发生的可能性,以分枝和剪修来寻求最优方案的决策方法。

决策树由决策点、方案分枝、自然状态节点、概率分枝组成。其结构如图5-7所示。

决策点:就是树的出发点,用方块"□"表示,用来表明决策结果。

方案分枝:就是从决策点引出的若干条直线,每条线代表一个方案,并由它与自然状态节点相连接。

自然状态节点:就是在各方案分枝末端画一圆圈"○"来表示,用它来表明各种自然状态所能获得效益的机会。

概率分枝:就是从状态节点引出的若干条直线,每一条直线代表一种自然状态。

决策树分析法的基本原理,是以计算各方案在各种自然状态下的收益值或损失值,即损益期望值作为决策标准。用决策树法进行决策分析,树形是按

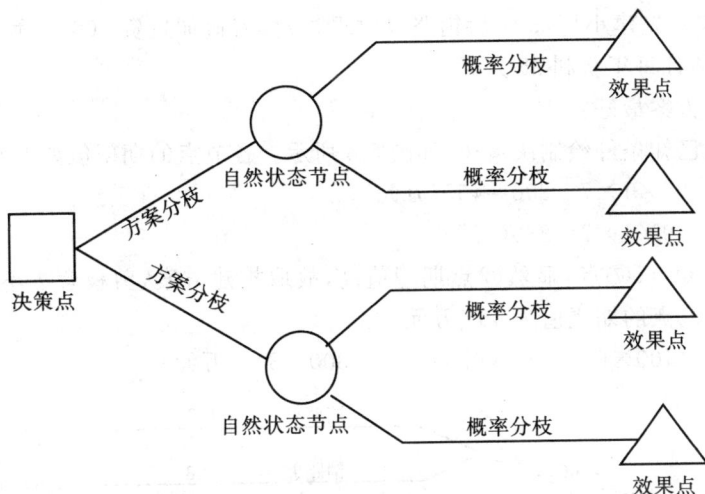

图 5-7　风险型决策的决策树

书写的逻辑顺序从左向右横向展开;方案选优过程是从右向左逐一地计算损益期望值,然后比较期望值的大小,分层进行决策选优。因此,运用决策树决策的步骤如下。

(1)绘制树形图。绘图前必须预先确定有几个可供选择的方案,以及各个方案将会发生几种自然状态。

(2)计算期望值。期望值的计算要由右向左依次进行。首先根据各种自然状态的发生概率分别计算每种自然状态的期望值。当遇到状态节点时,计算其各个概率分枝期望值的和,并与前面方案枝上的值汇总,标记在状态节点上。当遇到决策点时,则将各方案枝的状态节点上的数值相比,哪个方案枝的收益期望值最大(或损失期望值最小),就把它标记在决策点上。

(3)剪枝就是方案比较选优的过程。从右向左,逐一比较,凡是状态节点上的值小于(或大于)决策点上数值的方案枝一律剪掉(画上"∥"符号表示),最终剩下的方案枝就是最佳方案。

【例 5-4】某企业为了扩大某产品的生产,拟建设新厂。据市场预测,产品销路好的概率为 0.7,销路差的概率为 0.3。有三种方案可供企业选择:

方案 1:新建大厂,需投资 300 万元。据初步估计,销路好时,每年可获利 100 万元;销路差时,每年亏损 20 万元。服务期为 10 年。

方案 2:新建小厂,需投资 140 万元。据初步估计,销路好时,每年可获利 40 万元;销路差时,每年仍可获利 30 万元。服务期为 10 年。

方案3:先建小厂,3年后销路好时再扩建,需追加投资200万元,服务期为7年,估计每年获利95万元。

哪种方案最好?

根据已知条件绘制决策树,如图5-8所示。各节点的期望值如下所示。

⑥点:95×1×7-200=465(万元)

⑦点:40×1×7=280(万元)

比较⑥点、⑦点,显然⑥点期望值高,故取扩建方案,剪枝舍去不扩建方案。得出⑤点的期望值为465万元。

②点:(100×0.7-20×0.3)×10-300=340(万元)

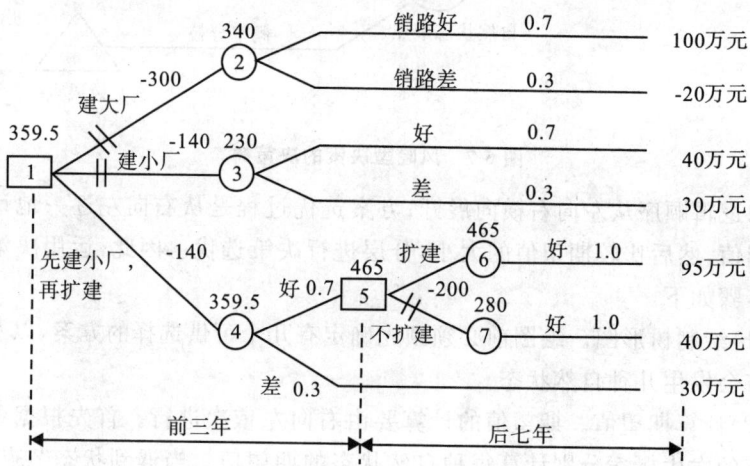

图5-8　决策树图

③点:(40×0.7+30×0.3)×10-140=230(万元)

④点:(465×0.7+40×0.7×3)+30×0.3×10-140=359.5(万元)

比较②点、③点、④点,显然④点期望值高,故取方案3,舍去方案1和方案2。得出①点的期望值为359.5万元。

(三)非确定型决策方法

如果决策问题涉及的条件中有些是未知的,对一些随机变量,连它们的概率分布也不知道,这类决策问题被称为非确定型决策。非确定型决策是在客观自然状态完全不能确定的情况下进行的决策。这时的决策主要取决于决策者的经验和智慧,由于决策者各具特点,便有了不同的评选标准,因而产生了多种具体的决策方法。

主观设定状态概率决策法是根据决策者对风险的不同态度,主观给出自然状态的概率,计算方案收益并进行决策的方法,具有一定的主观性。主要有小中取大法、大中取小法、乐观系数法、最小遗憾决策法、等可能性法等。下面用实例说明主观设定状态概率决策的具体方法。

【例 5-5】某企业准备生产一种新产品。估计这种产品在市场上的需求量(自然状态)大体有三种情况:需求量较高、需求量中等、需求量较低,对每种情况出现的概率却无法预测。为了生产这种产品,企业考虑了三种方案:A 方案是自己动手,改造原有设备;B 方案是淘汰原有设备,购进新设备;C 方案是与其他企业进行协作。该产品准备生产 5 年,据测算,各个方案在各种自然状态下 5 年内的损益值如表 5-4 所示。

表 5-4　各方案损益值表

单位:万元

损益值＼自然状态＼方案	高需求	中需求	低需求
A 方案	180	120	−40
B 方案	250	100	−80
C 方案	100	70	16

1. 小中取大法(悲观法)

采用这种方法的管理者对未来持悲观的态度,认为未来会出现最差的自然状态,因此,不论采取哪种方案,都只能获取该方案的最小收益。采用小中取大法进行决策时,首先计算各方案在不同自然状态下的收益,并找出各方案所带来的最小收益,即在最差自然状态下的收益,然后进行比较,选择在最差自然状态下收益最大或损失最小的方案作为所要的方案。

这种方法决策的程序是:先从每个方案中选择一个最小的收益值,即 A 方案为−40 万元,B 方案为−80 万元,C 方案为 16 万元,然后从这些最小收益值中选取数值最大的方案(C 方案)作为决策方案,计算过程如表 5-5 所示。

表 5-5　最小收益比较表

单位:万元

损益值 / 自然状态 / 方案	高需求	中需求	低需求	Min
A 方案	180	120	−40	−40
B 方案	250	100	−80	−80
C 方案	100	70	16	16
决策				16

2.大中取大法(乐观法)

采用这种方法的管理者对未来持乐观的态度,认为未来会出现最好的自然状态,因此不论采取哪种方案,都能获取该方案的最大收益。采用大中取大法进行决策时,首先计算各方案在不同自然状态下的收益,并找出各方案所带来的最大收益,即在最好自然状态下的收益,然后进行比较,选择在最好自然状态下收益最大的方案作为所要的方案。

这种方法决策的程序是:先从每个方案中选择一个最大的收益值,即 A 方案为 180 万元,B 方案为 250 万元,C 方案为 100 万元,然后再从这些方案的最大收益中选择一个最大值(250 万元),由此确定 B 方案为决策方案,计算过程见表 5-6。

表 5-6　最大收益比较表

单位:万元

损益值 / 自然状态 / 方案	高需求	中需求	低需求	Max
A 方案	180	120	−40	180
B 方案	250	100	−80	250
C 方案	100	70	16	100
决策				250

3. 乐观系数法(赫威兹原则)

前两种方法是按照最好或最坏结果进行决策的,因此,有一定的缺点:除了最大或最小的损益外,其余均不予考虑,而且行事极端,有片面性。为了克服这种缺点,可采用乐观系数法。所谓乐观系数法,就是决策者对自然状态的估计既不那么乐观,也不那么悲观,在乐观与悲观这两个极端之间用一个系数来折中求得平衡,这样就可算出每一方案折中的期望收益值,然后在这些折中的期望收益值中挑选出一个最大期望收益值,并以该方案为决策最优方案。

乐观系数法,首先由决策者根据对历史数据的分析和经验判断确定一个乐观系数,用 a 表示,且 $0 \leqslant a \leqslant 1$。当决策者对未来自然状态的估计比较乐观时,可取 $a > 0.5$;当决策者对未来的估计比较悲观时,可取 $a < 0.5$。各方案的折中期望收益值可用下式计算:

折中期望收益值 $= a \times$(最大收益值)$+ (1-a) \times$(最小收益值)

最大收益值和最小收益值如表 5-7 所示。

如果决策者估计出现最好的销售情况的可能性是 70%,出现最坏的销售情况的可能性为 30%,则各方案的折中期望收益值计算如下:

A 方案的折中期望收益值 $= 0.7 \times 180 + (1-0.7) \times (-40) = 114$(万元)

B 方案的折中期望收益值 $= 0.7 \times 250 + (1-0.7) \times (-80) = 151$(万元)

C 方案的折中期望收益值 $= 0.7 \times 100 + (1-0.7) \times 16 = 74.8$(万元)

从计算结果看出,B 方案的期望值最大,因此可选择 B 方案为最佳方案。

表 5-7 最大收益、最小收益比较表

单位:万元

损益值 / 方案 \ 自然状态	高需求	中需求	低需求	Max	Min
A 方案	180	120	−40	180	−40
B 方案	250	100	−80	250	−80
C 方案	100	70	16	100	16

4. 最小遗憾决策法(最小最大后悔值法,萨维奇原则)

管理者在选择了某个方案后,如果将来发生的自然状态表明其他方案的收益更大,那么他会为自己的选择而后悔。最小遗憾决策法就是使后悔值最小的方法。采用这种方法进行决策时,首先计算各方案在各自然状态下的后悔值(某方案在某自然状态下的后悔值=该自然状态下的最大收益-该方案在该自然状态下的收益),并找出各方案的最大后悔值,然后进行比较,选择最大后悔值最小的方案作为所要的方案。

例题中,在高需求这一自然状态下,B 方案的收益最大,为 250 万元。在将来发生的自然状态是高需求的情况下,如果管理者恰好选择了这一方案,他就不会后悔,即后悔值为 0。如果他选择的不是 B 方案,而是其他方案,他就会后悔(后悔没有选择 B 方案)。比如,他选择的是 C 方案,该方案在高需求时带来的收益是 100 万元,比选择 B 方案少带来 150 万元的收益,那么他的后悔值就为 150 万元。各个后悔值的计算结果见表 5-8。由表 5-8 可以看出,A 方案的最大后悔值为 70 万元,B 方案的最大后悔值为 96 万元,C 方案的最大后悔值为 150 万元,经过比较,A 方案的最大后悔值最小。所以选择 A 方案。

表 5-8　后悔值比较表

单位:万元

损益值　方案 ＼ 自然状态	高需求	中需求	低需求	最大后悔值
A 方案	70	0	56	70
B 方案	0	20	96	96
C 方案	150	50	0	150
决策				70

5.等可能性法(拉普拉斯法)

此法就是当决策者在决策过程中没有充分的根据肯定哪一种自然状态会出现时,就认为各种自然状态出现的可能性(概率)是相等的。这种决策方法的特点是以平均收益值作为评价方案的标准,所依据的是平均原则,这是一种折中、平稳的决策方法。

这种方法的决策程序是:先将每一个方案在各种自然状态下的收益值相加,然后除以自然状态的个数,求得每个方案的平均收益值(见表 5-9),再选择平均收益值最大的方案作为决策方案。在表 5-9 中,B 方案的平均收益值最大,为 90 万元,因而选择 B 方案为决策方案。

表 5-9　平均收益值比较表

单位:万元

损益值 / 自然状态 / 方案	高需求	中需求	低需求	平均收益值
A方案	180	120	−40	86.7
B方案	250	100	−80	90
C方案	100	70	16	67.3
决策				90

【本章小结】

　　决策是管理者从事管理工作的基础,贯穿于管理过程始终,决策正确与否直接关系到组织的生存与发展。决策是管理者识别并解决问题的过程,或者管理者利用机会的过程。现代科学化决策具有目标性、可行性、选择性、过程性和动态性等特征。决策理论是有关决策概念、原理、学说等的总称,是把第二次世界大战以后发展起来的系统理论、运筹学、计算机科学等综合运用于管理决策问题,形成的一个有关决策过程、准则、类型及方法的较完整的理论体系。其中有代表性的理论主要有以下几种:古典决策理论、行为决策理论和当代决策理论。按照决策的作用范围可将其分为战略决策、管理决策和业务决策。按照决策问题具备的条件和决策的可能程度可将其分为确定型决策、风险型决策和非确定型决策。按照参与决策的管理者数量及其合作关系可将决策分为个体决策和群体决策。按照决策的性质和重复程度不同,可将决策划分为程序化决策和非程序化决策。现代决策必须遵循一定的科学程序,决策的过程包括诊断问题、明确目标、拟订备选方案、筛选方案、实施决策方案和检查评估效果等。决策受到多种因素的影响,这些影响因素主要有:环境、组织文化、决策问题的性质和决策主体等。决策的方法可归纳为定性决策方法和定量决策方法。头脑风暴法、德尔菲法都是定性决策方法。风险型决策的定量方法主要有决策损益表法和决策树分析法。

【思考题】

1.如何理解决策的含义？决策的原则与依据各是什么？

2.迄今为止,有关决策的理论经历了怎样的发展？

3.决策的过程包括哪些步骤？每一步骤需要注意哪些问题？

4.决策的影响因素有哪些？

5.比较书中三种集体决策方法的异同,举例说明应用时需要注意的问题。

6.在运用决策树解题时,如果在决策点选取最大值时,有两个或者多个取得最大值,该如何处理？

7.回顾你曾经做出的一些有风险的决策。你为什么愿意承担风险？你是如何处理的？从中你学到了什么？

8.举例说明在确定、不确定和风险条件下进行决策的过程,并简述环境对决策的影响。

9.如何提高决策的科学性？

第六章 计划的基础

【学习目标】 通过本章的学习,了解计划职能的基本概念,掌握计划的类型和内容结构以及计划与决策的关系。

【关键词】 短期计划 长期计划 战略计划 战术计划

导入案例

盛大的成功

盛大是中国最大的网络游戏提供商,其代理的《传奇》游戏书写了中国网络销售的传奇。北京时间 2004 年 5 月 13 日 23 时 20 分,美国东部时间 13 日 1 时 20 分,盛大网络成功在纳斯达克上市。依照股价,盛大创始人陈天桥所持股票的市值达到了约 11.1 亿美元(合 90 亿元人民币),成为新任中国大陆首富。有人发财,有人破产,有人温饱度日,而他,一个 31 岁的青年,只用了短短 5 年的时间,财富飙升了 18 000 倍,成了中国大陆第一富豪。人们对盛大陈天桥的成功原因有很多总结,但是最重要的也是最基本的原因就是出色的管理、计划制订和计划执行。用陈天桥自己的话说,他今日网络娱乐业老大的地位,全源自几年前脑中的一个 idea 而已。“别人幸运发家,可能是因为看中一处升值前景巨大的楼盘,可能是因为开发了某种市场巨大的产品,而我们的起步,只是把我们的 story 卖了个好价钱。当然,对于一个创业者来说,最初的 1 000 万并不难挣,难的是把 1 000 万变成 100 亿。”点评:多算胜,少算不胜。这是《孙子兵法》的战术。从管理者的角度看,“算”指的就是计划行为,其内容包括两大方面:一是规定组织在未来一段时间内所要实现的组织目标;二是制订实现这些目标的途径,即计划方案。

资料来源:邵喜武,林艳辉主编. 管理学实用教程[M]. 中国农业大学出版社,2010.08

计划过程是决策的组织落实过程。决策是计划的前提,计划是决策的逻辑延续,为决策所选择的目标活动的实施提供了组织实施保证。计划通过将组织在一定时期内的活动任务分解给组织的每个部门、环节和个人,从而不仅为这些部门、环节和个人在该时期的工作提供了具体的依据,而且为决策目标的实现提供了保证。

第一节 计划概述

一、计划的含义与性质

(一)计划的含义

计划作为管理的一项职能,已有许多学者对其含义进行了研究。

孔茨(Koontz)认为,"计划工作是一座桥梁,连接起现在和将来要达到的目的,并使得本来不会发生的事,现在可能发生"。

阿考夫(Ackoff)把计划定义为"对所追求的目标及实现该目标的有效途径进行设计"。

摩尔(Moore)认为,"计划就是为我们所做的事情制定规则,避免迷惑与匆忙行事,充分利用资源并且减少浪费"。

在汉语中,"计划"既可以是名词,也可以是动词。作为名词,计划是指用文字和指标等形式所表述的,在未来一定时期内组织以及组织内不同部门和不同成员,关于行动方向、内容和方式安排的管理文件。计划既是决策所确定的组织在未来一定时期内的行动目标和方式在时间和空间的进一步展开,又是组织、领导、控制和创新等管理活动的基础。作为动词,计划是指为了实现决策所确定的目标,预先进行的行动安排。这项行动安排工作包括:在时间和空间两个维度上进一步分解任务和目标,选择任务和目标的实现方式,规定进度,检查与控制行动结果等。我们有时用"计划工作"表示动词意义上的计划内涵。

无论在名词意义上还是在动词意义上,计划内容都包括"5W1H",计划必须清楚地确定和描述这些内容:What——做什么?目标与内容。Why——为什么做?原因。Who——谁去做?人员。Where——何地做?地点。When——何时做?时间。How——怎样做?方式、手段。

"做什么"(What)是计划工作首先要回答的问题。作为一个组织的决策人或决策集体,必须高瞻远瞩地分析市场行情、市场动态、发展趋势、同行的工作主攻目标、客户群体的消费心理及变化趋势、国家宏观的有关政策以及本组织在同行业中综合实力所处的位置,切实做到知己知彼。只有"做什么"选择准确了,把握住了机会,才具备事业成功的基础。

"为什么做"(Why)就是解决组织中全体成员的认识问题,要对组织的工作目标、战略意图进行可行性论证,把全体成员的思想认识统一到组织的目标、战略意图上来。"为什么做"起到统一意志、鼓舞士气的作用。

"何时做"(When)就是要规定计划中各项工作开始及完成的时间和进度,以便进行有效控制和对财力、物力进行平衡。"何时做"要求组织的决策层有超前的眼光,准确把握市场未来的发展趋势,调动、调配组织自身的一切有利因素,适应市场,适应消费群体。

"何地做"(Where)就是规定计划的实施地点和场所,了解计划实施的环境条件和限制因素,以便合理安排计划实施的空间组织和布局。确定"何地做"往往受到诸多因素的制约,而且这些因素往往利弊相连。

"谁去做"(Who)是指计划不仅要明确规定目标、任务、地点和进度,而且要规定由哪些部门、哪些人员负责。

"怎样做"(How)就是制订实现计划的措施以及相应的政策和规则,对资源进行合理分配,对人力、生产能力进行平衡。"怎样做"与前面讲的"谁去做"是计划工作中相对容易确定的因素,应尽力把它做好。

实际上,一个完整的计划还应包括控制和考核。也就是告诉实施计划的部门或人员做成什么样子,达到什么目标,有什么行为规则等。一个好的计划不仅能科学地解决上述 6 个问题,而且能为组织的发展壮大奠定基础。

(二)计划的性质

1.计划工作具有目的性

计划是实现目标的方法和手段。任何组织和个人制订计划都是为了有效地达到某种目标。在计划工作的最初阶段,确定具体明确的目标是其首要任务,其后的所有工作都是围绕该目标进行的。计划工作有利于组织根据所要实现的目标,将人们的集体活动形成一种彼此协调、相互支持、始终如一的结构,避免混乱和无序。可以说,没有计划或计划不周的行动都是盲目的行动,而盲目的行动是难以实现目标的。因此,组织的各种计划及各项计划工作都必须有助于完成组织的目标。

2.计划工作具有普遍性和秩序性

无论是什么组织,也无论是组织中哪个层次的管理者,要想实施有效管理,就必须要做好计划工作。当然,计划工作的普遍性中蕴含着一定的秩序,这种秩序因组织性质的不同而有所不同。最主要的秩序表现为计划工作的纵向层次性和横向协作性。计划活动是各级管理者的一个共同的职能,但由于所处的位置和所拥有的职权不同,他们所从事的计划活动会有不同的特点和范围。一般来说,高层主管主要负责对组织活动制订长期性和结构性的计划,即致力于那些战略性的计划,而中层或基层主管则主要致力于那些具体的战术性的或执行性的计划。

3.计划工作的效率性

计划工作的任务,不仅是要确保实现目标,而且还要从众多的方案中选择最优的资源配置方案,以求得合理利用资源和提高效率。所谓计划的效率,是指实现目标所获得的收益与执行计划过程中所有损耗之和的比率,亦即制订计划与执行计划时所有的产出与所有的投入之比。如果一个计划能够达到目标,但它需要付出的代价太大,这个计划的效率就很低,因此,它不是一个好的计划。此外,还要考虑非经济方面的利益以及对职工心理所造成的影响,如果一个计划提高了产量,但却造成了职工的恐惧、不满和士气低落,这一计划的效率也不会很高。计划工作强调协调和节约,其重大安排都要经过经济和技术的可行性分析,使付出的代价尽可能合算。

二、计划与决策

计划与决策是什么关系? 管理理论研究中对这些问题有着不同的认识。有人认为,计划是一个更为宽泛的概念,作为管理的四大职能之一,计划是一个包括环境分析、目标确定、方案选择和实施计划的过程,决策活动只是这一过程中某一阶段的工作内容。比如,法约尔认为,计划是管理的一个基本部分,包括预测未来并在此基础上对未来的行动予以安排。西斯克认为,"计划工作在管理职能中处于首位",是"评价有关信息资料、预估未来可能的发展、拟订行动方案的建议说明"的过程,决策是这个过程中的一项活动,是在"两个或两个以上的可选方案中作选择"。而以西蒙为代表的决策理论学派则强调,管理就是决策。决策是包括情报活动、设计活动、抉择活动和审查活动等一系列活动的过程;决策是管理的核心,贯穿于整个管理过程。因此,决策不仅包括了计划,而且包含了整个管理,甚至就是管理本身。实际上,这两种观点都是正确的,决策与计划的关系并不是简单的谁包含谁的问题。图 6-1 清晰地描述了决策与计划等管理过程的关系。

我们认为,决策与计划是两个既相互区别、又相互联系的概念。

广义决策

狭义决策

计划阶段的
决策制定

实施阶段的
组织、领导和控制

决策方案
的确定 → 决策实施
计划编制 → 决策
制定 ↔ 其他
管理活动

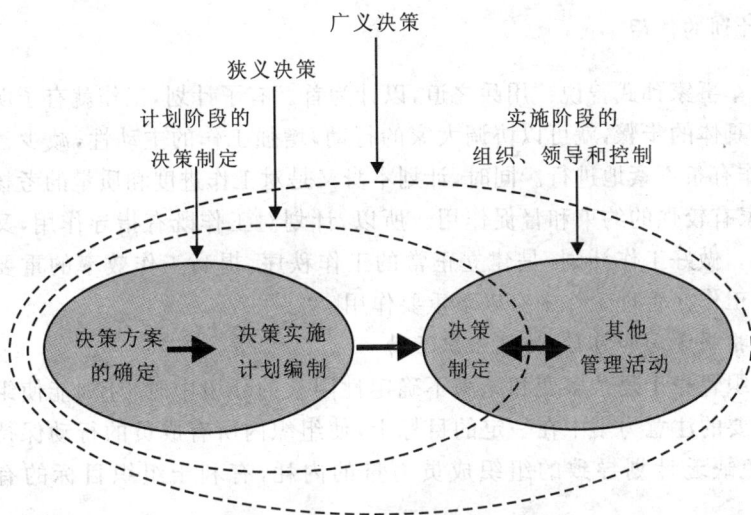

图 6-1　决策与计划等管理过程的关系

资料来源:张智光主编.管理学原理:领域、层次与过程(第2版)[M].清华大学出版社,2010。

说它们相互区别,是因为这两项工作需要解决的问题不同。决策是对组织活动方向、内容以及方式的选择。我们从"管理的首要工作"这个意义来把握决策的内涵。任何组织,在任何时期,为了表现其社会存在,必须从事某种社会需要的活动。在从事这项活动之前,组织必须首先对活动的方向和方式进行选择。计划则是对组织内部不同部门和不同成员在一定时期内的行动任务的具体安排,它详细规定了不同部门和成员在该时期内从事的活动的具体内容和要求。

但计划与决策又是相互联系的,这是因为:(1)决策是计划的前提,计划是决策的逻辑延续。决策为计划的任务安排提供了依据,计划则为决策所选择的目标活动的实施提供了组织保证。(2)在实际工作中,决策与计划是相互渗透的,有时甚至是不可分割地交织在一起的。在决策制定过程中,不论是对内部能力优势或劣势的分析,还是在方案选择时对各方案执行效果或要求的评价,实际上都已经开始孕育决策的实施计划。反过来,计划的编制过程,既是决策的组织落实过程,也是对决策更为详细的检查和修订的过程。决策无法落实,或者决策选择的活动中某些任务无法安排,必然导致对决策在一定程度上的调整。

三、计划的作用

古代军事家孙武曾说:"用兵之道,以计为首。"有了计划,工作就有了明确的目标和具体的步骤,就可以协调大家的行动,增强工作的主动性,减少盲目性,使工作有条不紊地进行。同时,计划本身又是对工作进度和质量的考核标准,对大家有较强的约束和督促作用。所以,计划对工作既有指导作用,又有推动作用。做好工作计划,是建立正常的工作秩序,提高工作效率的重要手段。计划工作在管理工作中有以下重要作用:

(一)指明方向和目标,协调组织活动

当组织置身于复杂多变和充满不确定性因素的环境中时,计划能使组织始终把主要的注意力集中在一定的目标上,使组织内所有成员的行动保持一致,以避免缺乏计划导致的组织成员力量的内耗,有利于组织目标的有效实现。

(二)预测未来变化,发现机会与威胁

计划是面向未来的,而未来具有不确定性,计划的制订期限越长,不确定因素就越多。计划的前瞻性使组织通过周密细致的预测,能及时预见机会与威胁,早作准备,从而变被动为主动,变不利为有利,消除和降低未来的不确定性,将这种不确定性缩小到最低限度。

(三)高效率地使用资源,减少浪费

组织在实现目标的过程中,各项活动有时会出现前后不协调、相互脱节的现象。良好的计划能通过技术经济论证和可行性分析,从多条实现目标的途径中选择最好的方法,以最低的费用或最高的效率实现预定的目标。

(四)设立工作标准,为控制提供依据

组织在实现目标的过程中离不开控制,而计划则是控制的基础。未经计划的活动是无法控制的。管理者通过计划设立了组织的目标,在控制过程中,管理者就可以将计划的实际执行情况和组织目标进行比较,以发现可能出现的偏差,使得组织活动能够保持既定的方向。可见,计划由于设立了目标和标准,因而有利于管理控制。

任何经营型组织的主要目的都是获利。一般来说,正式的计划是和组织的较高利润、良好的财务状况相联系的。高质量的行动计划和对计划的良好执行能产生较好的组织绩效。

计划职能是管理的一项重要职能,也是管理的一种重要手段。一般认为,管理具有计划、组织、领导、控制等职能,在这些职能中,由于计划职能反映了管理者的决策意图,决定着管理行为的方向,制约和决定着其他管理职能,因而被人们视为管理的首要职能。

四、计划的表现形式

一个计划包含组织将来行动的目标和方式。计划是面向未来的,而不是对过去的总结,也不是对现状的描述;计划是面向行动的,而不是空泛的议论,也不是学术的见解。面向未来和面向行动是计划的两大显著特征。哈罗德·孔茨和海因·韦里克从抽象到具体把计划分为一种层次体系:(1)宗旨或使命;(2)目标;(3)战略;(4)政策;(5)程序;(6)规则;(7)方案;(8)预算(见图6-2)。

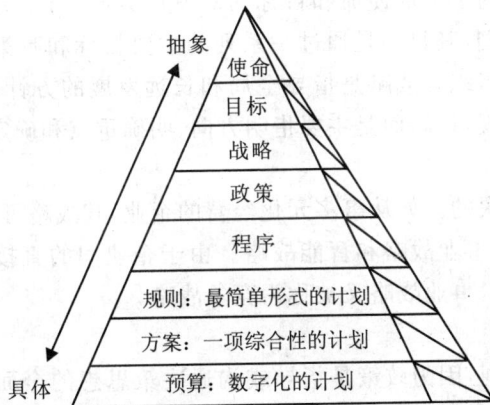

图 6-2　计划的层次体系

资料来源:周三多主编. 管理学(第 3 版)[M].高等教育出版社,2010 年。

1.宗旨(或使命)

宗旨(或使命)表明一个组织、现代机构及其任意部分的基本职能或任务。它指明一定的组织机构在社会上应起的作用和所处的地位;它决定组织的性质,决定此组织区别于其他组织的标志。任何一类有组织的经营活动,要想有意义,都有或至少应该有自己的宗旨或使命。在每一个社会体系中,组织具有社会赋予它们的基本职能或任务。例如,医院的宗旨是治病救人,学校的宗旨是教书育人,法院的宗旨是解释和应用法律,企业的基本宗旨通常是生产、经销商品和服务。

2.目标(或目的)

目标(或目的)是指活动所针对的最终结果。它不仅代表计划的重点,而且代表组织、人员、领导和控制职能所要达到的最终目的。

目标(或目的)是在宗旨的指导下提出的,它具体规定了组织及其各个部门的经营管理活动在一定时期要达到的成果,从确定目标起到目标分解,直至最终形成一个目标网络。目标不仅是计划工作的终点,还是组织工作、人事、领导工作和控制活动所要达到的结果。组织的总目标是最基本的计划,组织的各个部门也各有其目标。部门的目标应当有助于组织目标的实现,但这两种目标可以完全不同。例如,一个组织的目标可能是通过生产某一家庭健身设施来获取利润,而生产部门的目标可能是按照规定的设计和成本来生产所需数量的设施。

3.战略

战略是组织为了完成使命和目标而对发展方向、行动方针以及资源配置等提出的总体规划,其目的是通过一系列的主要目标和政策来决定和传达希望成为什么样的组织。战略是指导全局和长远发展的方针,它不是要具体地说明企业如何实现目标,而是主要指明方向、明确重点和确定资源分配的优先次序。

战略是分层次的。如从事多元化经营的企业,其战略可以分为3个层次,即企业总体战略、事业战略和智能战略。由于企业间的直接竞争是在事业层次上展开的,因此,事业战略又被称为竞争战略。

4.政策

政策也是计划,因为政策是指导或沟通决策思想的全面的陈述书或理解书,但并非所有的政策都是"陈述",因为政策只是从管理人员的活动中含蓄地反映出来。例如,一个公司的总裁也许仅仅是为了方便,严格地遵循从公司内提升职工的做法,这种做法可能会被下属人员看做政策而认真执行。实际上,管理人员要特别注意,一定要防止下属把那些不能作为惯例的管理决策理解为政策。

政策是指确定决策的范围,确保决策和目标保持一致,并有利于目标的实现。政策有助于事先确定问题的性质,不需要每次重复分析相同情况,同时,把其他计划统一起来,使管理人员能够在向下授权的同时,仍然对其下属所做的工作实施有效控制。

5.程序

程序也是计划。它规定了如何处理那些重复发生的例行问题的标准方法。程序指导如何采取行动,而不是指导如何去思考问题。程序是按时间顺序对必要的活动进行的排列。制订程序的目的是减轻管理人员决策的负担,明确各个工作岗位的职责,提高管理活动的效率和质量。此外,程序通常还是一种经过优化的计划,它是对大量日常工作过程及工作方法的提炼和规范化。

程序与战略不同,它是行动指南,而不是思想指南。因此,程序是详细列出必须完成的某类活动的具体方法。

程序与政策不同,它没有给行动者自由处理的权力。出于理论研究的考虑,我们把政策与程序区分开来,但在实践工作中,程序往往表现为组织的规章制度。如公司政策规定可以给员工假期,为落实这项政策所建立的程序,将规定具体度假时间表以免造成工作混乱,确定带薪休假的工资额和支付办法,建立考勤制度以确保每位员工享有假期,最后详细说明申请休假的办法。

6. 规则

规则是针对具体场合和具体情况允许或不允许采取某种特定行动的规定,没有酌情处理的余地。它详细地阐明了必需行动或非必需的行动,其本质是一种必须或无须采取某种行动的管理决策。规则通常是最简单形式的计划。

规则常常容易与政策和程序相混淆,所以要特别注意区分。

规则不同于政策,政策的目的是通过给管理人员留有酌情处理的余地而指导他们的决策,而规则虽然也起指导行动的作用,但在运用中没有自行处理的余地。

规则不同于程序。其一,规则用于指导行动但不说明时间顺序;其二,可以把程序看做是一系列的规则,但是具体到某一条规则,它可能是也可能不是程序的组成部分。比如,"禁止吸烟"是一条规则,但它和程序没有任何联系;一种规定顾客服务的程序可能表现为一种规则,如在接到顾客需要服务的信息 30 分钟内必须给予顾客答复。

7. 方案(规划)

方案是一个综合性的计划,包括目标、政策、程序、规则、任务分配、步骤、要使用的资源等。一项方案可能很大,也可能很小。通常情况下,一个主要方案(规划)可能需要很多支持计划。在该主要方案进行之前,必须把这些支持计划制订出来,并付诸实施。所有这些计划都必须加以协调和安排时间。

8. 预算

预算是一份用数字表示预期结果的报表,可以称为"数字化"的计划。预算在很多公司是最基本的计划手段,它迫使公司提前编制以数字表述的预期现金流量、费用和收入、资本支出、工时等。预算通常是为规划服务的,但其本身可能就是一项规划。

第二节　计划的类型

　　计划是对所需完成的任务进行预先的安排,以便将任务具体落实到组织中的不同部门和个人。计划是多种多样的,它可以依据不同的标准进行分类。按照时间的长短,计划可以分为长期计划、中期计划和短期计划;按照组织职能,计划可以分为业务计划、财务计划和人事计划;按照广度,计划可以分为战略性计划和战术性计划;按照明确性程度,计划可以分为指导性计划和具体计划;按照例行化程度,计划可以分为程序性计划和非程序性计划。表 6-1 列出按不同标准分类的计划类型。

表 6-1　计划的类型

分类标准	类　　型
时间长短	长期计划、中期计划和短期计划
组织职能	业务计划、财务计划和人事计划
综合性程度(涉及时间长短和涉及范围的广狭)	战略性计划和战术性计划
内容的明确性程度	指导性计划和具体计划
程序化程度	程序性计划和非程序性计划

　　值得指出的是,这些分类方法所划分出的计划类型很难截然区分。比如,长期与短期就不存在定量的数值标准,程序化程度更是难以区分。另外,虽然理论研究将计划按一定标准进行分类,但现实中的计划往往是综合的,比如,长期财务计划与短期财务计划,指导性人事计划与具体性人事计划等。计划工作必须追求时间与空间、明确性、程序化程度等方面的平衡。

一、长期计划、中期计划和短期计划

　　按照时间的长短,计划可以分为长期计划、中期计划和短期计划。

　　长期计划的时间跨度至少在 5 年以上。这些计划描述了组织在较长时期内从事某种活动应达到的目标和要求,绘制了组织长期发展的蓝图,是具有战略性、纲领性、指导性的发展规划。有些组织规模很大,面临的问题比较复杂,其长期计划的时间跨度就更大。长期计划从属于组织战略,是长期战略计划的一个组成部分。战略计划从总的方面去阐述一个组织应如何去完成自己的目标,而长期计划则是这些长远的重大战略决策的具体化,并通过长期计划的执行和检查来保证其实现。

中期计划的时间跨度一般在 1～5 年。中期计划是长期计划的一个组成部分,与组织的中层和基层管理人员的工作有更多的直接关系,一般都比较稳定,实施中变化较小。由于长期计划的时间跨度长,容易受环境因素变化的影响,因而许多组织往往把制订计划的重点放在中期计划方面。

短期计划的时间跨度通常在 1 年及 1 年以下,包括季度和月度计划。这些计划是组织日常活动的指南。短期计划依据中、长期计划提出的目标和要求,结合计划期内的实际情况而制订,是中、长期计划的具体落实。与中、长期计划相比,短期计划对管理人员的日常工作有更大的影响,特别是在外部环境发生动荡和快速变化的形势下,人们往往会把更多的注意力集中在短期计划上。

应该说明的是,长、中、短期计划的时间跨度并不是固定的,可以根据组织的寿命和实际需要改变。组织计划的长短应该根据组织对未来所作的承诺与所面对的环境变动性而定。例如,组织对未来的承诺度愈大或经营环境变动性愈低,组织所要考虑的时间幅度愈长,则愈应偏向较长期的计划。反之,当组织对未来的承诺度愈小或经营环境上的不确定性愈高,则计划愈会偏向短期。这是因为短期计划可以让组织更具有弹性,从而更能适应变革。

二、业务计划、财务计划和人事计划

按照组织职能进行分类,计划可以分为业务计划、财务计划和人事计划。

组织通过从事一定业务活动立身于社会,业务计划是组织的主要计划。我们通常用"人财物,供产销"6 个字来描述一个企业所需的要素和企业的主要活动。业务计划的内容涉及"物、供、产、销",财务计划的内容涉及"财",人事计划的内容涉及"人"。

业务计划是组织的主要计划。组织的业务计划包括产品开发、物资采购、仓储后勤、生产作业以及销售促进等内容。长期业务计划主要涉及业务方面的调整或业务规模的发展,短期业务计划则主要涉及业务活动的具体安排。

财务计划与人事计划是为业务计划服务的,也是围绕着业务计划而展开的。财务计划主要研究如何从资本的提供和利用方面促进业务活动的有效进行。它为决策和控制提供了一个量化的基础。财务数据告诉管理人员经营的好坏程度、所需要的流动资金的数量、是否需要扩大生产经营及资金来源等方面的信息。

人事计划分析如何为业务规模的维持或扩大提供人力资源保证。它包括用系统的方法确定长期计划和短期计划中所需要的各类人员,在适当的时候能够招聘到不同素质和数量的人员等内容。为了实现这些目标,必须对劳动力市场的供求状况进行预测。

职能计划的优点在于能够使人们清楚地了解计划的内容和实施,而且职能计划一般都是由相关职能部门制订,因而具有较强的可行性。

三、战略性计划与战术性计划

按照计划的广度进行分类,计划可以分为战略性计划和战术性计划。

战略性计划是指应用于组织整体的、为组织未来较长时期设立总体目标和寻求组织在环境中的地位的计划。战略性计划由组织的最高管理层来制订,体现了组织在未来一段时间内总的战略构想和总的发展目标及其实施的途径。战略性计划显著的特点是具有长期性与整体性。所谓长期性,是指战略计划涉及未来的较长时期,可以决定长时期内大量资源的运动方向;而整体性是指战略计划是基于组织整体而制订的,强调组织整体的协调。

战术性计划是指规定总体目标如何实现的细节性计划,它需要确定的是组织的具体部门在未来各个较短时期内的行动方案。战术性计划是实现战略性计划的手段,一般由中层管理人员制订,时间跨度较短,也较为具体。

四、指导性计划与具体性计划

按照明确性程度,计划可以分为指导性计划和具体性计划。

指导性计划规定一般的方针和行动原则,它确定最终的目标,但不确定具体的目标和具体的活动方案,给予了执行者较大的自由处置权。比如,某公司利润增长的指导性计划可以表示为:在未来的 1 年里,利润要增加 5%～9%。可见,指导性计划具有较大的灵活性。

具体计划则具有明确规定的目标,内容明确,它以指导性计划的目标为最终目标,它具有明确的可衡量的具体目标以及一套可操作的行动方案。比如,某公司利润增长的具体计划可以表示为:在未来的 1 年里,成本要降低 6%,销售额要增加 10%。可见,具体计划规定了为实现目标而进行的各项活动及其进度安排。

相对于指导性计划而言,具体性计划虽然更易于执行、考核及控制,但是它缺少灵活性,而且它要求的明确性和可预见性条件往往很难得到满足。

五、程序性计划与非程序性计划

按照例行化程度,计划可分为程序性计划和非程序性计划。

组织的活动可以分为两类:一类是例行活动,指一些重复出现的工作,如订货、材料的出入库等,这些活动具有重复性和规律性,每当出现这类工作或问题时,人们只需利用既定的程序来解决,而不需要重新研究。另一类是非例行活动,不重复出现的或新出现的活动,比如新产品的开发、生产规模的扩大等。解决这类问题没有一成不变的决策方法和程序,因为这类问题在过去从未发生过,或因为其他的一些原因(如性质、结构复杂)而导致解决这类问题没有固定的方法和模式。

程序性计划是为重复性行为制订的计划,是在一段时期内可以重复多次地使用的计划,其内容包括组织政策、标准操作程序、规章制度等。这些计划是管理活动的指南,它可以提高管理的效率。因为一旦做出决策,每当有类似情况出现,没有必要进行深思熟虑,程序性计划保持有效。

非程序性计划是为处理一次性的、非重复性的问题而制订的计划,是从事某项任务的具体计划。其内容包括为独特的情况专门设计的方案、进程表和项目计划等。其特点是当目标实现后,该计划就不复存在。

【本章小结】

在汉语中,"计划"既可以是名词,也可以是动词。无论在名词意义上还是在动词意义上,计划内容都包括"5W1H",计划必须清楚地确定和描述这些内容:What——做什么？目标与内容。Why——为什么做？原因。Who——谁去做？人员。Where——何地做？地点。When——何时做？时间。How——怎样做？方式、手段。计划工作具有目的性、普遍性、秩序性和效率性等几个性质。哈罗德·孔茨和海因·韦里克从抽象到具体把计划分为一种层次体系:(1)目的或使命;(2)目标;(3)战略;(4)政策;(5)程序;(6)规则;(7)方案;(8)预算。计划可以依据不同的标准进行分类。按照时间的长短,计划可以分为长期计划、中期计划和短期计划;按照组织职能,计划可以分为业务计划、财务计划和人事计划;按照广度,计划可以分为战略性计划和战术性计划;按照明确性程度,计划可以分为指导性计划和具体计划;按照例行化程度,计划可以分为程序性计划和非程序性计划。

【思考题】

1. 简述计划的概念及其性质。
2. 理解计划的类型及其作用。
3. 解释孔茨与韦里克的计划层次体系的基本内容。

第七章 计划的方法与工具

【学习目标】 通过本章的学习,了解计划的编制过程和计划的编制方法,主要掌握网络计划技术、滚动计划法、目标管理法等各种现代计划方法。

【关键词】 滚动计划法 目标管理法

导入案例

"台元"纺织厂的目标管理

被称为"纺织女王"、"汽车皇后"的台湾裕隆汽车集团董事长吴舜文,将东西方管理学说的优点熔于一炉,结合美国的以工作为中心的泰勒学说和以人为中心的行为学派而创造出了"吴氏目标管理方法",其具体内容是:每年的年度计划,由员工自己提出,经可行性论证后,再分解为每月的目标。这样一来,员工的达标就不是自上而下的硬性规定,因此,员工的工作积极性被最大限度地调动起来,上级的督促检查也就会有的放矢,赏罚得当。这种管理机制既有西方人的科学求实精神,又有东方人的人和气氛;既体现了美国公司的管理原则,又融合了日本企业的以感情为核心的特点,因而实施起来深得人心,也卓有成效。

为了使企业能在激烈的竞争中永远立于不败之地,为了使每一个员工能够"心悦诚服、自动自发地把潜力与智慧、劳力奉献出来",吴舜文在推行目标管理时,特别强化管理中的民主,以人人参与的合作意识代替强制妥协,具体说来就是利用人的上进心和尊荣感,激发员工的工作积极性。

与此同时,她还特别关心员工的生活,改善员工的福利待遇。"集团激励"就是她在分配问题上的一个大胆的创新。"集团激励"是把企业的收入公开,定期结算利润,年终再加总计算。计算时,请员工参与,让每个人都了解企业投下多少成本,应收回多少利润,哪些应归企业,哪些应按"目标管理"的达标情况分给员工。通过这样的参与和分配,吴舜文就把一人的企业变成了每个员工自己的企业。企业的兴衰存亡关系到每个员工的切身利益，因此大家都在关心着企业，积极性自然也就十分高涨了。

吴舜文对员工的关心除了表现在薪酬高上，还表现在居住条件和福利待遇上。企业的厂房里有空调，工作环境好，就连设在台元的女工宿舍也都安装了空调。员工们上下班有专车接送，有全日供应餐点的福利社，有供阅览进修的图书馆，还有电影院、篮球场、美容室及医疗所等服务设施。此外，已婚员工如欲购买住宅，可享受无息贷款或免息分期付款；员工有公费旅行；资助员工通过业余进修读高中、上大学或出国留学；设立子女奖学金；建立休假及退休等各种制度；等等。这些措施都深得人心。

吴舜文的这种严格的"目标管理"和"集团激励"等高福利政策，吸引了人才，留住了人才。员工们热爱自己的企业，热爱自己的工作，都以能成为裕隆的一员而骄傲。一次，某企业想挖墙脚，在台元纺织厂门前贴了一张大红广告，上面醒目地写着"高薪招聘熟练女工"，但上下班的女工们对此都不屑一顾，无一人因其充满诱惑性的条件而要离开台元。

资料来源：http://yingyu. 100xuexi. com/HF/gl/guanlixueyuanli/Spec-Data/20101101/SpecData _ B1E7C4C7-10B1-4972-A0BD-336BCF7F1DFE. shtml

第一节　计划编制的过程

计划编制本身也是一个过程。为了保证编制的计划合理，确保能实现决策的组织落实，计划编制过程中必须采用科学的方法。虽然可以用不同标准把计划分成各种类型，计划的形式也多种多样，但管理人员在编制完整的计划时，实质上都遵循相同的逻辑和步骤。即使是编制一些简单的计划，也应按照如下完整的思路去构想整个计划过程。这个逻辑可用图7-1来描述。

一、确定目标

首先，管理者应对环境中的机会作一个估量，确定能够取得成功的机会。管理者应该考虑的内容包括：组织期望的结果，组织存在的问题，获得成功的内外条件，成功的可能性的大小，所需的资源和能力，自己的长处、短处和所处

④确定计划的前提条件

```
┌──────────┐  研究过去,从过    ┌──────────┐       ┌──────────┐
│   过去   │ ───────────────→ │   现在   │       │   未来   │
│ ③研究过去 │  去找出一些规律   │ ②认清现在 │       │ ①确定目标 │
└──────────┘                  └──────────┘       └──────────┘
                                    ⑤拟订和选择
                                   可行性行动方案
                              ┌──────────────┐
                              │  ⑥制订主要计划  │
                              └──────────────┘
                              ┌──────────────┐
                              │  ⑦制订派生计划  │
                              └──────────────┘
                              ┌──────────────┐
                              │  ⑧制定预算     │
                              └──────────────┘
```

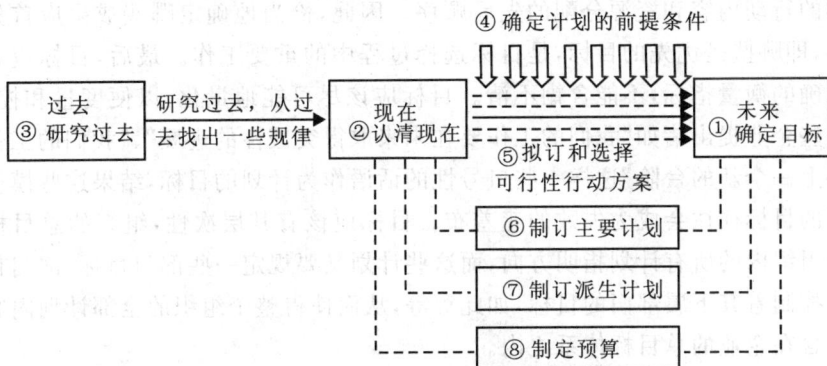

图 7-1　计划编制的步骤

注:图中的序号表示计划编制的步骤。

资料来源:周三多主编. 管理学(第 3 版)[M].高等教育出版社,2010 年 2 月。

的地位。比如,某家公司的经营业绩出现了滑坡,主要原因是市场竞争过于激烈,供大于求,而该公司的优势是在技术和生产管理方面均领先于竞争对手。因此,该公司的机会是通过继续压缩成本、降低售价来扩大销售,取得竞争优势。估量机会的工作就是根据现实的情况就可能存在的机会做出合理的判断。估量机会是计划工作的起点,一个组织能否把切实可行的目标确定下来,关键在于能否准确地估量机会。

确定目标是决策工作的主要任务。制订计划的第一步是必须认清我们将要走向何方。目标是指期望的成果。目标为组织整体、各部门和各成员指明了方向,描绘了组织未来的状况,并且作为可以衡量实际绩效的标准。计划工作的主要任务是将决策所确立的目标进行分解,以便落实到各个部门、各个活动环节,并将长期目标分解为各个阶段的目标。企业的目标指明主要计划的方向,而主要计划又根据反映企业目标的方式,规定各个重要部分的目标。而主要部门的目标又依次控制下属各部门的目标,如此等等。沿着这样的一条线类推,从而形成了组织的目标结构,包括目标的时间结构和空间结构。目标结构描述了组织中各层次目标间的协作关系。

目标的选择是计划工作极为关键的内容,很难想象一份成功的计划会在选定的目标上存在偏差。在目标的制订上,首先,要注意目标的价值。计划设立的目标应对组织的总目标有明确的价值并与之相一致,这是对计划目标的基本要求。其次,要注意目标的内容及其优先顺序。在一定的时间和条件下,几个共存的目标各自的重要性可能是不同的,不同目标的优先顺序将导致不同的行动内容和资源分配的先后顺序。因此,恰当地确定哪些成果应首先取得,即哪些是优先的目标,是目标选择过程中的重要工作。最后,目标应有其明确的衡量指标,不能含糊不清。目标应该尽可能地量化,以便度量和控制。有些企业提出诸如"我们的工作要在未来取得突破性的进展"、"我们的工作要再上一个新的台阶"这样一些口号性的话语作为计划的目标,结果这些模棱两可的目标往往会成为失败的遮羞布。目标应该有其层次性,组织的总目标要为组织内的所有计划指明方向,而这些计划又要规定一些部门目标,部门目标又控制着其下属部门的目标,如此等等,从而使得整个组织的全部计划内容都包含在企业的总目标体系之内。

二、认清组织目前的状况

计划是连接我们所处的这岸和我们要去的对岸的一座桥梁。目标指明了组织要去的对岸。因此,制订计划的第二步是认清组织所处的这岸,即认清现在。认清现在的目的在于寻求合理有效的通向对岸的路径,也即实现目标的途径。认清现在不仅需要有开放的精神,即将组织、部门置于更大的系统中,而且要有动态的精神,即考察环境、对手与组织自身随时间的变化与相互间的动态反应。对外部环境、竞争对手和组织自身的实力进行比较研究,不仅要研究环境给组织带来的机会与威胁,与竞争对手相比组织自身的实力与不足,还要研究环境、对手及自身随时间变化的变化。"计划的方法"将对此内容进行详细论述。

三、研究组织过去

虽然"现在"不必然在"过去"的线性延长线上,但"现在"毕竟是从"过去"走来的。研究过去不仅是为了从过去发生过的事件中得到启示和借鉴,更重要的是探讨过去通向现在的一些规律。从过去发生的事件中探求事物发展的一般规律,其基本方法有两种:一为演绎法,一为归纳法。演绎法是将某一大前提应用于个别情况,并从中引出结论。归纳法是从个别情况发现结论,并推论出具有普遍意义的大前提。现代理性主义的思考和分析方式基本上可分为以上两种,即要么从已知的大前提出发加以立论,要么有步骤地把个别情况集中起来,再从中发现规律。根据所掌握的材料情况,研究过去可以采用个案分析、时间序列分析等形式。

四、预测并有效地确定计划的重要前提条件

确定前提条件是计划工作的一个重要内容。选定目标即是确定计划的预期成果，而计划工作的前提条件就是计划工作的假定条件，也就是执行计划时的预期环境，是关于我们所处的此岸到达我们将去的彼岸过程中所有可能的情况，这是靠预测得来的。预测并有效地确定计划的前提条件的重要性不仅在于对前提条件认识越清楚、越深刻，计划工作越有效，而且在于组织成员越彻底地理解和同意使用一致的计划前提条件，企业计划工作就越容易协调。由于将来是极其复杂的，要对一个计划的将来环境的每个细节都做出假设，是不切合实际的，因而是不必要的。因此，前提条件限于那些对计划来说是关键性的，或具有重要意义的假设条件，也就是说，限于那些对计划贯彻实施有重要影响的假设条件。预测在确定前提方面很重要。

计划是对未来条件的一种"情景模拟"，计划的这个工作步骤就是要确定这种"情景"所处的状态和环境。这种"情景模拟"能够在多大程度上贴近现实，取决于对它将要处在的环境和状态的预测能够多大程度地贴近未来的现实，取决于计划的这一步骤的工作质量。人们从来都不可能100%地准确预见未来的环境，而只能通过对现有事实的理性分析来预测计划涉及的未来环境。未来环境的内容多种多样，错综复杂，管理者不可能也没有必要对它的每个方面、每个环节都做出预测。组织通常只要对计划内容有重大影响的主要因素做出预测便可满足需要。一般来说，对以下几个方面的环境因素的预测是必不可少的：

（1）宏观的社会经济环境，包括其总体环境以及与计划内容密切相关的那部分环境因素。

（2）政府政策，包括政府的税收、价格、信贷、能源、进出口、技术、教育等与计划的内容密切相关的政策。

（3）组织面临的市场，包括市场环境的变化、供货商、批发商、零售商及消费者的变化。

（4）组织的竞争者，包括国内外的竞争者、潜在的竞争者，等等。

（5）组织的资源，包括未来为完成计划目标而向外部获取所需的各项资源，如资金、原料、设备、人员、技术、管理等。

上述这些环境因素，有的可控，有的不可控，一般来说，不可控的因素越多，预测工作的难度也就越大。同时，对以上各环境因素的预测同样应遵循"重要性"原则，即与计划工作关系最为密切的那些因素应给予最高度的重视。

五、拟订和选择可行性行动计划

在执行计划的过程中,几乎每次计划活动都可以通过不同的途径、运用不同的方式和方法来解决。因此,计划的下一步工作就是要找出一种解决方案。要发掘出多种高质量的方案必须集思广益、开拓思路、大胆创新,但同样重要的是要进行初步筛选,减少备选方案的数量,以便集中力量仔细地对一些最有希望的方案进行分析比较。

拟订和选择行动计划包括三个内容:拟订可行性行动计划、评估计划和选定计划。

拟订可行性行动计划要求拟订尽可能多的计划。可供选择的行动计划数量越多,被选计划的相对满意程度就越高,行动就越有效。因此,在可行的行动计划拟订阶段,要广泛发动群众,充分利用组织内外的专家,通过他们的献计献策,产生尽可能多的行动计划。在寻求可供选择的行动计划阶段需要"巧主意",需要创新性。尽管没有两个人的脑力活动完全一样,但科学研究表明,创新过程一般包括浸润(对一个问题由表及里的全面了解)、审思(仔细考虑这一问题)、潜化(放松和停止有意识的研究,让下意识起作用)、突现(突现绝妙的,也许有点古怪的答案)、调节(澄清、组织和再修正这一答案)。

评价行动计划,要注意考虑以下几点:其一,认真考察每一个计划的制约因素和隐患;其二,要用总体效益的观点来评估计划;其三,既要考虑到每一个计划的许多有形的可以用数量表示出来的因素,又要考虑到许多无形的不能用数量表示出来的因素;其四,要动态地考察计划的效果,不仅要考虑计划执行所带来的利益,还要考虑计划执行所带来的损失,特别注意那些潜在的、间接的损失。评价方法分为定性和定量两类。

这一阶段的最后一步是按一定的原则选择一个或几个较优计划。选择方案是整个计划流程中的关键一步。这一步的工作完全建立在前面工作的基础之上。为了保持计划的灵活性,往往会选择两个甚至两个以上的方案,并且决定首先采取哪个方案,还要将其余的方案也进行细化和完善,作为后备方案。

六、制订主要计划

完成了拟订和选择可行性行动计划后,拟订主要计划就是将所选择的计划用文字形式正式地表达出来,作为一项管理文件。拟写计划要清楚地确定和描述"5W1H"的内容,即 What(做什么)、Why(为什么做)、Who(谁去做)、Where(何地做)、When(何时做)、How(怎样做)。

七、制订派生计划

基本计划需要派生计划的支持。比如,一家公司年初制订了"当年销售额比上年增长 15％"的销售计划,这一计划发出了许多制订派生计划的信号,如生产计划、促销计划等。再如,当一家公司决定开拓一项新的业务时,这个决策也发出了要制订很多派生计划的信号,如雇用和培训各种人员的计划、筹集资金计划、广告计划等。又如,一家航空公司为了在激烈的市场竞争中赢得优势,决定新购一批客机以增加航班,获得经营的规模优势。这一基本计划需要制订很多派生计划来支持,如雇用和培训各类人员的计划、采购和配置零部件的计划、建立维修设施的计划、制订飞机时刻表的计划,以及广告、筹资和办理保险的计划。

八、制订预算,用预算使计划数字化

计划工作最后还包括实施计划,以及观察计划实施过程是否正常,有无障碍出现,为了按照计划要求执行方案,管理人员必须进行一系列的决策。执行方案需要组织中所有成员相互协调与配合。实现有效协调的途径是鼓励组织成员参与编制计划。实施计划还需要制订相应的时间表并对其进行分段,以利于计划的实施。

为了有效地实施计划,还必须制订后续程序和控制机制。这些程序和控制机制能发现操作中的偏差,有助于采取纠正措施。在计划的每一阶段,都应将实际产出结果与计划进行比较。许多项目和计划失败的原因就在于它们缺少有效的后续程序。

在做出决策和确定计划后,赋予计划含义的最后一步就是把计划转变成预算,使计划数字化。编制预算,一方面是为了使计划的指标体系更加明确,另一方面是让企业更易于对计划的执行进行控制。定性的计划往往在可比性、可控性和进行奖惩方面比较困难,而定量的计划则具有较强的约束。

第二节　计划的组织实施

计划的实施是计划工作的重要组成部分,具体地规定了组织的各个部门从目前到未来的各个较短的时期阶段,特别是最近的时段中,应该从事何种活动,从事该种活动应达到何种要求,它为各组织成员在近期内的行动提供了依

据。只有对组织计划进行全面、均衡的实施,才能保证组织稳步发展。在实践中,计划实施的主要方法有目标管理法、滚动计划法和网络计划技术等。

一、目标管理法

"目标管理"的概念是美国管理专家彼得·德鲁克(Peter Drucker)于1954年在其著作《管理的实践》中最先提出的。根据德鲁克的说法,管理人员一定要避免"活动陷阱"(activity trap),不能只顾低头拉车,而不抬头看路,最终忘了自己的主要目标。德鲁克认为,人们并不是有了工作才有目标,而是相反,有了目标才能确定每个人的工作。所以,"企业的使命和任务,必须转化为目标",如果一个领域没有目标,这个领域的工作必然被忽视。因此,管理者应该通过目标对下级进行管理,当组织最高层管理者确定了组织目标后,必须对其进行有效分解,转变成各个部门以及各个组织成员的分目标,管理者根据分目标的完成情况对下级进行考核。

目标管理法提出来后,最先被美国通用汽车公司采用,并取得了明显效果。其后,它在美国、西欧、日本等许多国家和地区得到迅速推广,被公认为是一种加强计划管理的先进科学管理方法。

(一)目标管理的内涵

传统上关于目标的设定方法,有由上往下(top-down)和由下往上(bottom-up)两种基本方式。由上往下的目标制定方式是由高阶管理当局决定目标后,逐层往下分配;而由下往上的目标制定方式则是由部属制定自己的目标,而后向上汇总形成组织整体的目标。德鲁克所提出的目标管理(management by objectives,MBO)观念就是一种目标设定的制度,它既不是单纯地由上往下,也不是由下往上的目标制定方式。在此制度下,各个阶层的目标是由下属与上司所共同决定的。因为较低阶的员工也参与了自身目标的设定,所以其是同时融合了"由下往上"与"由上往下"两种程序的制度。目标管理的观念是指组织根据上下共同决定的目标,对目标的达成度定期加以评估,并依目标达成度来给予奖酬。

所谓目标管理是一种综合的、以工作为中心和以人为中心的管理方法,它先由组织中的上级管理人员与下级管理人员、员工一起制定组织目标,并由此形成组织内每一成员的责任和分目标,明确规定每人的职责范围,最后又用这些目标来进行管理、评价和决定每个部门和成员的奖惩。简而言之,目标管理是让组织的主管人员和员工亲自参加目标的制定,在工作中实行"自我控制"并努力完成工作目标的一种管理制度或方法。

目标管理的概念可以从以下几方面来理解。

1.目标管理是参与管理的一种形式

目标的实现者同时也是目标的制定者,即由上级与下级在一起共同确定目标。首先确定出总目标,然后对总目标进行分解,逐级展开,通过上下级协商,制定出企业各部门、各车间直至每个员工的目标;用总目标指导分目标,用分目标保证总目标,形成一个"目标—手段"链。

2.强调"自我控制"

大力倡导目标管理的德鲁克认为,员工是愿意负责的,是愿意在工作中发挥自己的聪明才智和创造性的;如果控制的对象是一个社会组织中的"人",则应"控制"的必须是行为的动机,而不应当是行为本身,也就是说必须以对动机的控制达到对行为的控制。目标管理的主旨在于用"自我控制的管理"代替"压制性的管理",它使管理人员能够控制他们自己的成绩。这种自我控制可以成为更强烈的动力,推动他们尽自己最大的力量把工作做好。

3.促使下放权力

集权和分权的矛盾是组织的基本矛盾之一,唯恐失去控制是阻碍大胆授权的主要原因之一。推行目标管理有助于协调这一矛盾,促使权力下放,有助于在保持有效控制的前提下,使工作氛围更加融洽一些。

4.注重成果第一的方针

采用传统的管理方法,评价员工的表现,往往容易根据印象、本人的思想和对某些问题的态度等定性因素来评价。实行目标管理后,由于有了一套完善的目标考核体系,从而能够按员工的实际贡献大小如实地评价一个人。目标管理还力求组织目标与个人目标更密切地结合在一起,以增强员工在工作中的满足感。这对调动员工的积极性,增强组织的凝聚力起到了很好的作用。

然而,目标管理并不是单纯拿目标来作为控制的手段,而是将目标视为一种自我激励的方法。因此,与其说目标管理是一种制度,不如说目标管理隐含着一种哲学观念。目标管理的重点在于使员工通过参与相关目标的设定,进而产生对该目标的认同,通过这样的认同使他们由内心产生一种自我激励和自我控制,来督促他们努力实现这些目标。

从目标管理的内涵来看,目标管理实践了参与式管理的精神。目标管理以上下阶层共同参与后所决定的目标,来替换由上往下的强制性目标。借由主管与部属一起决定目标,建立如何达成该目标的共识,从而获得上下阶层对组织目标的认同。参见图7-2。

为了使员工能够进行自我激励和自我控制,目标管理会持续将目标达成

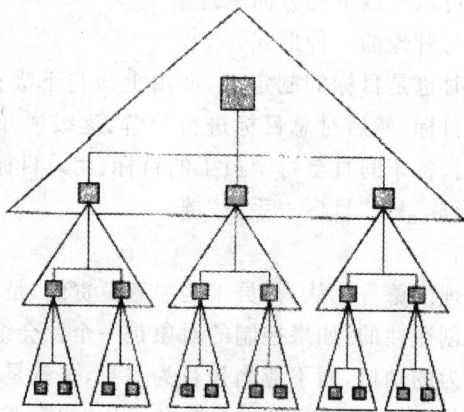

图 7-2 目标管理的阶层

资料来源:林建煌著.管理学[M].复旦大学出版社,2010.

度回馈给相关的员工。它借由持续的绩效或成果回馈,使员工可以随时监控和修正自己的行动。很多的回馈是透过定期的正式检讨会议来完成的。在会议中,主管与部属不仅共同检讨目标的进度,而且根据目标达成度的回馈信息来采取适当的修正行动。

对组织员工而言,目标管理提供了个人的特定绩效目标。因此,每一个人都很清楚知道自己对所属单位目标的贡献。如果所有组织的成员都完成其个人目标,则他们所属单位的目标也同步达成,而整个组织的目标也得以实现。

(二)目标种类与目标设定

1.德鲁克的八大目标领域

组织的目标代表着组织未来所期望达成的状态。事实上,所谓的状态可以囊括众多的领域,就像一个人的欲望千变万化一样,组织所希望达成的目标种类也可以相当繁杂。德鲁克曾列出目标制定的八大领域:

(1)市场地位。希望成为该产业的市场领袖或取得最大市场份额。

(2)创新。着眼于每年所推出的新产品数目、新核准的专利数目,以及新产品销货收入占全部销货收入的百分比。

(3)生产力。降低每一单位产品的生产成本。

(4)实体与财务资源。增加资产总额。

(5)获利性。提高毛利率与净利率等。

(6)管理者的绩效与发展。着重管理人才的培育。

(7)员工的绩效与态度。提升员工的士气与对组织的承诺。

(8)公共责任。对社会公益活动的参与。

2.平衡计分卡的四项目标

传统上,财务目标常是管理者最感兴趣并认为是最不可忽视的目标。但财务目标常会导致偏颇,而误导了整个组织决策走向片面和短期的财务绩效。平衡计分卡(balanced scorecard)将传统上管理者对财务指针的重视,扩展到包括一些非财务性指针。这个模式采取一种广泛而非狭隘的观点来看组织的绩效,也就是不仅仅将绩效集中在财务指针上。此外,平衡计分卡不仅关注过去绩效(经常反映在资产负债表与损益表上),它也是一种未来导向的方法。面对未来的服务经济与知识经济,平衡计分卡对于财务指标以外的一些无形非财务指标的注意,对提升组织的长期效能具有极大贡献。

平衡计分卡的观念主要借由财务观点、顾客的观点、内部的观点,以及学习与成长的观点等四项观点来看组织的目标、规划与决策。愿景与战略是平衡计分卡的核心。它将战略规划的愿景与战略转变成绩效指标,并用这些指标来跟催与评估执行的绩效。平衡计分卡希望连接与平衡上述每一种观点的目标与指标。请参考表7-1美国西南航空的平衡计分卡。

表7-1 西南航空的平衡计分卡

	目 标	指 标	目标数值	方 法
财务面	获利力	市值	复合年成长率30%	
	增加营收	座位营收	复合年成长率20%	
	降低成本	飞机租赁成本	复合年成长率5%	
顾客面	航班准时	FAA准时到达评分	第一名	品管 顾客忠诚方案
	最低的价格	顾客评分 (市场调查)	第一名	
内部面	快速的地面转航	地面时间	30分钟	周转时间 最佳化方案
		准时起飞	90%	
学习面	地勤组员贴近公司目标	地勤组员股东占比	第一年:70% 第二年:90% 第三年:100%	员工认股计划 地勤组员训练
		受训地勤组员的占比		

资料来源:G. Anthes,"ROI Guide:Balanced Scorecard",Computer World,http://www.computerworld.com/management/roi/story/.

上述四项观点下常见的指标如下:

(1)财务观点。获利率、收入成长率、公司的市值、投资报酬率、资产利用率,以及符合政府税法与财报规定等。

（2）顾客的观点。超过或达到顾客对于产品与服务品质的要求、组织的声誉与可信赖度，以及顾客的忠诚度等。

（3）内部的观点。效率与品质的改善、使用提升生产效率的科技、利用适当的程序与规则、安全记录、员工的失误与错误率、对于道德行为与实务的坚守等。

（4）学习与成长的观点。包括人力资本（员工的技术与潜力、创造力、训练等）、信息资本（取得信息与知识管理的能力）和组织资本（能够持续获得成功的能力）。

平衡计分卡具有以下好处：

（1）它使组织内的各级管理者都必须同时考虑这四种观点，从而制定特定目标与绩效指标。

（2）它降低了次佳化（suboptimization）的几率，以避免通过降低其他领域的绩效来提升某一特定领域的绩效。

（3）它可以使管理层对企业运作有全貌了解。

（三）目标的性质

目标是组织目的或宗旨的具体体现，是一个组织奋力争取的所希望达到的未来状况。具体地讲，目标是根据组织宗旨而提出的组织在一定时期内要达到的预期成果。从管理学的角度看，组织的目标具有独特的属性，因而在制定目标时，必须把握好目标的这些属性，具体表现为以下几个方面：

1.目标的层次性

从组织结构的角度来看，组织目标是分层次、分等级的。这个体系的顶层是组织的愿景和使命陈述，第二层次是组织的任务。在任何情况下，组织的使命和任务都必须转化为组织的总目标和战略，总目标和战略更多地指向组织较远的未来，并且为组织的未来提供行动框架。这些行动框架必须进一步细化为更多具体的行动目标和行动方案。在目标体系的基层是分公司的目标、部门和单位的目标、个人目标等。

在组织目标的层次体系中，不同层次的主管人员参与不同类型目标的建立。董事会和最高层主管人员主要参与确定企业的使命和任务目标，并且也参与在关键领域中更具体的总目标的确定。中层主管人员如副总经理、营销经理或生产经理，主要建立关键领域的目标、分公司的和部门的目标。基层主管人员主要关心的是部门和单位的目标以及他们的下级人员目标的制定。对于组织任何层次的人员来说，都应该有个人目标，包括业绩和个人发展目标。

在现代社会中，一个组织处理好各层次目标之间的关系是至关重要的。

组织管理者本着调动一切积极因素的原则,协调好各方的相互关系,解决好组织目标与个人目标的矛盾,是"目标管理"产生的主要起因之一。

2. 目标的网络化

网络表示研究对象的相互关系,组织中的各类、各级目标就构成了一个网络。一个组织的目标通常是通过各种活动的相互联系、相互促进来实现的。所以,目标和具体的计划通常形成所希望的结果和结局的一种网络。如果各种目标不相互关联、不相互协调且也互不支持,则组织成员往往出于自利而采取对本部门有利而对整个公司不利的途径。

目标网络的内涵表现为以下四点:第一,目标和计划既然构成一个网络,它们就很少表现为线性的方式,即并非当一个目标实现后接着去实现另一个目标。目标和规划形成一个互相联系着的网络。第二,主管人员必须确保目标网络中的每个组成部分相互协调。不仅各种规划的执行要协调,而且完成这些规划的时间也要协调。第三,组织中的各个部门在制定自己部门的目标时,必须与其他部门相协调。一家公司的一个部门似乎很容易制定完全适合于它的目标,但这个目标却可能在经营上与另一个部门的目标相矛盾。第四,组织制定各种目标时,必须与许多约束因素相协调。

3. 目标的多样性

组织的目标具有多样性,即使是组织的主要目标,一般也是多种多样的。但目标的数量并非越多越好,有人认为,一位主管人员不可能有效地追求更多的目标,以2~5个为宜。其理由是,如果组织目标的数量过多,其中无论哪一个都没有受到足够的注意和重视,则计划工作就会无效。相反,应当尽量减少目标的数量,尽量突出主要的目标。在考虑追求多个目标的同时,必须对各目标的相对重要程度进行区分。彼得·德鲁克就提出,凡是成功的企业都会在市场、生产力、发明创造、人力资源、利润、物质和金融资源、管理人员的行为、工人的表现以及社会责任等方面有自己的目标。

4. 目标的次序性

目标的次序性是指组织的众多目标存在优先的次序。一般来说,目标的先后次序与达到目标的时间有直接的关系,但有的时候也与时间无关,而与目标的重要性有关。给组织目标排序在实际操作中并非一件易事,需要组织的管理者从多方面进行考虑。

5. 目标的时间性

组织通常为不同时期制定不同的目标,这就需要考虑到目标的时间因素。按时间长度,可以将目标分为短期目标、中期目标和长期目标。组织的短期目标是中长期目标的基础和手段,中长期目标则是一系列短期目标的目的,是一系列短期目标依次完成的结果。任何目标的实现必然是由近及远,所以,确定短期目标的过程实质上是确定长期目标实现的先后次序的过程。为了使短期目标有助于长期目标的实现,必须拟订实现每个目标的计划,并把这些计划汇合成一个总计划,以此来检查它们的合理性、可行性。

6.目标的可考核性

一般来说,按目标的性质可以将组织目标分为定量目标和定性目标。定性目标类似于模糊目标,而定量目标则比较明确。我们强调目标必须是可考核的,而使目标具有可考核性的最方便的方法就是使之定量化。目标定量化可能会损失组织运行的一些效率,但是会给组织活动的控制、成员的奖惩带来很多方便。但是,在现实的管理过程中,许多目标是不宜用数量表示的,硬性地将一些定性的目标数量化和简单化,是一种非常危险的做法,其结果有可能将管理工作引入歧途。虽然考核定性目标不可能和考核定量目标一样准确,但任何定性目标都能用详细说明规划或其他目标的特征和完成日期的方法来提高其可考核的程度。

(四)目标管理的程序

孔茨认为,目标管理是一个全面的管理系统,它用系统的方法把许多关键管理活动结合起来,有意识地瞄准并有效地、高效地实现组织目标和个人目标。在理想的情况下,这个过程开始于组织的最高层,总经理给这一过程积极支持,并给组织以指导。但是目标设置开始于最高层并不是必然的。它可以从分公司一级开始,也可以在某职能部门一级甚至更低层开始。目标管理的程序包括下列五个步骤:

1.设定组织的目标

高阶管理者须先设定组织的战略性目标。战略性目标是组织在未来从事活动要达到的状况和水平,其实现有赖于全体成员的共同努力。为了协调这些成员在不同时空的努力,各个部门的各个成员都要建立与组织目标相结合的分目标。这样就形成了一个以组织总体目标为中心的一贯到底的目标体系。

2.讨论部门的目标

部门主管介绍该部门的目标,并要求部属发展其个人目标。

3.设定个人目标

每位部属发展其个人目标以及达成目标的时程表。

4.评价成果

成果评价既是实行奖惩的依据,也是上下左右沟通的机会,同时还是自我控制和自我激励的手段。成果评价既包括上级对下级的评价,也包括下级对上级、同级关系部门相互之间以及各层次组织成员对自我的评价。上下级之间的相互评价有利于信息、意见的沟通,从而有利于组织活动的控制;横向的关系部门相互之间的评价,有利于保证不同环节的活动协调进行;而各层次组织成员的自我评价则有利于促进他们的自我激励、自我控制以及自我完善。组织对不同成员的奖惩是以上述各种评价的综合结果为依据的。奖惩可以是物质的,也可以是精神的。公平合理的奖惩有利于维持和调动组织成员饱满的工作热情和积极性;奖惩有失公正,则会影响成员的工作积极性。

5.制定新目标并开始新的目标管理循环

成果评价与成员行为奖惩,既是对某一阶段组织活动效果以及组织成员贡献的总结,也为下一阶段的工作提供了参考和借鉴。在此基础上,组织成员及各个层次、部门制定新的目标并组织实施,即展开目标管理的新一轮循环。

(五)目标管理的效用

目前许多研究结果大致上均支持目标管理的效用。一般而言,困难的目标相较于无目标或概略性的模糊目标,更能激发较高水平的表现。此外,目标达成度的回馈机制也使人们知道自己的努力是否足够,以及是否应加以修正。不过,关于目标的困难度,有研究指出,目标困难的程度应以驱使人们努力来发挥潜力最为恰当,因为此时的目标管理最为有效。

在参与度方面,虽然研究发现共同参与设定目标并未比指派目标有显著较高的工作绩效,但是对目标设定的参与的确可以诱发“个人对目标的承诺度”,进而对绩效产生正面的影响。

(六)目标管理的优缺点

目标管理在全世界产生很大影响,但实施中也出现许多问题。因此,必须客观分析其优劣势,才能扬长避短,收到实效。

1.目标管理的优点

与传统管理方法相比,目标管理有很多优点,概括起来主要有以下几个方面:

(1)有利于上下级之间的沟通和交流。目标管理通过沟通和交流,让上下级加深对目标的理解,消除上下级之间的分歧,有利于促进上下目标的统一;同时,尊重组织成员的个人意志和愿望,充分发挥组织成员的自主性,实行自我控制,改变了控制由上而下的传统做法,调动了员工的积极性、主动性和创造性。

(2)权力责任一目了然。目标管理通过由上而下或自下而上层层制定目标,在企业内部建立起纵横连接的完整目标体系,把企业中的各类人员都严密地组织在目标体系之中,明确责任,划清关系,使每个组织成员的工作直接或间接地同企业总目标联系起来,从而使员工看清个人目标和企业总目标的关系,了解自己的工作价值,激发大家关心企业总目标的热情。

(3)有利于排除工作的盲目性。通过制定总体目标和各个部门的分目标,部门的管理者就知道自己部门的目标在整个组织目标中的位置,就会减少很多盲目性,各个部门的协调也会增进不少。

(4)给组织内易于度量和分解的目标带来良好的绩效。对于那些在技术上具有可分性的工作,由于责任、任务明确,目标管理常常会起到立竿见影的效果,而对技术不可分的团队工作则难以实施目标管理。

2.目标管理的缺点

在实际操作中,目标管理也存在许多明显的缺点,主要表现在:

(1)有的目标难以制定,有的工作岗位难以使目标定量化和具体化,有些只能作定性的说明。如许多团队工作在技术上是不可分的;组织环境的可变因素越来越多,变化越来越快,使组织活动的不确定性越来越大。这些都使得组织的许多活动制定数量化目标变得困难。

(2)目标管理的哲学假设不一定都存在。目标管理在指导思想上是以 Y 理论为基础的,即认为在目标明确的条件下,人们能够对自己负责,但这一假设并不一定能成立。因为 Y 理论对于人类的动机作了过分乐观的假设,现实并不完全是这样的。特别是目标考核和奖励并在一起以后,往往是指标要低、出力要少、奖励要多,定指标时互相摸底讨价还价,从而难以形成承诺、信任的气氛。

(3)目标管理中,目标商定要求上下沟通、统一思想,而这些是非常费时间的;同时,每个单位、个人都关注自身目标的完成,为了追求最大利益,很可能忽略了个人目标和组织目标的配合,助长本位主义、临时观点和急功近利倾向。

(4)有时奖惩不一定都能和目标成果相配合,也很难保证公正性,从而削弱了目标管理的效果。管理者在实际工作中推行目标管理时,除了掌握具体的方法以外,还要特别注意把握工作的性质,分析其分解和量化的可能;提高组织成员的职业道德水平,培养团结合作的精神,建立健全各项规章制度,同时注意改进领导作风和工作的方式方法,使目标管理的推行建立在一定的思想基础和科学管理基础上。

二、滚动计划法

（一）滚动计划法的含义

滚动式计划法是一种编制具有灵活性的、能够适应环境变化的长期计划方法。这种方法是在已编制出的计划的基础上，每经过一段固定的时期（如一年或一个季度，这段固定的时期被称为滚动期），便根据变化了的环境条件和计划的实际执行情况，从确保实现计划目标出发对原计划进行调整。每次调整时，保持原计划期限不变，而将计划期顺序向前推进一个滚动期。

采用滚动计划法，可以根据环境条件变化和实际完成情况，定期地对计划进行修订，使组织始终有一个较为切合实际的长期计划作指导，并使长期计划能够始终与短期计划紧密地衔接在一起。在制订工作计划时，一般都难以对未来一个时期各种影响计划实现的因素做出准确无误的预测，因此，制订出来的计划往往不能完全符合未来企业的实际。在这种情况下，为了使计划能够起到指导企业经营活动的作用，不得不在计划执行过程中不断地进行调整。采用滚动计划法来制订工作计划，可以充分发挥计划的灵活性，从而克服上面的问题。

在计划编制过程中，尤其是编制长期计划时，为了准确地预测影响计划执行的各种因素，可以采取近细远粗的办法，即近期计划订得较细，远期计划订得较粗。在一个计划期结束时，根据上期计划执行的结果以及市场需求的变化，对原订计划进行必要的调整和修订，并将计划期顺序向前推进一期，如此不断滚动。例如，某企业在 2010 年年底制订了 2011—2015 年的五年计划，如采用滚动计划法，到 2011 年年底，根据当年计划完成的实际情况和客观条件的变化，对原订的五年计划进行必要的调整，在此基础上再编制 2012—2016 年的五年计划，其后依此类推（图 7-3）。

可见，滚动计划法能够根据变化了的组织环境及时调整和修正组织计划，体现了计划的动态适应性。而且，它可使中长期计划与年度计划紧紧地衔接起来。

（二）滚动计划法的优点

滚动计划法虽然使得计划制订工作的任务量加大，但其具有明显的优越性：

1.可以使制订出来的工作计划更加符合实际，极大地提高了工作计划的准确性，更好地保证工作计划的指导作用，提高工作计划的质量，使计划更好

具体计划	比较具体计划		比较粗略计划	
2011年	2012年	2013年	2014年	2015年

绩效分析 ← 计划产生的原因

实际执行中的经验 ← 2011年实际完成情况 ← 五年计划调整的措施方案

加强或改善措施

具体计划	比较具体计划		比较粗略计划	
2012年	2013年	2014年	2015年	2016年

绩效分析

2012年实际执行情况

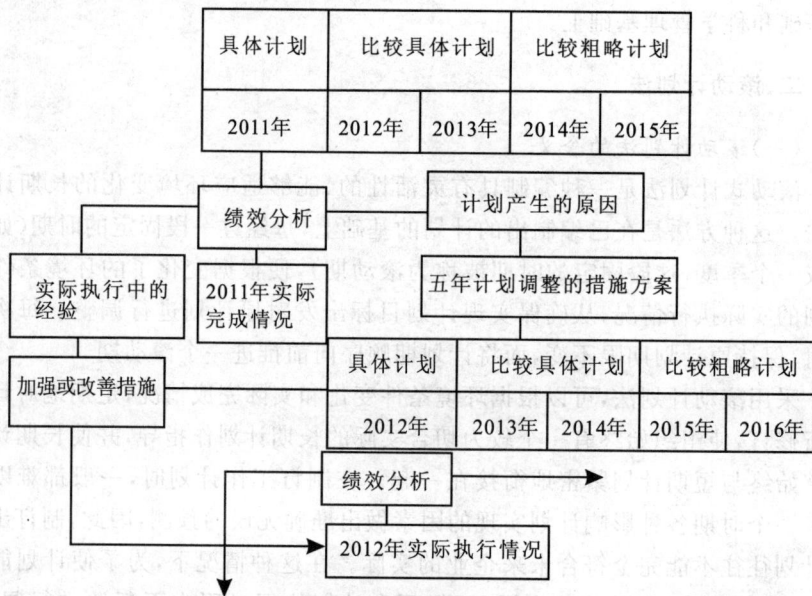

图 7-3 五年期的滚动计划法

地发挥其指导生产的实际作用。

2.使用滚动计划法可以使长期计划、中期计划与短期计划相互衔接,使短期计划内部各阶段相互衔接,而且定期调整补充,从而解决了各阶段计划的衔接和符合实际的问题。

3.滚动计划法增加了工作计划的弹性,这在环境剧烈变化的时代尤为重要,它可以提高组织的应变能力,从而有利于实现组织预期的目标。

采用滚动计划法,可以根据环境条件变化和实际完成情况,定期地对计划进行修订,使组织始终有一个较为切合实际的长期计划作指导,并使长期计划能够始终与短期计划紧密地衔接在一起。

三、网络计划技术

(一)网络计划技术的产生和发展

网络计划技术,也称网络计划法,是一种利用网络计划进行生产组织与管理的方法。网络计划技术是 20 世纪 50 年代后期在美国产生和发展起来的,这种方法包括各种以网络为基础制订计划的方法,比较有代表性的是关键线路法(CPM)和计划评审技术法(PERT)。

关键线路法是 1955 年美国杜邦化学公司首创的,即将每一活动(工作或工序)规定起止时间,并按活动顺序绘制成网络状图形。1956年,他们又设计了电子计算机程序,将活动的顺序和作业延续时间输入计算机,从而编制出新的进度控制计划。1957年9月,把此法应用于新工厂建设工作,使该工程提前两个月完成。杜邦公司采用此法安排施工和维修等计划,仅一年时间就节约资金100万美元。

计划评审技术法(PERT)的出现较CPM稍迟。所谓计划评审技术法,就是把工程项目当做一个系统,用网络图或表格或矩阵来表示各项具体工作的先后顺序和相互关系,以时间为中心,找出从开工到完工所需时间最长的关键线路,并围绕关键线路对系统进行统筹规划、合理安排以及对各项工作的完成进度进行严密控制,以达到用最少的时间和资源消耗来完成系统预定目标的一种计划与控制方法。

计划评审技术法是由美国海军特种计划局于1958年在研制北极星导弹时创造出来的。当时有3 000多个单位参加,协调工作十分复杂。采用这种办法后,效果显著,使得工期由原计划的10年缩短为8年,并且节约了大量资金。为此,1962年美国国防部规定:以后承包有关工程的单位都应采用计划评审技术来安排计划。

网络计划技术的成功应用,引起了世界各国的高度重视,它被称为计划管理中最有效的、先进的、科学的管理方法。1956年,我国著名数学家华罗庚教授将此技术介绍到我国,并把它称为"统筹法"。

网络计划技术以系统工程的概念,运用网络的形式,来设计和表达一项计划中的各项工作的先后顺序和相互关系,通过计算关键线路和关键工作,并根据实际情况的变化不断优化网络计划,选择最优方案并付诸实施。

(二)网络计划技术的特点

网络计划技术适用于各行各业,特别是包含较多项作业,需要多家单位配合完成的大型工程项目。网络计划技术具有以下特点:

1.系统性

通过网络图,能把施工过程中的各有关工作组成一个有机整体,能全面而明确地表达出各项工作开展的先后顺序和它们之间相互制约、相互依赖的关系,体现了系统工程的整体性、综合性和科学性的原理。

2.动态性

利用网络技术编制的计划是一种灵活性很强的弹性计划,它把计划执行过程看成是一个动态过程,可不断根据计划执行情况的信息反馈,对网络计划进行调整和优化,更好地调配人力、物力和财力,达到节省资源、降低成本的目的,同时又能加快工程进度。

3.可控性

利用网络技术编制的计划便于组织和控制。特别是对于复杂的大项目,可以分成许多子系统来分别控制。由于网络图提供了明确的活动分工以及相应的期限要求,这就为管理人员提供了现实的控制标准;在计划实施中,当某一工作由于某种原因推迟或提前时,可以预见到它对整个计划的影响程度,并能根据变化的情况,迅速进行调整,保证计划始终受到控制和监督。

4.易掌握性

网络计划技术把图示和数学方法结合起来,直观性强,计算简便,容易掌握运用。此外,还能利用计算机进行网络图的绘制和调整,所以,采用网络计划技术还有利于实行计算机管理,从而提高管理效率。

总之,网络计划技术可以为施工管理者提供许多信息,有利于加强施工管理,它是一种编制计划技术的方法,又是一种科学的管理方法。它有助于管理人员在全面了解、重点掌握、合理组织、灵活安排的条件下完成计划任务,不断提高管理水平。

(三)网络计划技术的基本步骤

网络计划技术的原理,是把一项工作或项目分成各种作业,然后根据作业顺序进行排列,通过网络图对整个工作或项目进行统筹规划和控制,以便用最少的人力、物力、财力资源,以最快的速度完成工作。网络计划技术的基本步骤如图7-4。

(四)网络图

1.网络图的定义

网络图是网络计划技术的基础,是指网络计划技术的图解模型,反映整个工程任务的分解和合成。任何一项任务都可分解成许多工作,根据这些工作在时间上的衔接关系,用箭线表示它们的先后顺序,画出一个由各项工作相互联系并注明所需时间的箭线图,这个箭线图就被称做网络图。图7-5就是一个网络图。

2.网络图的组成要素

(1)作业(activity)

作业是指一项工作或一道工序,需要消耗人力、物力和时间的具体活动过程。为了便于识别、检查和计算,在网络图中往往对事件进行编号,编号应标在"○"内,由小到大,可连续或间断数字编号。编号原则是:每一项事件都有固定编号,号码不能重复,箭尾的号码小于箭头号码(即 $i < j$,编号从左到右,

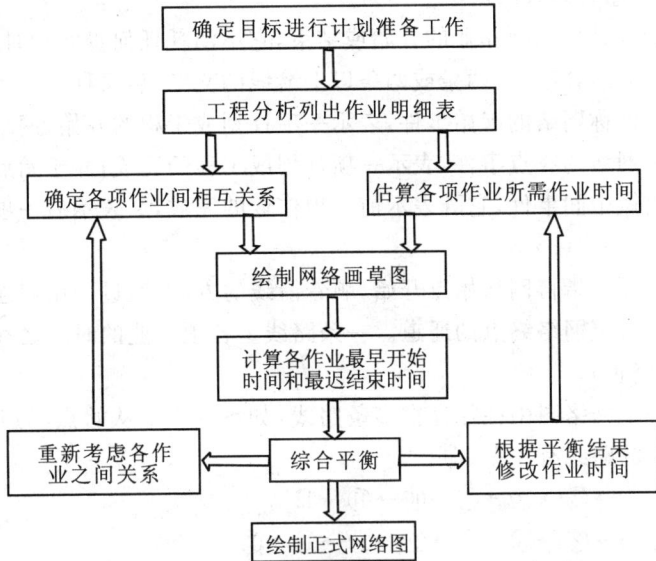

图 7-4 网络计划技术的基本步骤

资料来源:邵喜武,林艳辉主编. 管理学实用教程[M]. 中国农业大学出版社,2010.

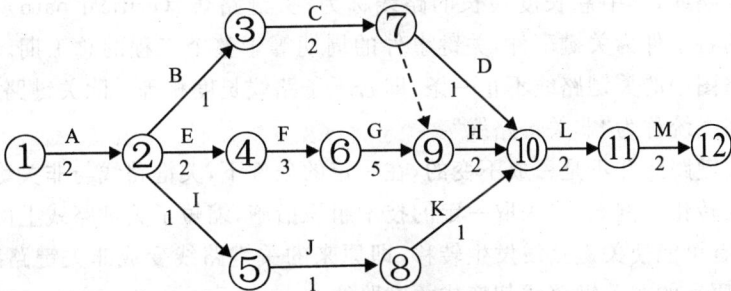

图 7-5 网络图

资料来源:周三多主编. 管理学(第 3 版)[M].高等教育出版社,2010 年 2 月.

从上到下进行)。在网络图中,作业用箭线表示,箭尾 i 表示作业开始,箭头 j 表示作业结束。作业的名称标注在箭线的上面,该作业的持续时间(或工时) T_{ij} 标注在箭线的下面。有些作业或工序不消耗资源也不占用时间,称为虚作业,在网络图中用虚箭线表示。在网络图中设立虚作业主要是表明一项事件与另一项事件之间的相互依存相互依赖的关系,是属于逻辑性的联系。

（2）事件（event）

事件是指某项作业的开始或结束，它不消耗任何资源和时间，在网络图中用"○"表示，"○"是两条或两条以上箭线的交结点，又称为节点。网络图中第一个事件称网络的起始事件，表示一项计划或工程的开始；网络图中最后一个事件称网络的终点事件，表示一项计划或工程的完成；介于始点与终点之间的事件叫做中间事件，它既表示前一项作业的完成，又表示后一项作业的开始。

（3）路线（path）

路线是指自网络始点开始，顺着箭线的方向，经过一系列连续不断的作业和事件直至网络终点的通道。一条路线上各项作业的时间之和是该路线的总长度（路长）。

一个网络图中往往存在多条路线，如图 7-5 中从始点①连续不断地走到终点⑫的路线有 4 条，即：

1）①→②→③→⑦→⑩→⑪→⑫

2）①→②→③→⑦→⑨→⑩→⑪→⑫

3）①→②→④→⑥→⑨→⑩→⑪→⑫

4）①→②→⑤→⑧→⑩→⑪→⑫

在一个网络图中有很多条路线，比较各路线的路长，可以找出一条或几条最长的路线，其中总长度最长的路线称为"关键路线"（critical path），关键路线上的各事件为关键事件，关键事件的周期等于整个工程的总工期。有时一个网络图中的关键路线不止一条，即若干条路线长度相等。除关键路线外，其他的路线统称为"非关键路线"。

关键路线并不是一成不变的，在一定的条件下，关键路线与非关键路线可以相互转化。例如，当采取一定的技术组织措施，缩短了关键路线上的作业时间，就有可能使关键路线发生转移，即原来的关键路线变成非关键路线，与此同时，原来的非关键路线却变成关键路线。

关键路线的路长决定了整个计划任务所需的时间。关键路线上各工序的完工时间提前或推迟直接影响整个活动能否按时完工。确定关键路线，据此合理地安排各种资源，对各工序活动进行进度控制，是利用网络计划技术的主要目的。

3.网络计划技术的评价

网络计划技术虽然需要大量而烦琐的计算，但在计算机广泛运用的时代，这些计算大都已程序化了。这种技术之所以被广泛地运用是因为它有一系列的优点。

（1）该技术能清晰地表明整个工程的各个项目的时间顺序和相互关系，并指出了完成任务的关键环节和路线。因此，管理者在制订计划时可以统筹安排，全面考虑，又不失重点。在实施过程中，管理者可以进行重点管理。

（2）可对工程的时间进度与资源利用实施优化。在计划实施过程中，管理者调动非关键路线上的人力、物力和财力从事关键作业，进行综合平衡。这既可节省资源又能加快工程进度。

（3）可事先评价达到目标的可能性。该技术指出了计划实施过程中可能发生的困难点以及这些困难点对整个任务产生的影响，有利于管理者准备好应急措施，从而降低完不成任务的风险。

（4）便于组织与控制。管理者可以将工程，特别是复杂的大项目，分成许多支持系统来分别组织实施与控制，这种既化整为零又聚零为整的管理方法可以实现局部和整体协调一致。

（5）易于操作，并具有广泛的应用范围，适用于各行各业以及各种任务。

【本章小结】

计划编制本身也是一个过程。为了保证编制的计划合理，确保实现决策的组织落实，计划编制过程中必须采用科学的方法。在编制任何完整的计划时，实质上都遵循相同的逻辑和步骤，即确定目标、认清组织目前状况、研究组织过去、预测并有效地确定计划的重要前提条件、拟订和选择可行性行动计划、制订主要计划、制订派生计划、制定预算，用预算使计划数字化。在实践中，计划实施的主要方法有目标管理法、滚动计划法和网络计划技术等。

【思考题】

1.计划编制包括哪几个阶段的工作？
2.如果让你制订一个郊游活动的计划，你会怎样做？有哪些具体的步骤？
3.何谓目标管理？其特点是什么？如何利用目标管理组织计划的实施？
4.网络计划技术的基本原理是什么？
5.滚动计划法有何基本特点？
6.你认为政府机构、大学、学院能引进目标管理的方法吗？
7.几种常用的计划方法各适宜于解决什么问题？

第八章　战略管理

【学习目标】　通过本章的学习,了解战略管理的基本概念和层次、战略管理的过程,掌握战略环境分析的内容以及战略计划的选择。

【关键词】　战略管理　愿景　使命

导入案例

沃尔玛——零售业的一个奇迹

沃尔玛百货有限公司由美国零售业的传奇人物山姆·沃尔顿先生于1962年在阿肯色州成立。1991年,沃尔玛年销售额突破400亿美元,成为全球大型零售企业之一;1993年达673.4亿美元;1995年销售额持续增长,并创造了零售业的一项世界纪录,实现年销售额936亿美元,相当于全美所有百货公司之和。经过50年的发展,沃尔玛公司已经成为美国最大的私人雇主和世界上最大的连锁零售企业。目前,沃尔玛在全球15个国家开设了超过8 000家商场,下设53个品牌,有员工210多万人,每周光临沃尔玛的顾客2亿人次。它在短短50年中有如此迅猛的发展,不得不说是零售业的一个奇迹。

首先,沃尔玛提出"帮顾客节省每一分钱"的宗旨,实现了价格最便宜的承诺。其次,沃尔玛还向顾客提供了超一流的服务。公司一贯坚持"服务胜人一筹、员工与众不同"的原则。走进沃尔玛,顾客便可以亲身感受到宾至如归的周到服务。最后,沃尔玛推行"一站式"购物新概念。顾客可以在最短的时间内以最快的速度购齐所有需要的商品,这种快捷、便利的购物方式吸引了众多现代消费者。

此外,虽然沃尔玛为了降低成本,一再缩减广告方面的开支,但在对各项公益事业的捐赠上却不吝金钱、广为人善。有付出便有收获,沃尔玛在公益活动上长期的大量的投入以及活动本身所具的独到创意,大大提高了品牌知名度,成功地在广大消费者心目中塑造了品牌的卓越形象。不过,沃尔玛能超越西尔斯最关键的一个原因,是沃尔玛针对不同的目标消费者,采取不同的零售经营形式,分别占领高、低档市场。例如:针对中层及中下层消费者的沃尔玛平价购物广场,只为会员提供各项优惠及服务的山姆会员商店,以及深受上层消费者欢迎的沃尔玛综合百货商店等。

1.价格最便宜的承诺

沃尔玛市场比一般的超级市场面积略大一些,每家平均约占地45 000平方米,经营的商品品种齐全,举凡一个家庭所需要的物品在这里都能买到,又称"家庭一次购物"。从服饰、布匹、药品、玩具、各种生活用品、家用电器、珠宝、化妆品,到汽车配件、小型游艇等等,一应俱全。商品陈列干净利落。所有的大型连锁超市都采取低价经营策略,沃尔玛与众不同之处在于,它想尽一切办法从进货渠道、分销方式以及营销费用、行政开支等各方面节省资金,提出了"天天平价、始终如一"的口号,并努力实现价格比其他商号更便宜的承诺。严谨的采购态度,完善的发货系统和先进的存货管理是促成沃尔玛做到成本最低、价格最便宜的关键因素。

2.信息快速的传达及反馈,提高整个公司的运作效率

总部的高速电脑与16个发货中心以及1 000多家的商店连接。通过商店付款台激光扫描器售出的每一件货物,都会自动记入电脑。当某一货品库存减少到一定数量时,电脑就会发出信号,提醒商店及时向总部要求进货。总部安排货源后送往离商店最近的一个发货中心,再由发货中心的电脑安排发送时间和路线。在商店发出订单后36小时内所需货品就会出现在仓库的货架上。这种高效率的存货管理,使公司能迅速掌握销售情况和市场需求趋势,及时补充库存不足。这样可以减少存货风险、降低资金积压的额度,加速资金运转速度。

零售企业要在顾客心中树立品牌形象,仅靠质优价廉的商品是不够的,顾客还希望在购物的同时享受到热情周到的服务。沃尔玛正是考虑到这一点,从顾客的角度出发,以其超一流的服务吸引着大批顾客。

3."一站式"购物新概念

顾客是否能在店中一次购齐所有需要货品,是否可以得到及时的新产品销售信息,是否可以享受送货上门、免费停车等附加服务,是否可以在任何空闲时间入店购物……这些问题也是评价一间商店好坏的重要标志。

在沃尔玛,消费者可以体验"一站式"购物(one-stop shopping)的新概念。在商品结构上,它力求富有变化和特色,以满足顾客的各种喜好。其经营项目繁多,包括食品、玩具、新款服装、化妆用品、家用电器、日用百货、肉类果蔬等等。

4.捐赠公益,树立形象

沃尔玛为了向顾客提供更多的实惠,而尽量缩减广告费用,为此它在促销创意上颇费心思,力争以最少的投入获取最佳的效果。沃尔玛尽管一再缩减其广告开支,但其在对非营利组织和公益事业(如学校、图书馆、经济发展团体、医院、医学研究计划和环保方案等)进行捐赠时,却不吝金钱,十分慷慨。沃尔顿还积极资助公、私立学校,成立特殊奖学金,协助拉丁美洲的学生到阿肯色州念大学。他还将自创品牌"山姆美国精选"商品营业额的一定比例捐作奖学金,提供给研究数学、科学与计算机的学生。

5.细分市场全面覆盖

沃尔玛在品牌经营策略上,选择了多种零售形式以针对不同档次的目标消费者。正是由于沃尔玛全方位出击,抢占了高、低档市场,所以沃尔玛取代了曾经风靡整个美国的西尔斯,成为零售业第一品牌。二战后,消费者的结构层次开始不断变化。原来的中下阶层已逐渐分化为"中上"和"下"两个阶层。沃尔玛针对这一变化,果断采取了不同经营形式的品牌策略。其中1983年创立的山姆会员店和1988年创立的沃尔玛购物广场是针对"下"层消费者的,更彻底地减少了开支,争取到原来属于西尔斯的大部分顾客。而1987年创立的经营形式沃尔玛综合百货商店,装修气派,规模庞大,服务超级,出售的产品款式多样、独具特色,而西尔斯出售的商品多是一些朴实的样式,欠缺独特之处,因此,"中上"阶层的顾客当然也就不再眷恋西尔斯公司。由于沃尔玛从这两方面同时向西尔斯提出挑战,发起进攻,所以西尔斯无力与之抗衡,终于让出了盟主的位置,转到零售业以外的行业去了。

资料来源:摘自"海华网络"(http://www.3h126.com),有删减。

第一节 战略管理的概念

战略管理是企业高层管理人员为了企业长期的生存和发展,在充分分析企业外部环境和内部条件的基础上,确定为达到目标的有效战略,并将战略付诸实施和对战略实施过程进行控制和评价的一个动态管理过程。战略管理致力于对市场营销、财务会计、生产作业、研究和开发及计算机系统进行综合的管理,其目的是帮助企业战胜竞争者,最终取得成功。对于一个企业来说,它也许改变不了其所处的政治、经济、科技等大的环境,但通过适当的战略规划、战术整合以及其他一系列的营销活动,完全可以使自己超过各方面的竞争对手,成为行业中无可争议的霸主。在企业环境因素越来越复杂、越来越多变的当代,战略管理作为高层管理人员的活动内容,越来越显示出它在企业管理中的重要性。

一、战略管理的概念和特点

战略管理就是企业根据组织外部环境和内部条件设定企业的战略目标,为保证目标的正确落实和实现进行谋划,并依靠企业内部能力将这种谋划和决策付诸实施,以及在实施过程中进行控制的一个动态管理过程。

战略管理是一种崭新的管理思想和管理方式,其实质是动态的管理。其管理方式的特点是,指导企业全部活动的是企业战略,全部管理活动的重点是制定战略和实施战略。而制定战略和实施战略的关键都在于对企业外部环境的变化进行分析,对企业的内部条件和素质进行审核,并以此为前提确定企业的战略目标。战略管理的任务就在于通过战略的制定、战略的实施和日常管理,在保持动态平衡的条件下实现企业的战略目标。战略管理是管理理论中最高层次和整合性的管理理论。对于企业高层管理者来说,最重要的活动就是制定战略和推进战略管理,以保证企业整体的有效性。战略管理的目的是提高企业对外部环境的适应性,使企业可持续发展。与传统的职能管理相比,战略管理具有以下特点:

(一)战略管理具有全局性

企业的战略管理是以企业的全局为对象,根据企业总体发展的需要而制定的。它所管理的是企业的总体活动,所追求的是企业的总体效果。具体地说,战略管理不是强调企业某一事业部或某一职能部门的重要性,而是通过制定企业的使命、目标和战略来协调各部门的活动。在评价和控制过程中,战略管理重视的不是各个事业部或职能部门自身的表现,而是它们对实现企业使命、目标、战略的贡献大小。因此,战略管理具有综合性和系统性的特点。

（二）战略管理的主体是高层管理者

由于战略决策涉及一个企业活动的各个方面,虽然它也需要企业中下层管理者和全体员工的参与和支持,但企业的最高层管理人员介入战略决策是必需的,而且是非常重要的。这不仅是由于他们能够统观全局,了解企业的全面情况,更重要的是他们具有对战略实施所需资源进行分配的权力。

（三）战略管理涉及大量资源的配置

企业的资源包括人力资源、实体财产和资金,这些资源或者在企业内部进行调整,或者从企业外部筹集。战略决策需要在相当长的一段时间内致力于一系列的活动,而实施这些活动需要足够的资源作为保证。因此,为保证战略目标的实现,就需要对企业的资源进行统筹规划、合理配置。

（四）战略管理具有长远性

战略管理中的战略决策是对企业未来较长时间内（5年以上）,就企业如何生存和发展等问题进行统筹规划。在迅速变化和竞争性的环境中,企业要取得成功,除了战略决策应以组织者所期望或预测将要发生的情况为基础,还必须对未来的变化采取预先的准备,这也要求企业做出长期性的战略计划。

二、战略管理的要素和层次

一般说来,一个企业的战略可划分为三个层次,即公司战略、经营战略和职能战略。

（一）公司战略

公司战略是总体的、最高的战略。公司战略的侧重点在两个方面:一是从公司全局出发,根据外部环境的变化及公司的内部条件,选择公司所从事的经营范围和领域,即要回答这样的问题:公司的业务是什么？应在什么业务上经营？二是在确定所从事的业务后,要在各事业部门之间进行资源分配,以实现公司整体的战略意图,这也是公司战略实施的关键内容。

（二）经营战略

经营战略（又称事业部战略）有时也称为竞争战略,它处于战略结构中的第二层次。这种战略所涉及的决策问题是在选定的业务范围内或在选定的市场与产品区域内,事业部门应在什么样的基础上进行竞争,以取得超过竞争对手的竞争优势。为此,事业部门的管理者需要努力鉴别最有赢利性和最有发展前途的市场,以发挥其竞争优势。

（三）职能战略

这是在职能部门中,如生产、市场营销、财会、人力资源、研究与开发等,由职能管理人员制订的短期目标和规划,其目的是实现公司和事业部门的战略计划。职能战略通常包括市场策略、生产策略、研究与开发策略、财务策略、人力资源策略等。

在以上战略层次中,公司战略倾向于价值取向,以抽象概念为基础,与经营战略和职能战略的制定与实施相比不是很具体。此外,公司战略还具有风险性、成本高、预期收益较大、所需时间长,同时要求有较大的灵活性和大量外部资源的输入等特点。这些特点是由公司战略的决策具有意义深远性、未来性及革新性的本质特征所决定的。职能战略主要涉及具有作业性取向和可操作性的问题。其所涉及的决策时间跨度比较短。由于依靠已有资源,职能战略决策风险小,所需代价不高,因此,其涉及的活动在公司范围内不需要很大的协调性。而经营战略的特点介于公司战略特点和职能战略特点之间。

公司战略、经营战略、职能战略三者构成了一个公司企业的战略层次,它们之间相互作用,紧密联系。如果公司企业要想获得成功,必须将三者有机地结合起来。高级层次的战略构成低级层次的战略环境;低级战略为高层次战略目标的实现提供保障和支持。

第二节　战略管理过程

战略管理是为一个企业的未来发展方向制定决策和实施这些决策的动态管理过程。一个规范性的、全面的战略管理过程大体可分解为四个阶段,即确定企业战略目标阶段、战略分析阶段、战略选择及评价阶段和战略实施及控制阶段。

一、愿景、使命与战略目标

宗旨是组织基本的目的和价值取向,也是组织的经营范围。战略愿景在宗旨以外,描述公司前进的方向和公司的最终目标,它更为形象地表明了公司的长期方向和战略意图。彼得·德鲁克曾言:"一个企业不是由它的名字、章程和公司条例来定义的,而是由它的任务来定义的。企业只有具备了明确的任务和目的,才可能制定明确和现实的企业目标。"因此,战略计划的首要内容是愿景陈述和使命陈述。

愿景陈述和使命陈述回答的分别是"我们想成为什么"和"我们的使命是什么"。愿景陈述和使命陈述应该生动活泼、言简意赅、易于记诵,且富有一定意义和鼓舞性。雇员和管理者共同为公司制定和修改远景目标,反映了他们对自己未来的憧憬。共同的愿景和使命可以使人们的精神在单调的日常操作中得到升华,使人们不停地受到激励。

愿景和使命陈述包括两个主要部分:核心意识形态(core ideology)和远大的愿景(envisioned future)。核心意识形态由核心价值观(core values)和核心目标(core purpose)两部分构成,它给组织提供了长久存在的基础,是组织的精神。远大的愿景由10~30年的宏伟、大胆、冒险的目标(10 to 30 year big,hairy,audacious goal,BHAG)和生动逼真的描述(vivid description)两部分构成。

(一)核心价值观

核心价值观是组织持久的和本质的原则。它是一般性的指导原则,不能把它与具体的生产或经营做法混为一谈,也不能为了经济利益或短期的好处而放弃它。它不随趋势和时尚的变化而变化,甚至也不随市场状况的变化而变化。

(二)核心目标

核心目标是企业存在的理由和目的,不是具体的目标或公司战略。有效的核心目标反映了为公司工作的内在动力,它不仅描述公司的产出或目标顾客,而且表达了公司的灵魂。

(三)10~30年的宏伟的、大胆的、冒险的目标

目光远大的公司经常利用大胆的目标作为促进进步的一种特别有效的手段。一个有效的BHAG具有强大的吸引力,人们会不由自主地被它吸引,并全力以赴地为之奋斗;它非常明确,能够使人受到鼓舞;它一目了然,几乎无须任何解释。前通用电气公司总裁杰克·韦尔奇说,公司的第一步,也是最重要的一步,是用概括性的、明确的语言确定公司的目标。通用电气公司的目标是:不断提高竞争力,争取在所有我们参加的市场中名列前茅;彻底改革我们的公司,使公司像小公司一样行动快捷、灵敏。

(四)生动逼真的描述

当我们确立了核心价值观、核心目标,以及宏伟、大胆、冒险的远大目标后,想使它们发挥激励、鼓舞作用,必须用生动逼真的语言将它们表达出来。愿景和使命描述了组织未来期望达到的图景和组织为之奋斗的任务。愿景和使命陈述与企业战略是不同的。战略是为了达到组织总目标而采取的行动和利用资源的总计划。

联想集团的使命与价值观

企业定位

- 联想从事开发、制造及销售最可靠的、安全易用的技术产品。
- 我们的成功源自于不懈地帮助客户提高生产力,提升生活品质。

使命:为客户利益而努力创新

- 创造世界最优秀、最具创新性的产品;
- 像对待技术创新一样致力于成本创新;
- 让更多的人获得更新、更好的技术;
- 最低的总体拥有成本(TCO),更高的工作效率。

核心价值观

- 成就客户——我们致力于每位客户的满意和成功。
- 创业创新——我们追求对客户和公司都至关重要的创新,同时快速而高效地推动其实现。
- 诚信正直——我们秉持信任、诚实和富有责任感,无论是对内部还是外部。
- 多元共赢——我们倡导互相理解,珍视多元性,以全球视野看待我们的文化。

资料来源:联想网站。

二、战略的环境分析

从系统理论的观点来看,组织是一种开放的系统,它们必须和环境进行某种交换。例如,企业必须从环境中取得各种资源,包括人力、原物料和设备等。然而,企业的产品也将回馈给环境,管理者必须对管理环境进行扫描、评估与因应。同时,由于管理环境具有高度的变化性、不确定性及冲击性,环境的迅速变化与难以预测,常常带给管理者相当大的惊奇与震撼。由于管理环境潜藏着机会与威胁,因此,企业应该随时掌握管理环境的变化,进而正确地预测未来的趋势。

战略环境分析是指对企业的战略环境进行分析、评价,并预测这些环境未来发展的趋势,以及这些趋势可能对企业造成的影响。《孙子兵法》认为,环境分析的内容是"天、地、彼、己"和"顾客(目标市场)",其目的是"知天知地,知彼知己"和"知顾客"。就企业环境分析而言,"天"指外部一般环境,主要包括政治环境、社会文化环境、经济环境、技术环境和自然环境;"地"指企业竞争所处的行业环境,主要分析行业竞争结构;"彼"指企业竞争对手;"己"指企业自身条件;"顾客"指企业为之提供产品或服务的消费者。"知天知地"就是认识企业所面临的利与危、机遇与威胁,"知彼知己"就是了解企业的长与短、实力与不足。企业的产品或服务必须能为顾客创造价值,与顾客的需求相匹配。扬长避短,趋利避害,必须能创造和获取顾客。

一般说来,战略分析包括企业外部环境分析和企业内部环境或条件分析两部分。

企业外部环境一般包括下列因素或力量:政府(法律因素)、经济因素、技术因素、社会因素以及企业所处行业中的竞争状况。企业外部环境分析的目的是为了适时地寻找和发现有利于企业发展的机会,以及对企业来说所存在的威胁,做到"知彼",以便在制定和选择战略中能够利用外部条件所提供的机会,避开对企业的威胁因素。

企业的内部环境是指企业本身所具备的条件,也就是企业所具备的素质,它包括企业的有形资源和无形资源,企业的财务能力、营销能力、生产管理能力、组织效能、企业文化及企业的核心竞争能力等。企业内部条件分析的目的是为了发现企业所具备的优势或弱点,做到"知己",以便在制定和实施战略时能扬长避短、发挥优势,有效地利用企业自身的各种资源,发挥出企业的核心竞争力。

(一)外部一般环境

外部一般环境,或称总体环境,是在一定时空内存在于社会中的各类组织均面对的环境,所以又被称为"天"。其大致可归纳为政治、社会、经济、技术和自然五个方面。

(二)行业环境

公司环境最关键的部分是公司投入竞争的一个或几个行业的环境。我们称行业环境为"地"。根据美国学者波特(Michael E. Porter)的研究,一个行业内部的竞争状态取决于供应商的谈判力量、购买者的谈判力量、潜在进入者的威胁、替代品的威胁、产业内部的对抗与合作等五种基本竞争作用力。这些作用力汇集起来决定着该行业的最终利润潜力,并且最终利润潜力也会随着这种合力的变化而发生根本性的变化。一个公司的竞争战略目标在于使公司在行业内进行恰当定位,从而最有效地抗击五种竞争作用力并影响它们朝对自己有利的方向变化。

（三）竞争对手

一个组织的竞争对手是指与其争夺资源、服务对象的人或组织。任何组织都不可避免地会有一个或多个竞争对手。这些竞争对手不是相互争夺资源，就是相互争夺服务对象。以竞争的层次来看，竞争者可以分成四种类型。

（1）欲望竞争者（desire competitor）是指对有限购买力的竞争。由于每人的所得有限，然而欲望无限，因此，无限的欲望会彼此竞争有限的购买力。例如，一位大学生会考虑如何运用其有限的可支用所得来满足许多欲望，如买交通工具、书籍、音响或是和女友约会，这些即是欲望竞争者。

（2）本质竞争者（generic competitor）是指消费者可借以满足相同欲望的其他方式。假如某人决定将钱花在和女友约会上，那么下一个问题便是该选择看电影、下馆子、去游乐场或是 KTV，这些都称为本质竞争者。

（3）形式竞争者（form competitor）。意即消费者可以满足其欲望的产品形式。如果某人选择去看电影，接着便需考虑要看何种类型的电影，是科幻片、浪漫爱情片、恐怖片或喜剧片，这些不同类型的电影便被称为形式竞争者。

（4）品牌竞争者（brand competitor）。意即消费者可借以满足相同欲望之所有品牌间的竞争。他可能决定要看浪漫爱情片，那么目前市面上有哪几部这样的片子？这些电影和其播放的电影院便是品牌，彼此间即是品牌竞争者。

一般来说，竞争对手可以从以下的群体中辨识出来：(1)不在本行业但可以克服进入壁垒（尤其是那些不费力气者）进入本行业的企业；(2)进入本行业可以产生明显的协同效应（synergy）的企业；(3)由其战略实施而自然进入本行业的企业；(4)那些通过后向或前向一体化进入本行业的买方或供方。竞争对手分析的目的是认识在行业竞争中可能成功的战略的性质、竞争对手对各种不同战略可能做出的反应，以及竞争对手对行业变迁及其更广泛的环境变化可能做出的反应。竞争对手分析必须回答：在行业中，我们与谁展开竞争以及我们应采取何种行动？竞争对手的战略行动意味着什么及我们如何对付？我们应该规避哪些领域，因为这些领域中的竞争对手将采取情绪化的和拼死的行动？

现代社会组织之间的竞争范围越来越大，基本上都是广义的国际竞争，企业之间的竞争更为激烈。组织的管理者必须知己知彼，根据竞争环境的特点、竞争对手的状况制定有效的组织发展战略，以期在激烈的竞争条件下立于不败之地。

（四）企业自身

根据价值链分析法，每个企业都是设计、生产、营销、交货以及对产品起辅

助作用的各种价值活动的集合。企业的各种价值活动分为两类:基本活动
(primary activities)和辅助活动(support activities)。如图 8-1 所示。

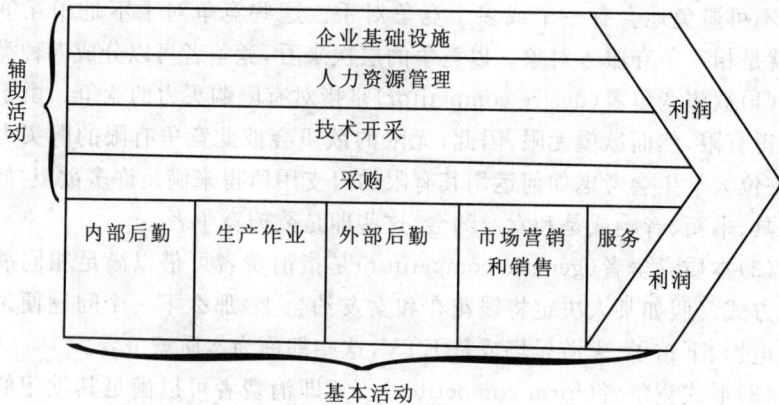

图 8-1　企业价值链:基本活动及辅助活动
资料来源:〔美〕M. E. Porter(1985),*Competitive Advantage*. New York:Free Press.

按价值活动的工艺顺序,基本活动由五个部分构成:(1)内部后勤(in-
bound logistics),包括与接收、存储和分配相关的各种活动;(2)生产作业(op-
erations),包括与将投入转化为最终产品形式相关的各种活动;(3)外部后勤
(outbound logistics),包括与集中、存储和将产品发送给买方有关的各种活
动;(4)市场营销和销售(marketing and sales),包括与传递信息、引导和巩固
购买有关的各种活动;(5)服务(service),包括与提供服务以增加或保持产品
价值有关的各种活动。每种基本活动可以进一步细分或组合,有助于企业内
部分析。

辅助活动主要包括:(1)企业基础设施(firm infrastructure),包括总体管
理、计划、财务、会计、法律、信息系统等价值活动;(2)人力资源管理(human
resource management),包括组织各级员工的招聘、培训、开发和激励等价值
活动;(3)技术开发(technology development),包括基础研究、产品设计、媒介
研究、工艺与装备设计等价值活动;(4)采购(procurement),指购买用于企业
价值链的各种投入的活动,包括原材料采购,以及诸如机器、设备、建筑设施等
直接用于生产过程的投入品采购等价值活动。

(五)顾客(目标市场)

顾客或服务对象是指一个组织为其提供产品或劳务的人或单位,如企业
的客户、商店的购物者、学校的学生、医院的病人等,都是相应组织的顾客。任

何组织之所以能够存在,是因为有一批需要该组织产品或劳务的顾客存在。如果一个组织失去了其服务对象,该组织就失去了其自身存在的基础。

组织的顾客或服务对象是影响组织生存的主要因素,而任何一个组织的顾客对于组织来说又是一个潜在的不确定因素。组织能否成功,关键在于是否能满足顾客的需要,使顾客满意。因此,组织管理工作的重要方面就是要正确分析市场需求及其变化趋势,及时开发出满足顾客需要的产品和服务,形成广泛而稳定的顾客群体。

企业顾客研究的主要内容是总体市场分析、市场细分、目标市场确定和产品定位。见图 8-2。

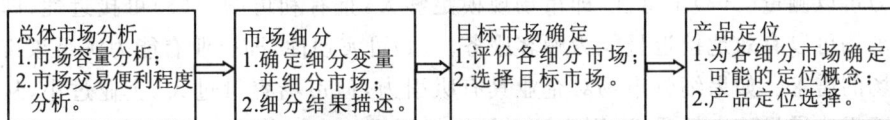

| 总体市场分析
1.市场容量分析;
2.市场交易便利程度
分析。 | 市场细分
1.确定细分变量
并细分市场;
2.细分结果描述。 | 目标市场确定
1.评价各细分市场;
2.选择目标市场。 | 产品定位
1.为各细分市场确定
可能的定位概念;
2.产品定位选择。 |

图 8-2　目标市场研究

资料来源:周三多主编. 管理学(第 3 版)[M].高等教育出版社,2010 年。

1.总体市场分析

要分析市场容量首先必须要界定地域和需求性质。根据所界定的地域和需求性质,再分析市场总需求,以及总需求中有支付能力的需求和暂时没有支付能力的潜在需求。市场交易的便利程度主要取决于市场基础建设、法规建设、产权制度和市场制度建设状况。

2.市场细分

市场细分就是将一个总体市场划分为若干个具有不同特点的顾客群,每个顾客群需要相应的产品或市场组合。市场细分一般包括调查、分析、聚类并描述三个阶段。

典型的消费品市场细分变量有四类:第一,地理因素,主要包括地区、区域大小、城市规模、人口密度、气候等。第二,人口统计因素,主要包括年龄、性别、家庭规模、家庭生命周期、收入、职业、教育水平、宗教信仰、种族、国籍等。第三,心理特征因素,主要包括社会分层、生活方式、个性特征等。第四,行为因素,如定期还是特别场合、追求的利益(豪华、中等还是经济的)、使用率(经常还是偶尔使用)、忠诚度(不忠诚、中等忠诚、忠诚、专一)等。

典型的工业品市场细分变量有五类:第一,地理因素,主要包括产业、企业规模、地理位置等。第二,生产运作变量,如顾客的能力、技术水平等。第三,采购方式因素,如买方企业集权程度、内部权力结构、采购政策、公共形象与公共关系、采购标准等。第四,状态因素,如交货和服务(厌恶、可使用、喜欢、热爱)。

3.目标市场确定

企业用以下三个主要指标来评价细分市场:(1)细分市场规模及其成长状况;(2)细分市场结构的吸引力,这可以用上文提到的波特行业竞争结构进行框架分析;(3)企业的目标和资源状况,即使细分市场在规模、增长及其结构吸引力方面都较好,但如果该细分市场不符合企业的目标,则也不宜选择该细分市场为目标市场。

良好的细分市场应具有如下特征:(1)可测量性,即市场规模、容量和购买力可以测量。(2)丰富性,即市场规模足够大,且有利可图。(3)可接近性,即市场可以有效地接近且能为顾客服务。(4)可实现性,即企业有能力满足该市场的需求。如果细分市场对企业具有吸引力,但市场容量过大,企业过小,从而无法满足该市场需求,则应该对该市场再进一步细分。

4.产品定位

产品定位是指企业为了满足目标市场,确定产品(或服务)的功能、质量、价格、包装、销售渠道、服务方式等。与产品定位相联系的是广告(促销)定位。广告定位是指使企业的产品在顾客心里占有位子,以及占什么位子。

三、战略计划的选择及评价

战略环境分析使企业认识自己所面临的机遇与威胁,了解自身的实力与不足以及能为何种顾客服务。

战略选择及评价过程实质就是战略决策过程,即对战略进行探索、制定以及选择的过程。通常对于一个跨行业经营的企业来说,它的战略选择应当解决以下两个基本的战略问题:一是企业的经营范围或战略经营领域,即规定企业从事生产经营活动的行业,明确企业的性质和所从事的事业,确定企业以什么样的产品或服务来满足哪一类顾客的需求;二是企业在某一特定经营领域的竞争优势,即要确定企业提供的产品或服务,要在什么基础上取得超越竞争对手的优势。

一个企业可能会制订出达成战略目标的多种战略方案,这就需要对每种方案进行鉴别和评价,以选出适合企业自身的方案。目前,对战略的评价已有多种战略评价方法或战略管理工具,如波士顿咨询集团的市场增长率—相对市场占有率矩阵法、行业寿命周期法等。这些方法已在跨行业经营的企业中得到广泛应用。

战略选择的实质是企业选择恰当的战略,从而扬长避短,趋利避害和满足顾客需求。企业的战略类型有以下几种:

(一)稳定型战略

稳定型战略是指在企业的内外部环境约束下,企业准备在战略规划期限内使企业的资源分配和经营状况基本保持在目前状态和水平上的战略。企业采取稳定型战略也就意味着企业经营方向及经营产品在其经营领域内所达到的产销规模和市场地位都大致不变或以较小的幅度增长或减少。

采取稳定型战略的企业,一般处在市场需求及行业结构稳定或者较少动荡的外部环境中,因而企业所面临的竞争挑战和发展机会都相对较少。但是,有些企业在市场需求以较大幅度增长或是外部环境提供了较多发展机遇的情况下也会采用稳定型战略。这些企业一般来说是由于资源不足,难以抓住新的发展机会,而不得不采用相对保守的稳定型战略。

(二)增长型战略

增长型战略是一种使企业在现有的战略基础上向更高一级目标发展的战略。它以发展作为自己的核心内容,引导企业不断地开发新产品、开拓新市场,采用新的生产方式和管理方式,以便扩大企业的产销规模,提高竞争地位,增强企业的竞争实力。增长型战略是一种比较流行、使用较多的战略态势。在实践中,增长型战略有许多种不同类型,主要有集中型增长战略、一体化战略和多样化战略。

集中型增长战略主要集中于单一产品或服务的增长,以快于以往的增长速度增加企业目前的产品或服务的销售额、利润和市场份额等,它比较适合于那些对企业的产品或服务的需求处于增长趋势的业态。

一体化战略是指企业充分利用自己在产品、技术、市场上的优势,根据物资流动的方向,使企业不断地向深度和广度发展的一种战略,它有利于深化专业分工协作,提高资源的利用深度和综合利用效率。此战略又可细分为前向一体化、后向一体化和水平一体化三种战略。

根据现有业务领域和将来的业务领域之间的关联程度,可以把多样化战略分为横向多样化、纵向多样化、复合多样化三种战略。横向多样化是以现有的产品市场为中心,向水平方向扩展业务领域,也称为水平多样化或专业多样化。纵向多样化是指虽然与现有的产品、市场领域有些关系,但是通过开发完全异质的产品、市场来使业务领域多样化。复合多样化是一种增加与企业目前的产品或服务显著不同的新产品或服务的增长战略,即企业所开拓的新事业与原有的产品、市场相关性不大,所需要的技术、经营方法、销售渠道必须重新取得。

（三）紧缩型战略

所谓紧缩型战略，是指企业从目前的战略经营领域和基础水平收缩和撤退，且偏离战略起点较大的一种经营战略。与稳定型战略和增长型战略相比，紧缩型战略是一种消极的发展战略。一般来说，企业实行紧缩型战略只是短期的，其主要目的是避开环境的威胁和迅速地实行自身资源的最优配置向其他产业转移。可以说，紧缩型战略是一种以退为进的战略态势。

采取紧缩型战略的企业可能出于各种不同的动机。从这些不同的动机来看，有三种类型的紧缩型战略，即适应型紧缩战略、失败型紧缩战略和调整型紧缩战略。

适应型紧缩战略是企业为了适应外部环境而采取的一种战略。这种外部环境包括经济衰退、产业进入衰退期、对企业产品或服务的需求减小等。在这些情况下，企业可以采取适应型紧缩战略来渡过危机、以求发展。

失败型紧缩战略是指由于企业经营失误造成企业竞争地位下降、经营状况恶化，只有采用紧缩战略才能最大限度地减小损失，保存企业实力。失败型紧缩战略的适用条件是企业出现重大的内部问题，如产品滞销、财务状况恶化、投资已明显无法收回等情况。

调整型紧缩战略的动机则既不是经济衰退，也不是经营失误，而是为了谋求更好的发展机会，使有限的资源分配到更有效的使用场合。因而调整型紧缩战略的适用条件是企业存在一个回报更高的资源配置点。为此，需要比较的是企业目前的业务单位和实行紧缩战略后资源投入的业务单位。在存在着较为明显的回报差距的情况下，可以考虑采用调整型紧缩战略。

（四）混合战略

混合型战略是以上三种战略态势的一种组合，组成该混合战略的各战略态势被称为子战略。从混合型战略的特点来看，一般是较大型的企业采用较多，因为大型企业相对来说拥有较多的战略业务单位，这些业务单位很可能分布在完全不同的行业和产业群之中，它们所面临的外界环境、所需要的资源条件完全不相同。

四、战略实施及控制

一个企业的战略方案确定后，必须通过具体化的实际行动，才能实现战略及战略目标。一般来说，可在三个方面来推进一个战略的实施：首先是确定企业资源的规划和配置方式，包括公司级和战略经营单位级的资源规划和配置;其次是对企业的组织机构进行构建,以使构造出的机构能够适应所采取的战略,为战略实施提供一个有利的环境;最后是要使领导者的素质及领导能力与所执行战略相匹配,即挑选合适的企业高层管理者来贯彻既定战略方案。

在战略的具体化和实施过程中,为了使实施中的战略达到预期目的,实现既定的战略目标,必须对战略的实施进行控制。这就是说将经过信息反馈回来的实际成效与预定的战略目标进行比较,如两者有显著的偏差,就应当采取有效的措施进行纠正。当由于原来分析不周全、判断有误,或是环境发生了预想不到的变化而引起偏差时,甚至可能需要重新审视环境,制订新的战略方案,进行新一轮的战略管理过程。因此说战略管理是一个动态的和循环往复的不间断过程。

【本章小结】

战略管理就是企业根据组织外部环境和内部条件设定企业的战略目标,为保证目标的正确落实和实现进行谋划,并依靠企业内部能力将这种谋划和决策付诸实施,以及在实施过程中进行控制的一个动态管理过程。与传统的职能管理相比,战略管理具有以下特点:战略管理具有全局性,战略管理的主体是高层管理者,战略管理涉及大量资源的配置,战略管理具有长远性。一个企业的战略可划分为三个层次,即公司战略、经营战略和职能战略。

战略管理是为一个企业的未来发展方向制定决策和实施这些决策的动态管理过程。这个过程为:确定企业战略目标、战略分析、战略选择及评价和战略实施及控制。

【思考题】

1.举例说明企业愿景和使命陈述的主要内容。

2.波特的行业竞争结构分析的主要内容是什么?

3.以竞争的层次来看,竞争者可以分成哪几种类型?

4.常见的宏观环境包括哪些环境?宏观环境具有哪些特性?

5.理解各种战略类型的内涵。

6.你如何评价你所在学校学院的战略管理?

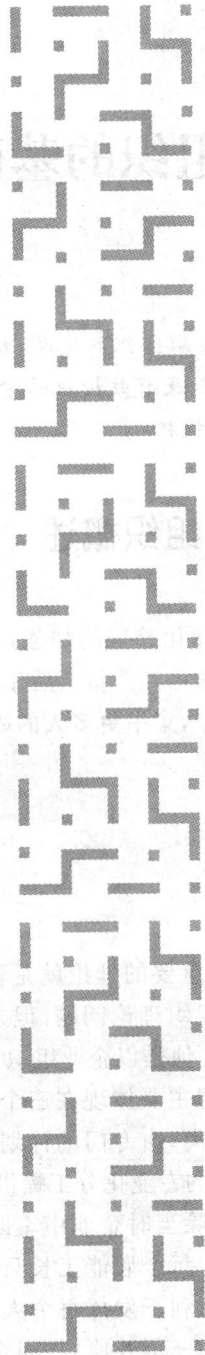

第三篇 组织

第九章 组织的基础

【学习目标】 通过本章的学习,了解组织的定义、特征,熟悉组织中的各种权力,掌握集权与分权的优势、劣势以及有效授权的途径。

【关键词】 组织 集权与分权 授权

第一节 组织概述

随着市场经济的发展以及经济全球化趋势的加强,试图通过单个人的力量在市场中占据有利的经济地位的做法已经严重落后于时代的潮流。我们必须通过一个有效的团体来吸引各色人才,集中更多人的聪明才智,而组织正是适应这一趋势而逐渐发展完善的。

一、组织理论的发展

(一)传统企业组织理论

1. 泰勒的组织理论

泰勒被称为"科学管理之父",其最重要的理论就是科学管理理论。尽管泰勒的科学管理理论并没有专门讨论组织理论问题,但是在他的管理思想中包含着他关于组织的相应理论和思想。他是以企业组织为研究对象的。泰勒的科学管理理论中具体涉及组织的思想主要体现在三个方面:一是单独设立计划职能部门,与传统的执行职能相分离,由专门的计划部门承担计划职能,由工人承担相应的执行职能,为组织中的专业化分工提供了很好的理论基础;二是实行职能工长制,泰勒指出必须废除当时企业中军队式的组织而代之以"职能式"的组织,实行"职能式的管理",每个职能工长只承担某项职能,职责单一,对管理者培训花费的时间较少,有利于发挥每个人的专长;三是泰勒为组织管理提出了一个极为重要的原则——例外原则,即企业的高级管理人员把一般的日常事务授权给下级管理人员去负责处理,而自己只保留对例外事项、重要事项的决策和监督权,如重大的企业战略问题和重要的人员更替问题等,他提出的这种思想在组织中应用甚广。

2.法约尔的组织理论

法国的亨利·法约尔是组织管理理论的代表人物,而组织管理理论的研究重点便是组织的管理职能以及整个组织结构,该理论以大企业为研究对象,探求普遍适用的管理一般原理。其中,法约尔在组织理论上的最突出贡献为:一是指出了企业中存在的六种基本的活动,即技术活动、商业活动、财务活动、安全活动、会计活动以及管理活动,其中管理活动涉及管理的计划、组织、指挥、协调和控制五项基本职能;二是提出了著名的管理的 14 条原则,为组织者设计、管理组织结构提供了重要的指引,指明了人们行动的目标和方向;三是提出了组织的层级结构原理,为组织的层级化设计奠定了基础;四是设立参谋机构,减轻直线管理者的工作负担,使他们可以专心于涉及组织长远发展的战略问题。

3.韦伯的组织理论

马克斯·韦伯是德国的社会学家和组织学家,被称为"组织理论之父",提出了"理想的行政组织体系"理论,这一理论可以概括为三个基本方面:一是行政组织体系构造的基础,韦伯认为等级、权威和行政制是一切社会组织的基础,任何组织都是以某种形式的权力为基础的,以保证组织的秩序和达到组织的目标,而权力主要有传统的权力、神授的权力以及理性—合法的权力。二是行政组织体系的主要特点:(1)实现劳动分工,按职业专业化对组织成员进行分工,明确规定每一个成员的权力和责任,从而可以使员工在最适合的岗位上积累知识、发展技能,提高组织的效率;(2)按等级原则对组织中的职位进行法定的安排,形成一个指挥链或者等级体系,为组织的层级设计提供了理论指导;(3)组织内人员的任用应通过正式考试或培训,使他们具备组织岗位所要求的基本技能。同时,韦伯还对行政组织结构进行了划分,将其分为三个层次,即高级管理阶层、中级管理阶层和低级管理阶层,他们分别在组织中承担着不同的角色,高级管理阶层的主要职能是决策,中级管理阶层的主要职能是贯彻执行最高层领导的决策,而低级管理阶层或一般工作人员主要是做实际的具体工作,由此各司其职,各负其责。

4.厄威克和古利克的组织理论

林德尔·福恩斯·厄威克和卢瑟·哈尔西·古利克分别是英国和美国的管理学家,他们是古典组织理论和管理理论的汇集者,并首次提出了"组织理论"这一学科名称。他们充分吸收了前人留下的组织思想,并在此基础上逐步完善和发展,他们非常重视对组织结构的研究,提出了组织结构的十大原则,即目的、专业化、协调、权限、统属、职责、统一、幅度、平衡和继续性原则。

(二)行为科学组织理论

20世纪20年代,行为科学理论逐步盛行起来,行为科学理论的最主要的观点是开始注重人的特点和需要,认为企业组织理论应该建立在个人需要的基础上,因此,行为科学理论也被称为"人际关系学说",该理论的主要代表人物为梅奥、麦格雷戈等。这一理论关于组织的观点主要包括:一是在对企业的组织结构进行设计的过程中要充分尊重人的利益,考虑人的需要和特点,因为工人是社会人而不是经济人;二是组织中除了正式组织外,还存在非正式组织,它以其独特的感情、规范和倾向左右着成员的行为,因此,在组织设计与变革中要充分考虑非正式组织的作用,这样才能减少变革中的抵制和阻力;三是在组织中要善于采用一些新型的领导方法。在梅奥之后,人们对于个体行为的关注增加,出现了一些新型的领导理论,如马斯洛的需要层次理论、赫兹伯格的双因素理论、弗鲁姆的期望理论以及麦格雷戈的Y理论。在群体理论方面,对群体之间的人际关系、群体的结构、规范、特点等方面做了细致的研究。其中,卡特·卢因的团体动力学理论提到"团队虽然不是正式组织但它也和正式组织一样有一个结构,只是这种组织结构非常不明确也不容易辨认,团队的规范对团队成员的行为影响可能比正式组织的规章制度还要大。"该理论的出现使团队的力量得到了充分的重视,有利于加强组织中的团队协作,更好地促进组织的发展。

二、组织的定义

路易斯·A.艾伦(Louis A. Allen)认为,组织是为了使人们能够最有效地工作去实现目标而进行明确责任、授予权力和建立关系的过程。切斯特·巴纳德认为,组织是有意识地对人的活动或力量进行协调的过程,是两个或两个以上的人自觉协作的活动或力量所组成的一个体系。巴纳德认为组织是由三个要素组成的,即共同的目的、服务的意愿以及沟通。管理学家曼尼(J. D. Money)指出:组织,就是为了达到共同目的的所有人员协力合作的形态。为了达到共同的目的,并协调各组织成员的活动,就有必要明确规定各个成员的职责及其相互关系,这是组织的中心问题。管理学家布朗(A. Brown)认为,组织就是为了推进组织内部各组成成员的活动,确定最好、最有效果的经营目的,最后规定各个成员所承担的任务及成员间的相互关系。依据布朗的观点,组织主要做好两方面的工作:一是规定成员的职责,二是规定职责与职责的相互关系。泰勒、法约尔的组织理论中所谈的组织,主要是针对建立一个合理的组织结构而言的,强调了分工和专业化,以便使组织结构更加高效、合理。他们把组织分为两个层面的形态:一是管理组织,主要研究组织内部成员之间的分工协作关系;二是作业组织,主要规定从事作业的工作人员的职责,根据法约尔的观点,作业组织主要研究如何实现资源的优化配置,如何更好地利用自己的人力、物力、财力资源。

从管理学的意义上来说,什么是组织呢? 根据国内外有关学者的最新研究,可以给组织作出如下定义:所谓组织,是为有效地配置内部有限资源,为了实现一定的共同目标而按照一定的规则、程序所构成的一种责权结构安排和人事安排,其目的在于确保以最高的效率使目标得以实现。我们可以从以下几个方面来具体理解一下组织的含义:(1)组织是个社会群体,其具有明确的分工,也有很好的协作,没有分工和协作的群体不能称为组织。(2)组织具有明确的目标,目标是组织存在的前提和基础,没有目标组织便不能称为组织,而仅仅是一个人群。但组织的目标也不是无限的,要受到环境的影响和制约,组织是在环境中生存和发展的,目标要顺应环境的变化,体现环境的要求,这个环境包括物质环境和社会文化环境,有了目标之后组织才能确定方向,只有同时拥有了目标和方向才能形成巨大的凝聚作用,才有能力和号召力去组建一支队伍。(3)保持一定的权责结构,这种权责结构表现为层次清晰、任务明确、权责对等。通过对这些具体要求的了解,可以使组织更加具体,更容易被理解和接受。一个具体的组织可以通过组织特征来描述。

组织是在现代社会生活中,人们按照一定的目的、任务和形式编制起来的社会集团,它不仅是社会的细胞、社会的重要组成部分,更是社会的基础。因此,对于组织的研究不仅对企业的可持续发展,竞争力的提升有着重要的作用,而且对于社会的发展也具有不容忽视的作用,有利于和谐社会的构建。

三、组织的特征

从国内外学者对组织的阐述中,可以总结出组织的一些共同的特征,而一个具体的组织可以通过组织特征来做简单的描述,使抽象的组织可以更好地被理解,一般认为组织的特征主要包括正规化、专门化、标准化、职权构造、复杂性、集权化、专业化和人员构成八个方面,这些特征是区分组织的重要标准,可以通过这八个方面的具体分析,对各个组织进行衡量比较,找出改进的方向,使组织争取在各个方面都做到最好。同时这些特征之间也存在着交互作用,可以通过对这些特征的调节来实现组织的目标,提高组织的效率。

（一）正规化

一个有效的组织必须是正规化的,有组织成员共同遵守的规章、程序、制度等正式的书面文件,用这些书面文件来规范组织的各种行为和活动。一般来说,一个组织的正规化程度可以从其拥有的这些正式的书面文件的数量来判断。

（二）专门化

体现组织的专业化分工,随着企业规模的扩大,企业的生产过程会变得越来越复杂,而任何个人无论多么优秀,都不可能拥有现代化生产所需要的所有知识与技能,不可能独立完成复杂的生产过程,因此,必须把复杂的工作进行分解,做好分工,把每个人都安排在最适合的岗位积累知识、发展技能。

（三）标准化

标准化是指相似的活动以统一的方式实施的程度。"科学管理之父"泰勒在其理论中提出了标准化原理,指出要使工人掌握标准化的操作方法、使用标准化的工具、机器和设备,并使作业环境标准化。标准化的工作方法是提高组织效率的重要手段。

（四）职权构造

描述了权力从组织上层向下层传递的路径以及管理者的最佳控制幅度。

（五）复杂性

复杂性主要是针对组织结构而言的,是指组织内部在专业化分工、组织层级、管理幅度,以及人员之间、部门之间的相互关系上存在着的巨大差别性。这些方面的差别性越大,组织的复杂性就越高。

（六）集权化

集权化反映了决策权在组织职权层级中分布和集中的程度,当决策权高度集中在最高层级时,组织的集权程度就比较高;而当决策权授予了较低的组织层次,可以认为该组织是分权化的。

（七）专业化

专业化反映了组织的成员所接受的正式的教育和训练的程度。当雇员在正式进入岗位之前需要进行较长时间的培训和训练,则可以认为组织的专业化程度较高。一般来说,组织的专业化程度可以通过雇员的平均教育程度来衡量。

（八）人员构成

人是组织中最重要的要素，人员的构成反映了工作人员在不同的职能和部门之间的配置情况。

有了这些具体的指标，可以对一个组织进行深入详细的分析，从这些特征中，可以反映出组织的发展现状与趋势，明确变革与改进的方向，从而进一步提高组织的效能，提升组织的竞争力。

第二节　组织的权力

随着组织规模的不断扩大以及产品和服务种类的不断增多，要确保这种日益复杂的生产过程顺利完成，就必须将职权在组织中进行合理有效的配置，建立一个清晰的职权等级体系，做到人尽其责，这样才能更好地确保组织目标的实现。

一、职权与权力

（一）职权与权力的关系

现代管理的研究者与实践者发现：职权与权力不是同等的概念，职权只是更广泛的权力概念的一个要素。对于职权与权力，很多人都很迷惑，不知道二者之间的区别与联系，经常将两者混淆。职权实际上是权力的一种，权力的含义比职权更为广泛一些。如图9-1。职权是组织中的一个重要的概念，它是指管理者根据自己在组织中所处的地位而享有的决策以及使用资源的权力，通过这些权力的行使可以更好地实现组织的目标。每一个管理职位都具有某种特定的权力，任职者可以根据自己在组织中所处的地位来获得这种权力。职权是与组织中的特定职位直接相关的，与在此职位上的管理者的个人特征无关，即与任职者不存在直接相关的关系。

权力是特定的人对于决策的影响能力，与任职者的个人特性具有密切的关系。根据约翰·弗伦奇和伯特仑·雷文的观点，权力主要有5种来源，见表9-1。

1.制度权

这是与组织中的具体职位相对应的，每一个职位都有与之相匹配的相应的权力，从这一层面来看，这种来源的权力与职权相同。制度权是附属于职位的，与制度权类似的还有强制权和奖赏权。

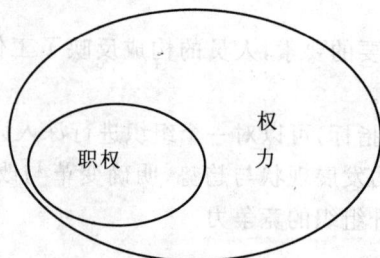

图 9-1 权力与职权的关系

2.专长权

是由于个人具有某些核心专长以及高级技术知识而拥有的,如律师、医生等都是极具专长权的,都具有自己领域的特殊的专门知识。

3.感召权

这是由于一个人拥有吸引别人的个性、品德、作风而引起人们的赞赏和认同,并自愿追随和服从。感召性权力与职位高低无关,只取决于个人的行为。

4.强制权

也即惩罚权,通过这种权力的行使来改变个人的态度和行为,促使其服从这种权力。

5.奖赏权

是指能够为他人带来某种期望的好处的权力,是个人控制着对方所重视的资源而对其施加影响的能力。

表 9-1 权力的种类

制度权	因在正式层级中的地位而具有的权力
专长权	基于专长、专有技能和知识的权力
感召权	由于个人的特点而产生的权力
强制权	基于畏惧的权力
奖赏权	因能分配他人重视的东西而产生的权力

资料来源:斯蒂芬·P.罗宾斯,玛丽·库尔特著,毛蕴诗译.管理学原理与实践(第七版).机械工业出版社.2010.

在罗宾斯的《管理学》中，用一个锥形图很贴切地说明了二者的关系。可以把锥体想象为一个组织，锥体的中心为组织的权力中心，距离此中心越近，代表对决策的影响力越大。

(二)职权的形式

1.职权的具体形式

职权分为三种形式，分别为直线职权、参谋职权和职能职权。直线职权是给予管理者指挥其下属工作的权力，这种职权在组织中最为常见。这种职权从组织的最高层开始逐步延伸到低层，形成指挥链。直线职权权责较为明确，运用方便。但是直线职权中的管理者的时间、精力是有限的，当组织的规模逐渐扩大并且生产过程变得日益复杂时，直线管理者会深刻地意识到自己力不从心，难以再圆满地完成任务，需要有另一种职权来弥补直线职权的缺陷，在这种趋势下，参谋职权应运而生，以便为直线管理者提供一些意见和建议，减轻他们的工作负担，从而使其可以更好地集中精力。参谋职权具体是指管理者特有的建议权和审核权，对直线职权的活动情况进行评价，并提出改进的措施。职能职权确切地说是一种权益职权，是直线管理者向自己辖属以外的个人或职能部门授权，授予他们在一定的职能范围内行使的职权，职能职权主要是为了发挥专家的智能，也是为直线职能服务的，这是一种介于直线职权和参谋职权之间的特殊职权，职能职权可以减轻直线管理者的负担，提高决策的速度，提升管理的效率，为实现组织目标服务。

2.处理三种职权的关系

随着组织规模的扩大，管理问题变得越来越复杂，由于主管人员的智力和能力都是有限的，于是在直线管理职权之外又相继出现了参谋职权和职能职权，这两种职权的出现为直线管理者顺利完成任务提供了辅助和支持。这三种职权是使组织活动朝向组织目标发展的不可分割的整体，但在组织运转的实际工作中，这三种职权的区分不是特别的明显，常常被混淆。为了确保组织活动的高效率完成，必须处理好三种职权的关系，否则就会造成管理工作的混乱。参谋职权的无限制的扩大，会削弱直线管理者的权利，降低直线管理者的威信，影响命令的贯彻执行，不利于活动效率的提高；而职能职权的过度扩大，容易造成"多头领导"的现象。这些都会造成管理工作的混乱，不利于组织效率的提高。因此，要保证组织正常高效地运转，处理好三种职权的关系是明智的选择，也是权力运行机制中要解决的重要问题。

二、集权与分权

集权和分权用于描述决策权在组织中或者在指挥链上的分布情况。指挥链,是权力从组织上层向下层传递的路径,它指明了当员工遇到问题时应该去向谁请教,以及把工作的实际情况向谁汇报的问题。集权和分权是相对的,不存在绝对的集权和绝对的分权,要把二者结合起来加以运用,这样才能取得最好的效果。同时,在选择的过程中要针对具体的问题具体分析,并且要坚定自己的信念,不能摇摆不定。

例 9-1
美国商用计算机和设备公司的分权问题

美国商用计算机和设备公司由于其最佳而又新颖的产品,富有想象力的销售办法和对各公司客户的优质服务,已发展到位于其经营领域的前列,每年销售额超过 10 亿美元,利润率高,股票价格节节上升。该公司已获得投资者的青睐,因为他们从中可得到丰厚的股票投资收益。然而,没过多久,公司总裁就发现,一向运行良好的组织结构现已不能适应公司的需要。

多年来,公司是按照职能系列组织起来的,由几位副总裁分管财务、销售、生产、人事、采购、工程以及研究和开发,随着公司的发展,公司已把其产品系列从商用计算机扩展到电动打字机、照相复印机、电影摄影机和放映机、机床用计算机控制设备以及电动会计机。随着时间的推移,人们开始关注以下情况:该公司的组织结构使总裁办公室以下的人员机构无法对公司的利润负责,无法适应目前在许多国家进行业务的广泛性,并且似乎加固了阻碍销售、生产和工程各职能部门之间有效协调的"壁垒"。此外,有许多决定似乎除了总裁办公室以外,其他任何低于这一级的都不能做出。

因此,总裁将公司分成 15 个在美国和海外的各自独立经营的公司,每个公司对利润负有全部责任。然而,在实行公司重组后,总裁发现自己对分公司不能实行充分的控制了。分公司在采购和人事职能方面出现了大量的重复,各分公司经理无视总公司的方针和策略,各自经营自己的业务,公司正在瓦解成一些独立的部门。

总裁亲眼见过几家大公司由于分公司的经理犯了错误使公司遭受重

大损失并陷入困境的事例,终于认识到他在分权方面已走得太远了。于是,他撤回了分公司经理的某些职权,并要求他们对下述重要事项进行决策时应征得公司最高管理部门的批准,即:(1)超过1万美元的资本支出;(2)新产品的推行;(3)制定价格和销售的政策和策略;(4)扩大工厂;(5)人事政策的变更。

当分公司经理们看到他们的某些自主权被收回时,他们的不愉快是可以理解的。他们公开抱怨总公司的方针摇摆不定,一会儿分权,一会儿集权。

资料来源:http://wenku.baidu.com/view/9bcddd7e5acfa1c7aa00cc80.html

（一）集权与过度集权的利弊

集权是指决策指挥权在组织系统中较高层次上的集中,下级部门和机构要完全按照上级的指示和命令,一切行动都要服从上级的指挥。从这一层次上来看,一定程度上的集权可以更好地确保命令的统一以及组织目标一致。集权具有很多方面的好处,如有利于政令统一、标准一致,以便于统筹全局;同时,使管理者的指令快速下达,指挥方便;有利于形成统一的企业形象,对外形成排山倒海的气势,有利于提升企业的整体竞争力;当企业面临突发事件时,也可以集中力量来应对。

但是集权的程度必须适当,如果过度集权,就会导致一系列的弊端。主要表现为:

1. 不利于合理决策

在过度集权的组织中,随着组织规模的扩大,组织提供的产品或服务会越来越复杂,管理者难以做到运筹帷幄,把握全局,难以做出全面的决策。过度集权也会阻碍信息的沟通,不利于命令的及时、有效传播,造成执行上的滞后,可能会错过重要的发展契机。

2. 不利于充分发挥下属的积极性

如果实行高度集权,把所有决策权都集中在最高层管理者手中,而处于中下层的管理者就没有自主权和发言权,变成了被动执行命令的人,这样会大大挫伤他们的积极性。同时,高层管理者的过度集权,会使下层人员形成强烈的依赖感,从而不积极主动地去寻求解决问题的措施,而是消极地等待上级的指示和命令。

3. 减弱组织的弹性和灵活性

过度集权的管理体制，使决策权集中于高层管理者手中，不能充分发挥整个组织成员的聪明才智，下层人员严格按照高层管理者的要求和指示办事。而处在动态环境中的组织必须根据环境中各种因素的变化不断进行调整，决策者很难快速地识别到各种环境的变化，因此，过度集权的组织，可能使各个部门失去自我适应和自我调整的能力，从而削弱组织整体的应变能力。

4. 助长组织中的官僚主义

在过度集权的组织体系中，为了保证权力的顺利实现，需要烦琐的办事程序，遵守比较严格的规章制度，这容易助长官僚主义作风，使组织机关化，办事公式化，既不能适应快速变化的环境，也不能充分发挥组织的活力。

例 9-2
和记黄埔地产过度集权导致危机公关失效

2006 年末，李嘉诚名下和记黄埔地产有限公司在北京的第一个房地产项目——逸翠园，因为质量问题及与当初承诺的楼盘标准有重大差距，遭到业主集体投诉，黄埔地产没有及时对此事做出反应，致使业主联合上告至政府。一件本来很平常的房屋纠纷事件被迅速扩大，因为这是李嘉诚在京的首盘，所以在海内外都引起了广泛的关注。最后，和记黄埔地产才姗姗来迟地拿出解决方案，而解决方案又和业主们的期望有很大的差距，这使得和记黄埔地产及李嘉诚的名誉受到了极大的损伤。

究其根源，这主要由香港总公司过分集权所造成。和记黄埔地产北京公司只是个数据提供者和执行者，香港总部不仅掌握着完全的决策权，而且还控制着市场分析、产品分析及产品设计的权力。这种集权带来的直接负面效应是，产品不能与市场需求对接，应对市场变化迟缓。诸葛长青说："过度集权的同时，要学会把小权放权给基层。"

该盘建设时施工方曾提出过设计上存在问题并上报给了和记黄埔地产北京公司，和记黄埔地产北京公司再上报给香港总公司，香港总公司不予理会，这么重大的事就不了了之了，这为后面楼盘的质量问题埋下了隐患。和记黄埔地产北京分公司只能完全按照香港总公司的指令行动，甚至连印发一个信封的款式都要向总部请示，获批后才能印刷。此次事件也是如此，业主提出投诉后和记黄埔地产北京公司把情况反映给香港总部,总部再把决策传递回北京分公司,北京分公司再通知业主……这样往复几个来回后,消耗掉的不仅是金钱和时间,更是业主的信心与宝贵的危机公关时机。而且,总部因为不了解具体的情况,所做的决策也就不具有科学性,从而导致了事件的负面影响越来越大。

资料来源:http://www.caikuu.com/caijing/guanli/1629054.html

例9-3

丰田被指因过度集权导致召回事件频发

人民网5月24日电 据日本《产经新闻》网站报道,因丰田汽车召回事件而专门成立、由外国专家组成的北美质量顾问委员会于23日公布了一份报告书,指出丰田公司存在"过度集权,对外部批判置之不理"的问题。

美国原运输部长罗德尼·斯莱特(Rodney Slater)在去年3月份被任命为丰田全球质量监控小组负责人,主要负责丰田汽车在日美的生产和研发基地的视察以及协助丰田章男等公司上层实施问询调查等工作。他花费了一年多时间对丰田存在的问题进行了调查和分析。

该报告书指出,丰田将权限过多地集中在日本国内,对北美丰田汽车仅授予处理汽车品质及安全问题的不充分决定权。此外,该报告还指出,丰田仅对公司内部的批评积极应对,对外部批判一向置之不理。

另外,该报告还指出只有提高丰田汽车在北美事业的自主权,才能更为迅速地做出决定。此外,还应该加强对零配件供应方面的质量管理以及设置管辖北美全部事业的首席执行官(CEO)。(明月编译)

资料来源:http://japan.people.com.cn/35463/7390274.html 人民网

因此,组织对于集权的把握必须适当,要根据组织的自身情况来决定要实行的集权程度,把集权与分权相结合,为实现组织的目标服务。

(二)分权与过度分权的弊端

分权是指决策权在较低管理层级上的分散,组织的高层管理者将一些决策指挥权授权给中下层的管理者,给予他们一定的权力,让他们可以自主地解决一些突发的问题。在组织内部,随着生产过程的日益复杂,必须实行专业化的分工,因此,适当的分权可以确保组织任务的顺利完成。分权是必要的,但是必须对分权的程度有一个很好的把握,分权要在提高雇员积极性,增加组织的弹性和活力的基础上实施,要保证组织成员的各项活动围绕组织的目标进行。

分权的程度过大,会使领导者大大丧失对员工的领导和控制力,会助长属下的野心,使他们不服从高层管理者的领导与控制,我行我素,容易造成组织与组织目标的偏离。同时,这也不利于对外形成压倒一切的气势,不利于竞争力的提高。

(三)集权与分权的影响因素

一个组织是否要进行分权以及在多大程度上实行分权,受多方面因素影响,如图9-2所示。

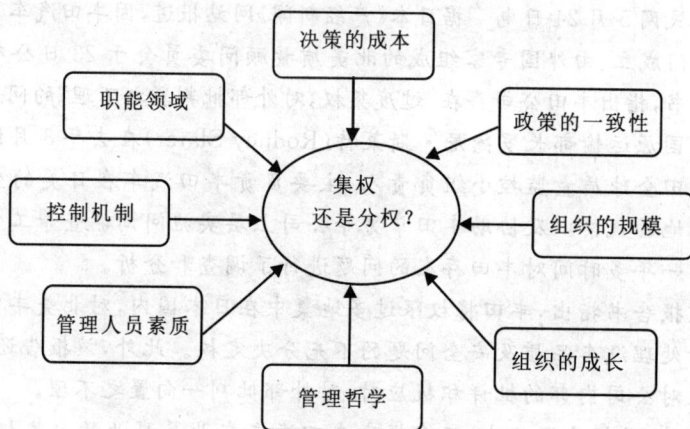

图 9-2 职权分散程度的影响因素

1.决策的代价也即决策的成本

集权还是分权取决于决策成本的大小,如果分权后的决策成本远远大于管理者自己做出决策的成本,组织必然选择集权;相反,则选择分权。

组织要选择出适合企业的最合理的管理系统,同时,还要尽可能地使成本降到最低,使企业的利润最大化。因此决策成本是组织选择集权或者分权的重要因素。

2.政策的一致性

如果高层管理者希望保持政策的一致性,则趋向于集权化。如果高层管理者希望政策不一致,则会放松对职权的控制程度。

3.组织的规模

组织规模较小时,组织的生产过程以及人员构成都还比较简单,一般倾向于集权。当组织规模扩大后,组织的层次和部门会因管理幅度的限制而不断增加,高层管理者难以对整个组织有一个全局的把握,难以做出及时、准确的决策。此时,为了加快决策速度、提高决策效率,最高管理者就要考虑适当分权。

4.组织的成长

组织成立初期绝大多数倾向于采取集权的管理方式。随着组织的逐渐成长,组织面临的内外环境会越来越复杂,过度的集权可能无法适应这种迅速变化的环境,组织面临的分权压力会越来越大。高层管理者在无法应付的情况下会被迫向下分权。

5.管理哲学

有些组织采用高度集权制,有些组织推行高度分权制,原因往往是高层管理者的个性和管理哲学不同。例如,一些专制独裁的管理者,他们不能容忍下属过度分散他们的权力,他们喜欢处于组织的中央,喜欢发号施令,这种管理者存在的组织倾向于采用集权的方式。

6.管理人员与员工的数量与素质

管理人员与员工的数量和素质是影响组织集权与分权程度的直观因素,如果组织中的管理人员数量不足或素质不高,组织就不能过多地分权。反之,管理人员数量充足、经验丰富、管理能力强,则可有较多的分权。但无论集权还是分权,高素质的管理者对组织的发展都是至关重要的,因此,组织要把提升管理人员的素质作为一项重要工作,注重内部管理人员的锻炼和培训,不断提升组织整体的管理水平。对于员工而言,如果他们的数量以及素质可以保证组织任务的顺利完成,组织可以考虑更多的分权,但如果员工素质达不到组织的要求,分权就会在很大程度上受到限制。

7.控制的可能性

组织的控制机制对于组织的职权分散程度也具有重要的影响,分权不可失去有效的控制。高层管理者在将决策权下授时,必须同时保持对下属的工作和绩效的控制。一般来说,控制技术与手段比较完善,管理者对下属的工作和绩效控制能力强的,可较多地分权。

8.职能领域

组织的分权程度也因职能领域而异,有些职能领域需要更高的分权程度,有些则相反。由于组织中各个部门的工作性质存在着一定程度的差异,因此,在不同的职能领域要采取不同的方式,如财务、会计等部门要求相对的集权,而研发、市场营销等部门则需要相对的分权。

组织职权的分散程度是受多种因素的影响和制约的,上述提到的只是一些比较普遍的因素,并不是全部因素,因此,只能在一定程度上为组织在决定职权分散程度提供分析的依据,组织还要根据组织自身的特点、组织的特殊性选择出最适宜自身发展的职权形式,最大限度地促进组织健康发展。

（四）集权与分权的衡量

衡量一个组织的集权或分权的程度,主要有下列几项标准:

1.决策的数量

组织中较低管理层次做出的决策数目越多,则分权的程度就越高;反之,上层决策数目越多,则集权程度越高。

2.决策的范围

组织中较低层次决策的范围越广,涉及的职能越多,则分权程度越高;反之,上层决策的范围越广,涉及的职能越多,则集权程度越高。

3.决策的重要性

如果组织中较低层次做出的决策越重要,影响面越广,则分权的程度越高;相反,如果下级做出的决策越次要,影响面越小,则集权程度越高。

4.对决策控制的程度

组织中较低层次做出的决策,上级要求审核的程度越低,分权程度越高;如果上级对下级的决策根本不要求审核,分权的程度最大;如果做出决策之后必须立即向上级报告,分权的程度就小一些;如果必须请示上级之后才能做出决策,分权的程度就更小。下级在做决策时需要请示或照会的人越少,其分权程度就越高。

集权与分权没有绝对的好坏之分,最主要的是要符合组织发展的现状,从企业的实际条件出发,在实际组织中,集权与分权往往是同时存在的,关键是对集权与分权的程度要有一个适当的把握,使集权与分权的优势都得到最好的发挥。

三、有效的授权

随着信息时代的到来,企业面临的内外环境都发生了很大的变化,并且随着企业规模的不断扩大,单纯地依靠高级主管进行决策的方法已经不能适应企业发展的要求,高层管理者的时间、精力是有限的,他们不能对快速变化的环境及时做出反应,会使企业错失很多机会。在这种形势下,组织越来越意识到,把权力分解下去可以更好地实现企业的目标。同时,也可以避免组织的僵化和臃肿。向下授权已经成为当今组织发展的一个重要的趋势。

例9-4

充分授权:联合利华

联合利华和宝洁是世界范围内有重要影响的食品、消费品、个人护理品企业集团,在全球有广泛的市场及品牌影响力。两大企业巨头的竞争无处不在。那么联合利华是怎样成长为世界级优秀企业的呢?人力资源本地化及充分授权是联合利华强大之基因。

联合利华创建于1929年,由英国的利华兄弟公司(Lever Brothers)和荷兰的Margarine公司合并组建而成。这一合并事件(是企业历史的重要篇章)对联合利华日后的发展造成了巨大的影响,有效奠定了联合利华日后的发展基础。

联合利华之所以在大范围的收购之后能变得越来越强,是因为有"能更好地信任人"的人力资源系统及机制,这样就形成了信任人且让人愉悦工作的企业文化土壤。对于子企业的高管来说,信任显得尤为重要,因为有了这样的"如此信任"的企业文化土壤,管理层就具备了相对宽松的发展舞台和决策授权,有效地调动了企业管理者的积极性。特别是联合利华是跨国企业里最早推动人才本地化的企业,所以不同的国度所属企业基本上都活跃着一批有实干精神、有专业能力的中高层本地化管理人才。在联合利华的企业发展史上甚至发生过因为战争,母公司和所属国的子公司在数十年里没有任何联系,而这些子公司在没有任何业务指导和母公司管理的情况下仍然发展得很好(企业不但没有倒闭或缩小反而发展得更好)的案例,这就是推行人才本地化和对管理层充分授权所产生的管理生产力!

资料来源:http://wenku.baidu.com/view/847de1c69ec3d5bbfd0a747d.html

(一)授权的含义

授权是指组织为了共享内部权力而把一部分权力和职权授予下级,以进一步调动他们的工作热情和积极性,激励他们努力工作。授权是组织规模扩大之后出现的一种必然的趋势,当组织规模扩大到没有人可以独立承担实现组织目标的所有工作,就必须把相应的职权授予下属,让他们在各自的职权范围内为实现组织目标努力。授权之后,下属可以在自己的职权范围内自由决断,但也有按时完成任务并定期向上级报告的义务,上级对下级进行指挥和监督,确保政策的统一。

授权包含三方面的具体工作:(1)分配任务,即将任务委派给接受授权的下属,并明确所要获得的成果,这一步骤主要是让下属明确自己所要承担起的任务,以及任务要取得怎样的成果;(2)授予权力或职权,将任务委派给下属之后,接下来就是要给予下属完成任务所需的权力或职权,让他们有权处理原本无权处理的问题;(3)明确责任,要求下属认可上级所授的任务或职权,对所授予的工作负全责,并做出完成任务的承诺。同时,还就任务完成的具体情况和成果向上级汇报。

授权的这三方面工作是缺一不可的,只分配任务而不授予职权,或者授予职权却没有明确下属的具体责任以及任务要取得的成果,都不能算作真正的授权。同时,在授权过程中还有一点需要注意,即责任是不可下授的,即使管理者把任务授予下属也仍对该项任务负有责任,因此,在授权的过程中,下属要把任务的完成情况向上级汇报。

授权和分权常常被混淆,事实上二者是不同的。在孔茨看来,分权仅仅是授权的一个基本方面。分权一般是组织最高管理层的职责,而授权是各个层级的管理者都需要掌握的。

(二)授权的特点和好处

1.授权的特点

上级必须通过职位授权;授权不等于授责;授权不等于放任不管;授权是一种组织行为,而非上级的个人行为;职权的授予可以是具体的,也可以是一般描述性的;授权可以是书面的,也可以是口头的;权力可以授出去,也可以收回来。

2.授权的好处

授权对企业和管理者都是十分必要的。它可以减轻上司的负担,使他们专注于企业的发展战略问题,有利于发挥下属的积极性,加速他们的成长,并为授权者赢得下属的尊敬。

3.授权的心理障碍

许多经理了解授权的好处,但在实际工作中却不愿授权,原因在于他们对授权有一种心理障碍,包括以下几个方面:害怕失去控制;害怕竞争;害怕失去权威性;被奖赏的欲望;需要工作的感觉。经理人员只有改善心智模式,克服这些心理障碍,才能进行有效的授权,提高管理效率。

(二)有效授权的要素

周三多在其著作《管理学》中指出,要使授权达到理想的效果,要做好以下四方面的工作。

1. 信息共享

随着信息时代的到来,信息对于组织的发展起着越来越重要的作用,组织要尽可能地向员工提供更多的信息,将信息与员工共享。而当员工获取到必要的信息资料后,其工作热情和工作积极性也会提高。

2. 提高授权对象的知识与技能

为了使员工能够胜任组织委派的任务,必须要对其进行及时有效的培训,使他们充分掌握完成任务所必需的知识与技能,从而更好地保证组织目标的实现。

3. 充分放权

组织要想使下属更好地完成任务,就必须做到充分放权,使员工可以根据工作的实际情况做出适当的安排,使任务可以顺利完成。

4. 奖励绩效

对员工的绩效进行奖励是调动员工积极性、激励员工更加努力工作的一种很重要的手段。为此,组织要建立起比较完备的绩效评估和奖励系统,激发员工的积极性,使其获得物质和精神上的满足感。

以上四点是授权工作可以取得预期效果的重要保障,做好这些工作可以在提高授权对象素质的同时,使他们以更加积极饱满的热情投入到组织委派的任务当中,这对于授权任务的顺利完成是非常重要的。

(三)授权的原则

授权不是任意进行的,要使授权获得最理想的效果,必须遵循一些重要的原则。

1. 重要性原则

组织授权必须建立在相互信任的基础上,下属信任上级领导者才能够全身心地投入到委派的工作当中,而上级领导者也要表现出对员工的信任,这样才能更好地激励他们更努力地去完成组织授予的任务。而上级表示对下属信任的最好方式就是敢于把组织中一些比较重要的权力和职权放下去,而不是授予一些无关紧要的权限。当授权对象充分认识到被授予权限的重要性时,会意识到上级对自己寄予的厚望,会更加努力地去完成所授任务。

2. 适度原则

组织授权必须坚持适度原则,使授权之后组织的效率达到最高。授权过少会使主管的工作压力增大,从而难以集中精力于组织的重要问题的决策,也会使下级员工产生过度的依赖性,不积极主动去解决问题,完全等待上级的指示和命令;而授权过多,则很容易使组织工作陷入杂乱无章的状态,影响到组织的正常运转。因此,组织授权必须根据组织的实际情况,选择一个最适合的程度。

3.权责一致原则

组织在授权的过程中,必须向授权对象明确所授任务的目标、责任以及所授予的权力范围,权责必须一致。有权无责,授权对象就不能全身心地投入到工作中,很容易出现滥用职权的现象;而有责无权,则会给授权对象造成很多工作上的限制,也会打击授权对象的积极性和主动性,阻碍授权任务的顺利完成。

4.级差授权原则

也称不可越级授权原则,以免扼杀中层管理者的积极性,造成机构混乱。

(四)授权的有效途径

授权是组织规模扩大后组织面临的必然选择,组织者必须对授权的必要性与重要性有一个清晰的把握和认识,掌握如何使授权最有效。为了提高授权的效率,确保授权的有效性,组织管理者要做好以下几方面的工作。

1.设立目标和标准

目标和标准是指引授权对象执行任务的方向,执行任务的过程是组织目标不断实现的过程。因此,组织的目标和标准必须明确,同时要让员工参与目标和标准的制定过程,这样他们才能对目标有一个比较清晰的了解和把握,能更加认同组织目标,并自我约束,使行动朝着实现组织目标的方向发展。

2.接受不同的意见

一个好的授权者并不要求他自己的意见有多高明,而是善于接受来自各方面的意见,不轻视下属的意见和建议,能够接受下属做出的不同于自己的决策,吸收他人的长处,不断改进自己的方案。

3.确保职权明确

要使下属及时有效地完成授予的任务,必须确保职权明确,使授权者了解分配给他们的任务,对自己的职权范围有一个清晰的了解。

4.学会放手

管理者必须学会放手,将一些工作委派给下属去做,以便使自己集中精力于最有利于实现组织目标的工作当中,更好地发挥总揽全局、协调各方的作用。因此,优秀的管理人员必须学会放手,相信下属的能力并接受下属的工作方式。

5.提供培训

要使授权达到预想的效果,必须确保授权对象有足够的能力,为此管理者在授权之前必须要对所授任务进行评估,明确完成工作所需的技能,为授权对象提供相应的提高能力、克服不足的培训,确保授权对象可以顺利地完成工作。

6.要善于适度控制

管理者的责任是不会随着授权而消失的,因此,管理者必须对所授权下属进行适度控制,确保所授的职权是在为实现组织目标服务。

7.及时反馈

管理者要为下属提供及时准确的反馈,使下属可以对自己前后的行为进行反思,发扬长处,改进工作中的缺陷和不足,使工作完成得更加顺利,更加完美。

【本章小结】

通过本章的学习,首先了解组织理论的发展脉络,组织的特征。在此基础上进一步明确组织的职权,对组织集权与分权有一个深入的了解,掌握二者的优缺点。同时,进一步了解有效授权的含义、要素,掌握有效授权必须遵循的原则。

【思考题】

1.简述职权的具体形式。

2.简述集权与分权的优缺点。

3.简述有效授权的含义、原则。

第十章 组织设计与组织结构

【学习目标】 通过本章的学习,主要理解组织设计的内涵,了解组织设计的影响因素,熟悉组织部门划分的方法以及各种部门化类型的优缺点,掌握组织结构的具体类型以及变化趋势。

【关键词】 组织设计 组织结构 部门化 层级化

导入案例

热电子公司的杰出管理者

乔治·哈特索伯罗斯于1956年创建了热电子公司。该公司主要开展与热力学有关项目的研究与开发。但到20世纪80年代初期,该公司已经成长为一个从事广泛事业的机构,涉足领域包括仪器制造、工业热处理和特种金属加工。而且,它还不断开发出新产品,并且通常涉及不相关领域的产品。

为了更好地对公司进行管理,乔治提出了创建分部型结构,将公司划分为若干个小单位,每个单位都是一个具有自己的首席执行官和董事会的独立上市公司的设想。到1992年,已经建立了8个这样的独立公司。

将事业部转化为上市公司以后,具有企业家精神的经理们拥有了更大的独立性,同时也给母公司保留了一种控制手段。举例来说,由于其强大的财力基础,热电子公司得以低息借入资金,然后再以低于银行的利息贷给它旗下的公众持股的分部。

另外,这样的结构安排也使各分部的管理费用得以降低。分部经理们将他们的分部作为独立的公司运作,从而在享受其股票升值的利益的同时,还能从热电子公司的行政管理和管理服务、技术支持、公共关系、会计和法律服务等方面共享所需的资源。

由此则材料可知,成功的组织结构和设计对企业的成功有着至关重要的作用。因此,企业要持续、有序地发展,需要管理者能够高瞻远瞩,选择适合组织发展的结构。本章主要介绍各种组织结构以及组织结构的特点,为组织正确选择适合企业自身的组织结构提供指引。

第一节　组织设计的内涵

一、组织设计的含义与必要性

组织是具有共同目标的群体,为了更好地保证组织目标的实现,管理者必须设计出合理的组织结构,以保证组织的有效运作。组织设计主要包括两方面的工作内容,即职务设计基础上的横向的管理部门设计以及纵向的管理层级的设计。

(一)组织设计的含义

概括国内学者的基本观点,组织设计是指对组织的结构和活动进行创构、变革和再设计。在创构组织时,可以根据组织的宗旨、任务目标以及组织内外环境的变化,自上而下地确定组织运行所需要的部门、职务及相应的权责。组织设计也可以根据组织内部的资源条件,在组织目标层层分解的基础上从基层自上而下地进行。

组织设计是指以组织机构安排为核心的组织系统设计活动。主要包括职能分析和职位设计;部门设计;管理层次与管理幅度的设计;组织决策、执行系统的设计;横向联系和控制系统的设计;组织的行为规范设计;组织变革与发展的规划设计等。

当组织规模较小时,管理者可以直接管理每一项具体的活动。然而,随着组织规模的扩大,尤其是面对现代化的大型组织,受自身能力和精力的限制,管理者无法亲自管理组织中的每一项活动,这就必须通过组织设计对组织活动进行细分,确定出适合组织发展的结构。

传统的组织设计建立在劳动分工的基础上,使各项工作专门化,把工作活动分成多个单个的任务。斯密认为分工程度越高,工作效率也会越高。现代的组织设计主要是指对管理人员的管理劳动进行专业化的分工:部门设计是按照工作相似性和任务活动相似性的原则对管理劳动进行的横向分工,层级设计是对管理劳动进行纵向的安排。

（二）组织设计的必要性

组织设计之所以越来越受到公司的重视和青睐，主要原因有以下几点：组织设计是大部分管理者可以利用的管理杠杆之一，它可以在组织的各个层次上运作，也可能在很短的时间内付诸实施并完成，同时，对组织的稳定性冲击相对较小；组织设计具有大规模改进组织业绩的潜力，因而对很多管理者来说有很大的吸引力；组织设计为管理者提供了在组织中贯彻自己想法的机会；经过组织设计可以塑造出组织的基调和经营风格等。

二、组织设计的任务和原则

（一）组织设计的任务

组织设计的任务是：设计清晰的组织结构；规划和设计组织中各部门的职能和职权；确定组织中职能职权、参谋职权、直线职权的活动范围并编制职务说明书。

组织首先需要将总的任务目标进行层层分解，确定完成组织任务所需要的基本职能与职务，然后设计出完成相应任务所需要的职能部门以及各项管理职务的类别和数量，明晰各个职务人员所需要的基本技能、权力和工作职责。这些基本的问题都明晰之后，就应该进行相应的部门设计。

根据每位职务人员所从事的工作性质以及职务间的区别和联系，按照组织职能相似或关系紧密的原则，将各个职务人员聚集在"部门"这一基本管理单位内。由于组织活动的特点、环境和条件不同，划分部门所依据的目标可以根据需要进行动态调整。

在职能与职务设计以及部门划分的基础上，必须根据组织内外能够获取的现有人力资源情况，对初步设计的职能和职务进行调整和平衡，同时要根据每项工作的性质和内容确定管理层次并规定相应的职责、权限，通过规范化的制度安排使各项职能部门和各项职务形成一个严密、有序的活动网络。

（二）组织设计的原则

组织设计要想获得最理想的效果，有一些基本的原则是必须遵循的，这些原则是组织设计者在长期的实践活动中总结积累的，这样可以使组织少走一些弯路。组织设计的原则主要有：

1.专业化分工原则

这是组织设计的一项基本的原则。企业是由很多不同的阶段、不同的工序构成的，对员工的知识和技能有不同的要求。由于个人知识和技能的有限性，任何人都不可能具备现代化生产所要求的所有知识和技能，任何人都只能在有限的领域积累知识、发展技能。专业化分工是解决这一难题的一种重要方式，它可以使员工的特长得到充分的发挥，进一步提高员工的工作效率。例如，麦当劳利用高度的专门化来有效地制造产品，为顾客提供最优质的服务。

根据美国学者泰勒的观点，专业化分工不仅用在生产领域可以获得好的效果，同时也适用于管理劳动领域，通过横向的部门设计以及纵向的层级设计对管理劳动进行分工，可提高管理者的管理效率。

但是对专业化分工必须有一个适度的把握，避免专门化产生一些负面的影响，这些负面的影响主要通过无聊、疲劳、压力、常旷工以及高离职率表现出来，因此，组织还是要结合自身的实际情况对专业化分工有一个适度的把握，使它在充分发挥员工优势、提高生产率的同时，避免使员工因总重复相同的工作而产生厌烦的情绪。现在许多公司如艾弗里—丹尼森、美国运通等都一定程度上降低了工作专门化的程度。

2.统一指挥原则

这是要求上下级之间具有明确的关系，每位下属有并且应该只有一个上级。早期的管理学者认为每个员工应当只向一个经理进行汇报，以避免受多个上级的领导而出现无所适从的状况，虽然有时在一些比较特殊的场合下难以遵循统一指挥原则，但是为了避免多头领导状况的出现，在大多数场合还是必须遵循这一原则。

在组织结构相对简单时，统一指挥原则是完全符合逻辑的，也是合理的。但是随着信息时代的到来以及技术的进步，普通员工可以接触到越来越多的信息，也可以充分利用电脑与组织中的人交流，而不必任何沟通都通过指挥链中的正规渠道进行。因此，在有些情况下，对统一指挥原则的过度强调会导致组织僵化，缺乏生机和活力，难以适应当今迅速变化的环境。

3.控制幅度原则

控制幅度原则是指每个上级指挥和领导的下属的数量是有限的，是可以使下属的能力得到充分发挥，组织效率达到比较高的程度的。法国的管理学者格拉丘纳斯曾经提出了一个比较有效的公式——$N=n(2+n-1)$，n 代表了上级直接控制的下级的数量，N 表示需要协调的人际关系的数量。由此可知，当下属的数量逐渐增加，上级需要协调的人际关系却是呈几何级数增长的，如表 10-1 所示。

表 10-1　n 随 N 变化的情况

n	N	n	N
1	1	6	222
2	6	7	490
3	18	8	1 080
4	44	⋮	⋮
5	100		

从公式以及表格中的数据可知,上级每增加一个下属对其都是一个巨大的挑战,需要协调的人际关系会急剧增加,而每一个领导者的能力以及精力都是有限的,他们难以处理过多的人际关系,因此,控制幅度不能是无限制的,要从管理者的能力、在组织中的职位以及有关的素质等多个角度考虑,确定适合的幅度,使管理最有效率。

4. 权责对等原则

这是确保任务顺利完成必须遵循的重要原则。组织中的部门以及部门中的员工都有责任按照工作目标的要求保质保量地完成工作任务,同时,组织也必须委之以自主完成任务所必需的权力,权责必须对等,否则工作的完成就会受到阻碍。如果有权无责,没有了责任的约束,就会出现权力的滥用以及以权谋私的状况,助长官僚主义以及形式主义的作风,破坏企业的工作氛围;如果有责无权,工作的开展就会因缺乏必要的权力而难以及时、快速地开展,延误组织发展的最佳时机。因此,权责对等原则是确保组织高效率完成工作的必要条件。

5. 柔性经济原则

组织的柔性是指组织可以适应外界环境的变化,可以根据企业发展的内外状况灵活地调整策略,随机应变的能力较强。组织必须保持一定的柔性,以应对组织发展中的不确定状况,抵御外界环境的冲击和动荡。组织的经济原则是指组织的管理层次、管理结构等要设计合理,能适应企业的现实状况,使企业的效率得到最大限度发挥。

(三)组织设计的目的

组织设计的目的概括起来主要是为了保证组织活动顺利开展,是为实现组织的目标服务的。通过设计柔性灵活的组织结构,动态地反映外界环境的变化和要求,并且能在组织逐步发展壮大的过程中,积累丰富的人、财、物等资源。同时,协调好部门与部门之间、员工与员工之间以及员工与任务之间的关系,从而保证组织工作可以以最高的效率完成,最终保证组织目标的实现。用几个简单的词汇表述一下,即创造柔性灵活的组织、集聚资源、协调组织活动的开展和保证组织目标的实现。

(四)组织设计存在的问题

组织要在激烈的市场竞争中掌握主动权,就必须根据外界环境的变化设计出适合企业发展的组织结构,因此,近年来组织设计受到了越来越多管理者的重视,不断地被运用在组织中。但是事实上,许多设计都是差强人意的。据一位参与施乐公司组织重新设计项目的经理透露,在他参与的六次组织设计的行动中,没有一次实现对公司运作方式彻底改变。那么,为什么组织设计没有发挥出应有的作用,不能成为一种有效的管理工具呢? 我们总结出了以下几方面的原因。

首先,在理论方面,多年来在这一领域的学术研究大都是规范性研究,对企业缺乏实际的指导作用,给企业在实践中的运用造成困扰。以泰勒、法约尔和韦伯的有关理论为代表的古典组织结构理论更多地强调组织的内部关系;以切斯特·巴纳德为代表的早期系统组织结构理论学派更多地注重组织的结构应该与环境相匹配。而国内学者也从企业的核心能力、市场与企业组织结构关系、技术与企业组织结构关系、全球战略等诸多角度对企业组织结构进行了深入的研究。这些理论研究为企业组织的构建作出了巨大的贡献,但是在实际操作中也存在一定的问题,如实际指导性不强、缺乏地域适应性、理论复杂繁多使得企业盲目跟从等。

其次,实践方面,当前的组织设计过于就事论事,过于强调眼前的人和社会方面的因素。因而,对优化组织结构起不到应有的效果。

再次,许多企业进行组织设计的目的及原因比较盲目。很多企业的管理者并不了解组织设计的初衷,也没有明确组织设计要达到的效果,只是盲目地跟随管理思想的潮流,而不是从组织的自身条件出发,因此给组织带来负面影响。

最后,很多企业在进行组织设计之前没有一个全局的计划,而是匆匆进行,这样往往与理想的效果有很大的差距。有时也会使组织设计后资源配置不当,组织内的各个角色不明确,使得组织缺乏协调性,反应更加迟钝。

因此,管理者在进行组织设计之前必须对组织设计有一个清晰的了解,还要结合组织自身的发展现状,统筹全局,这样才能与理想的效果接近。

三、组织设计的影响因素

从权变的相关理论可知,世界上不存在适用于一切企业的理想的组织结构,企业必须随机应变,根据外界环境的变化选择适合企业长远发展的组织结构。组织内外环境的变化都会对组织结构的设计产生重大影响。影响组织结构设计的因素主要有组织的规模、战略、环境、技术和权力控制等。

(一)规模因素

规模对企业组织结构的影响是显而易见的。布劳等人曾经对组织规模与组织设计之间的关系进行了大量的研究,发现组织规模是影响组织设计的最重要的因素。一般说来,规模越大,工作就越专业化,标准化操作程序和制度就越健全,分权的程度就越高。但是,在规模达到临界点后,规模对结构的影响强度逐渐减弱,随着组织扩大到一定的规模极限后,规模的影响力将越来越小。

(二)战略因素

美国管理学家阿尔弗雷德·钱德勒认为,公司战略的变化先行于并且导致了组织结构的变化。战略决定结构。企业组织结构是实现企业经营战略的重要保证。不同的战略要求不同的组织结构。

(三)环境因素

环境是由一般环境和特殊环境两部分组成的。一般环境是指对组织的发展产生间接影响的一些因素,如经济、政治、社会文化以及技术等,这些因素最终会影响企业的发展和管理目标的实现。特殊环境是指对组织的发展产生直接影响的因素,如政府、顾客、竞争对手等。

环境具有复杂性和多变性,任何决策者都不可能掌握完整的环境信息,因此,在决策过程中会出现许多的不确定因素,只有那种与外界环境相匹配的组织结构才可以应对环境的变化,提高应对环境不确定性的能力。组织设计者可以从以下几方面来提高对环境的适应性:(1)对传统的职位和职能部门进行相应的调整。当环境变得越来越复杂时,组织可以增设必要的职位和缓冲部门,这些部门要围绕核心能力而设立,以实现组织资源和环境之间的适应性。(2)根据外部环境的不确定性来设计不同类型的组织结构,当环境较稳定时,可以采用机械式的层级结构,而当环境较为不确定时,可以采用比较具有弹性的柔性灵活的有机结构形式。(3)加强对环境的预测,这样可以减少环境不确定性给组织带来的风险。

(四)技术因素

查尔斯·佩罗使用技术—结构双因素矩阵进行了分析,其结论是:组织控制和协调方法必须因技术类型而异。越是常规的技术,越需要高度结构化的组织;反之,非常规的技术,要求更大的结构灵活性。美国管理学家琼·伍德沃德也对三种技术类型的组织及其组织结构进行了研究。

（五）权力控制因素

组织的规模、战略等因素限定了组织结构模式的备选集，但是具体选择哪一个，则由权力控制者决定。他们要求最大限度地运用权力来谋取个人和其代表利益集团的利益，而事实上他们也拥有这种权力。

第二节 组织的部门化与层级化

组织的部门化是组织设计的一项重要的任务，它可以使组织活动更加专业化，保持组织活动的协调一致性。

一、部门划分的内涵

部门是组织中管理人员为完成规定的任务有权管辖的一个特定的领域，在不同的组织中部门有着不同的称呼，有的称为分公司，有的则叫部、处等。

在组织中，明确了达到目标所必需的职务之后，还要将把这些职务以一定的方式按一定的原则进行组合。部门化就是这样一个组合过程，是按照职能相对性、组织活动相似性或者关系紧密性的原则，把组织中具有不同技能的人员分类集合在各个部门内，然后配合专职的管理人员进行统一指挥。部门划分就是要确定组织中各项任务的分配以及责任的归属，确保权责明确，如法约尔所言，部门化是"为了用同样多的努力生产更多和更好的产品的一种分工"，它是保证组织高效率的一种有效的方法，从而更有效地保证组织目标的实现。

部门化所依据的标准是不同的，这是由组织自身的特点以及面临的内外环境的不同等因素决定的。即使是同一个组织，由于处于不同的时期、不同的发展阶段，标准也是有变化的。

二、部门划分的原则

为了更好地实现组织资源的优化配置，协调好组织的各项业务活动，部门划分也要遵循一些具体的原则，使组织部门化更具有科学性和实用性，从而更好地保证组织目标的实现。这些原则主要包括：

（一）精简高效原则

精简高效是每一个部门设计者追求的理想效果。按照这一原则，部门设计要体现部门利益服从组织整体利益的全局思想，把部门的分目标与组织的整体目标完整地结合在一起。另外,精简高效原则在保证组织目标实现的情况下,还要力求维持最少的部门,使工作任务充裕圆满,部门活动紧密地衔接在一起,在精简中实现高效。

(二)柔性原则

柔性原则是指组织结构具有应变性,可以与动态变化的环境以及市场需求相适应。在一定时期划分的部门并不是永久不变的,而要根据组织内外环境的变化进行适时的调整,部门的增设和撤销要随业务工作而定。当外部环境的复杂性提高时,传统的应变方法是增设必要的职位和缓冲部门,临时出现的问题可以通过增设临时部门或工作组等方式进行解决。

(三)因事设职与因人设职相结合的原则

要想实现组织的目标,必须要付之于实际行动,将组织的活动落实到具体的部门以及岗位中去,确保事事有人做,这便是所谓的因事设职。同时,任何任务的完成最终都是靠人员去执行的,因此,组织的部门设计必须考虑人员的配置情况,使组织中的人力资源可以得到有效的整合和优化。当组织需要根据外部环境的变化调整和再设计组织结构时,必须秉承因事设职和因人设职相结合的原则,根据环境的变化调整与组织环境不相适应的部门和人员。

(四)分工与协作相结合

古典管理理论强调分工是效率的基础,在组织的部门设计中,部门设计者可以根据技能相似性的要求整合相关的业务活动,以提高专业化分工程度。但是对于分工的过度强调也会引发一系列的问题,如造成管理机构增多、部门之间难以协调等,增加组织的运营成本,同时也会阻碍组织的信息传递,因此,分工必须与协作结合,才能发挥出最好的效果,最大限度地提高组织的管理效率。

(五)任务平衡原则

任务平衡原则主要是指各部门的任务分配必须合理,避免忙闲不均,优化人力资源配置,使每个人承担合理的工作量,这样也可以更好地调动员工的积极性,减轻员工的工作压力,促进任务顺利完成。

(六)监督与执行部门分立原则

这一原则主要是指组织中承担监督检查职能的部门要与执行职能的部门分别设立,确保监督职能真正落到实处,监督检查执行部门的工作,确保任务顺利完成。

三、部门划分的方法

部门划分有很多方法,也可以依据很多不同的标准来进行划分,但是我们必须认识到,这些方法和标准之间没有绝对的优劣之分,并不存在适合所有组织的唯一最佳方法。组织应该采用何种划分方法,受多种因素制约,前文已经提到一些,如环境、战略、规模等因素都会对组织设计产生影响。

(一)按照时间、人数、地点划分部门

这是传统的部门划分方法,形成简单的直线结构。这种划分方法是为了管理方便,将承担相同任务的人员划分为几个部门,由不同的管理者进行领导。其中,根据时间来组织业务活动是比较古老的一种方法,在组织的底层应用比较普遍,在大多数组织中由于经济、技术等方面的原因,出现正常的工作日不能满足的状况,而采取轮班的做法。按人数对业务活动进行分类也是比较原始的做法,这些都适用于组织活动比较单一,规模较小的企业。

这种划分方法有利于生产或服务的连续,有利于使组织的设备、设施得到最充分的利用,有利于管理权力的集中,保证决策的统一性。缺点在于要求最高管理者掌握多种知识和技能。这种形式适用于规模比较小,业务活动比较单一的组织。

(二)按照产品、地区、顾客或销售渠道划分部门

这是基于工作结果来进行部门化,可以形成事业部结构,见图 10-1。这种划分方法在多角化经营的大企业中应用比较普遍,这些企业一般规模比较大,管理工作非常复杂,无形中增加了部门主管的工作压力和负担,加上最佳管理幅度的限制,不能通过增加直接下属的途径来分担自己的工作。此时,按照产品、地区、顾客等渠道来重新组织企业活动就受到了越来越多管理者的青睐。

1.产品或服务部门化

伴随着企业的发展以及竞争的加剧,企业要在市场中占据有利的地位,就会面临着增加生产线或者扩大生产规模来实现规模效益的压力,这时就有必要以业务活动的结果为标准来对组织的活动进行划分。

产品或服务部门化的优势主要包括以下几方面:各部门可以专注于产品的经营,从而提高专业化水平;有助于促进不同产品以及服务项目之间的合理竞争,也可以使不同部门对企业发展作出的贡献形成鲜明的对照,鼓励他们争取为企业作出更大的贡献,同时也有利于组织决策部门加强对企业产品和服务的指导和调整;这种划分方法也为企业人才的培养提供了便利条件,为"多

面手"式管理人才提供了成长和发展空间。

但是这种划分方式也有一些固有的缺陷:企业需要更多的"多面手"式的管理人才对各个产品或服务部门进行管理,而一个全面人才的培养不仅需要大量的培训费用,而且也是极为耗时的;由于各个部门相对比较独立,他们可能只专注于自己部门的发展,而忽视组织整体目标的实现;部门中会出现某些管理机构的重叠,这无形中增加了企业的运营成本,对企业的竞争优势造成一定的冲击。

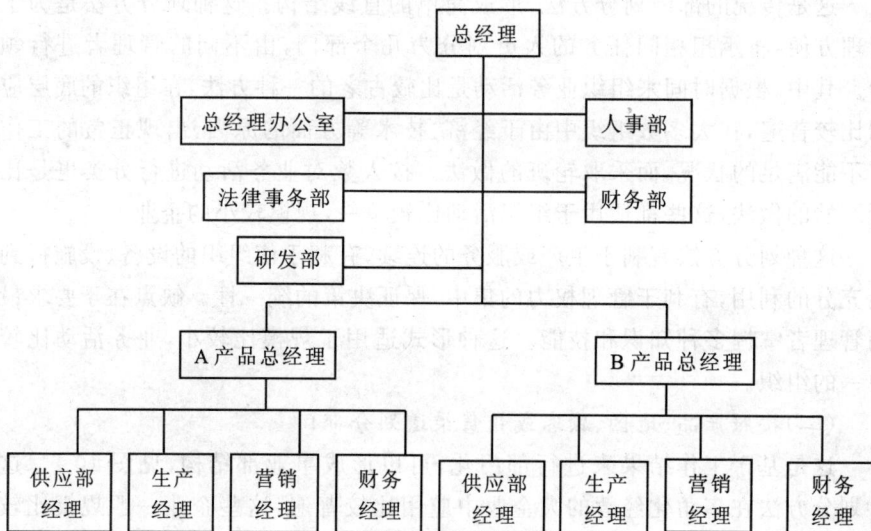

图 10-1 按产品或服务划分的部门化组织图

资料来源:斯蒂芬·P. 罗宾斯,玛丽·库尔特著,毛蕴诗译. 管理学原理与实践(第七版).机械工业出版社.2010.

2.地域部门化

地域部门化,顾名思义,就是按照地域对企业的业务活动进行划分,然后配以专门的管理人员对业务活动进行管理,如图 10-2。地域部门化是为适应企业规模的迅速扩大而出现的,随着企业的发展,不再满足于传统的国内市场,纷纷跨越地域的限制去开拓外部市场,充分利用外部的资源和条件来更好地发展企业。但是不同的地域,面临的经营环境会不一致,因此,地域部门化可以更好地针对当地的特殊环境来开展业务活动,这样更容易打开市场。

地域部门化的主要优点是:组织可以把责权下放到地方,鼓励地方参与决策,如此便可以调动地方员工的工作热情和积极性;通过在当地招募职能部门人员,可以更好地把握当地顾客的需求,缓解当地的就业压力,为组织经营争取一个宽松的环境;也可以充分利用当地的资源来发展企业,同时减少了外派成本,也减少了企业面临的不确定性风险。

但是地域部门化也存在一些固有的缺陷:一方面,企业需要派往各个地区的主管需要具有全面的技能,能够总揽全局、协调各方,这样的人才是比较稀缺的,即使具备这样的人才,而对于他们的控制往往也是比较困难的;另一方面,各地域的职能机构会出现重叠的状况,会增加组织的管理成本。

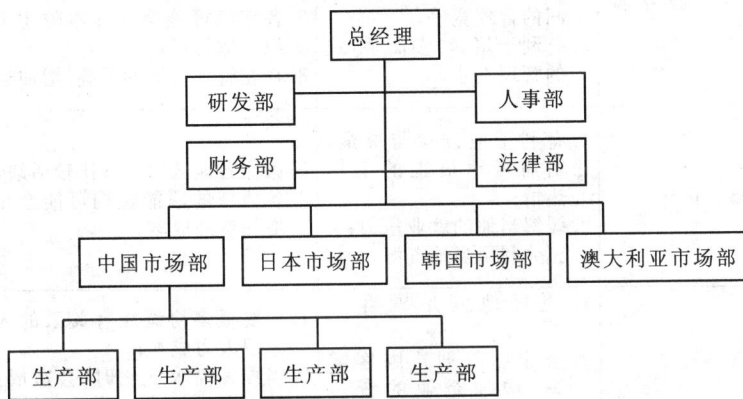

图 10-2　按地域划分的部门化组织图

资料来源:斯蒂芬·P. 罗宾斯,玛丽·库尔特著,毛蕴诗译. 管理学原理与实践(第七版). 机械工业出版社. 2010.

3. 顾客部门化

顾客部门化是按照组织顾客的不同利益需求对组织的业务活动进行划分。组织要想在激烈的市场竞争中掌握主动权,就必须明确顾客的需求,以顾客的需求为导向,并且要努力创造顾客的未来需求,顾客部门化正是顺应这种趋势而逐渐发展起来的。

顾客部门化具有很大的优势:企业可以通过设立不同的部门来更好地满足顾客的需求,也可以获得更多的忠诚顾客,获得他们真诚的意见反馈,从而有助于企业有针对性地改进自己的工作,更好地满足顾客的需求,形成良性循环;有利于组织更好地发挥自己的专长,不断创造顾客的需求,有利于企业建立持久竞争优势。

顾客部门化也存在一些固有的缺陷:顾客部门化需要更多能协调和处理

顾客关系的人员,增加了组织的人力成本;另外,顾客需求不是一成不变的,当顾客需求突然发生变化时,企业可能无法时时刻刻满足顾客的需求,结果会造成产品或服务结构的不合理,增加企业的经营风险。

上述三种划分标准的优劣势总结如表 10-2。

表 10-2　三种划分标准的优劣势比较

类　　型	优　　势	劣　　势
产品或服务部门化	1.提高专业化水平; 2.促进产品以及服务项目间的合理竞争; 3.有利于培养"多面手"式的管理人才。	1.增加"多面手"式人才的培养和控制成本; 2.各部门可能会存在本位主义,忽视组织整体目标; 3.存在管理机构的重叠,增加运营成本。
地域部门化	1.有利于地方参与决策,增加当地员工的工作热情; 2.缓解当地的就业压力; 3.充分利用当地资源。	1.派往各地区的主管比较稀缺; 2.各地域的职能机构可能会出现重叠,增加管理成本。
顾客部门化	1.更好地满足顾客的需求; 2.企业可以创造顾客需求,增加企业的竞争优势。	1.需要很多协调顾客关系的人员,增加组织人力成本; 2.当顾客需求变化时,会造成产品结构的不合理,增加企业经营风险。

（三）按照设备、工艺阶段或专业技能划分部门

这种划分方法会形成职能制结构,这是将工作方法作为部门化的依据。职能部门是一种传统而基本的组织形式,它按照生产、财务管理、营销、人事、研发等基本活动相似或技能相似的要求,来分类设计不同的管理部门。

按照职能划分部门具有很多优势:能够突出业务活动的重点,确保组织的基本活动得到重视,也有利于保证高层主管的权威性,提高高层主管的管理效率,也为高层主管对组织实施有效的控制提供了手段。符合专业化分工的要求,可以把员工安排在最适合的岗位上积累知识、发展技能,可以充分发挥员工的潜力,提高员工的工作热情,在提高员工使用效率的同时,也简化了一些培训工作。职能部门化可以更好地保证组织目标的实现。

四、组织的层级化与管理幅度

组织的层级化是指在纵向的结构设计中,为组织设计出有效的管理层次以及管理幅度,并且要根据组织集权化的程度,明确各层级之间的权责关系。

（一）管理幅度与组织层级的关系

确定层级数目是组织层级设计中的核心问题，而管理幅度是决定层级数目的最基本因素，因此，进行组织层级设计必须首先确定组织的最适宜的管理幅度。简而言之，组织的管理幅度就是指管理者能够有效地指挥和指导的下属的数量，前文已经提到过。这些下属的职责是分担上级的管理工作，并将组织任务进行层层分解，保证任务顺利完成。管理幅度问题在早期就受到了管理者的极大关注，对具体的人数还没有形成统一的意见，但绝大多数的管理者认为管理幅度不应过大，通常不超过 6 人，以便对下属进行密切的控制。

组织层级是指从最高层直接主管到最低层的工作人员形成的层次，组织层级同时受到组织规模以及管理幅度的影响。组织层级与组织规模呈正比，组织规模越大，组织的工作就会越复杂，要协调和处理的关系也越复杂，层级也就会比较多，这样才可以更好地保证组织目标的实现；反之，组织规模小，相应的层级就比较少。在组织规模已定的情况下，组织层级与管理幅度构成反比例关系，管理幅度越大，即上级直接管理的下属越多，组织层级就会越少。

基于组织层级与管理幅度的这种反比例关系，区分出了两种基本的组织结构形态：扁平式的组织结构以及锥形式的组织结构。扁平式的组织结构管理幅度比较大，层次较少。管理幅度较大，就使得上级对下属的控制不至于太呆板，这有利于充分激发下属的工作热情；层级较少，就有利于信息的沟通和传递，也不容易造成信息失真。但是过大的管理幅度也增加了主管的工作负担，主管需要协调和处理的关系增多，不能集中精力于关系组织全局性、前瞻性的问题；同时，下属也缺少获得提升的机会。锥形式的组织结构管理层级比较多，相应的管理幅度则比较小，有利于加强上级对下属的指导和控制，使下属出现的问题可以得到及时的纠正；另外，层级之间的关系比较紧密，使工作任务在各个层级之间有一个很好的衔接，节省时间，促进任务高效率完成。但是过多的管理层级会阻碍组织信息的传递速度，不利于管理者及时、准确决策。

（二）管理幅度的影响因素

不同的组织应有不同的有效管理幅度，不存在对一切组织都适用的管理幅度。有效的管理幅度受到管理者和员工的工作能力、工作内容、工作条件与工作环境等多种因素的影响。

1. 工作能力

主管和工作人员的工作能力是决定管理幅度的一个重要因素。如果上层管理人员具备足够强的工作能力，可以更好地协调和处理各种关系，也可以给下属提供比较明确的指引,从而就可以减少处理下属问题的时间,因此,直接指导和控制的下属数量可以多一些。同样,下属的工作能力强,在很多问题上都可以以自己的能力把问题解决好,而不必向上级请示和汇报,节省了上级主管的时间,因此,当下属的工作能力足够强而不必上级主管过多指导和控制时,管理幅度就可以放宽些。

2.工作内容和性质

(1)主管所处的管理层次。主管所处的管理层次不同,他们的职责也会不一样,主管的工作在于决策和用人,管理者的管理层次越高,决策工作就越重要,而用于协调下属关系的时间就会越少,因此,处于组织高层的管理者的管理幅度要较中低层的管理者的管理幅度小。

(2)下属工作的相似性。如果下属从事的工作内容和性质相近,主管对每个人的指导也不会相差很多,如此便可以大大减少主管的工作量,管理幅度可以适当放宽一些。

(3)计划的完善程度。计划制订得越完善,下属在执行计划中遇到的问题和困扰就会越少,需要上级管理者的指导也会比较少,减少了主管的工作量。

(4)非管理事务的多少。管理者还有一定的非管理事务需要处理,而要处理的此类事务越多,对管理幅度的消极影响越大。

3.工作条件

工作条件包含很多因素,总体而言,工作条件好,管理幅度可以大一些。下面就以主管助手的配备情况、组织信息设备的配备情况,以及下属工作地点的相似性三个方面为例,对工作条件与管理幅度做一简单的介绍。

(1)助手的配备情况。如果为主管配备工作能力较强的助手,下属遇到的一些简单问题可以交由助手处理,由助手和下属进行一般的联络,从而减少主管的工作量,节省主管的时间,如此,助手配备情况好,就可以适度增加管理幅度。

(2)信息手段的配备情况。随着信息时代的到来,组织对信息的把握程度对于组织的发展至关重要。组织的信息配备状况较好,就可以更好地收集到与下属的工作情况相关的信息,主管可以更好地协调和处理与下属的关系。

(3)下属工作地点的相似性。下属的工作地点相同有助于对他们进行集中统一的管理,也有助于管理者与下属的沟通,避免由于工作地点的分散而造成的各种困难。

4.工作环境

当组织的工作环境变化比较频繁时,组织中遇到的新问题与新状况就会增多,下属向主管请示的问题增多,频率增高,这样上级能用于指导和协调下属关系的精力就会很少,因为其要花费很多的时间去关注环境的变化,因此,工作环境不稳定,组织的管理幅度就会受到限制。

第三节 组织结构变化的新趋势

传统的组织结构即目前企业使用比较广泛的组织结构有一些固有的优势,但是当今组织发展的内外环境日新月异,企业组织结构也不能一成不变,而应顺应时代的发展。现代企业组织面临内外两方面的巨大冲击和挑战,组织内部和组织之间的结构不断创新,涌现出了横向结构、全球结构、学习型组织结构、网络结构、虚拟结构、生态结构等新的结构形式。

一、组织结构的类型

在组织的成长过程中,随着组织规模的变化以及业务增长等因素,组织结构在不断地发展完善。当前组织结构类型有如下几种。

(一)直线制组织结构

这是一种最简单、最单纯的组织结构,命令的执行是呈一条直线的,每个下属只有一个直属上级,只向一个上级进行汇报。

这种结构比较简单,职责明确,权力高度集中,因此,管理者可以进行统一的领导和控制。但是这种结构对高层管理者的要求也是比较高的,要求管理者通晓多种知识和技能。这种结构在规模较小、任务单一的组织比较适用。

(二)职能制组织结构

这种结构是按职能划分部门的方式而建立起来的(如图 10-3),具有职能部门化的优势也包含其劣势。这种组织结构是通过设置若干职能部门化的机构实现的,这些职能结构可以在自己的职权范围内向下属发布命令。

这种组织形式可以充分发挥职能机构的专业管理作用,同时,各个部门之间联系紧密。任何一个部门都不可能独立存在。但是这种组织结构会出现多头领导的状况,会违背统一指挥的原则;各部门也有可能出现过分重视部门利益而忽视组织整体目标的状况。

(三)直线职能制结构

这是集合直线制以及职能制两类组织形式而形成的组织结构(如图 10-4),它既保持了直线制职责明确、管理统一的优点,又继承了职能制专业化管

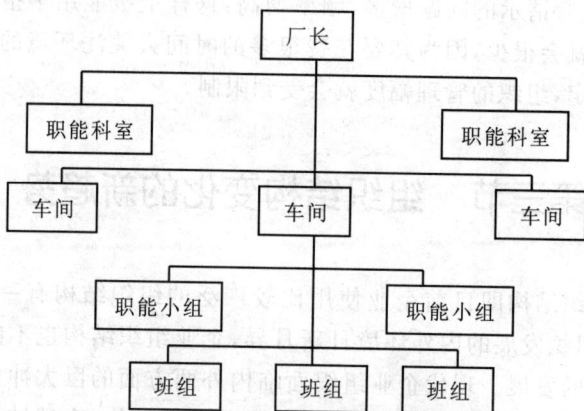

图 10-3 职能制组织结构图

资料来源:罗宾斯.管理学原理与实践(第七版).机械工业出版社.2010.09

理的长处。但是此种类型的结构,职能部门之间存在横向联系较差的状况,不能适应快速变化的环境。

这种结构在中小组织中比较适用,是我国大多数企业以及一些非营利性组织经常采用的组织形式,有利于最高层主管对组织活动进行监督和协调。但是当组织的规模逐渐扩大时,这种结构的适应性就会变得越来越差。如从1989 年创业到 2001 年 8 月,乐百氏一直都采取直线职能制,按产、供、销分成几大部门,再由全国各分公司负责销售。但是随着组织规模的逐渐扩大,这种结构便不再适应组织的发展了,因此,从 2001 年 8 月到 2002 年 3 月,乐百氏实施了产品事业部制,这在乐百氏历史上虽然实施的时间很短,但为现在实施区域事业部制奠定了基础,实现了组织结构变革中的平稳过渡。

(四)事业部制组织结构

这种组织结构是在产品、地域、顾客部门化的基础上建立起来的,每个事业部都是独立核算的,每个部门都有自己的责任(如图 10-5)。但是一些全局性的决策是集中于总部的,以便保证命令的统一性,确保组织目标顺利实现。事业部制组织结构的鲜明特点是集中政策指导下的分散经营,这种结构适应性和稳定性比较强,可以为高层管理者提供稳定的环境,使他们可以专心于组织的战略决策,也有利于充分调动各事业部的积极性。但是这种结构的主要缺陷是,造成了管理机构的重叠,增加了管理成本,并且各事业部之间人员的协作性比较差,不同的事业部之间也存在着一定程度的竞争,容易出现内部倾轧的状况。这种形式的组织结构对于产品多样化以及多元化经营的公司是比较适用的,同

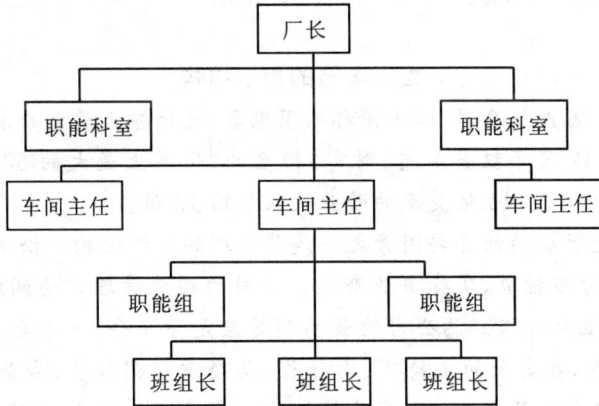

图 10-4　直线职能制组织结构图

时,也可应用于处于多变的市场环境或者所处地理位置比较分散的大型企业。

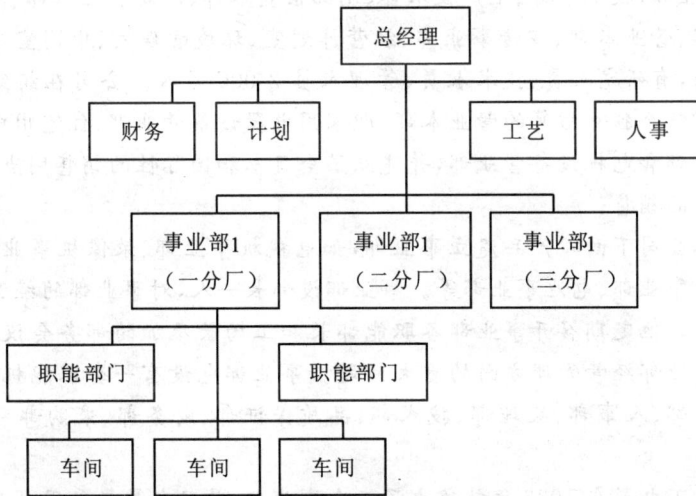

图 10-5　事业部制组织结构图

　　上述几种典型的组织结构形式,是根据现实中多种多样的组织形态所进行的理论上的抽象,在现实中很多组织并不是严格按照这几种组织结构类型来设置的,大多数组织是以这些基本的组织结构形式为原型,然后结合组织自身的特点进行适当的改造,形成最适合组织发展,最有利于实现组织目标的结构。

例 10-1

松下电器的组织结构

松下电器产业公司（以下简称松下电器）是世界上最大的家用电器公司之一，在 1998 年权威杂志《财富》排名的"世界上最大的 50 家工业企业"中，它以 597.714 亿美元的营业收入居第 13 位。

松下电器成功的主要因素之一是其合理的组织结构。松下电器采用分级管理/分级核算，实行事业部制。公司的经营管理分为两级，即总公司一级，事业部一级。总公司的最高领导层是董事会，董事会设会长（即董事长）1 人，在会长的主持下，由社长（总经理）、副社长、专业董事参加的经营战略会议是公司的最高决策机构。在董事会之下，由社长主持、副社长和常务董事参加的常务会议是公司的最高经营管理部。

在总公司一级设有一套健全的职能机构，包括总务部、人事部、资料部、经理部、技术本部、生产技术部、制品检查本部、法规管理本部、海外事业本部、营业本部、宣传事业部、经营计划室、环境管理室、中国室等几十个部门，有研究人员、技术人员、管理人员 2 000 多人。公司在组织体制上设置三个独立核算的营业本部，即家用电器设备营业部、住宅用电器设备营业部和电机设备营业部，并建立了全日本和国际性的销售网点，统一组织产品销售。

总公司下面按产品建立事业部，如电视机事业部、录像机事业部、电子零件事业部、电池事业部等。事业部设部长一人，对事业部的经营管理负总责。他定期召开事业部各职能部长和工场长参加的部务会议，研究决定事业部经营管理方面的重大问题。事业部也设有一套职能机构，包括总务部、人事部、经理部、技术部、品质保证部、财务部、采购部和营业部等。

松下电器在 1933 年就建立了三个事业部，是日本最早采用事业部制的企业。事业部门是一个自负盈亏、独立核算的经营单位，因此，事业部制可以更好地明确各部门的职责和权限，发挥他们的积极性和主动性，进一步进行专业化分工。然而，各事业部门独立以后，比较容易脱离中央控制，各部门间的合作也日益困难。同时，高度专业化的部门不一定有全局观念去应付所有产品的危机。因此，总裁松下幸之助以集中四个主要功能来平衡分权之举。首先，松下电器设立严格的财务制度，由其财务主管负责直接向总公司报告其财务状况，并且订立了严格的会计制度。其次，松下电器建立了公司银行,各部门的利润都汇总于此,同时,各部门增加投资时,必须向公司银行贷款。再次,实行人事管理权的集中,松下认为人才是公司最重要的资源,每一位超过初中学历的员工都必须经过总公司的仔细审核。所有管理人员的升迁都必须经过总公司的仔细审查。最后,松下电器采取集中训练制度,所有松下的员工都必须经过松下价值观的训练。

这样就形成了一种分权与集权的结合。但是,在世界市场风云变幻莫测的时代,分权和集权的机械结合并不总能应付自如的。因此,松下电器总是不断地根据具体情况,对其结合的方式和程度进行调整,以确保其组织的活力。松下电器的权威人士曾经指出:"回顾松下结构的总体特色,我们可以看到分权和集权循环出现,也就是说,并非由分权取代集权,然后集权再取代分权,事实上,这两种组织形式在日趋复杂的结合关系中来回摇摆。"

例如,战后初期,日本经济混乱,为了刺激消费者对未来的信心,加强广告的宣传作用,松下幸之助毅然解散部门式的组织结构,一人独揽大权。这时,他除了担任最高主管,还一度亲自掌管广告部门。

1953—1955 年,日本经济逐渐复苏,市场活跃、竞争激烈,为适应不断变化的市场需求,松下又当机立断,采取分权形式,同时设立独立的产品群,增加营销、管理和研究开发部门。

1955—1960 年,日本经济处于高速发展时期,国内市场渐趋饱和,松下电器把目光投向海外,为了集中优势兵力,打开国外市场,松下又再度实行集权方式。

20 世纪 60 年代初,日本经济不景气,松下电器再度实行分权制度,每个事业部门都有权完全控制自己的销售活动,这一制度一直延续到1973 年。

1973 年,中东石油危机和接踵而来的战后最深重的经济危机,给严重依赖进口石油的日本经济带来了巨大的冲击。为了应对危机,避免受冲击,松下电器又转向集权控制方式。受这次危机的冲击,世界许多巨型公司利润剧减、生产萧条,而松下电器不仅安全渡险,而且趁机拓展了海外市场。

资料来源:http://jgx.fjut.edu.cn/jpkc2/news.asp? id=206

松下电器采用了事业部制的组织结构,但是根据自己发展面临的内外环境的变化进行了适度的调整,使公司在动荡的环境下可以屹立不倒,占据着优势的竞争地位。

(五)矩阵制组织结构

矩阵型组织结构是适应当今迅速变化的环境而逐渐发展起来的一种组织结构形式,是由纵向的职能系统和为完成某项任务而组成的横向项目系统组成的一个矩形组织结构,因而可以同时发挥两种结构的优势(如图10-6)。

矩阵型组织结构灵活性和适应性较强,在环境因素不确定性增强的当今社会,其受到了很多管理者的青睐。在这种组织结构中,员工是按照职能组合在一起的,这些人员具有不同的知识和技能,这使得他们可以在工作中相互借鉴、相互学习,从而可以更进一步增强工作熟练度,提高劳动技能和劳动生产率。同时,也有利于加强各职能部门之间的团结和协作,可以有效克服各职能部门之间相互脱节的现象,增强职能人员直接参与项目决策的积极性和工作热情。

但是矩阵型组织结构中的成员既隶属于纵向的职能单位,又同时属于横向的产品或项目单位,也即矩阵成员要接受两个上级的领导,违背了统一指挥的原则。当两个上级的命令不能统一时,下属就会出现无所适从的状况,从而引发一系列的矛盾和冲突。而处理这些矛盾会耗费管理者很多的精力,也会增加组织的营运成本。

从实践中来看,理想的双重平衡结构在应用中局限性也是比较明显的,由此可见,不存在完美的组织结构形式,组织要依据自身的发展现状以及所面临的内外环境等多种因素综合考虑,选择一个适用于组织长期发展的组织结构。在矩阵制组织结构中,员工有很大的发展余地。

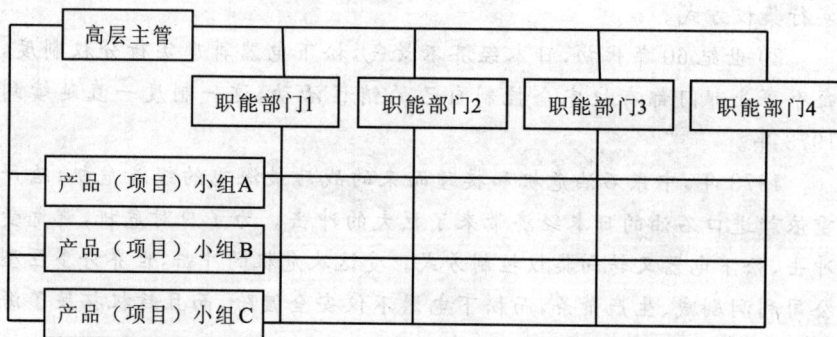

图 10-6　矩阵制组织结构图

例 10-2

IBM 矩阵式组织结构

1987 年,加州伯克利大学电子工程专业出身的叶成辉在美国加入 IBM 旧金山公司,成为一名程序员。因为不喜欢编程等技术类的工作,梦想着做生意、当经理(比较喜欢跟人沟通),他便主动请缨到销售部门去做。经过了差不多 5 年时间的努力,他获得提升,成为一线经理。随后,叶成辉回到 IBM 香港公司,做产品经理。由于个人"斗志旺盛",业绩不错,而且"官运亨通",差不多每两年就能够上一个台阶,如今叶成辉已经是 IBM 大中华区服务器系统事业部 AS/400 产品的总经理。

从旧金山到香港,再到广州到北京;从普通员工到一线经理,再到三线经理;从一般的产品营销,到逐步专注于服务器产品,再到 AS/400 产品,10 多年来,叶成辉一直在 IBM 的"巨型多维矩阵"中不断移动,不断提升。他认为,IBM 的矩阵组织是一个很特别的环境,"在这个矩阵环境中,我学到了很多东西"。IBM 是一个巨大的公司,很自然地要划分部门。单一地按照区域地域、业务职能、客户群落、产品或产品系列等来划分部门,在企业里是非常普遍的现象,从前的 IBM 也不例外。"近七八年以来,IBM 才真正做到了矩阵组织。"这也就是说,IBM 公司把多种划分部门的方式有机地结合起来,其组织结构形成了"活着的"立体网络——多维矩阵。IBM 既按地域分区,如亚太区、中国区、华南区等;又按产品体系划分事业部,如 PC、服务器、软件等事业部;既按照银行、电信、中小企业等行业划分;也有销售、渠道、支持等不同的职能划分。所有这些纵横交错的部门划分有机地结合为一体。对于这个矩阵中的某一位员工比如叶成辉经理而言,他就既是 IBM 大中华区的一员,又是 IBM 公司 AS/400 产品体系中的一员,当然还可以按照另外的标准把他划分在其他的部门里。

IBM 公司这种矩阵式组织结构带来的好处是什么呢?叶成辉认为,非常明显的一点就是,矩阵组织能够弥补对企业进行单一划分带来的不足,把各种企业划分的好处充分发挥出来。显然,如果不对企业进行地域上的细分,比如说只有大中华而没有华南、华东、香港、台湾,就无法针对各地区市场的特点把工作深入下去。而如果只进行地域上的划分,对某一种产品如 AS/400 而言,就不会有一个人能够非常了解这个产品在各地表现出来的特点，因为每个地区都只看重该地区整盘的生意。再比如按照行业划分，就会专门有人来研究各个行业客户对 IBM 产品的需求，从而更加有效地把握住各种产品的重点市场。

"如果没有这样的矩阵结构，我们要想在某个特定市场推广产品，就会变得非常困难。"叶成辉说。"比如说在中国市场推广 AS/400 这个产品吧，由于矩阵式组织结构的存在，我们有华南、华东等各大区的队伍，有金融、电信、中小企业等行业队伍，有市场推广、技术支持等各职能部门的队伍，以及专门的 AS/400 产品的队伍，大家相互协调、配合，就很容易打开局面。"

"首先，我作为 AS/400 产品经理，会比较清楚该产品在当地的策略是什么。在中国，AS/400 的客户主要在银行业、保险业，而不像美国主要是在零售业和流通业；在亚太区，AS/400 的产品还需要朝低端走，不能只走高端；中国市场上需要 AS/400 的价位、配置以及每个月需要的数量等，只有产品经理才能比较清楚。从产品这条线来看，我需要跟美国工厂订货，保证货源供应。从产品销售的角度看，AS/400 的产品部门需要各相关地区的职能部门协助，做好促销活动；然后需要各大区、各行业销售力量把产品销售出去。比如，我需要通过媒体发表一些言论，就要当地负责媒体公关的部门协助。再如，我认为'莲花宝箱'（为中国市场量身定制的 AS/400）除了主打银行外，还要大力推向中小企业市场，那么就需要跟中国区负责中小企业的行业总经理达成共识。当然，'莲花宝箱'往低端走，还需要分销渠道介入，这时，就需要负责渠道管理的职能部门进行协调。从某种意义上讲，我们之间也互为'客户'关系，我会创造更好的条件让各区、各行业更努力推广 AS/400。"叶成辉说。

任何事情都有它的两面性。矩阵组织在增强企业产品或项目推广能力、市场渗透能力的同时，也存在它固有的弊端。显然，在矩阵组织当中，每个人都有不止一个老板，上上下下需要更多的沟通协调，所以，"IBM 的经理开会的时间、沟通的时间，肯定比许多小企业要长，也可能使得决策的过程放慢"。叶成辉进一步强调："其实，这也不成为问题，因为大多数情况下还是好的，IBM 的经理们都知道一个好的决定应该是怎样的。"另外，每一位员工都由不同的老板来评估他的业绩，不再是哪一个人说了算，评估的结果也会更加全面，"每个人都会更加用心去工作，而不是花心思去讨好老板"。同时，运用不同的标准划分企业部门，就会形成矩阵式组织。显然,在这样的组织结构内部,考核员工业绩的办法也无法简单。在特定客户看来,IBM 公司只有"唯一客户出口",所有种类的产品都是一个销售员销售的;产品部门、行业部门花大气力进行产品、客户推广,但是,对于每一笔交易而言,往往又是由其所在区域的 IBM 员工最后完成;等等。问题是,最后的业绩怎么计算? 产品部门算多少贡献,区域、行业部门又分别算多少呢? 叶成辉说:"其实,IBM 经过多年的探索,早已解决这个问题了。现在,我们有三层销售——产品、行业和区域,同时,我们也采取三层评估,比如说经过各方共同努力,华南区卖给某银行 10 套 AS/400,那么这个销售额给华南区、AS/400 产品部门以及金融行业部门都记上一笔。"当然,无论从哪一个层面来看,其总和都是一致的。比如从大中华区周伟锟的立场来看,下面各分区业绩的总和,大中华区全部行业销售总额,或者大中华区全部产品(服务)销售总额,3 个数字是一样的,都可以说明他的业绩。

在外界看来,IBM 这架巨大的战车是稳步前进的,变化非常缓慢。叶成辉认为,这其实是一种误会。基层的员工和比较高层的经理,这两头的变化相对比较小,比较稳定。比如说,一名普通员工进入 IBM,做 AS/400 的销售,差不多四五年时间都不会变化,然后,可能有机会升任一线经理。再比如亚太区的总经理,也可能好多年不变,因为熟悉这么大区域的业务,建立起很好的客户关系,也不太容易。所以,外界就觉得 IBM 变动缓慢。"但是,在 IBM 矩阵内部的变化还是很快的。中间层的经理人员差不多一两年就要变换工作,或者变换老板,变换下属,这样就促使整个组织不断地创新,不断地向前发展。"叶成辉说,"我在 IBM 公司 10 多年,换了 10 多位老板。每一位老板都有不同的长处,从他们那里我学到了很多。其实,IBM 的每一位员工都会有这样的幸运。"矩阵组织结构是有机的,既能够保证稳定地发展,又能保证组织内部的变化和创新。所以,IBM 公司里流传着这样一句话:"换了谁也无所谓。"

http://www. yesky. com/Enterprise/218730246159990784/20021026/1636958. shtml

二、企业内部组织结构变革的新形式

当今企业间竞争越来越激烈,企业发展面临的内外环境变化迅速,给现代企业组织结构带来了挑战。为了应对挑战,企业在传统的组织结构基础上要勇于变革和创新,使组织结构向扁平化、全球化、柔性化、网络化、虚拟化或者兼而有之的方向发展,以便更好地适应组织自身的发展状况,促进组织目标快速高效实现。以下面几种结构为例,简单介绍一下企业内部出现的新型的组织结构形式。

(一)横向结构

伴随着知识经济的到来,信息对组织发展的影响越来越大,以前管理层次较多,幅度较小的高耸的组织结构已经出现了很大的局限性,不再适应组织以及环境的要求,因此,企业在逐步改变这种形式的组织结构,适当地增加管理幅度,减少组织层次,从而使组织变得富有弹性、灵活和敏捷,加快信息的传播速度,提高信息传递效率,从而有利于决策者获得决策需要的相关信息,及时、准确地做出决策。这种逐渐增加管理幅度,较少管理层次的趋势被称为组织的扁平化,其典型的组织结构形式是横向结构。彼得·德鲁克预言,未来的企业组织将不再是一种金字塔式的等级制结构,而会逐步向扁平式结构演进。

横向结构是按照核心流程来组织员工的,把从事特定流程的人员集中起来,方便他们交流与合作,提高劳动技能以及劳动生产率。横向结构减少了管理层次,增加了管理幅度,加强了组织之间以及组织与顾客之间的联系,增进协作,为组织争取到更加宽松的经营环境。其缺点是究竟哪些流程是提供顾客价值的核心流程,一时间是很难鉴别出来的。需要对组织文化、工作设计、管理哲学、管理体系等做彻底的变革。

(二)全球组织结构

伴随着经济全球化的趋势,跨国公司迅速发展,它们在全球范围内配置资源,以全球化的视角进行战略规划和决策,高瞻远瞩,能及时发现潜在的市场机会,对国内企业造成了巨大的冲击,使市场竞争更加激烈。因此,国内企业也要顺应这一趋势,以全球化的视角来看问题,不断增强企业自身的实力,并逐步与国际接轨,走上国际化、跨国化的路子。在企业逐步走上全球化的过程中,面临的经营环境极为复杂,为了更好地适应全球化的浪潮,很多跨国公司逐步采用全球性组织结构。企业由国内公司演进到跨国经营的公司,是需要一些时间的,伴随着这种转变,全球组织结构也经历了从低级到高级的三个阶段,分别是:(1)国际事业部制,就是指设立一个专门的国际事业部,对各国的业务进行专业化的管理,减少了向总部报告的时间,也可以更好地根据当地组织面临的实际情况进行管理和经营,更好地实现组织的总体目标。(2)全球产品事业部结构或全球地区事业部结构,在海外投资设厂,并进行本地化运营。

(3)全球矩阵模式,企业已超越任何单一的全球化,被认为是无国籍公司。

　(三)学习型组织结构

　　随着知识经济时代的到来,知识在社会中的作用日益增大,在组织发展中发挥着越来越重要的作用,组织要在激烈的市场竞争中求得生存与发展,就必须充分重视组织知识创新和更新。能否掌握与组织发展相关的充足的信息,对组织的经营成败有着重要影响。在许多行业中,如果能够比竞争对手学习到更多的知识,并且信息更新速度以及创新速度越快,就越有利于抢占更有利的市场地位,提升企业的竞争优势。因此,现在很多企业都将学习型组织作为自己追求的目标。

　　所谓学习型组织,是一个能够持续学习、适应和改变的组织,这一概念本身是不涉及具体的组织设计的,实际上,学习型组织是关于组织的一种态度和理念,是以一种全新的视角,全新的思维方式对组织进行更深入的思考。学习型组织结构鼓励冒险、变革和创新;在学习型组织中,员工的学习能力强,他们通过自己持续不断的学习,来获取新知识,并在实践中身体力行,鼓励合作和信任;鼓励信息共享、共同学习和共同进步;奉行平等价值观;系统观念强,部门间的界面弱化、透明化;强调授权给员工。因此,学习型组织具有良好的弹性、灵活性,能使组织更好地抓住机会,应对危机,在动荡多变的环境中保持竞争的能力。

　　三、企业间组织结构变革的新形式

　　随着经济全球化趋势,企业间的联系和协作加强,为了使这种联系更规范化,为了更充分地利用来自组织外部的资源,共享稀缺资源,很多管理者也在逐步探寻组织间合作的合理结构,以求更好地发展组织自身,分散经营风险,在全球化经济中占据有利的竞争地位。

　　(一)网络化结构

　　组织之间存在着明显的相互依赖关系,为了应对环境的压力,组织之间通过合作,共享稀缺资源,分散风险,会变得更有竞争力。因此,许多企业之间的关系正在出现重大的调整,竞相建立合作网络联盟,形成了网络化结构。网络结构之间强调相互信任;公平交易,利益共享;建立长期的业务关系;建立密切的协调机制,组织间界面互相渗透;鼓励优势资源共享。网络化结构中一般存在着一个或多个核心企业,而网络中的其他核心企业可看做是核心企业组织边界的扩展。根据网络化结构中核心企业数量的多少,可以把它分成两种基本形式:一种是战略联盟,即网络结构上有多个核心企业,它们通过合资企业、许可证贸易等形式来达到优势互补的目的；另一种是业务外包（outsourcing），即网络结构上有一个核心企业，它把其不具有核心竞争力的业务通过外包契约与其他公司建立比较稳定的合作关系。网络组织是由众多的工作团队（工作单位）组成的联盟，各个团队在地位上平等、行政上独立，经营业务上又紧密联系、唇齿相依，形成一个网络结构，而每个工作团队则成为整个网络中的一个节点。网络组织体现了市场机制对企业外部关系构建的作用，与战略联盟相比，其市场化程度更高。虚拟企业是网络组织的一种特例，因其高度的市场化程度使企业的内部边界变得更小。

（二）虚拟结构

虚拟组织是以计算机信息网络为联系工具，以知识共享、信息共享为基础而组建的企业群。它具有更大的灵活性和柔性，运行中以项目为中心，可以更好地整合资源，降低成本。并且组织的大多数活动都可以实现外包，而这些活动更多时候靠电子商务来处理，因此，组织结构可以进一步扁平化，效率也提高了。

（三）生态型结构

之所以称其为生态型结构，是由于这种结构产生是受到了生物学自然选择理论的启发，生态型结构主要是侧重于研究某一类种群组织中组织形式的多样性及其适应环境的过程，是一种宏观视角。根据生物学中的适者生存理论，能够在激烈的市场竞争中生存下来的组织必然是最适应环境需要的组织，可以根据环境需要来对组织进行调整和变革，而不一定要求是最强大的组织。组织生态学认为组织内外部环境的变化是决定种群中特定组织存亡和成败的重要因素，而当环境发生剧烈变化时，整个种群就会整体灭亡。以生态为核心理念来考察组织和其结构，是尝试通过类比生态系统，得到一些新的启发，来促进企业组织结构的创新，以更适应环境的变化。生态理念适合解释企业长期的经营行为，这决定了企业管理人员要有长远的观念和眼光。生态组织结构有三个层次：族群（population）、群聚（community）和生态系统（ecosystem）。生态组织结构一直处于动态变化之中，在生态组织种群中，每个企业都要经历变异（大量新的组织形式出现在组织种族中）、选择（某种变异的组织因更适应环境而生存下来）和保留（经自然选择保留下来的组织形态）三个进化阶段。经过以上三个阶段，适应环境的组织被保留下来，并进入下一个生态循环中，导致了一个组织种群内新的组织形态不断建立。

【本章小结】

通过本章的学习,首先要对组织的整体架构以及组织设计有一个大致的了解,了解组织设计对组织而言的必要性,熟悉组织设计的任务和原则以及哪些具体的影响会对组织设计造成影响,从而使组织在进行自己的组织设计时,可以考虑全面。同时,本章还介绍了组织部门化的原则和方法,以及组织的层级化和组织的管理幅度,这些对组织而言都是至关重要的,会直接影响到组织的效率。

【思考题】

1.简述组织设计的任务和原则。
2.简述组织设计的影响因素。
3.简述组织管理幅度的含义。
4.简述组织部门化的具体类型。

第十一章　组织变革与组织文化

【学习目标】　通过本章的学习主要理解组织变革的原因,熟悉组织变革的任务目标以及组织变革中的冲突处理对策,掌握组织变革的过程、组织文化的内容以及塑造过程。

【关键词】　组织变革　阻力　冲突　组织文化

导入案例

杜邦公司的组织结构变革

美国杜邦公司(Du Pont Company)是世界上最大的化学品生产公司,至今已有近200年的历史。在这200年中,尤其是20世纪以来,企业的组织结构历经变革,其根本点在于不断适应企业的经营特点和市场情况的变化。杜邦公司所创设的组织结构,曾经成为美国许多公司包括著名大公司的效仿模式,并反映了企业组织结构发展演变的一般特点。

1.成功的单人决策及其局限性

历史上的杜邦家族是法国富埒(liè)王室的贵族,1789年在法国大革命中化为灰烬,老杜邦带着两个儿子伊雷内和维克托逃到美国。1802年,儿子们在特拉华州布兰迪瓦因河畔建起了火药厂。由于伊雷内在法国时是个火药配料师,与他共事的又是法国著名化学家拉瓦锡,加上美国历次战争的需要,工厂很快站住了脚并发展起来。整个19世纪中期,杜邦公司基本上是单人决策式经营,这一点在亨利这一代尤为明显。

亨利是伊雷内的儿子,军人出身,由于其接任公司以后完全是一套军人派头,所以人称"亨利将军"。在任职的40年中,亨利挥动军人严厉粗暴的铁腕统治着公司。他实行的管理方式被称做"恺撒型经营管理"。

　　这套管理方式无法言喻,也难以模仿,实际上是经验式管理。公司的所有主要决策和许多细微决策都要由他亲自制定,所有支票都由他亲自开,所有契约也都得由他签订。他一人决定利润的分配,亲自周游全国,监督公司的好几百家经销商。他全力加速账款回收,严格支付条件,促进交货流畅,努力降低价格。亨利接任时公司负债高达50多万,但其后来却成为行业的首领。

　　在亨利的时代,这种单人决策式的经营基本上是成功的。这主要是因为:(1)公司规模不大,直到1902年合资时才2 400万美元资产;(2)经营产品比较单一,基本上是火药;(3)公司产品质量占据绝对优势,竞争对手难以超越;(4)市场变化不甚复杂。单人决策之所以取得了较好的效果,也与"将军"的非凡精力分不开。直到72岁时,亨利仍不要秘书的帮助;任职期间,他亲自写的信不下25万封。

　　但是,正因为这样,亨利死后,继承者的经营终于崩溃了。亨利的侄子尤金,是公司的第三代继承人。亨利是与公司一起成长的,而尤金一下子登上舵位,缺乏经验,晕头转向。他试图承袭其伯父的作风经营公司,也采取绝对的控制,亲自处理细枝末节,亲自拆信复函,但他最终还是陷入公司错综复杂的矛盾之中。1902年,尤金去世,合作者也都心力交瘁,两位副董事长和秘书兼财务长相继累死,这不仅是由于他们的体力不胜负荷,还由于当时的经营方式已与时代不相适应。

　　2. 集团式经营的首创

　　正当公司陷入危机,无人敢接重任、家族拟将公司出卖给别人的时候,3位堂兄弟出来力挽家威,他们不仅具有管理大企业的丰富知识,而且具有在铁路、钢铁、电气和机械行业中采用先进管理方法的实践经验,有的还请泰勒当过顾问。他们果断地抛弃了"亨利将军"的那种单枪匹马的管理方式,精心地设计了一个集团式经营的管理体制。在美国,杜邦公司是第一家把单人决策改为集团式经营的公司。

　　集团式经营最主要的特点是建立了"执行委员会",隶属于最高决策机构董事会之下,是公司的最高管理机构。在董事会闭会期间,大部分权力由执行委员会行使,董事长兼任执行委员会主席。

　　1918年时,执行委员会有10个委员、6个部门主管、94个助理,高级经营者年龄大多在40岁以下。公司抛弃了当时美国流行的体制,建立了预测、长期规划、预算编制和资源分配等管理方式。在管理职能分工的基础上,建立了制造、销售、采购、基本建设、投资和运输等职能部门。在这些职能部门之上,是一个高度集中的总办事处,控制销售、采购、制造、人事等工作。

执行委员会每周召开一次会议,听取情况汇报,审阅业务报告,审查投资和利润,讨论公司的政策,并就各部门提出的建议进行商讨。对于各种问题的决议,一般采取投票、多数赞成通过的方法,权力高度集中于执行委员会。

各单位申请的投资,要经过有关部门专家的审核,对于超过一定数额的投资,各部门主管没有批准权。执行委员会作出的预测与决策,一方面要依据发展部提供的广泛的数据,另一方面要依据来自各部门的详尽报告,各生产部门和职能部门必须按月按年向执委会报告工作。在月度报告中提出产品的销售情况、收益、投资以及发展趋势;年度报告还要论及5年及10年计划,以及所需资金、研究与开发方案。

由于在集团式经营的管理体制下,权力高度集中,实行统一指挥、垂直领导和专业分工的原则,所以秩序井然,职责清楚,效率显著提高,大大促进了杜邦公司的发展。20世纪初,杜邦公司生产的五种炸药占当时全美总产量的64%~74%,生产的无烟军用火药则占100%。第一次世界大战中,协约国军队40%的火药来自杜邦公司。到1918年,公司的资产增加到3亿美元。

3. 充分适应市场的多分部体制

杜邦公司在第一次世界大战中的大幅度扩展,以及逐步走向多角化经营,使组织结构遇到了严重问题。每次收购其他公司后,杜邦公司都因多角化经营而遭受严重亏损。这种困扰除了由于战后通货从膨胀到紧缩之外,主要是由于公司的原有组织对企业成长缺乏适应力。

1919年,公司的一个小委员会指出:问题在于过去的组织结构没有弹性。尤其是1920年夏到1922年春,市场需求突然下降,使许多企业出现了所谓存货危机。这使人们认识到:企业需要一种能力,即易于根据市场需求的变化改变商品流量的能力。继续保持那种使高层管理人员陷入日常经营、不去预测需求和适应市场变化的组织结构形式,显然是错误的。对于一家大公司来说,一个能够适应大生产的销售系统已经成为至关重要的问题。

杜邦公司经过周密的分析,提出了一系列组织结构设置的原则,创造了一个多分部的组织结构。在执行委员会下,除了设立由副董事长领导的财力和咨询两个总部外,还按各产品种类设立分部,而不是采取通常的职能式组织如生产、销售、采购等。在各分部之下,有会计、供应、生产、销售、运输等职能处。各分部是独立核算单位,分部经理可以独立自主地统管所属部分的采购、生产和销售。

在这种形式的组织结构中,自治分部在不同的、明确划定的市场中,通过协调从供给者到消费者的流量,使生产和销售一体化,从而使生产和市场需求建立密切联系。这些以中层管理人员为首的分部,通过直线组织管理其职能活动。高层管理人员总部在大量财务和管理人员的帮助下,监督这些多功能的分部,用利润指标加以控制,使他们的产品流量与波动需求相适应。

多分部管理体制的基本原理是政策制定与行政管理分开,从而使公司的最高管理层摆脱了日常性经营事务,把精力集中在考虑全局性的战略发展问题上,研究与制定公司的各项政策。

新分权化的组织使杜邦公司很快成为一个极具效率的集团,所有单位构成了一个有机的整体,公司组织具有了很大的弹性,能适应需要的变化。

这使杜邦公司得以在 20 世纪 20 年代建立起美国第一个人造丝工厂,以后又控制了赛璐珞生产的 75%～100%,垄断了合成氨,而且在 30 年代后,杜邦公司还能以新的战略参加竞争,那就是致力于发展新产品,垄断新的化学产品生产。从 30 年代到 60 年代,被杜邦公司首先控制的,有着重要意义的化学工业新产品有:合成橡胶、尿素、乙烯、尼龙、的确良、塑料等,直到参与第一颗原子弹的制造,并迅速转向氢弹生产。

4."三驾马车式"的体制

杜邦公司的执行委员会和多分部的管理结构,是不断对集权和分权进行调整,适应需要的结果。例如,60 年代后期,公司发现各部门的经理过于独立,以致有些情况连执行委员会都不了解,因此又一次作了改革;一些高级副总经理同各工业部门和职能部门建立了联系,负责将部门的情况汇报给执行委员会,并协助各部门按执行委员会的政策和指令办事。

60 年代以后,杜邦公司的组织结构又发生了一次重大的变更,这就是建立起了"三驾马车式"的组织体制。新的组织体制是为了适应日益严峻的企业竞争需要而产生的。

　　60 年代初,杜邦公司接二连三地遇到了难题:过去许多产品的专利权纷纷期满,在市场上受到日益增多的竞争者的挑战;道氏化学、孟山都、美国人造丝、联合碳化物以及一些大石油化工公司相继成了它的劲敌。1960 年到 1972 年,在美国消费物价指数上升 4%,批发物价指数上升 25%的情况下,杜邦公司的平均价格却降低了 24%,使它在竞争中蒙受重大损失。再加上它被迫出售了持有了多年的通用汽车公司 10 亿多美元的股票,美国橡胶公司转到了洛克菲勒手下,公司又没有强大的金融后盾,真可谓四面楚歌,危机重重。

　　1962 年,公司的第十一任总经理科普兰上任,他被称为危机时代的起跑者。公司新的经营战略是:运用独特的技术情报,选取最佳销路的商品,强力开拓国际市场;发展传统特长商品,开发新的产品品种,稳住国内势力范围,争取巨额利润。然而,要扭转局面绝非朝夕之功,这是一场持久战。

　　有了新的经营方针,还必须有相应的组织结构作保证。除了不断完善和调整公司原设的组织结构外,1967 年,科普兰把总经理一职在杜邦公司史无前例地让给了非杜邦家族的人,公司财务委员会议议长也由别人担任,他自己专任董事长一职,从而形成了一个"三驾马车式"的体制。1971 年,科普兰又出让了董事长的职务。

　　这一变革具有两方面的意义。一方面,杜邦公司是美国典型的家族公司,公司几乎有一条不成文的法律,即非杜邦家族的人不能担任最高管理职务。甚至实行同族通婚,以防止家族财产外流。现在这些惯例却被大刀阔斧地砍去,不能不说是一个重大的改革,虽然杜邦公司一直由家族力量控制,但是董事会中的家族成员比例越来越少。在庞大的管理等级系统中,如果不是专门受过训练的杜邦家族成员,一样没有发言权。

　　另一方面,在当代,企业结构日益庞大,业务活动非常复杂,最高领导层工作十分繁重,环境的变化速度越来越快,管理所需的知识越来越高深,只有实行集体领导,才能做出满意的决策。在新的体制下,最高领导层分别设立了办公室和委员会,作为管理大企业的"有效的富有伸缩性的管理工具"。科普兰说:"'三驾马车式'的集团体制,是今后经营世界性大规模企业不得不采取的安全措施。"

　　60 年代后杜邦公司的几次成功,不能说与新体制无关。过去,杜邦公司是向联合碳化物公司购买乙炔生产合成橡胶等产品的,现在,它自己开始廉价生产,使联合碳化物不得不关闭乙炔工厂。在许多化学公司挤入塑料行业竞争的情况下,杜邦公司另外找到了出路,向建筑和汽车等行业发展,使 60 年代每辆汽车消耗塑料比 50 年代增加 3～6 倍,70 年代初,又生产了一种尼龙纤维,挤入了钢铁工业市场。

所以,可以毫不夸张地说,杜邦公司成功的秘诀,首先在于使企业的组织结构设置适应需要,即适应生产特点、企业规模、市场情况等各方面的需要。而且,这样的组织结构也不是长久不变的,还需要不断地加以完善和发展。

资料来源:http://www.docin.com/p-176229077.html

由此可见,只有随机应变才能更好地促进企业自身的发展。在当今复杂的国际国内形势下,组织变革是必要的也是必需的。

第一节　组织变革与组织变革管理

巴纳德在"随机应变的决策中"曾经指出,企业的组织形式要根据外部环境的变化而调整,而当今时代是一个变革的时代,市场急剧变化,竞争逐渐加剧,这就决定了传统的以不变应万变的观点已经不能适应环境的变化,在这些变化过程中,经典的现代组织模式、组织方法等都受到了强烈的冲击,任何组织都不能回避变革,组织变革已经成为了一种必然的趋势。

一、组织变革的原因

(一)组织变革的因素

组织变革的因素由外部环境因素和内部环境因素构成,组织变革是为了更好地适应组织内外环境的变化。一般来说,组织受到外界环境的影响而发生的变化是比较明显和剧烈的,而由内部条件引发的变革往往是不易觉察到的。下面具体介绍一下引发组织变革的内外部环境因素。

1.外部环境因素

根据系统论的观点,组织是一个开放的系统,与周围的环境不断进行着物质、能量和信息的交换,因此,当组织发展面临的外部环境发生变化后,组织也必须做出相应的变革,以便更好地适应环境,保证企业的生产和经营。引发组织变革的外部环境包括宏观社会经济环境、科技进步、资源、竞争观念和市场环境变化等因素。

(1)宏观社会经济环境的变化。如国家经济政策的调整、经济体制以及市场供求关系的变化等,这些宏观环境的变化都会引发组织的变革。

(2)科技进步的影响。当今社会科技发展突飞猛进,新产品、新工艺、新技术层出不穷,能否跟上科技进步的步伐,在很大程度上决定了企业能否抢占先机,在激烈的市场竞争中掌握主动权,甚至可以说在很大程度上决定了企业的经营成败。如由于计算机的普及以及信息系统的进步,使管理者对于下属的控制更容易一些,使管理者的控制幅度不断增大,使组织结构由传统的高耸的金字塔式的组织结构向扁平化发展。

(3)资源变化的影响。组织的发展必须具备一定的资源条件,如原材料、资金、人力资源,没有这些必备的资源,组织的生产经营便会受到限制。组织为了获取长远的发展,既要克服对资源的过度依赖,又要能够及时地根据组织资源条件的变化而顺势对组织做相应的调整和变革。

(4)竞争观念和市场环境变化的影响。随着全球化趋势的发展以及科技进步的影响,市场竞争变得越来越激烈,竞争的方式也变得多种多样,组织若想在激烈的竞争中获胜,就必须在竞争观念上顺势调整,掌握主动权。而企业是在市场中生存和发展的,市场的走向和变化是组织变革的最直接、最重要的原因,企业要依据市场而动,根据市场的变化来对组织作出相应的调整。

总之,企业外部环境的变化会对组织产生重要的影响,企业也要顺势而变,否则企业就会面临发展危机。

2.内部环境因素

组织发展的外部环境变化固然对组织的变革有着重要的影响,但是组织发展的内部因素往往是促成组织变革的最根本、最重要的原因,如哲学中的观点,内因是事物变化的根本原因,外因只有通过内因才能起作用。无论多么重要的外部因素,若不能引起组织内部的共鸣也无济于事。引发组织变革的内部因素也是复杂多变的,下面着重介绍一下以下几个方面:

(1)组织规模变化的要求。随着组织规模的扩大,原有的组织结构、组织方式便不能充分满足组织的要求,组织必须根据组织所处的不同发展阶段,对自身的组织结构等做出相应的调整。

(2)克服组织低效率的要求。组织在长期运行过程中会出现一系列的问题,如机构重叠、人浮于事、官僚主义等,这些因素都会造成组织的低效率,而为了避免这种低效率状况的出现,组织必须对自身进行相应的变革,使组织结构更加合理,组织权责明确,从而更好地保证组织的高效运行以及组织目标的顺利实现。

(3)保证信息畅通的要求。随着信息时代的到来,信息在组织发展中扮演着越来越重要的角色,对与组织发展相关的信息掌握的更充分,组织的决策才能更及时、更准确,决策效率才会更高。因此,为了提高决策的效率,必须保证信息沟通渠道的顺利畅通,而保障信息畅通,组织必须通过变革对组织中阻碍信息的各个环节进行梳理。

(4)提高组织整体管理水平的要求。组织的整体管理水平对于组织的竞争力具有重要的影响。组织在成长的每一个阶段都会面临新的问题,会出现新的矛盾,为了更好地协调和处理这些矛盾,实现新的战略目标,组织必须在人员素质、技术水平、价值观念等方面做出变革。

二、组织变革的内涵

组织变革是指组织的管理人员为了更好地适应外界环境的变化,实现组织目标,而对组织原有状态进行改变的活动。组织变革涉及组织的方方面面,如组织结构、组织制度、组织文化等。

(一)组织变革的目标

总体而言,组织变革是为了使企业能更好地发展。有以下几方面的具体目标:

1. 使组织更具环境适应性

伴随组织的发展,组织面临的内外部环境因素复杂性和不确定性逐渐提高,组织要想在这种环境中求得生存和发展,必须主动去适应环境,去创造有利于组织发展的环境,而要达到这种适应性,就必须顺势对组织进行相应的调整,使组织更具环境适应性。

2. 使管理者更具环境适应性

管理者对于组织的发展至关重要,他是决策的制定者和组织资源的分配人,在组织变革中发挥着重要的作用。在变革中,管理者必须自觉调整自己的领导风格、决策理念等,同时还要根据环境的变化要求重构层级之间、工作团队之间的各种关系,从而使组织变革的实施更具可操作性,成功的概率更大。

3. 使员工更具环境适应性

员工是组织变革的最直接感受者,组织变革若不能得到员工的拥护和支持,成功的希望就会很渺茫。因此,在变革中组织要使员工充分认识到变革的重要性,并逐步改变员工的观念、态度和行为。同时,组织要使员工更具环境适应性,还需要对员工进行教育和培训,充分重视员工在组织变革中的参与和授权,使员工能更好地适应环境的变化,根据环境的变化改变自己的观念。

(二)组织变革的类型

1.按照工作对象的不同划分

根据工作对象的不同,组织变革分为以调整组织结构为中心的变革、以任务和职能为中心的变革以及以人为中心的变革三大类。

(1)以调整组织结构为中心的变革。这是目前采用得比较多的变革方式,是通过调整组织结构形态、信息沟通渠道和方式、组织规章制度等来实现的。这种变革通常是渐进式的,通常是为了更好地适应环境的变化不得已而为之的。

(2)以任务和职能为中心的变革。组织的任务不是一成不变的,每一个阶段组织都会有新的任务,而随着任务的变化,组织的职能也要做出相应的调整,以保证组织任务的顺利完成。

(3)以人为中心的变革。人是组织发展的重要资源,也是组织最为宝贵的财富,因此,以人为中心来对组织进行变革也是一种重要的变革方式。这种变革主要通过改变员工的态度、价值观念、行为方式等途径来实现。组织的管理者要能够根据员工的特点以及所处状态,设计出适合的变革方案,以改变他们的工作态度,激发其工作热情,从而提高工作效率。

2.按变革的程度与速度划分

按照这种划分方式,组织变革分为激进式变革、渐进式变革以及系统发展式变革。

(1)激进式变革。这是一种变革程度较大的方式,彻底打破现状而采取新的组织管理办法,如更换组织领导人、大范围人员调动、重新划分部门等。由于使用这种方式组织的变动较大,对于组织的冲击也比较大,因此不宜频繁进行,这种变革一般是在组织面临发展危机或者组织发展的外部环境发生突然变化时采用,是一种应对突发状况的变革。

(2)渐进式变革。这种变革与激进式变革相比缓和了许多,是在原有状态下的小调整、小变革,如规章制度的局部调整与变动、局部的人事调整等。这种方式的变革在组织中是最为普遍的,这种局部的调整和变动对组织的冲击比较小,效果也比较显著。

(3)系统发展式变革。这是一种有计划、有准备的变革。首先由主管人员设想出一个最佳方案,然后交由相关人员分析讨论,提出意见、建议,修改之后制定出变革的模型,然后再与组织发展现状进行对照,从中找出矛盾和差距以及应对组织问题的具体对策,最终使组织效率达到最高。

3.按变革的侧重点不同划分

根据变革的重点,组织变革被划分为战略性变革、结构性变革以及流程主导性变革。

(1)战略性变革。这是对组织长期发展战略或使命所做的变革,组织的变革要为实现组织的战略目标服务。如果组织要决定拓展业务、进行战略扩张,就必须充分考虑到并购的对象和方式,以及组织文化重构等问题;而如果组织要进行业务收缩,就必须考虑到剥离相关业务的方式。

(2)结构性变革。这是为了更好地适应环境的变化而对组织结构进行的调整和变革,并在组织中进行权责的重新分配,使组织的权责更为明确,组织结构更加合理,在这种结构下,组织变得更加柔性灵活,能够更好地适应环境的变化。这种变革涉及组织权力关系、协调机制、集权程度、职务与工作再设计等方面。

(3)流程主导性变革。这是组织围绕其关键目标和核心能力,应用现代科技对业务流程进行重新构造。如更换新机器设备、采用新工艺、新技术、新方法等。随着科技的飞速发展,管理者要与当今最先进的科技相联系,在流程再造中应用最先进的计算机技术进行一系列的技术改造。

(三)组织变革的程序

为了确保组织变革的顺利实施,并使组织变革达到理想的效果,必须对组织变革的程序和步骤有一个比较清晰的了解和认识。

1.确定变革方向

组织变革会涉及组织的方方面面,包括组织结构、组织文化、组织战略、组织工作方式、组织人力资源系统等。因此,组织领导者决定要对组织进行变革之前,必须明确要变革的内容。组织管理者要能够从组织出现的问题中,如员工离职率以及工作不满意度上升、组织信息传递速度变慢、组织效率低下等,识别出组织与环境不适应的征兆,明确组织变革的方向。

2.通过组织诊断,发现变革征兆

组织变革之前要对现有的组织进行全面的诊断,发现问题所在。但是这种诊断必须具有针对性,诊断组织的目标、组织结构、组织职能系统、工作流程系统、决策系统、信息沟通手段和方式等方面存在的问题,并从这些问题中识别出变革的征兆,并确立需要进行整改的具体部门和人员。

3.分析变革因素,制订改革方案

要想变革达到理想的效果,还必须对变革的因素进行具体的分析,如上级主管部门是否支持、职能机构设计是否合理、员工参与变革的积极性如何等，确定变革的重点和突破口。在对各种因素进行分析之后，制订出几个可行的方案。组织变革方案要包括变革的目标、组织出现的重大问题和原因、变革的方式和程序、变革的步骤以及步骤实施的具体时间等内容。制订的方案要考虑全面，征求多方意见，并要设法获得员工的支持。

4.全面实施变革方案

变革方案制订之后，接下来最重要的是对于方案的执行，如果执行不力，即使再完美的方案也无济于事。变革方案的实施是一个过程，包含三个具体的阶段。

（1）解冻阶段。这是变革前的心理准备阶段，创造变革的需要，做好变革前的准备工作。一个成功的变革首先要求对组织的现状进行解冻，组织在解冻期间的主要任务是改变员工对问题的态度和观念，并对其进行积极的引导，鼓励员工更新自己的原有观念，对变革有一个清晰的认识，让他们充分了解到，组织变革是为了实现企业的更好发展，让员工从内心接受变革，并用自己的实际行动去支持变革，积极参与到变革中来，这是保证变革成功的重要因素。

（2）变革阶段。这是变革过程中的行为转化阶段，是指新的态度和行为模式被组织成员接受，并逐步内化为成员自身态度与行为的过程。组织要善用一些策略和技巧减少变革的阻力，从而把解冻阶段激发的改革热情转换为成员的自觉变革行动，使变革成为全体员工的共同事业。

（3）再冻结阶段。这是变革后的行为强化阶段，是在变革工作结束之后，运用一定的措施和手段将已经形成的新观念、新的行为模式固定下来，使新的组织状态保持相对稳定。由于人们的传统习惯、价值观念等都是根深蒂固的，是在长期的社会生活中逐渐形成的，并不是一次变革就能彻底完成的，必须在变革之后对员工的心理状态、行为方式等不断进行巩固和强化，巩固改革的成果。

5.评价变革效果并进行反馈

组织变革的最后一个阶段就是对变革的效果进行评价，看变革是否达到了应有的效果，通过变革是否解决了组织中存在的问题和矛盾，是否提高了组织的绩效。变革效果的评价过程实际上也是一个信息反馈过程，评估结果可以作为下一轮变革的参照。

三、组织变革的阻力

任何组织的变革都不会是一帆风顺的,在对组织现状进行改变的过程中,不可避免地会遇到来自变革对象的阻力和反抗,产生这种阻力的原因一部分来自于传统观念、传统习惯、固有思维方式的影响,也有一部分来自对变革不确定性的担忧,担心变革后会威胁到自己的既得利益,或者对变革的效果存在质疑。

(一)组织变革阻力的类型

根据阻力产生的主体不同,阻力可分为来自个人的阻力、来自团体的阻力以及来自社会的阻力。

1.个人阻力

(1)个人惯性。个人惯性包括思维惯性以及情感惯性两个方面。一个人的思维惯性越成熟,对变化的反应越是迟钝麻木,他们会从内心抵制变革,即使这种变革对他们可能是有益的。一个人在长期的工作中,会与周围的人员在感情、作风、行为习惯等方面形成一定的协调性和适应性,而变革有可能打破这种协调性,因此,在变革过程中会遇到来自他们的强有力的抵抗。

(2)心理上的影响。变革意味着原有的平衡系统被打破,是用模糊以及不确定的东西去取代已知的东西,要求成员对自己习惯的工作方式作出调整。要变革就不可避免地要承担一定的风险,人们惧怕这种风险,会在心理上产生一种强烈的不安全感,进而产生心理上的变革阻力。

(3)利益上的影响。变革的结果可能会使某些既得利益者的利益受到某种程度的威胁,如机构的撤并、管理层次的扁平化等,都可能使组织成员丧失原有的地位、权力和利益。在变革中,组织的固有关系结构被打破,一旦出现利益上的冲突,处于不利地位的成员就会对变革的目标和结果产生动摇,担心变革之后自己的利益会受到影响,因而可能会对变革产生抵触情绪。

2.团体阻力

团体对于组织变革的阻力表现为以下两个方面:

(1)组织结构变动的影响。组织结构变革会打破过去固有的管理层级和职能结构,要重新调整权责利,这些变革可能会触及某些组织团体的利益,如果变革与这些团体的目标存在分歧,团体就会对变革产生抵触情绪。

(2)人际关系调整的影响。组织变革意味着固有关系结构的变化,为适应这种变化,组织成员之间的关系也要做出相应的调整。而在长期的工作中,成员之间已经形成一种固有的关系模式,从而不愿意轻易打破,如担心变革中会调派自己与不喜欢的人员或领导共事。因此,有一部分人会对变革的目标和结果产生动摇,对变革产生抵触情绪。

3.社会阻力

变革的社会阻力主要来自非正式组织。组织成员在长期的共同工作中,相互间必然产生共同的情感、态度和倾向,形成了共同的行为准则和惯例,从而在企业内部建立起一个非正式组织,而非正式组织中的人际关系在满足员工的需要,特别是情感需要方面有很大的作用。而在组织进行变革的过程中,这种长期建立起来的非正式关系就会遭到某种程度的破坏,同时也可能会使非正式组织成员的权责利发生变化,一旦触及他们的利益,必然会遭到抵制。可以说,非正式组织的存在使组织中新旧关系的调整需要一个较长的过程,要应用各种策略对非正式组织成员进行说服教育,让他们接受并支持变革。另外,变革的社会阻力除了来源于非正式组织之外,也有可能来源于其他社会团体以及利益相关者,如政府、投资者等。

(二)消除阻力的管理对策

组织变革中的阻力是不可避免的,关键是采用什么样的方法来处理这些阻力因素,或者让它们变成组织变革的动力。

1.客观分析变革的推力和阻力的强弱

勒温曾应用立场分析的方法来研究变革中遇到的阻力,指出在组织变革的过程中会同时存在着两种力量,即推力和阻力。当两力均衡时,组织维持现状;当推力强于阻力时,就会推动变革的发展。因此,在组织变革的过程中,要采取各种措施来增强变革的推动力量,减少变革的阻力,进而推动变革的深入进行。

管理层可以采取教育与沟通、参与、促进与支持、谈判、操纵与合作、强制等手段来推进变革。如表 11-1 所示。

可以通过教育与沟通让员工充分了解企业目前所处的经营环境,面临的机遇与威胁,让组织成员了解到变革并不是由于管理层的一时兴起而突然决定的,而是从组织的发展现状出发做出的必然选择,从而使组织上下达成共识,增强变革的紧迫感,使变革成为全体组织成员的共同事业,增强变革的群众基础,从而增强变革成功的可能性。

参与是指让直接受到变革影响的组织成员参与到组织变革中,允许他们充分表达自己的意见和建议,从而充分地增强参与者对变革的责任感和工作热情。

表 11-1　减少变革阻力的策略

策略	何时使用	优点	缺点
教育和沟通	当阻力源自信息失真时	消除对变革的误解	当双方缺乏信任时则很难奏效
参与	当反对者具备对组织作出贡献的技能时	提高参与程度与接受程度	耗费时间,可作为下策
促进与支持	当反对者害怕并焦虑不安时	可以促进所需要的调整	花费较大,没有成功的把握
谈判	当阻力来自权力集团时	可以收买人心	潜在成本高,会面临来自其他人的压力
操纵和合作	当需要一个权力集团的支持时	成本不高,便于得到支持	可能后院失火,导致变革推动者失去信誉
强制	当需要一个权力集团的支持时	成本不高,便于得到支持	可能是非法的;可能有损变革推动者的信誉

资料来源:斯蒂芬·P. 罗宾斯,玛丽·库尔特著,毛蕴诗译.管理学原理与实践(第七版).机械工业出版社.2010.

促进和支持主要是帮助员工应对由于变革而造成的恐慌和焦虑,这种帮助包括向员工提供咨询、提供新技能培训等,让员工学习新知识,接受一些新技能、新观念,增强他们对于变革的适应力和心理承受能力,从而能自觉参与到支持变革的行列中来。

谈判就是讨价还价,通过与变革的阻力者交换某种有价值的东西,从而达到减少变革阻力的目的。当变革的阻力来自某一权力集团时,这种方法是比较适用的。

操纵与合作是通过对他人施加影响的方法来达到变革的目的。

最后,通过强制手段,对反对者使用直接威胁或暴力,但是这种方式只能使组织成员表面服从变革,敢怒不敢言,而不会从内心真正去支持变革,相反,会进一步增加他们内心的抵触情绪。这种方式可谓是一个下下策,不到万不得已最好不要轻易使用。

2.与组织成员相互尊重,增进信任

变革者要与组织其他成员相互尊重,增加双方的信任度,而不要一味地把组织中的其他成员都看做是因循守旧、抗拒变革的。变革者在对组织成员充分信任的基础上加强对变革的宣传,因势利导,将变革的原因、必要性、要达到的效果等与组织成员充分交流沟通,让他们充分体会到变革是有利于自身发展的,这样他们便会身体力行,支持并参与到变革实践中。

3.启用人才,排除阻力

这里的人才是指富有开拓创新精神、高瞻远瞩、锐意进取的优秀中青年人才,这些人往往受过现代化教育,创新性较强,容易接受新思想、新观念,不会因循守旧。在组织中,要善于启用这样的优秀人才,把他们充实到组织的一些重要领导岗位上。一旦组织决定变革,这些人往往会最先表示支持,并通过自身的示范带头作用去影响下属,使更多人拥护和支持变革,从而为变革提供强有力的人才保障。

4.创新组织文化

组织文化是组织成员在长期的工作中形成的,组织文化对成员的行为有着重要的影响。要在组织中形成创新的组织文化,这样成员对于新思想、新观念也比较容易接受,对变革的抵触情绪就会明显减小。通过创新组织文化,改革行为才会变得更加坚定,变革的基础也会变得更加稳固。

5.注重策略方法和手段

变革能否达到预期的效果,与变革者的策略有很大的关系。变革不是蛮干,要特别注意策略和艺术,采用比较周密的变革方案,避免变革中可能出现的失误。同时,要特别注意调动管理层变革的积极性,他们是否支持变革,在很大程度上决定了变革能否获得更多的支持。调动起管理层的变革积极性,可以通过他们来影响下属,从而使变革获得更为深厚的群众基础。

四、组织变革中的压力

(一)压力的含义

压力是个人面对种种的机遇、限制、要求,或者其他不确定因素时所产生的一种心理负担。在当今日趋激烈的竞争环境中,压力是在所难免的。压力并不总是坏事,人们常说有压力才有动力,这在一定程度上反映出压力也是具有正面影响的。变革就是要把个人内在的潜能充分发挥出来,起到正面的效果。

(二)表现形式

压力可以通过多种形式表现出来,概括来讲,表现压力的信号主要有三大类,分别是生理的、心理的以及行为上的反应。

1.生理上的反应

压力会在员工的生理上反映出来,医学界的观察认为,压力的出现会伴随着一系列的生理反应,如新陈代谢发生变化、心跳加快、血压升高、头痛、心脏病发作的可能性增加等。

2.心理上的反应

压力会产生不满意、对工作的不满足,这是压力在心理上最为明显的反应,除此之外,还会伴随着其他的一些心理反应,如焦虑、恐慌、易怒、烦躁等。

3.行为上的反应

员工在充满压力的状况下工作,在行为上会表现为工作效率降低、饮食习惯发生改变、说话速度变快,养成吸烟、酗酒等不良习惯。

(三)压力产生的原因

引起压力的因素多种多样,变革中的压力因素主要包含组织因素和个人因素两种形式。

1.组织因素

组织结构的变动以及员工工作的变动是产生压力的重要原因。如过多的规章制度以及员工缺乏参与而减少自己的晋升机会等,都会使员工感觉到压力。同时,员工工作变动会对员工提出新的要求,一旦员工不具备新任务所要求的技能,其就会感受到压力;当员工认为给自己的工作任务过多或者工作定额过高,也会感受到压力。

组织中人际关系的要求也会使员工产生压力,这种压力是由周围的同事造成的,在人际关系不和谐的工作环境中工作,无形中就会产生很多压力,尤其是当员工有着较高的社会需要,非常在意周围人对自己的看法和态度时,造成的压力就会更大。

组织领导是压力产生的一个重要因素。组织领导是组织管理层监督风格的表现,有一些管理者有意在组织中制造出一种紧张、焦虑的气氛,他们通过建立虚假的紧迫感,达到让员工在短期内完成既定任务的目的,对员工实行比较严密的控制,在这样的领导下工作,压力是在所难免的。

2.个人因素

产生压力的个人因素包括家庭问题(如家庭成员的伤病、配偶下岗等)、个人经济问题(如个人经济状况的困难、借贷、经济纠纷等),以及个人性格特征。

员工会不可避免地把个人的问题带到工作中,因此,管理者要全面了解员工的压力,就必须理解这些个人因素,这些都有可能是导致员工压力的原因,了解之后才能更好地选择对策,化压力为动力。

经验表明,员工的人格类型划分有助于组织对压力的调节。在组织中存在着 A 型和 B 型两类人格的人,A 型人往往承受的压力会比较大一些,这类人时间观念较强,总觉得时间紧迫,并且极富竞争性,做事讲求速度;B型人格的人则刚好相反,他们往往乐观、开朗、与世无争,压力较轻。

(三)减轻压力消极影响的对策

前文已经提到,并不是所有的压力都会对员工、对组织产生负面的影响,因此,如何应对压力,如何减轻和消除不适的压力显得尤为重要。如果处理方法得当,压力的负面影响便会降到最低,甚至可能转化为组织或个人前进的动力。

对于组织因素而言,处理与工作相关的压力,在选拔员工的过程中就可以开始了,确定员工潜力的大小,使员工的能力与工作相适应,否则,当员工不能适应工作的要求时便会产生较大的压力。如果压力源自于工作的枯燥,管理者就要重新设计工作,增加工作的创新性和挑战性。另外,组织沟通也可以作为一种减轻压力的重要方式,可以使员工与他人建立起相互信任、相互协作的关系,在这样的工作环境中工作,他们也会变得比较轻松,压力会小一些。

相较于组织压力,减轻员工个人的压力对于组织者而言显得更为棘手,因为对于一些个人因素,管理者很难进行直接的干预和控制,尤其是涉及员工隐私方面的问题时,管理者要想插手就显得更为困难。这时组织可以通过构建强势文化来使个人目标与组织目标之间的差距降到最低,争取使二者趋于一致。近年来,在处理这些问题方面,许多公司通过员工支援计划(基本思想是尽可能快地使消极工作的员工重新成为富有生产率的员工)和保健计划(用于保护员工的健康),来帮助员工处理诸如理财、法律、医疗保健等方面的问题,使员工可以更好地集中精力来做好自己的工作,提高工作效率。

第二节 变革中的冲突与管理

组织中不可避免地存在各种各样的冲突,对此我们不能一味地回避和排斥,明智的做法是充分正视冲突,明晰冲突出现的原因,然后想出具体的处理对策。

一、冲突的内涵

(一)冲突的含义

组织冲突是指组织内部成员之间、不同部门之间、个人与组织之间由于在工作方式、利益、性格、价值观等方面的不一致导致彼此相抵触、争执甚至攻击等行为。

组织冲突会对组织造成重大的影响。研究表明,竞争是导致组织冲突的最直接的因素,组织冲突是竞争的一种重要的表现形式。组织冲突可能存在于相互竞争的部门之间,也有可能存在于为了争取更高的职位、更高权力而相互竞争的管理者之间。

(二)冲突与绩效的关系

组织中存在的冲突水平对组织绩效有着显著的影响。冲突水平与绩效的具体关系如图 11-1 所示。

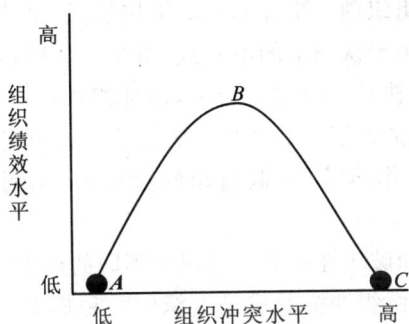

图 11-1 组织冲突对组织绩效的影响

资料来源:高闯主编.管理学(第 2 版).清华大学出版社.2009.

由图 11-1 中可以发现一种比较奇怪的现象,即冲突太少的情况下,如图中 A 点,组织的绩效也是比较低的。传统观点认为,组织中冲突较少意味着组织比较稳定,内部关系比较和谐,组织绩效水平应该会随之升高,但是事实并非如此。组织缺乏冲突往往表明管理者压制新观点,过分强调统一,偏爱一致性的政策,而一致性的政策并不一定是最科学合理的政策,由此便会影响到组织的绩效。随着冲突水平由 A 上升到 B,组织的绩效不断提高,一般认为,组织中存在着一个最优的冲突水平,如图中 B 点,此时管理者倾向于欢迎并鼓励新观点、新思想,强调创新意识,能够寻求不同的方法来提高组织的绩效,他们会把冲突作为有效决策的必备因素。当冲突水平超越 B 点,继续提高时,组织的绩效便会下降,最终降到最低的 C 点。因为激烈的冲突会造成组织严重的功能失调,给组织带来巨大的冲击和动荡,管理者也有可能为了追求自己的私人利益,为了职位的提升而忽视组织整体的发展,这在客观上都会降低企业的绩效。

(三)组织冲突的类型

1.根据冲突产生的结果划分

组织冲突会出现两种截然不同的结果,根据结果的不同,冲突被分为建设性冲突和破坏性冲突。

建设性冲突是组织成员从组织利益的角度出发,对组织中存在的不合理之处提出意见等。建设性冲突的出现,可以使组织充分地认识到自身存在的问题,从而采取适当的解决措施,防止事态进一步扩大而对组织产生负面影响。同时,还可以充分调动员工的工作热情和积极性,加强企业内部不同意见的交流,强化沟通,为组织创造更加和谐的工作氛围,促进企业的良性发展。

破坏性冲突是指由于认识上的不一致、组织资源和利益分配方面的矛盾,员工发生相互抵触、争执甚至攻击等行为,破坏组织的工作氛围,从而导致组织效率下降,影响组织的发展。破坏性冲突会浪费组织资源,使员工之间的关系恶化,影响员工的工作热情,降低组织的凝聚力,不利于组织任务的顺利完成。

由于建设性冲突和破坏性冲突具有截然不同的作用,因此,要把它们区别开来。过去,人们常把组织冲突看成是组织的一种病态,但是事实恰恰相反,适度的冲突是组织进步的表现,可以激发组织的活力,提升员工的工作热情,因此,对组织冲突不能一味地坚持否定的态度,而要注意对建设性冲突的促进和保护,以保持组织的活力,促进组织良性发展。

2.根据冲突的主体划分

冲突会在不同的主体中出现,如组织个体成员的冲突、群体之间的冲突、群体内部的冲突以及组织间冲突。

人际冲突是指由于组织个体成员的目标和价值观的不同所产生的冲突。如当两位管理者在社会责任方面的观点不一致时,两位管理者之间就可能产生人际冲突。

群体内部冲突是指在某一个群体、团队或部门内发生的冲突。

组织间冲突是指不同的组织与组织之间的冲突。如在同一个市场上,两间生产相同产品的公司就有可能因为争夺市场份额而产生组织间冲突。

二、产生冲突的原因

产生冲突的原因是多种多样的,职权重叠、评价和奖惩标准的不一致、资源的稀缺性、重要性程度不同,以及员工的不公平感等因素均会引发组织冲突。

（一）职权重叠

随着组织生产的日益复杂化，任何一个部门都很难单独承担起组织的重任，而当两个或多个部门一起协作完成组织的任务时，部门与部门之间就会出现职权的重叠，如各个部门的领导者之间互不相让，都争取对项目有更多的影响力，这极易引发他们之间的冲突。

（二）评价和奖惩标准不一致

对于相互关联的群体、团队或部门的评价和奖惩标准不一致，也是引发冲突的一个重要原因。如果付出同样的努力，却得不到相同的回报，就会激发人们心中的不满情绪，冲突一触即发，影响到组织成员的工作积极性和工作热情，最终会影响到组织目标的实现。因此，组织要尽量规范自己的奖惩标准，尽量避免此类冲突发生。

（三）资源稀缺

组织的生产经营需要有充足的人、财、物等资源作保证，一旦资源不能充分满足组织的需要，就会引发一系列的冲突。如资源稀缺，生产相同产品的不同企业就会由于对稀缺产品的争夺而出现争执，引发冲突。组织内部各部门之间也会如此，会为争夺组织有限的资源而纠纷不断。由此可见，资源稀缺也会增加组织冲突。

（四）重要性程度不同

在一个组织中，会有一些个人、群体、团队或者部门受到格外的优待，这样就会使其他组织成员产生强烈的不公平感，会使他们的工作积极性下降，不满情绪会在心中积聚并且随时都有可能爆发，从而引发组织冲突。作为组织的高层管理者，要尽可能地避免这种情况的出现，要充分尊重各个部门、各种人员，不能因个人喜好而有所偏向。

此外，还有其他的一些因素会引发组织冲突，组织的管理者要特别敏感，从组织出现的问题中发现潜在的冲突，争取将一些可能会对组织发展不利的冲突消灭在萌芽状态。

三、冲突的管理对策

组织冲突是不可避免的，关键在于如何处理冲突。管理者要不断提高自己协调、处理冲突的能力，并在日常的工作中逐渐总结经验，掌握冲突处理的策略和方法。下面介绍几种处理组织冲突的具体对策。

（一）改变组织结构或者组织文化

要根据组织的发展现状以及发展阶段来调整自己的组织结构，使组织所选择的结构是最适宜组织使用的,是最有利于组织发展的,对组织结构的适时转换可以有效解决冲突。尽量避免职权的重叠,同时要加强对各部门管理人员的培训,使其树立整体、全局观念,不要因争夺自己的利益而引发冲突,阻碍组织整体目标的实现。

组织文化中的规范或价值观可能会造成难以解决的严重冲突。如当组织面临动荡的环境而不得不作出调整和变革的时候,如果组织成员坚持个人主义的价值观,就会引发冲突。因此,为了更好地应对组织冲突,管理者要创新组织文化,形成整个组织都能积极主动地去应对冲突的氛围。

(二)提高组织整合程度,规范组织的评价和奖惩标准

管理者可以通过提高组织整合程度的方式来解决冲突。如组建跨职能团队,这种矩阵式的跨职能团队可以在加快项目完成速度的同时,加强团队成员的沟通和协调,从而有效减少和解决不同部门的冲突。同时组织要明确制定出自己的评价和奖惩标准,并严格执行。

(三)减少组织对资源的过分依赖

当资源不足或者不合理时,部门之间就会争夺有限的资源,从而引发一系列的矛盾,因此,组织要尽量减少对资源的过分依赖。

(四)培养管理者的多样性意识以及多样性的管理技能

组织中的不同成员都有着自己的特点,多样性的意识就是要求管理者树立了解他人的观点以及各种各样的体验和态度,能够站在组织员工的角度去思考,而不仅仅依靠自己的思想、感受、经验来指导员工的行动。在多样性意识的指导下,管理者能够充分考虑到员工的感受和诉求,也容易得到下属的尊敬和爱戴,也可以避免一些由于管理者与员工意见不一致而引发的系列冲突。多样性的管理技能是指改善管理者与下属的关系,提高管理者与不同类型的人共同工作的能力。管理者具备了这种能力,有助于有效地管理员工之间存在的多样性,解决由组织成员之间的差异而引发的一系列冲突。

(五)实行工作轮换或分配临时岗位

有时冲突产生的原因仅仅是因为组织成员缺乏对其他部门工作的了解,如一个销售统计人员每个月都要把自己的报表送给会计部门的人员,这些报表可能对于销售统计人员而言并不重要,而对于会计部门而言却至关重要,如果销售统计人员不了解会计部门的工作要求,两者之间就有可能产生冲突,如会计部门总是催促会让销售统计人员厌烦,就有可能引发两者之间的冲突。而如果两者都对各自的工作有一个清晰的了解,就能够相互理解,避免冲突。实行工作轮换或分配临时岗位,就是要拓宽组织成员的知识面,加深员工对其

他部门工作的理解。

冲突是不可避免的,对此管理者以及组织员工都要有一个清醒的认识,在冲突出现时不要自乱阵脚,在此基础上针对冲突产生的原因并结合组织自身的特点去寻求适当的解决方案。

第三节 组织文化与发展

组织文化是组织软实力的重要组成部分,组织文化在组织发展中的作用越来越明显。因此,研究组织文化对于组织的发展至关重要,本节我们就对组织文化做一个简单的介绍。

例 11-1

海尔和 LG 的组织文化比较

企业组织文化的管理与其他管理不同,复杂的社会经济文化背景对企业组织文化管理的影响极大,不同的民族有不同的思想观念和行为习惯,需要不同的管理方式。跨国企业只有将两者很好地结合,才能取得成功。这里以海尔集团和 LG 集团为例,分析比较它们在员工培训、绩效考核、员工晋升等方面的异同,为企业塑造自己的企业文化提供借鉴。

一、海尔的组织文化

1. 创新为大

一个人才辈出、生机盎然的企业,一定要有人尽其才、才尽其用的优良环境,而这种环境的形成离不开创新性的政策开发思路。海尔在十几年的发展历程中,先后创新性地提出了"斜坡球理论"、"三工并存、动态转换"、"OEC 管理法"等多项企业组织文化的管理制度,这些政策制度符合企业自身特点,强化了员工的外部约束,提高了人员的利用效率,同时内部激励机制在开发员工的能动性与创造性、形成企业合力等方面也发挥了激励作用。

2. 人才使用与开发并举

海尔将使用人才与开发人才并举,视全体员工素质的提高为企业长远发展的动力保证,切实在人才培训上投资,认识到员工的学习和提高与企业的生存发展息息相关,应不断满足员工对知识技能的补充和更新的需要,努力使员工与企业同步成长,争做学习型企业。

3.建立系统化的员工激励机制

使每位员工都处于良好的激励环境中是人力资源开发与管理所追求的理想状态,这就要求企业建立起系统化的激励机制。海尔的激励措施多种多样,其中物质激励是基础,精神激励是根本,在两者结合的基础上,逐步过渡到以精神激励为主。

4.培训是企业的永恒主题和核心环节

海尔建立了培训、使用、选拔、奖惩等良性循环的企业人才开发机制。加大教育投资,建立系统的培训机制,优化育才环境,实施全方位的人才培训计划。通过"实战技能"、"脱产培训"等培训形式,不断提高员工的工作技能;通过内部网络教学等培训形式,不断提高干部的管理水平;通过全员、全过程的持续性培训与支持,其组织文化资本存量和综合素质均得到了提高。

5.重视和发挥企业组织文化的凝聚功能

海尔一直很重视企业组织文化这一无形资产,将其分为表层、中层、深层三个层次,从物质到精神,博大精深。人力资源中心通过《海尔企业文化手册》等企业内部刊物,通过对新员工的教育、日常的案例教学、漫画教学、即时教学等多种形式向员工灌输独特的海尔文化,并将其融入公司管理体系,用企业理念、企业精神激发和培养员工的企业荣辱感、价值追求、参与需要等,加强员工对企业组织文化的认同感。

二、LG 的组织文化

1.人才就地撷英

经营者与员工本地化,是企业跨国经营本土化的基础和关键。LG(中国)不仅将7个子公司的掌门人全部换为中国人,而且努力增大中国人在企业成员中所占的比例。目前,在华的两万名员工中98%是中国人,其中有不少表现优秀者已晋升到高层管理位置。与此同时,LG将教育作为企业经营的首要环节,注重培养和造就中国人才,不但结合中国的实际情况积极为员工安排多种多样的教育内容、提供各种培训机会,支持每位员工发展成为独当一面的精英分子,而且前瞻性地积极储备和积累人才。

2.融入中国文化

LG(中国)力求真正融入到中国文化的氛围中。LG电子在中国实施

"现地一条龙"生产,产品针对中国市场的需求进行设计开发,零部件的国产化率已在80%以上。公司十分注重"正道经营",尊重市场规范和竞争对手,热心支持公益事业,显示出优秀企业应具备的风范。同时,热衷于赞助各种有影响力的活动,提高企业的知名度和美誉度,强化公司与中国社会的联系与交往。

3.中国式管理

LG(中国)的管理理念和管理过程中贯穿着中国式的人情味。其企业文化手册中"公司对员工的责任"部分明确写着:努力尊重员工的尊严,根据他们的能力和表现给予公正的对待,努力培养员工的创造能力。

4.建立中国化企业

LG(中国)坚持"要成为成功的中国企业,而不是在中国成功的外国企业"。LG电子将从三方面发展在中国的事业,实施以中国为中心基地的全球战略,通过事业本地化战略构筑完善型事业体系,实现商业体系本地化和产业间的垂直系列化:将LG的发展战略与中国政府的经济发展战略有机结合起来,除直接投资外,与中国企业建立战略联盟和并购,帮助中国的国有企业改革,达到双赢的最好结局。

三、海尔和LG的企业组织文化比较

1.企业组织文化培训是员工培训的核心

海尔和LG对企业组织文化培训都非常重视。海尔内部培训的第一个部分,就是海尔文化的培训。员工进入海尔,首先接受的培训就是海尔文化方面的培训,包括组织的总体目标、使命、管理哲学和价值观。LG一直秉承"将自己的职业作为LG的事业"的信条,在原先"稳定、协调和尊重"的企业文化基础上,提出了"为顾客创造价值"和"尊重人格的经营"的经营理念,公司最高管理层努力建立和强化四种新的文化:挑战、速度、简单化、无界性。

2.重视员工职业生涯规划

海尔认为,为员工做职业生涯规划,帮助员工成长发展,激励员工在海尔长期干下去,可以帮助企业留住优秀人才。在具体实施上,首先,建立员工个人资料库,对员工进行分析定位。其次,帮助员工进行职业选择,确定今后几年的经营方针和发展战略。最后,将员工的发展目标与企业的意见有效结合,逐步对目标进行分解,帮助员工确定职业生涯路线图。

LG给每位员工提供发挥所长及潜能的机会,为他们设计了两条发展道路:一条是专业发展道路,一条是管理道路。LG还制定实施了员工职业生涯管理办法。职业生涯的管理注重对员工各类资料的收集,通过这些资料的一定时间段的积累,既为各类奖惩、晋级、任免、选送培训、轮岗提供依据支持,也为后续职业生涯规划工作提供第一手的原始资料。LG为员工提供横向和纵向的发展空间,使员工在服务企业、为企业创造价值的同时,提升自身价值,实现了企业和员工的共同发展和利益共同化。

3.人才选拔与晋升机制存在差异

海尔和LG的员工晋升均以绩效考核为标准,但也存在一定的差别。海尔认为,"人人是人才",企业缺的不是人才,而是出人才的机制。为此,海尔设立了一种动态的人才选拔机制,公司根据员工的业绩吸收和提拔有相应专业知识、管理知识和领导能力的干部,不断调整干部队伍的知识结构和年龄结构。具体包括:能者上(员工升迁),庸者下,平者让。这样的人才竞争机制是"优胜劣汰"规律的充分体现。

LG则实行多角度的企业组织文化管理。以每位员工对公司所贡献的成绩核定薪水,绝非以资历而论;晋升和奖励以绩效考核的结果为参考依据,还设立了特别奖励体系、破格提拔体系和特别奖金体系。这样的晋升奖励制度重视员工的实际能力,激励员工最大限度地发挥个人的工作积极性和能力。

4.员工绩效评价制度的区别

海尔的绩效管理是以OEC为基础的市场链机制。OEC管理法可以解释为"日事日毕,日清日高"。实质是借鉴泰勒制,对任务的量化下达指标,考核其工作质量并实行奖励。OEC管理法由三个体系构成:目标体系、日清体系、激励机制。

与海尔的日日清、定量化和强调业绩不同,LG更注重员工的全面素质。其员工绩效评价制度是以公司经营战略和年度经营目标为指导,以职能、职级等级管理制度为基础,通过对员工的业绩、能力、态度等的评价,鼓励先进,改进落后,实现绩效的持续改进,并以此作为晋升、提薪、教育等的依据。LG的绩效评价分为三大类:事务职评价、技能职评价、特殊职评价。

资料来源:http://www.docin.com/p-93369715.html

一、组织文化的内涵

(一)组织文化的概念

人们对"文化"都很熟悉,"文化"一般被人们分为广义和狭义两个层次。广义的文化是指人类在社会历史实践中创造的物质财富和精神财富的总和。其中物质文化常被称为"硬文化",而精神文化则被称为"软文化"。狭义的文化则是指社会的意识形态以及与之相适应的礼仪制度、组织结构、行为方式等物化的精神。

每个组织都有其特定的历史,有自己特殊的环境条件和历史传统,经过长期的发展,会逐渐形成自己独特的哲学理念、价值取向以及行为方式,形成自己区别于其他组织的组织文化。组织文化就是共同的价值体系、行为准则、传统和影响组织成员行为的做事方式。

(二)组织文化的特征

组织文化有一些共同的特征,主要表现在以下几个方面。

1. 超个体的独特性

每个组织都有自己独特的组织文化,这是由不同的国家、不同的民族、不同的地域、不同的时代背景以及不同的行业特点决定的。如美国的组织文化强调进取精神,受这种文化影响,人们的竞争观念比较强;日本则往往把团队合作精神看得比较重要,强调家族精神。

2. 相对稳定性

组织文化是组织在长期的发展中形成的,具有较强的稳定性,一旦形成则比较难改变。组织文化不会因组织结构的调整、战略的转变而随时变化,它植根于组织的最深层部分。相比较而言,组织中的精神文化比物质文化有更强的稳定性。

3. 融合继承性

组织文化具有较强的融合继承性,组织在特定的文化背景下必然会接受这个国家和民族的文化传统和价值体系。同时,还要融合世界文明的精华,从而使组织文化更加充实,更能适应世界的发展趋势,更能适应外界环境的变化,在这种文化的指引下,组织员工的工作效率也会逐渐提高。适应环境以及组织发展需要的组织文化对于组织的长远发展是非常有益的。

4. 发展性

虽然组织文化形成之后是比较稳定的,但并不意味着组织文化是固定不变的,组织文化是随着历史的积累、社会的进步、环境的变迁以及组织变革逐步演进和发展的。逐步发展的组织文化更能适应企业的需要,可以使组织更好地适应外界环境的变化和要求,能用发展的眼光去看问题,更能适应当今时代的要求。

二、组织文化的结构与内容

(一)组织文化的结构

一般认为组织文化是由潜层次的精神层、表层的制度系统以及显现层的组织文化载体三个层次构成的。

精神层是组织文化的核心和主体部分,这是组织成员共同而潜在的意识形态,包括管理哲学、敬业精神、人本主义的价值观念、道德观念等。

制度层,较精神层而言具体了许多,是指体现组织文化特色的各种规章制度、道德规范,以及员工行为准则的总和,同时也包括组织体内的分工和协作关系的组织结构。制度层是精神层与显现层的中间层,在二者之间起到了中介作用。

显现层又被称为制度层,是组织文化抽象内容的外在表现,是组织文化中最直接的部分,也是人们最易于感知的部分。

(二)组织文化的内容

组织文化包含的内容是比较广泛的,在组织文化的概念中也有所体现。最能体现组织文化核心内容的是组织价值观、组织精神、伦理规范以及组织素养。

1. 组织价值观

价值观是人们对于客观事物持有的基本观点和看法,而组织价值观就是组织成员对该组织的生产、运营、营销等活动的基本观点和基本看法。这种观点包括组织存在的意义和价值组织的结构是否合理、组织的职权关系是否明确等内容。组织价值观是指导组织成员行为的准则,因此,组织必须塑造出积极向上的组织价值观,在这种价值观的指引下,组织成员会以更饱满的热情投入到组织工作中,促进组织目标的顺利实现。同时,组织要根据外界环境的变化不断地对组织的价值观进行调整和发展,使其更好地体现外界环境对组织的要求,从而使组织更具环境适应性,更好地争取有利的竞争地位。

2. 组织精神

组织精神是指组织成员认识和看待事物的共同心理趋势、价值取向和主导意识,这是组织成员经过长期的努力奋斗和长期培养所逐渐形成的。组织精神是组织成员的精神支柱,反映了组织成员对组织的特征、形象、地位等的理解和认同,也包括成员对组织未来发展和命运所抱有的美好的希望。同时,组织精神是组织成员基本素养和精神风貌的反映,奋发向上的组织精神是组织凝聚力的重要保证。

3.伦理规范及组织素养

伦理规范是社会对人们提出的并要求社会成员遵循的道德准则和行为规范,通过道德约束以及社会工作舆论来规范人们的行为。组织文化中的伦理规范可以充分提高员工的素质,提升组织成员的道德修养,他们会以认真负责的工作态度投入到工作中,提高组织的工作效率。因此,管理者要注意设定并维持一个高标准的伦理规范。

三、组织文化的形成和作用

(一)组织文化的形成

组织文化通常反映组织创始人的愿景和使命,他们提出组织应用的设想,从而形成了组织的早期文化,由于刚开始组织的规模一般都比较小,创始人完全可以向组织所有成员灌输其愿景。因此,组织的创始人对于组织文化的形成功不可没。

另外,在组织文化的形成过程中,管理者的作用至关重要。企业文化是在企业的主要管理者的积极倡导下形成的,但是只有当他们所倡导的价值观念和行为准则还需要得到员工的广泛认同和广泛接受,并能够自觉地把它们转化为自己的自觉行动时,组织文化才可以算得上是真正形成。

(二)组织文化的作用

一直以来,组织文化都受到了管理者的广泛重视,因为它在组织的发展中发挥着至关重要的作用。组织文化的作用主要表现在以下几个方面。

1.整合作用

组织文化通过培育组织成员的认同感和归属感,在组织成员与组织之间建立起一种相互信任的关系,使个人的思想、情感、信念等与整个组织有机整合在一起,形成一种比较稳固的文化氛围。在这种氛围中工作,员工也会感到比较轻松,能更好地发挥自己的潜力,提高工作效率,确保组织目标顺利实现。

2.适应作用

与时俱进的组织文化可以从根本上改变员工的旧有价值观念,不断接受新思想、新观点,从而更好地适应外界环境的变化和要求,使组织更具环境适应性。当组织成员接受了组织倡导的价值观念之后,他们就会把这些观念内化为自己的行为,从而做出符合组织要求的行为选择。

3.指引作用

组织文化作为组织成员共同的价值观,对员工的行为具有指导作用,指引他们做出符合组织价值观要求的行为,使员工行为规范性更强,便于管理者协调和控制。

四、组织文化的塑造过程

组织文化的塑造是一项长期、复杂的工程,要经过一系列的阶段和过程才能最终形成。

1.选择合适的组织价值观标准

组织价值观是组织文化的核心,要塑造组织文化就必须选择合适的组织价值观。组织价值观的选择要从自身条件出发,根据自身的生产特点、组织目标、组织环境等来选择有益于组织发展的组织文化模式。组织价值观的选择过程要注意以下几个原则:

(1)价值观标准必须明晰、科学、可以反映组织自身特点。

(2)组织价值观必须体现组织的宗旨、管理战略和发展方向。

(3)组织价值观要与组织成员的基本素质相适应,保证员工能够充分认可和接纳,切忌过高或过低。

(4)在价值观的选择过程中要充分发挥员工的创造精神,认真听取员工的意见和建议。

在这些原则的指引下而挑选出来的组织价值观能更好地适应组织的发展,最终形成既符合组织自身特点又能充分反映员工的意愿和要求的组织价值观和组织文化模式。

2.强化员工的认同感

在选定了组织价值观和组织文化发展模式之后,接下来要做的工作就是逐步强化员工的认同感,使这种价值观逐步深入人心。如可以充分地利用一些宣传媒体,对组织文化的内容和精髓进行宣传,方便员工进行深入的认识和了解;可以培养和树立典型,以榜样和组织中英雄人物的感召力和影响力来影响组织其他成员;对组织成员加强相关的培训和教育,使他们充分了解并逐步接受组织的价值观。

3.提炼定格

同时,组织文化的形成还要经过一个漫长的分析、归纳和提炼过程。

首先,将组织价值观在组织成员中灌输之后,对他们的反馈意见进行充分分析和评价,找出实践结果与规划方案相比存在的差距和不足,充分吸收有关专家以及员工的合理意见和建议。

其次,在对组织文化的实践结果进行深入的分析之后,对分析结果进行综合的整理、归纳,保留积极进步的内容和形式,去除那些落后和不适宜的。

最后,将经过科学论证和实践检验的组织精神、组织价值观、组织伦理和行为予以条理化和规范化,并用精练的语言表达出来。

4.巩固落实

这是组织文化的最后实施阶段,要将提炼定格的组织文化落实,需要建立必要的制度保障。如建立某种规范的奖惩制度,对将组织文化落实好的部门和个人给予奖励,同时要发挥组织的主要领导者在塑造组织文化过程中的模范带头作用,使组织文化成为全体成员共同遵守的规范。

5.在发展中不断丰富和完善

时代是不断发展进步的,组织文化要顺应时代的发展而与时俱进,组织要根据自身内外环境的变化对组织文化作出适当的调整,使组织文化的内容更加丰富。

【本章小结】

在本章中主要介绍了组织的变革以及组织文化。当今商界环境日新月异,组织如果仍然故步自封,很可能会丧失自己的竞争优势,因此,组织变革对于组织的发展至关重要,要根据外界环境的变化来调整自己的战略。本章对推动组织变革的内外部环境因素进行了深入的剖析,要对这些因素有一个整体的把握,要学会分析组织面临的内外部环境,选择最佳的变革时机。同时,本章还介绍了组织变革的目标、变革的具体类型以及组织变革的具体程序,从而使变革者有章可循。同时,组织文化作为组织的软实力,在当今社会也变得越来越重要,本章对组织文化的特征、包含的具体内容以及作用进行了深入的分析。

【思考题】

1.简述影响组织变革的内外部因素。

2.简述组织变革的目标以及具体的类型。

3.简述组织变革的具体程序。

4.什么是组织文化,组织文化有哪些具体特征?

5.组织文化的具体作用有哪些?

第十二章　人力资源管理

【学习目标】　通过本章的学习,主要了解人力资源,熟悉组织中人员绩效评价,掌握人员的招聘以及培训过程。

【关键词】　人力资源规划　人员招聘　培训　绩效评价

导入案例

海尔人力资源管理案例

一、海尔企业背景

海尔是至今唯一被搬上哈佛大学讲坛加以探讨的中国企业。这家十多年前亏损100多万、濒临倒闭的集体小厂,一跃成为中国家电行业的领军企业,其成功与良好的用人机制密切相关。在海尔领导集体看来,企业不缺人才,人人都是人才,关键是将每一个人所具备的最优秀的品质和潜能充分发挥出来。正如总裁张瑞敏所说:"你能翻多大的跟头,我就给你搭多大的舞台。"这无疑给每个员工提供了一个任其充分发展的广阔空间。

17年前,海尔的前身——青岛电冰箱总厂还是一个濒临倒闭的小厂。为了发展,这个小厂引进了德国利勃海尔电冰箱生产线,随后,从这里又传出了震撼全国的"砸冰箱"事件,海尔人走名牌战略的道路,使企业摆脱濒临倒闭的命运而起死回生。17年后,外国人知道在中国有家企业叫Haier,产品已出口到世界160多个国家和地区。在17年的时间里,海尔创造了从无到有、从小到大、从弱到强、从国内到海外的卓著的业绩。海尔对人力资源的开发与管理是成功的。首席执行官张瑞敏认为:"人才,是企业竞争的根本优势。人可以认识物,创造物,只要为他创造了条件,他就能适应变化,保持进步,成为取之不尽、用之不竭的资源。有了人才,资本才得以向企业集中,企业在竞争中才能取得优胜。"

如今在海尔,人力资源中心是一个非常重要的服务部门,它下设生产效率组、市场效率组、中心主管和培训部三个子部门。前二者通过从内部市场获得需要提高效率的订单,将订单分别传递给人力主管和人事、分配、用工、培训管理员,由他们操作完成订单,满足客户需求以获得报酬。在这个过程中,人力主管、分配管理员、用工保险管理员、人事管理员分别从中心主管和培训部获得信息、政策、平台等方面的支持,从而形成以生产效率组、市场效率组为核心,中心主管和培训部为支持的流程体系。至此,集团内部各个机构部门人力资源的规划、吸收、培训、考评、管理统一由人力资源开发中心负责。可以说,如果海尔集团是一支联合舰队,那么人力资源开发中心堪称这支舰队中一艘重要的配给舰。

二、海尔人力资源管理的重要举措

一个公司的成长和发展绝不是某一方面的成绩,而是综合作用的结果,但是海尔的人力资源管理却让我们看到了它带给海尔的巨大收益。人力资源与企业发展的各个方面息息相关,让我们来分析一下海尔在人力资源管理上的几个重要举措。

(一)海尔的用人策略

海尔集团在长期的实践中形成了一套科学、合理的用人机制。海尔集团的用人机制可归结为两大理论——"斜坡球体人才发展论"和"变相马为赛马"。

1.斜坡球体人才发展论

海尔认为,每一个人恰似在斜坡上上行的球体,市场竞争越激烈,企业规模越大,这个斜坡的角度越大。员工的惰性是人才发展的阻力,只有提高自己的素质,克服惰性,不断向目标前进,才能发展自己,否则只能滑落和被淘汰。止住人才在斜坡上下滑的动力是人的素质。在海尔谈到素质,人们都认同这样一种理念:在一点一滴中养成,从严格的管理中逼出。为此,海尔实施了全方位的对每天、每人、每件事进行清理、控制,"日事日毕,日清日高";以求把问题控制在最小的范围,解决在最短时间,把损失降低到最低的程度。这就是海尔的管理模式,即"OEC管理"。这种管理模式现在被很多企业所认同并借鉴。

2.变相马为赛马

海尔认为,企业不缺人才,人人都是人才,关键是企业是不是将每一个人所具备的最优秀的品质和潜能充分发挥出来了。为了把每个人最为优秀的品质和潜能充分开发出来，海尔人"变相马为赛马"，并且在全体员工高度认同的情况下，不断实践、提高。具体表现为：在竞争中选人才、用人才，就是要将人才推到属于他的岗位上去赛，去发挥最大的潜力，去最大限度地选出优秀人才。这是一个有利于每一个人充分发挥自己特长的机制，使每一个人都能在企业里找到能够最大限度实现自己价值的位置。这一机制最初体现在公司内部实行的"三工转换制度"。该制度是将企业员工分为试用员工、合格员工、优秀员工，三种员工实行动态转化。通过细致科学的赛马规则，进行严格的工作绩效考核，使所有员工在动态的竞争中提升、降级、取胜、淘汰。努力者，试用员工可以转为合格员工乃至优秀员工。不努力者，就会由优秀员工转为合格员工或试用员工。更为严格的是，每次考评后都要按比例确定试用员工，如此一来，人人都有危机感。这里的"赛马"，遵循着"优胜劣汰"的铁规律。任何人都不能满足于已有的成绩，只有创业，没有守业；谁守业，不进取，谁就要被严酷的竞争所淘汰。"变相马为赛马"实际上是"斜坡球体人才发展理论"的一种体现、保证，二者是相辅相成的。

（二）海尔的人才培训策略

海尔集团从开始至今一直贯彻"以人为本"提高人员素质的培训思路，建立了一个能够充分激发员工活力的人才培训机制，最大限度地激发每个人的活力，充分开发利用人力资源，从而使企业保持了高速稳定发展。海尔培训工作的原则是"干什么学什么，缺什么补什么，急用先学，立竿见影"。

1.海尔的价值观培训

"什么是对的，什么是错的，什么该干，什么不该干"，这是每个员工在工作中必须首先明确的内容，除了通过海尔的新闻机构《海尔人》进行大力宣传以及通过上下灌输、上级的表率作用之外，重要的是由员工互动培训。目前，海尔在员工文化培训方面进行了丰富多彩的、形式多样的培训及文化氛围建设，如通过员工的"画与话"、灯谜、文艺表演、找案例等活动，让员工用自己的画、话、人物、案例来诠释海尔理念，从而达成理念上的共识。

2.海尔的实战技能培训

技能培训是海尔培训工作的重点。海尔在进行技能培训时重点通过案例、到现场进行的"即时培训"模式来进行。具体说，是抓住实际工作中随时出现的案例（最优事迹或最劣事迹），当日利用班后的时间立即（不再是原来的停下来集中式的培训）在现场进行案例剖析，针对案例中反映出的问题或模式,来统一人员的动作、观念、技能,然后利用现场看板的形式在区域内进行培训学习。员工能从案例中学到分析问题、解决问题的思路及观念,提高自身的技能,这种培训方式已在集团内全面实施。对于管理人员则以日常工作中发生的鲜活案例进行剖析培训,且将培训的管理考核单变为培训单,利用每月8日的例会、每日的日清会、专业例会等形式进行培训。

3. 海尔的个人生涯培训

海尔集团自创业以来一直将培训工作放在首位,上至集团高层领导,下至车间一线操作工人,集团根据每个人的职业生涯设计为其制订了个性化的培训计划,搭建了个性化发展的空间,提供了充分的培训机会,并实行培训与上岗资格相结合。在具体实施上给员工搞了三种职业生涯设计:一种是针对管理人员的,一种是针对专业人员的,一种是针对工人的。每一种都有一个升迁的方向,只要是符合升迁条件的即可升迁入后备人才库,参加下一轮的竞争,跟随而至的就是相应的个性化培训。例如,"海豚式升迁"是海尔培训的一大特色;"届满要轮流"是海尔培训技能人才的一大措施。

4. 海尔的多种培训形式

海尔采取多种培训形式:岗前培训、岗位培训、个人职业生涯规划培训、转岗培训、半脱产培训、出国考察培训。

(三)海尔的激励策略

海尔相信这样一条原则——市场经济中人的本质关系是利益驱动关系,信任不信任一个干部是依据个人感情还是依据对干部工作能力的考察,直接关系到企业的成败。为此,海尔制定了"在位要受控、升迁靠竞争、届满要轮换、末位要淘汰"的用人制度,变传统的考察委任制为竞争聘任制,打破年龄、资历、身份的界线,为人才的脱颖而出搭建了一个公平、公正、公开的展示舞台。海尔的人力资源管理政策是与其激励政策密切联系的。每名员工的考核考绩结果是月度工资(A段)、福利待遇和年度工资、升迁、转换、淘汰、奖惩的主要影响因素,也就是说,员工的日清成绩将直接影响其月度工资、年度工资、考核业绩甚至福利待遇。在这样一种透明、公平、动态的激励制度下,难怪海尔人的潜能得到了如此充分的开发与利用。

1.海尔的"三公"原则

"海纳百川,有容乃大",海尔利用近代激励理论中的公平理论制定的"三公"原则,可谓中国企业纳才、容才的典范。海尔用人讲"赛马"而不是"相马",不是由领导发现人才,而是在实践中比较才能和业绩而定优劣。对人才的考核任免讲究公平、公正、公开(简称"三公")。考绩是人力资源管理中最重要的环节,它的主要功能在于为付酬、奖惩、升迁等重大人事决策提供准确的信息,而且通过考绩,对于员工发现自身优缺点并及时加以发扬和改正也有着重要的意义。海尔的考绩实行的是全方位考评制度。通过上级、下级的"市场链"及本人、同事、领导的客观评价,力求使考绩完全符合"三公"原则。海尔用"三公"原则改革传统的用人方法。

2.即时激励,激发活力

从创业以来,海尔对中层以上管理干部实行红、黄牌制度,每个月都评出最好的挂红牌(表扬),最差的挂黄牌(批评),并同年终分配挂钩。在班组,每天都评选出最好和最差的员工。集团设立"合理化建议奖",并用员工名字命名小技改、小革新项目。对重大技术发明创造,为其申报专利并授予"专业技术拔尖人才"称号。对特殊贡献者,给予重奖。新的考评机制激发了全体海尔员工挑战自我、争当第一的斗志,全集团形成了争先恐后、你追我赶的氛围。

3.做人就是做SBU

关于企业核心竞争力的说法很多,海尔的核心竞争力就是要获取用户满意度的最大化。这来自高素质的员工,或者说企业要获取用户满意度最大化,首先要获取员工满意度最大化。而要获取员工满意度最大化很重要的一条是让员工增值。让员工增值的根本途径是让每个员工进行自主经营,海尔把这叫做"人人成为SBU"。SBU是英文"战略业务单位"的缩写,海尔是让每个员工都成为经营的主体。这种策略实际上也是一种对员工的激励策略,员工成为SBU,也就实现了用自己的经营成果来体现自我创造的价值。

资料来源:http://www.docin.com/p-77903729.html

　　从此则材料可知,做好组织中的人力资源规划与开发是组织成功的关键,人是企业组织中最能动的元素,是战略的制定者和执行者,分布在组织结构的各个岗位上,参与到各相关流程的活动中。人的作用在企业中很重要,对战略、结构、流程都会有积极或消极的影响。一个成功的组织必须能够在工作中充分考虑员工的利益,能很好地适应人的愿望和要求,能够充分调动员工的工作热情和工作积极性。人力资源是组织存在和发展的必要条件,研究组织中的人力资源管理能够使人力资源优势充分发挥出来,增强组织的竞争优势。通过本章的学习,将会对上述案例中提及的内容有更深入的了解。

第一节　人力资源管理概述

一、人力资源的含义、特点和作用

　　资源是组织赖以生存和发展的基础,基本上分为人力资源和物力资源两种类型,任何组织的生产和经营都离不开这两种资源的共同作用。经过多年的发展,从 20 世纪 60 年代开始,人力资源的概念逐步被人们认同和接受,人力资源是能够推动生产力发展,能够创造社会财富的、能进行智力劳动和体力劳动的人们的总称。

　　与物力资源相比,人力资源具有以下几方面的特点:(1)主导性,人是自觉的、主动的,有自己的观点和想法,而物是死的,它们的成功开发和利用是需要充分发挥人的聪明才智的,因此,与物力资源相比,人力资源占据着主导的地位;(2)社会性,人是在社会中进行生产和经营活动的,人的能力的发挥受到社会环境的强烈制约;(3)主动性,也即人的自觉能动性,人的最重要特性就在于人不仅能够适应环境的变化和要求,而且可以通过充分发挥自觉能动性来改变环境,使外界环境更有利于组织自身的发展,使组织可以更好地把握住主动权,创造有利于企业发展的环境,而不是处处要受到环境的限制和制约;(4)成长性,物力资源的价值一般是客观限定的,而人的潜力是无限的,通过教育培训,人的能力是可以增长的,并能为组织创造更多的价值。

　　人力资源在组织的发展中发挥着极其重要的作用,下面我们用经济学的观点来对人力资源的作用做进一步的解释。经济学中有一个常用的生产函数,即 $P = f(K, L)$,其中 P 代表产出,反映了组织的生产能力;K 代表资本,包括物力资本(如机器、设备、厂房等)以及一切应用于生产的有形自然资源;

L 为劳动量,是与组织生产经营有关的人力资源。人力资源在经济活动中的重要作用表现在两个方面:一是为组织生产提供必需的劳动力资源,二是影响组织的生产函数,优化组织的资源配置,提高资源的使用效率,使组织获得最佳的产出,提高组织的经济效益。

二、人力资源管理的含义和内容

人力资源管理是指由管理主体为更进一步扩大再生产,合理分配和使用人力而进行的人力开发、配置、使用、评价等诸环节的总和。对组织的人力资源进行系统的管理可以更好地发挥出人力资源的优势,提高员工的工作热情和工作积极性,保证组织工作目标的顺利实现。

组织中人力资源管理包含的内容主要包括人力资源的规划与决策,如根据组织的发展现状、发展阶段来确定对各类型人员的需求,制定人力资源开发规划和各项管理政策、制度;人员的招聘与更新,主要包括人员的招聘与选拔、人员的培训与发展、人员的配置和使用以及人员的激励和保护等内容;人力资源的评价,主要包括岗位评价、人员素质考评以及员工的绩效评价。下文将对人力资源的内容做更进一步的介绍。

三、我国人力资源管理存在的基本问题

人力资源管理是企业的重要管理活动之一,能否对人力资源进行有效的管理,能否通过科学的管理机制、合理的薪酬制度与人性化的管理模式吸引和留住员工一定程度上决定了企业的经营成败。尽管人力资源管理如此重要,但是一些企业在人力资源管理方面仍然存在着各种问题,阻碍着企业的发展,没有充分践行企业的社会责任在人力资源管理方面的作用,集中表现在以下几个方面:(1)薪酬体制不合理。在一些企业,尤其是私营企业,剥削工人的现象仍然十分普遍,一些黑心老板任意克扣工人工资,增加员工的劳动时间,严重损害员工的利益。对于员工来说,报酬已经不仅仅是一种谋生的手段,它还是员工自我满足的需要,是员工自我价值的体现。如果员工的努力付出不能得到合理的回报,员工的积极性就会降低,从而影响企业的效率。(2)劳动合同不合理。一些企业在劳动合同中添加一些不合理的条款或者不给员工提供基本的劳动保障。(3)人才激励机制不健全,不能充分调动员工的积极性和工作热情。(4)对员工培训的重视不够。一些企业把培训看成企业成本的增加,却没有看到培训为企业带来的巨大收益,这是非常不明智的。因为培训不仅可以提升员工的技能,还能激发员工的活力,培育员工忠诚度和促使企业绩效

提高。

第二节　人力资源规划

人是组织中最为重要的资源,分布在组织生产的各个领域、各个部门、各个职位中,如果没有系统的规划和管理,组织就会陷入比较混乱的局面,不能很好地适应组织的发展。

一、人力资源规划的含义和任务

人力资源规划就是预测企业未来的人力资源需求状况,并通过相应的计划制订和实施使供求关系协调平衡的过程。这一过程中得到的数据资料是人力资源管理部门正确决策的重要依据。

人力资源规划的主要任务包括以下几个方面:

(一)系统评价组织中人力资源的需求量

人力资源规划的一个重要任务就是要使组织内外人员的供给与组织内部的人员需求相一致,从而保证组织活动的顺利开展以及组织目标的实现。人力资源的需求量主要是由组织中职务的数量以及职务的类型决定的,职务的数量决定了组织中大概需要的员工的数量,职务的类型决定了人员所需具备的基本技能。同时,组织人力资源的需求量也受组织总的整体战略规划、中长期发展计划的制约,如组织决定进行战略扩张,就有可能会增加一些新的部门和职位,由此,组织未来的需求量就会增加;反之,组织进行战略收缩,组织在制订计划的过程中,人力资源的需求量就要少一些。

(二)分析现有人力资源的基本状况

对组织现有人力资源的基本状况有一个大致的了解之后,才能更好地为人力资源规划提供指导,才能更好地反映组织的现状,使规划具有针对性,符合组织自身的特点。对现有人力资源的基本状况分析包括人力资源的素质、年龄结构、性别结构、组织中人力资源的变动情况以及员工的工作情绪的消长趋势等。然后据此决定完成各项生产经营工作需要具备的人员。

(三)研究分析就业市场的人力供需状况

俗话说,知己知彼方能百战不殆,这一观点用在组织中也同样适用。组织在制订人力资源规划的过程中要清楚地了解自己组织的人力资源需求量,从而对市场的供给量有一个明确的把握,看看市场中能为企业提供多少适应组织工作需要的人员。当外界的供给不能满足组织发展的需要或者从外界引入人员的成本过高时,组织可以考虑制订自己的人员培训计划。

(四)保证人力资源规划体系中各项具体的计划保持平衡

人力资源计划就是要通过规划人力资源管理的各项活动,使组织基本要求与人力资源的基本状况相匹配,保证事事有人做,人人有事做,使人力资源的优势充分发挥出来,保证组织计划和目标的顺利实现。

二、人力资源规划的层次

人力资源规划包括两个层次,即适应组织长期发展的总体规划以及与组织中的具体职位、具体任务相匹配的各项业务计划。

人力资源的总体规划主要是指一定时期内组织人力资源开发利用的总目标、总政策、总体实施步骤及总预算安排。业务规划包括人员补充计划、人员使用计划、人员更迭及提升计划、员工培训计划、激励和保护计划、退休解聘计划等。业务计划是对总体规划的细化和具体化,是总体规划实现的保证,只有每一项业务计划都顺利实现了,人力资源的总体规划目标才会实现。每一项具体的业务规划主要是由目标、政策、步骤及预算等组成的。人力资源的总体规划和各项业务规划的具体内容如表 12-1 所示。

表 12-1　人力资源总体规划和业务规划的内容

计划类别	目　标	政　策	预　算
总规划	总目标(绩效、人力总量、素质、职工满意度等)	基本政策(如扩大、收缩、改革、稳定等)	总预算
人员补充计划	类型、数量、对人力结构和绩效的改善等	人员标准、人员来源、起点待遇	招聘选拔费用
人员使用计划	部门编制、人力结构优化及绩效改善、职务轮换幅度	任职条件、职务轮换范围及时间	按使用规模、类别及人员状况决定的工资、福利预算
人才更迭及提升计划	后备人才数量保持、提高人才结构及绩效目标	选拔标准、资格,试用期,提升比例,未提升资深人员安置	职务变动引起的工薪变化

续表

计划类别	目　标	政　策	预　算
员工培训计划	素质绩效改善、培训类型数量、提供新人力、转变态度及作风	培训时间的保证、培训效果的保证(如待遇、考核、使用)	教育培训总投入、脱产损失
激励和保护计划	人才流失降低，士气水平、绩效改进	激励重点、工资政策、奖励政策、反馈	增加工资、奖金额
劳动关系计划	减少非期望离职率、干群关系改进、减少投诉率及不满	参与管理、加强沟通	法律诉讼费
退休解聘计划	劳动成本降低及生产率提高	退休政策、解聘程序等	安置费、人员重置费

资料来源:黄渝祥主编.企业管理概论(第二版).高等教育出版社.2000,09

按照这些具体的计划去执行,才会使组织的人力资源规划目标真正的实现,把组织的总体人力资源规划真正落到实处。

三、人力资源规划编制的原则

人力资源规划的编制和执行不仅影响人力资源本身的获得和利用,也会对组织中其他资源的利用效率产生重要的影响。人是组织中资源的使用者,人员的素质高低是影响资源利用效率的一个重要因素。同时,人力资源规划也关乎组织员工的职业生涯发展,关系到企业的生存和发展,拥有适合组织发展的员工是企业成功的关键,是组织提高竞争力的重要条件。因此,人力资源的发展必须遵循一定的原则,具体包括以下两个方面。

(一)既要保证企业短期自下而上的需要,也要能促进企业的长期发展

现在企业面临的内外部环境因素变化越来越大,企业面临的变革和调整压力也比较大,而在这个调整的过程中,组织中的职务和职能会做出相应的调整,对人员的需求量也会有很大的变化,因此,必须做好人力资源的规划和实施,使组织的每项活动都有适合的人员去做,从而保证组织任务的顺利完成,确保组织目标的顺利实现。

同时,在保证组织的现有人力资源需要得到充分的满足之后,还要考虑到组织未来的人力资源需求,为组织的未来发展储备足够的人才力量,特别是储备干部力量,不断提高组织员工的素质,培养能够适应当今时代要求的,能够

高瞻远瞩、运筹帷幄的高素质管理人才,以适应组织未来发展的需要。

(二)既要能促进员工现有人力资源价值的实现,又要能促进员工的长期发展

员工是企业人力资源的基本构成要素,企业是员工参与实践,实现个人价值的重要平台,现在的员工不仅关注自身的价值,更注重自己的职业发展。因此,在人力资源规划的制订过程中,既要考虑到员工现有价值的实现,更要从员工的角度出发,注重他们的长远的成长和提高,并为他们提供提高和发展自己的机会,为人力资源未来在企业甚至在社会的发展创造条件。

正确地做好人力资源规划,为员工提供发展的机会,对于企业的长期发展也是有益的。因为组织在充分尊重员工利益的同时,也会获得员工充分的回报,获得员工对组织的绝对忠诚,提高他们的工作热情和工作积极性,可以让他们没有后顾之忧地全身心投入到组织的生产和经营中,促进组织任务的高效率完成。同时,也会减少人员的流动,稳住人心,留住优秀的人才,为组织的发展提供一个稳定的工作环境,促进企业的长远发展。

第三节　人员的招聘与更新

员工招聘是组织获得所需人才的重要途径,而组织是不断发展的,因此要通过教育培训等措施不断提高员工的素质和技能,促进员工的更新,跟上组织的发展步伐,始终保持组织发展对与人员数量和素质的要求。

一、员工招聘的标准

员工招聘是为组织寻求、吸引并鼓励符合组织要求的人到本组织任职的工作过程,当组织进行战略扩张、组织中出现职位空缺或者组织中员工的素质不能充分满足需要时,组织都要设法通过招聘寻求新的人才。

员工招聘是落实人力资源计划的一个重要步骤,是有一定的标准和依据的,招聘员工必须依据这些标准认真谨慎地选择。在组织中,对于管理人员的招聘和选择至关重要,能否为组织挑选出适合的管理人才是组织经营成败的重要因素,因此,与普通员工相比,对于管理人员的选择就显得更为重要。对管理者进行选择的过程中,管理人员要满足以下几种标准:

(一)必须具备强烈的管理欲望

只有具备强烈管理欲望的人,才有可能把管理工作做好,强烈的管理欲望是有效开展工作的首要前提。管理意味着可以充分运用自己的知识和技能，实现自己的人生价值，获得心理上的满足感，正是在这种满足感的驱动下，很多员工努力提高自身能力，期望可以满足管理岗位的要求。同时，管理意味着对种种权力的运用，那些对权力不感兴趣的人就不会负责任地使用权力，就达不到组织对管理人员的期望和要求，同时，一个不称职的管理者也会造成组织人力资源的巨大浪费，给组织带来巨大的灾难。因此，组织所挑选出来的管理者必须具备强烈的管理欲望和管理能力，这样才有可能达到积极理想的工作效果。

(二)管理人员必须具备良好的品德

有人可能会对这一点提出质疑：只要具备足够强的管理能力就能够把企业管理好，和自身的道德无多大关系。但事实并非如此，良好的品德不仅是管理者同时也是每一个组织成员应该具备的基本素质。这是因为管理意味着对于种种权力的利用，而组织对于权力的运用不能时时监督，所以权力的正确运用在很大程度上取决于管理者自身，要求他们有严格的自律精神，具有正直高尚的道德品质，这样才能够得到组织的信赖，才会将权力放心地交到他们的手上，杜绝滥用职权的现象。当然，正直的品德是选拔管理者的重要标准，但是还必须考虑到他们的工作能力，只有这两方面都满足组织要求，才有可能成长为一个合格的管理者。

(三)具备开拓进取和创新精神

随着企业经营环境的日益复杂以及竞争的加剧，管理者的开拓进取和创新精神就显得尤为重要，只有具备强烈的创新意识的管理者才能更好地引导企业的发展，为企业创造出经济利益。对于一个现代企业而言，对管理者提出了新的更高的要求，不仅仅是能够正确地执行上级的命令，更重要的是能在组织系统和部门的工作中不断创新，能够勇于打破传统模式的约束和限制，敢想敢做，要以饱满的工作热情去感染下属，使创新成为全体组织员工的共同事业，使组织充满生机和活力。但是创新并不总是会取得理想的效果，创新需要承担很大的风险，因此，要求管理者具备较强的抗风险能力，能够应对出现的复杂状况。

(四)具备较高的决策能力

管理者的决策是否正确，在很大程度上影响到企业的经营成败。尤其是近年来，组织面临的生产经营环境日趋复杂，这就向管理者的决策能力提出了新的挑战和要求。因此，要想在日趋激烈的竞争环境中掌握主动权，更好地适应组织内外环境的变化和要求，管理者必须不断提高决策能力，使做出的决策能够更好地体现时代的要求，能够对组织的长期发展产生积极的影响。

二、员工招聘的来源与方法

(一)员工招聘的来源

组织可以通过多种方式来招聘组织所需人员，如通过内部搜寻、广告、员工或关联人员推荐、职业介绍机构推荐、学校招聘等，总之，组织招聘员工的途径是多种多样的，每一种方式都存在自己的独特优势，但同时也会有自身的不足。表12-2对各种方式的优缺点进行了简要的对比分析。

表 12-2   各种招聘渠道的优缺点

来　　源	优　　点	缺　　点
内部搜寻	成本低；提高士气；候选人熟悉组织情况。	供应有限；不能提高受保护群体员工的比例。
广告	辐射范围广；可以有目标地针对某一特定人群。	会有许多不合格的申请者。
员工推荐	可以通过现有员工提供对组织的认识；良好推荐可以找到很好的应聘者。	可能不会增加员工的多样性和融合性。
公共就业机构	免费或正常费用。	虽然可以获得某些熟练员工，但总体来讲，大多数应聘者的技能水平较低。
私人就业机构	广泛接触；认真筛选；通常有短期保证.	成本高。
学校招聘	大量集中的候选人。	受初入者级别职位的限制。
临时性支援服务	满足临时需要。	费用昂贵。
员工租赁及独立合同工	满足短期需要，但通常适用于更专业、更长期的项目。	只关注当前的项目而不对组织负责。

资料来源:斯蒂芬·P.罗宾斯,玛丽·库尔特著,毛蕴诗译.管理学原理与实践(第七版).机械工业出版社.2010.

大多数的研究表明，员工推荐通常能产生最适合的应聘者，一般认为员工推荐的应聘者是员工熟识的，他们对于应聘者的特长、个性等都有所了解，此外，员工对于组织的要求也比较熟悉，他们知道什么样的人更能符合组织的需要,因此,比较容易提供合格的应聘者。另外,还有一个比较重要的原因,即现有员工通常会觉得推荐和自身的声誉是相关联的,如果他们推荐的人不能很好地满足组织的需要,也会对自身产生负面影响,因此,只有当他们觉得自己所推荐的人员不会辜负组织和自己的期望时,他们才会觉得值得推荐。

不同的组织具有不同的特点,组织可以根据自身的发展需要,选择适合组织自身发展的人员招聘方式,为组织发展挑选出适合的人才,保证组织目标的顺利实现。

（二）员工招聘的方法

依据员工来源的不同,员工招聘分为内部招聘和外部招聘两种形式。

1. 外部招聘

外部招聘是指根据组织的人力资源规划从组织外部选拔符合空缺职位要求的员工。外部招聘具有以下几方面的优势:

（1）具备难得的外部竞争优势。外部竞争优势是指应聘者没有太多的顾虑,可以放手进行自己的工作,有自己的新观点、新想法,能够保证工作更好完成。另外,组织内部成员只知新招进员工的现有工作能力和实效,而对于他们职业生涯中的负面经历知之甚少,因此,如果外部招聘的员工工作能力较强,能够为企业创造更多的绩效,就会得到内部成员的尊重和信任,他们的权威也比较容易建立起来。而对于内部提升的人员,如果他们以前有过失败的教训,组织中其他成员会铭记于心,不利于内部提升者快速展开工作,也会对自己的权威造成影响。

（2）有利于缓解内部竞争者之间的紧张关系。当组织决定从内部提升员工时,就有可能出现多个人同时争夺同一个职位的状况,从而会引发内部成员间的激烈竞争,破坏员工之间的关系和友谊,损害人与人之间的相互信任,很容易出现员工之间勾心斗角的状况,极大影响组织的工作氛围。而且当员工发现和自己水平相当的同事得到提升而自己却还在原来位置上时,就会产生强烈的不满情绪,影响工作的积极性,不利于工作任务的顺利完成。而从外部招聘,可以在一定程度上减少这种不满情绪,使内部竞争者得到某种心理的平衡,缓解他们之间的紧张关系。

（3）能为组织输送新鲜的血液。来自外部的员工具有区别于组织内部员工的观点和想法,能够为组织带来新的管理经验和管理方法,使组织充满生机和活力,能够为组织带来更多的创新机会,有利于组织更好地抓住机会,促进组织的长远发展。同时,由于他们是新加入进来的,与上级和下属还没有形成复杂的人情网络,不必顾虑太多,可以放开手脚,更好地发挥自己的能力和特长,在组织中开拓自己的一片天地。

但是利弊是参半的,外部招聘也存在诸多的缺陷,这些缺陷反映在以下几个方面:

(1)外部来的应聘者对组织缺乏深入的了解。面对当前复杂的形势,组织也变得越来越复杂,外部应聘者不熟悉组织内部复杂的状况,不了解组织的特点,这对自身的活动有一定的影响,他们对组织的环境也比较陌生,工作起来可能没有内部员工那么得心应手。同时,外部候选者刚入职时,缺乏一定的人事基础,一时间很难得到周围同事或者下属的尊敬和认可,外部应聘者要经过一段时间才能与组织相适应,真正融入到企业中来。在这一阶段中,外部应聘者的能力不能充分发挥出来,不能快速进入工作角色,工作效率不会很高,给组织造成了一定的消极影响。

(2)组织对外聘者缺乏深入的了解。虽然在选聘的过程中,通过测评、面试等可以对他们有一个大致的了解,但是人是比较复杂的,要对他们有一个比较全面的了解,需要一个较长的阶段。因此,通过短暂的交流而选拔进来的员工,在日后的工作中发现并不是组织所需要的,而一旦出现这种状况,给企业造成的危害也是比较大的,因为即使他们不能很好地满足组织的要求,组织者也不能立即解聘他们,从而会影响组织效率的提高,不利于企业的长远发展。

(3)会打击内部员工的积极性。现在越来越多的员工关注自己的职业生涯发展,他们可能并不期望自己刚入职就担任较高的职位,但是他们希望通过自己的努力,通过自己在组织中不断积累经验来发展自己的技能,为自己争取到提升和发展的机会。如果企业过分重视从外部招聘管理人员,就会严重影响内部员工的积极性——在他们看来,无论自己怎样努力,组织也看不到,这样便会引发他们严重的不满情绪。同时,一个过分注重从外部招聘员工的组织也很难找到优秀的人才,因为有才华、有潜力的人员考虑到自己今后的升迁和发展路径比较狭小,会不敢轻易应聘。

2.内部提升

内部提升是指当内部员工的能力得到充分的确认之后,被委以比原来责任更大、职位更高的职务,以弥补组织中由于各种原因而出现的职位空缺。

例 12-1

艾科公司人才的内部提拔

　　艾科公司在进行人才选拔的过程中,同时兼顾员工个人发展和公司业务发展。艾科公司的全球使命是"努力成为世界上最优秀的石油公司,为股东进行稳健的投资、提供丰厚的回报"。公司对"最优秀"的定义是指最佳的赢利能力。要获取最佳的赢利能力,就必须在各个业务领域均做到低成本、高效率地运作。艾科公司在经理人的培养上给予了其他公司不能比拟的重视。

　　遵循艾科公司总部重视对内部员工的培养和提拔的惯例,在中国的各个分公司,所有一线、中级管理职位都是尽量选拔公司内部的人员来担任。公司遵照个人的能力倾向挑选发展机会,一般包括:(1)短期派往其他国家工作,目的是培养该员工对跨国文化带来的问题的处理能力,以及培养跨国管理经验和视野;(2)特别项目,公司往往会指定这些管理人才去做一些新的、极其困难的项目,如在越南开设油站的市场调查、财务控制新系统的推广等,以锻炼该员工在面临困境和复杂的新环境时的领导能力;(3)集中培训,公司对于高潜质员工有专门的培训方案,例如,对于区域总经理的培训项目包括"跨文化管理"、"将变化转化为效益"、"对非财务经理的财务培训"。对于即将担任总部高级职位的员工的培训项目包括"全球管理经理的研讨会"和"国际化经理培训"等。

　　资料来源:http://www. netcoc. com/portal. php? mod=view&aid=1609

　　内部提升具有以下几方面的突出优势:

　　(1)充分调动员工的工作积极性。内部提升制度给组织员工带来了憧憬和希望,激励他们更加努力地工作,并注重在工作中逐步提高自己的知识和技能,不断提升自己的业务能力,以期能够适应更高的职位要求。同时,内部提升制度也可以很好地维持员工的忠诚度,鼓励有发展潜力的员工以更饱满的精神和工作热情投入到工作中,为自己创造更多的提升机会。

　　(2)也有利于吸引外部人才。内部提升制度表面看是排斥外部人员,其实并非如此。由于内部提升制度为员工提供了美好的愿景,一些有潜力的人员愿意加入到这样的组织中,可能入职时自己的职位很低,但是通过自己的努力,凭借自己的知识和能力,有条件提升到更高的职位上。由此可见,这种内部提升制度能够增强组织的吸引力,外部人才愿意到这种组织中任职。

(3)有利于保证选聘工作的正确性。组织对于在组织中工作了一段时间的内部候选人的了解较对外部候选人的了解深入许多,组织对于他们的工作能力、业绩以及基本素质都会有一个大致的了解,由此可见,从内部选拔更能挑选出适合职务要求的人员,保证选聘工作的正确性。

(4)有利于被聘者迅速展开工作。从内部提升的候选人熟悉组织的工作环境,了解组织的运行模式和特点,不需要进行磨合就能迅速适应新的工作。同时,在组织中工作了一段时间的员工,建立起一定的人脉网络,能获得同事的支持和鼓励,这对他们迅速打开局面也有很大的帮助,从而可以更有信心地投入到工作中。

但是内部提升亦存在弊端,主要表现在以下几个方面:

(1)滋生组织内部的不良作风。为了获得提升的机会,员工可能会采取一些不正当的手段去贿赂自己的上级,诋毁自己的竞争对手,会出现员工相互倾轧的状况,严重毒害组织的风气。同时,内部提升上来的员工会继承组织的优良作风,但同时也会使组织中的不良风气得到滋生和蔓延,他们倾向于模仿上级的管理方法,这会极大制约他们自身潜力的发挥,也不利于组织的管理创新和管理水平的提高。

(2)引发同事之间的矛盾。当多个候选人同时争夺一个职位时,他们之间就不可避免地会出现一系列的矛盾和问题,破坏和谐的工作关系。同时,落选者还会出现强烈的心理落差,或者产生一种"欠公平的感觉",从而引发对组织的不满情绪以及对提升者的厌恶,甚至是敌视,这会给提拔者开展工作造成不利的影响,也不利于内部员工的团结和合作。

(三)招聘方式选择的影响因素

两种招聘方式各有利弊,那么企业该如何确定自己的人员招聘方式呢?这要根据组织自身的特点来决定,包括企业所处的发展阶段、企业面临的内外环境、企业所需选拔的人才的层次等。企业要从自身的实际情况出发,根据人力资源规划,明确企业的人才需求,建立完善的内部选拔体系,同时也要注重从外部引进优秀的人才,提升企业的活力。

企业在选择招聘方式时,具体要考虑以下几方面的因素:

1.所需选聘人员的层次

一般而言,高层次管理人才的选拔要以内部提升为主,因为高层次的管理人才对于组织的发展至关重要,甚至可以说决定着组织经营的成败,因此,对于高层次管理人才的选拔必须谨慎。从内部选拔可以对他们进行一个较长时间的了解和考察,可以更好地保证选聘工作的正确性,同时也有利于优良传统以及优秀文化的继承和发扬。

内部提升的高级管理人才能够更深入地理解组织的核心价值观,并且他们会身体力行,全面贯彻组织的核心价值观。同时,由于长期在组织工作,他们已经认同组织的文化,并把它内化为自己的自觉行动,使自己成为企业文化的自觉执行者和传播者,如此便更能坚持企业的核心价值观,有利于企业的长期可持续发展。

2.企业经营环境的特点

企业的经营环境也会影响到组织的招聘方式,一般而言,当组织面临的外部环境变化较大时,外部招聘的方式则更为适合。因为在环境剧烈变化的过程中,组织也会面临深刻的变革,企业内部人员的特长和经验可能已不再适应组织的发展,这时从企业外部招聘人才可以为企业带来新的契机和希望。

3.企业的发展阶段

企业在不同的发展阶段对于人才的需求量以及人员的素质都会有较大的差距,如处于成长期的企业,发展速度较快,对于人员的需求量较大,如果单纯靠内部提升,则很难满足组织的需要,这时组织要从外部招聘适宜的人才,满足组织发展的需要。而在企业成长的后期和成熟期,通过长期的培训和积累,已经储备了很多优秀的人才,此时在内部提升比较适宜。

4.企业战略以及企业文化调整的需要

如果企业战略不变,就需要原先文化的辅助和支持,这时选择内部招聘员工更有利于组织文化的传承;而当组织的战略做出调整时,组织文化也要做出相应的变革,以更好地适应组织的发展,这时内部员工的固有理念和价值观可能已经不能很好地适应组织的发展,甚至会抵制组织的调整和变革。而从外部招聘的员工则不会受到组织固有观念的束缚,能更好地满足战略和文化调整的需要。

三、员工招聘的程序

员工招聘是一个复杂的过程,必须遵循一定的程序,按步骤有条不紊地进行,从而保证选聘工作的正确开展。这个过程主要包括以下几个步骤:

(一)制订并落实招聘计划

根据组织中空缺职位的类型、数量等要求确定组织的招聘计划,成立专门的招聘委员会或招聘小组,落实组织的招聘计划。现在大多数组织都有自己的人力资源部门,专门负责组织招聘,但这并不是唯一的渠道,也可以通过代表所有者利益的董事会,或者组织成立的临时性机构来进行。选聘工作机构要秉承公平、公开以及对企业负责的原则,选拔出适合组织发展的人才。

（二）对应聘者进行初选

当应聘者数量很多时,要通过一定的方式对应聘者进行初选。对内部候选人的初选可以根据其日常在组织中的表现、工作能力以及工作绩效等因素来进行考评,对内部人员的选择往往会比较准确,员工在组织中的工作时间越长这种考评就越具参考性。对外部候选者的考评,可以经过初步的面试,针对组织所需的特殊技能对应聘者进行考察,观察他们的兴趣、观点、见解、进取心、创造性等,看是否与组织的要求相符。

（三）对初选合格者进行知识和能力的考核

在初选的基础上,淘汰明显不适合组织发展需要的人员,而对于留下的应聘者,组织要进行更深入的考察,并进一步进行测试和评估,从而对应聘者的素质有一个更深入的了解,更好地保证选聘工作的正确性。

（四）选定录用员工

在经过上述各阶段的了解和测评之后,组织对应聘者的各项技能有了一个大致的了解,然后综合考虑组织的职务类型和具体要求,决定应聘者的去留问题。对各项标准都达到组织要求的人员,做出录用的决定。

（五）评价和反馈招聘效果

在选定录用员工完成之后,要对整个选聘工作进行系统的评价,吸取成功的经验,改进存在的问题,并把选聘工作的成功与过失反馈到招聘部门,为下一阶段的招聘工作提供依据,使整个选聘工作不断完善。

四、员工培训

通过选聘工作选择了适合组织的员工之后,还要对其进行培训,使他们的技能和素质进一步提高,以适应组织不断发展的需要。组织要根据自身的特点以及员工的特点,对员工进行适时适当的培训。当组织中出现产量减少、质量下降、事故增多以及生产率下降等状况时,就为组织提供了一种信号,表明员工的技能需要得到进一步的改善,这时对员工进行培训就成为必要。当然,我们的前提是上述问题的出现是由于员工自身的原因。

做好员工培训才能更好地促进组织的发展。下面我们来了解一下杜邦的培训机制。

例 12-2

别具一格的杜邦培训

作为化工界老大的杜邦公司在很多方面都独具特色。其中,公司为每一位员工提供独特的培训尤为突出。因而杜邦的人员流动率一直保持在很低的水平,在杜邦总部连续工作 30 年以上的员工随处可见,这在"人才流动成灾"的美国是十分难得的。

杜邦公司拥有一套系统的培训体系。虽然公司的培训协调员只有几个人,但他们却把培训工作开展得有声有色。每年,他们会根据杜邦公司员工的素质、各部门的业务发展需求等拟出一份培训大纲,上面清楚地列出该年度培训课程的题目、培训内容、培训教员、授课时间及地点等。并在年底前将大纲分发给杜邦各业务主管。根据员工的工作范围,结合员工的需求,参照培训大纲为每个员工制订一份培训计划,员工会按此计划参加培训。

杜邦公司还给员工提供平等的、多元化的培训机会。每位员工都有机会接受像公司概况、商务英语写作、有效的办公室工作等内容的基本培训。公司还一直很重视对员工的潜能开发,会根据员工不同的教育背景、工作经验、职位需求提供不同的培训。培训范围从前台接待员的"电话英语"到高级管理人员的"危机处理"。此外,如果员工认为社会上的某些课程会对自己的工作有所帮助,可以向主管提出,公司会合理地安排人员进行培训。

为了保证员工的整体素质,提高员工参加培训的积极性,杜邦公司实行了特殊教员制。公司的培训教员一部分是公司从社会上聘请的专业培训公司的教师或大学的教授、技术专家等,而更多的则是杜邦公司内部的资深员工。在杜邦公司,任何一位有业务或技术专长的员工,小到普通职员,大到资深经理都可作为知识教师给员工们讲授相关的知识。

资料来源:http://wenku. baidu. com/view/b48ba384b9d528ea81c779c5. html

(一)员工培训的目标

培训旨在不断提高员工的素质和能力,以应对组织中出现的新情况、新问题,更好地适应组织长期发展的需要。员工培训要达到以下几方面的具体目标:

1.补充新知识,锤炼新能力

随着知识经济时代的到来以及科技的不断进步,组织面临的经营环境日趋复杂,组织要不断地进行调整和变革才能更好地适应环境的变化和要求。此时,会对组织员工提出新的挑战,他们的知识和技能随着组织的发展和变革逐步老化,如果不对员工进行新知识、新技能的培训,他们就会逐步与企业脱轨,不再适应组织发展的需要。

2.发展能力,提高竞争力

员工培训的一个主要目的就是根据工作的要求,不断提高他们在决策、用人、沟通、创新等方面的综合技能,以更好地应对日益复杂的工作。同时,员工综合能力的提高,会进一步提升企业的绩效,使组织在激烈的市场竞争中掌握主动权,不断提升自身的实力。

3.转变观念,提高素质

每个组织都有自己特殊的文化,组织成员在长期的工作中逐渐接受组织的文化,逐步形成了自己的文化价值观念和基本行为准则。新入职的员工,缺乏对组织的核心价值理念的了解,不能充分地融入到组织文化中。员工培训的一个重要目标就是让新入职的员工尽快了解组织的特点,逐步了解并尽快融入组织文化之中,形成统一的价值观念,增强组织的凝聚力。

4.交流信息,加强协作

组织培训的一个重要要求是通过培训加强员工之间的信息交流,使新员工消除对组织的陌生感,让他们充分了解组织的经营特点、经营环境、运营模式、绩效水平、市场状况等方面的情况,从而更好地融入组织中,与组织的发展同步。同时,让他们熟悉自己的合作伙伴,加强他们之间的交流和协作,凝聚成无形的合力,推动组织的发展和进步。

(二)培训的方法

培训的方法多种多样,但大致上分为在岗培训和脱产培训。表 12-3 中列举了几种常见的培训方法。

1.在岗培训

在岗培训是一种比较盛行的培训方式,因为其成本较低,员工不需要离开工作岗位,不需要耽误组织的任务,因此,更能引起管理者的重视。但是在职培训会分散员工的一些精力,干扰他们正常的工作,员工在工作中出现的失误可能会比较多,会给企业带来一定的负面影响。同时,有一些技能培训是比较复杂的,在职培训根本达不到理想的效果,仅仅是浪费时间,这时就有必要进行脱产培训。

表 12-3　几种常见的培训方法

在岗培训方法实例	
工作轮换	横向调动可使员工走上不同的工作岗位,执行各种不同的工作任务。
实习分配	和经验丰富的工人、教练或导师们一起工作。从有经验的职工那里得到支持和鼓励。在手工艺行业可能是学徒期。
脱产培训方法实例	
课堂讲座	通过课堂演讲,传授相关的专业技术、人际关系或解决问题的技能知识。
视频材料	利用多媒体来清晰地演示其他培训方法不容易传授的特殊技能。
模拟练习	通过实际完成工作(或模拟)进行学习。方法有案例分析、实习、角色扮演以及团队互动等。
入门培训	通过在模拟的工作环境中使用与实际工作相同的设备进行学习。

资料来源:周三多主编.管理学(第 2 版).高等教育出版社.2005.11

2.脱产培训

　　脱产培训是指员工离开工作岗位一段时间,去参加一些专门的培训和训练,以便更好地适应新的工作岗位。常见的脱产培训方法包括课堂讲座、视频材料、模拟练习等。其中,课堂讲座适合集中向员工灌输一些特殊的知识和技能时使用,可以在短期内改善员工的认知,使其接受新知识、新技能。视频材料的直观性较强,比较形象贴切,可以弥补其他方式在示范效果方面的不足。

第四节　人力资源评价

　　人力资源评价大致包含三方面的内容:侧重对事不对人的岗位评价、侧重对人不对事的人员素质评价以及将人事结合起来进行的员工绩效评价。只有对人力资源的评价做到了准确无误,才能更好地发挥人力资源的优势,优化人力资源的使用配置和开发管理,更好地吸引和留住人才。

一、岗位评价

　　对岗位进行细致的分析和评价之后,才能对企业的人力资源开发和利用有一个参照,确保人尽其责,提高员工的劳动生产率,增加企业的收益,更好地保证组织目标的实现。岗位评价包括岗位分析、岗位规范的制定、岗位任职资格的评价以及岗位相对价值的评价四个阶段。

其中,岗位分析是对岗位本身的情况进行调查、分析、记录的过程。岗位本身的情况包括以下内容,如岗位的名称、隶属的部门、岗位的具体工作内容、工作条件、工作形式(包括工作的方法、程序、手段、使用的工具等)、工作目的以及岗位对于工作人员的具体要求(如人员的文化教育水平、专业知识、技能、经验等)。当组织设计工作以及组织结构基本确定之后,就要对各个岗位做出具体的分析,分析每个岗位在各方面对人的要求,如此才能更好地促进人岗匹配,保证把每个人都安排在最适合的岗位积累知识、发展技能,从而最大限度地发挥出人力资源的优势。岗位分析是岗位规范编写的依据。

岗位规范也被称为岗位说明书,是在岗位分析的基础上给出的,涵盖了有关岗位的各种重要的要素,如工作目标、工作任务与责权范围、工作责任等。岗位规范是岗位分析结果的体现,在实际中二者是结合在一起统一进行的。岗位规范要尽可能清晰和完整,为以后的岗位的其他方面的评价提供依据。

在岗位说明书中,对于岗位的任职资格已经提出了一些基本的要求,但是对企业中一些比较重要的职位,如领导岗位和关键管理岗位,其任职资格还要额外做出明确的规定,以便更好地为组织挑选出合适的人才。

各个岗位上劳动者的付出以及在企业中的重要程度都是存在差异的,岗位相对值的评价就是对这种差异性的反映,其评价结果可作为劳动者报酬的依据,使劳动者的付出与回报成正比,从而更好地调动员工的工作热情和工作积极性,避免员工产生不公平感。

二、人员素质评价

在对岗位进行了客观的评价和分析之后,接下来的重要工作就是考虑究竟什么样素质的人员才能更好地适应岗位的要求,这就需要运用一些科学的方法和工具对人员的素质(如人员的知识、技能、心理等内在素质)做出系统的评价。

人员素质评价可以采取多种手段进行,如面谈、测试等,面谈可以很好地了解员工的思维能力、反应能力以及沟通表达能力等方面的素质,而测试则可以更好地了解他们的知识以及技能水平,可以根据岗位的性质不同,选择比较适合的方式,以使岗位所需要的关键素质充分显示出来。

三、人员绩效考评

为了更好地吸引和留住人才并更好地激励他们全身心投入到工作中,更好地调动员工的积极性和工作热情,需要对员工的工作绩效进行科学的管理和测评。下面看一下通用公司的绩效考评制度。

> **例 12-3**
>
> **通用电气(中国)公司的考核秘籍——**
> **把简单的事情做好才是又"红"又"专"**
>
> 通用电气公司(GE)名列全球 500 强第一位,完善的管理、辉煌的业绩使其得到全球范围的尊敬,被评为"世界超级 100 家公司"首位(《福布斯》1998,1999,2000);通用电气公司总裁韦尔奇被评为"世纪经理人"。
>
> GE 公司这艘企业界航空母舰的管理之道,一直被人们奉为管理学的经典之作,而 GE 的考核制度则是其管理典籍中的重要篇章,从通用(中国)公司的考核制度可以发现 GE 考核秘籍的重点所在。
>
> 通用电气(中国)公司的考核内容包括"红"和"专"两部分,"专"是工作业绩,指其硬性考核部分;"红"是考核软性的东西,主要是考核价值观;这两个方面综合的结果就是考核的最终结果。
>
> 资料来源:http://finance.qq.com/a/20060713/000532.htm

(一)绩效考评的作用

绩效考评之所以在企业中受到了越来越多的重视,是因为其在企业发展中以及员工技能提高方面都发挥着重要的作用。绩效考评的作用主要表现在以下几个方面:

1.绩效考评为组织的发展提供了重要的支持

绩效考评的一个重要的目标是提高员工的业绩,使员工可以正确地认识自己,使员工有机会了解到自己的缺点和不足,从而更好地明确改进的方向,不断提高自身技能,以更好地适应组织变化和发展的需要。

2.绩效考评为确定员工的工作报酬提供了重要的支持

绩效评估的结果可以作为确定员工报酬的一个重要依据,使员工的努力程度与自己获得的回报成正比,从而更好地调动员工的工作积极性,激励他们更加努力地工作。建立科学、公正的绩效评估系统,对为组织作出突出贡献的个人或小组给予适当的奖励,是吸引和留住人才的明智之举。组织要充分看到员工的努力和贡献,并充分尊重他们的劳动成果,给予他们与实际贡献相符的报酬。

3.绩效评价为人力资源规划提供了依据

绩效考评的各项指标可以充分反映出员工在工作中的表现以及他们的实际工作能力,看是否能满足职位的需要,从而指导晋升、岗位轮换以及相应的解聘决策,始终保证组织所选拔出的是最适合、最能满足组织需要的人员,促进组织效益的不断提高以及组织目标的实现。

(二)绩效评价的程序

要使绩效评估尽可能做到科学合理,需要按部就班,遵循一定的程序,使用一些特定的方法,避免盲目不知所措的状况出现。一般而言,绩效评估主要包含以下几个具体的步骤:

1.确定特定的绩效考评目标

要对员工进行科学的考评,必须从员工的特点以及岗位的性质等因素出发,有针对性地选择并确定特定的绩效考评目标,不存在适用于所有岗位的绩效评价制度。要根据员工所处的管理层级以及所在的不同岗位,设计和选择合理的考评制度,以便岗位所要求的关键技能可以在考评中充分体现出来,保证考评结果的权威性。

2.确定考评责任者

传统的观点认为,考评责任者就是组织中人事管理部门的人员,这种观点有其合理之处,因为人事管理部门是考评方案的组织者和执行者,但是考评方案的顺利实施离不开直线管理者的参与和支持,因为他们对员工负有直接的领导责任,他们最了解自己的员工,能更直观地识别出员工的能力和工作业绩,可以使考评工作更加真实化、合理化。同时,在绩效评价的过程中还要充分参照下属或者同事的评价,如此才能使考评结果更具说服力,对组织发展的指导作用会更大。

3.绩效评价

这是整个过程的中心工作,在确定了特定的绩效评估目标以及考评责任者之后,接下来的重要工作就是根据特定的评估目标内容,对员工进行科学、公正的考评。然后在综合各项考评得分的基础上得出正确的考评结论,避免考评中出现不符合事实以及不负责任的评价。

4.反馈考评结果

当考评结果基本已经确定之后,要及时将结果通知本人,使他们清楚地了解到组织对自己的评价以及对自己付出的认可,认识到自己与组织期望自己达到的目标的差距,从而明确自己的改进方向。这种做法也可以使员工更好地交流考评意见,如果考评中存在不合理、不公平之处,被考评者要在思考和反思之后进行申辩，避免将不满情绪带到工作中。

5.根据考评结果将绩效评估的结论备案

在绩效评估完成之后，要对绩效评估的结果进行备案，为今后的人事调整提供科学的依据。通过绩效考评可以更好地识别出员工的发展潜力以及工作能力，为晋升、解聘等人事工作提供重要的依据。

（三）绩效评价的潜在问题

随着近年来绩效评价在企业中的受重视程度提高，绩效评估的手段与方法在逐步发展和完善，但是在实际的执行过程中也存在一些潜在的问题，主要表现在以下几个方面：

1.绩效评价标准不尽合理

这种不合理之处主要表现为几种具体的形式：首先是缺乏明确的绩效评价标准，没有明确固定的标准不可能做出科学合理的评价，会使绩效评价流于形式，不可能达到应有的作用；其次是绩效评价标准不是很贴切或者主观性太强，这容易造成绩效评价缺乏代表性，不能充分反映出员工在工作岗位上的贡献以及适应岗位的特殊技能，同时，主观性太强便达不到科学的评价结论，而一旦员工得不到科学合理的评价，其对组织的贡献与组织对自身的承认和认可程度不成正比，员工就有可能产生强烈的不公平感，打消自身的工作积极性；最后是绩效评价标准的可衡量性比较差，绩效评价必须要同时是客观及可比的，这就要求绩效必须是可以衡量的，如此才会进一步激励员工去提高自己的知识和技能，提高自己在绩效评价中的得分，促进员工之间的良性竞争。

2.绩效评价者失误以及绩效反馈、沟通不良

绩效评价者的失误包括绩效评估者的个人偏见、居中趋势以及害怕出现敌对情绪等，这就会阻碍绩效评估的科学性和客观性。绩效评估过程中要与员工进行充分的交流和沟通，充分考虑他们的意见和建议，如此才能使绩效评价越来越完善，并为下一轮绩效评估提供科学的经验和成功的指导。

3.绩效评价数据误用

绩效评价的数据为人力资源的开发和使用提供了重要的参考依据，但是如果评价结果在人事决策和人力资源开发方面的使用不恰当，就会偏离绩效评价的重要目的。

【本章小结】

人是组织的基础，做好人力资源的规划与开发，调动员工的积极性是组织

成功的关键。人力资源规划是人力资源管理系统运行的前提,做好人力资源规划要对组织人力资源需求量以及人力资源市场等方面有一个大致的了解和把握。系统评价了组织中人力资源的需求量之后,接下来的重要工作就是做好人员招聘,本章介绍了内部招聘和外部招聘的优缺点,组织要根据自身所需人才的类型以及具体的岗位特点选择合适的招聘方式,为组织挑选最适合的人才。为了进一步提高员工的知识和技能,更好地适应组织提出的新要求,要适时对员工进行培训,不断提升人员素质。除此之外,为了更好地评估员工的工作情况,充分调动员工的工作热情和工作积极性,要定期对人员进行绩效评价,促进组织和个人的共同进步。

【思考题】

1. 简述人力资源的含义、特点和作用。
2. 内部提升与外部招聘的优缺点主要包含哪些方面?
3. 人员培训的具体目标有哪些?
4. 绩效评价的主要作用有哪些?
5. 绩效评价中可能存在哪些潜在问题?

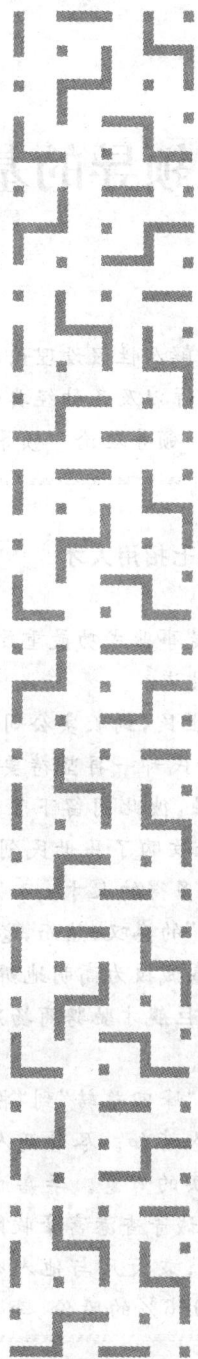

第四篇 领 导

第十三章　领导的基础

【学习目标】　通过本章的学习，了解人性假设理论的发展概况，认清管理与领导的区别，掌握领导权力的五种来源以及几种经典的领导理论内容。

【关键词】　人性假设　领导权力　领导理论　领导力

导入案例

李嘉诚教你七招用人才

一、慧眼识才

古人云："智莫大乎知人。"人才是事业成功最重要的资本和基础。深受中华传统文化熏陶的李嘉诚深谙此道。

身为怡和贸易代表的英国人马世民，到长实公司推销冷气机。虽然李嘉诚一般不过问此类业务，但马世民却一再坚持要面见李嘉诚。他的倔强吸引了李嘉诚，这次偶然的接触，彼此间留下了相见恨晚的深刻印象。后来时机成熟，李嘉诚不惜重金收购了马世民创办的 Davenham 工程顾问公司，延揽了马世民这位不可多得的人才。

古有"千里马常有而伯乐不常有"的感叹，然而，港人却盛赞李嘉诚具有九方皋相马的慧眼。正是因为李嘉诚极为高明地辨识和使用了众多的"千里马"，他指挥的高速前进的商业巨舰才驰骋商场几十年而无坚不摧、无往不胜。

李嘉诚为邀得袁天凡加盟，历尽"峰回路转"到"柳暗花明"的曲折历程。袁天凡的才华在香港金融界路人皆知。尽管两人过往甚密，但袁天凡却多次谢绝了李嘉诚邀其加入长实的好意。李嘉诚并不言弃，仍一如既往地支持袁天凡：荣智健联手李嘉诚等香港富豪收购恒昌行，李嘉诚游说袁天凡出任恒昌行行政总裁一职；袁天凡与他人合伙创办天丰投资公司，李嘉诚主动认购了天丰公司9.6％的股份。李嘉诚多年来的真诚相待,终于打动了孤傲不羁而才华出众的袁天凡,使其应邀出任盈科亚洲拓展公司副总经理。在袁天凡的鼎力协助下,李泽楷孕育出了叫响香港的腾飞"神话"。

二、诚信聚才

得人才者兴,失人才者亡,这是企业的生存法则。人的强大不仅仅在于提升自身的智慧,还在于凝练他人的智慧为我所用。善集众人之智慧于一身者,方能成大事、做巨人。

李嘉诚在商界以坦诚和守信著称。李嘉诚说:"以诚待人是我生活上坚守不移的原则。"正是李嘉诚那广为传颂的诚信美德,使得众多出类拔萃之才纷纷因他而来、由他而聚,心悦诚服地为李家商业王国奉献自己的聪明才智。

李嘉诚谋事决策的成功,得益于多位顶尖智囊、高参、谋士的长期忠贞不渝地合作。杜辉廉是一位精通证券业务的专家,被业界称为"李嘉诚的股票经纪",倍受李嘉诚青睐和赏识。李嘉诚多次请其出任董事均被谢绝,他是李嘉诚众多"客卿"中唯一不支干薪的人。但杜辉廉决不因为未支干薪而拒绝参与长实系股权结构、股市集资、股票投资的决策。我们无法知道杜辉廉这样做是怎样想的,但我们可以从这样的现象中感觉到李嘉诚人格魅力在其中产生的巨大力量。为了回报杜辉廉的效力之恩,当杜辉廉与梁伯韬合伙创办百富勤融资公司时,李嘉诚发动连同自己在内的 18 路商界巨头参股,为其助威。在百富勤集团成为商界小巨人后,李嘉诚等又主动摊薄所持的股份,好让杜、梁二人的持股量达到绝对的"安全线"。李嘉诚的投桃报李、知恩图报、善结人缘,更使得杜辉廉极力回报,甘愿为李嘉诚服务,心悦诚服地充当李嘉诚的"客卿"和"幕僚"。杜辉廉在出任两家上市公司主席的情况下,仍忠诚不渝地充当李嘉诚的股市高参。

李嘉诚说:"决定大事的时候,我就算 100％ 地清楚,也一样要召集一些人,汇合各人的资讯一齐研究。这样,当我得到他们的意见后,看错的机会就微乎其微。"

三、精心育才

李嘉诚能够并善于突破固有的、传统的育才模式,而紧跟时代的潮流,创立出新的、适合企业实际需要的人才培育模式,为公司的发展、壮大奠定坚实的人才资源基础。

　　李嘉诚送长江实业的元勋周千和同其子周年茂赴英国专修法律,体现出其培育人才的超人眼光和魄力。周年茂还在学生时代,李嘉诚就把他作为长实未来的专业人士来培养。父子两人同行出国进修,如此优厚的待遇开了长实公司培养人才方法之先河。周年茂学成后,被李嘉诚指定为长实公司发言人,两年后凭业绩,被选为长实董事,周千和升为董事副总经理,父子俩均成为长实公司的得力干将。

　　李嘉诚悉心培育儿子李泽钜和李泽楷的过程,更是可圈可点。李嘉诚的大儿子李泽钜在 15 岁、小儿子李泽楷在 13 岁时被送去美国读书,上学期间需要的零花钱,要靠他们自己业余时间打工获得。李泽钜在麦当劳餐厅做夜间兼职,每晚打工到深夜的经历,使他不仅懂得了挣钱的艰辛,而且磨炼了身心;李泽楷在高尔夫球场当了 3 年多球童的异常辛苦的经历,使他悟出了不少灵活变通的道理,并为日后经商打下了坚毅不屈的性格基础。不久,两个儿子迅速在商界脱颖而出,并有"小超人"之美誉。李氏兄弟说:"父亲从小对我们的培养教育是我们最值得感谢的。我们从父亲那里学到的不仅仅是怎样成为一个出色的商人,一个赚钱的商人,而更为重要的是我们学会了怎样做一个正直的商人。"

四、仁义爱才

　　李嘉诚这样说过:"人才取之不尽,用之不竭。你对人好,人家对你好是很自然的,世界上任何人都可以成为你的核心人物。"李嘉诚叱咤商场几十年,经久不衰,与其对人才常怀仁爱之心不无关系。

　　在企业创办不久,为了降低成本,改善经营状况,李嘉诚的企业被迫大量裁员。在企业遇到困难的时候,裁员是很正常的事。但是,李嘉诚却认为,员工失去工作就意味着没有了生活来源。从艰辛中走过来的李嘉诚对此体会尤深。李嘉诚坦直地承认,自己经营上的失误导致了裁员。他在向被辞退员工及家属表示歉意的同时承诺,只要经营出现转机,愿意回来的员工仍然能在公司找到他们的职位。李嘉诚有诺必践,相继返回的员工都比以前更加努力地从事本职工作。

　　在亚洲金融风暴波及香港的时候,长江实业公司员工的公积金因外放投资损失了不少。按理,遭遇这样的天灾大家只好自认倒霉。可李嘉诚却动用个人资金将员工的损失如数补上。这种宁可自己受损,绝不让员工吃半点亏的企业老板,理当深得人心、深受员工的拥戴。常言道,以诚感人者,人亦以诚应之。李嘉诚用个人的损失,换取了比金钱更重要的东西,那就是员工的尊敬、忠诚和感恩。

五、雅量容才

李嘉诚认为,企业家用人,首先要有"海纳百川"的容才之量。"宰相肚里能撑船",说的就是企业家要有广阔的胸怀。企业家有容纳人才的心胸,才能吸引人才,任用人才,否则,人才就会离他而去。古言说得好,此处不容人,自有容人处。企业家应善于任用各方面的"能人",不能搞"武大郎开店"。企业家应该清楚地认识到,手下的人才超过自己的越多,越说明你会培养人、使用人,越能够吸引人才;有众多人才凝聚在你身边,你的事业才会不断发展,成就才会不断扩大。

20世纪70年代初,李嘉诚聘请美国人 Erwin Leissner 任总经理,之后,又聘请美国人 Panl Lyons 为副总经理。这两人是掌握最先进塑胶生产技术的专家。长实公司董事局副主席麦理思是个英国人,更是一名优秀的经济管理专家,长实与香港本地洋行和境外财团打交道,多由麦理思出面。李嘉诚入主和黄洋行后,提升英国人李察信为行政总裁。李察信离职后,李嘉诚又聘用了另一位英国人马世民任董事行政总裁。在和黄、港灯两大老牌英资集团的旗下,李嘉诚留任的各分公司的董事长、行政总裁多达数十人。李嘉诚说:"我并没有想过用雇用外国人来表现华人的经济实力和华人社会地位的提高,我只是想,集团的利益和工作确确实实需要他们。"

六、巧妙用才

在人才的使用上,会用人的人总是能从实际需要出发,用最适合事业发展的人才。在李嘉诚庞大的商业王国中,只要是人才,就能够在企业中有用武之地。李嘉诚说:"要知人善任,大多数人都会有部分的长处,部分的短处,好像大象食量以斗计,蚂蚁一小勺便足够。各尽所能,各得所需,量才而用。这就是说,一个公司需要员工共同努力,才能发展公司的大业。就如在战场,每个战斗单位都有其作用,而主帅未必对每一种武器的操作比士兵纯熟,但最重要的是首领非常清楚每种武器及每个部队所能发挥的作用。统帅只有明白整个局面,才能做出出色的统筹并指挥下属,使他们充分发挥最大的长处以及取得最好的效果。"

李嘉诚善用年轻人。长实在20世纪80年代得以急速扩展及壮大,股价由最初的6港元上升到90港元,这和李嘉诚不断提拔风华正茂的年轻人有关。有长实系"新型三驾马车"之称的霍建宁、周年茂、洪小莲,正是长实年轻才俊的杰出代表。霍建宁1985年任长实董事,两年后提升为董事副总经理,是年35岁,如此年轻就任香港最大集团的要职,在香港实属罕见。周年茂1985年任长实董事副总经理时才30岁出头,负责长实系的地产发展,具体策划了多项大型住宅屋村的发展事宜,深孚众望。由秘书成长起来的长实董事洪小莲,全面负责长实公司楼宇销售时不到40岁。正是这些青年才俊的鼎力帮衬,才有李嘉诚演绎出巨额财富的惊天神话。

李嘉诚精于搭建科学高效、结构合理的企业领导班子团队。李嘉诚深知,企业发展在不同阶段需要有不同的管理和人才需求,适应这样的需要,企业就突飞猛进,否则,企业就要被淘汰出局。在李嘉诚组建的公司高层领导班子里,既有具杰出金融头脑和非凡分析本领的财务专家,也有经营房地产的"老手";既有生气勃勃、年轻有为的港人,也有作风严谨、善于谋断的洋人;既有公司内部的高参、助手、干将,又有企业外部的智囊、谋士、客卿。曾任和黄行政总裁的马世民把李嘉诚的左右手称为"内阁"。评论家说:"这个内阁,既结合了老、中、青的优点,又兼备中西方的色彩,是一个行之有效的合作模式。"

七、宽厚待才

美国著名成功学家戴尔·卡耐基在他的《关爱人》一书中写道:"一个能够从细微处体谅和善待他人的人,一定是一个与人为善的人,必定有很好的人缘关系,这种人缘关系就是他成功的基石。"

李嘉诚说:"不是老板养活员工,而是员工养活了整个公司,公司应该多谢他们才对。"李嘉诚对跟随他多年的有功于长江实业的"旧臣老相",始终怀有感激、善待、报答之心,以恩、以德相报,真情切切,感人至深。

盛颂声是辅助李嘉诚从创业到公司发达的劳苦功高的元勋之一。几十年来,盛颂声兢兢业业、任劳任怨地为长实的发展、壮大贡献自己的聪明才智,李嘉诚除了提拔他任长实的董事副总经理外,还委以负责长实公司地产业的重任。当盛颂声举家移民加拿大离开长实时,李嘉诚专门举办了盛大的酒会为他饯行,令盛颂声十分感动。李嘉诚在处理公司高管人员离职时,还给他们以低价购入长实系股票的机会,让下属分享公司的利益,使得公司拥有极强的凝聚力和向心力。原和黄董事行政总裁马世民离职时,用8.19港元/股的价格购入的160多万股长实股票,当日就按23.84港元/股的市价出手,净赚2 500多万港元。据香港税务局公布的 1999—2000 年度前 10 名"打工皇帝"所交纳的薪俸税金额来推算,前 10 名的"打工皇帝"中,出自李嘉诚旗下企业者就占了 4 位,其中和记黄埔董事总经理、香港电灯副主席、长江基建副主席、长江实业执行董事霍建宁更是名列"打工皇帝"榜首。李嘉诚给长实系高层经理人士的高薪俸禄,既是"人有所值"的体现,又是"厚待人才"的结果。李嘉诚说过:"长江实业能扩展到今天的规模,要归功于属下同仁的鼎力合作和支持。"熟谙中国传统文化的李嘉诚深理解了"一个篱笆三个桩,一个好汉三个帮"的道理。

资料来源:http://www.iceo.com.cn/guanli/110/2011/0805/226320_4.shtml,略有删减

现代企业是一个注重合作的组织团体,它围绕各种稀缺的资源,进行整合、分配和管理,从而实现企业的利益和发展目标。在企业组织经营运作过程中,必不可少的就是领导者的领导。有效的领导不仅能使组织成员努力工作、提高工作绩效,促进企业更快更好地完成短期目标,还能促使企业员工对长期战略目标的高度认可,并为之努力。

第一节　人性假设理论

领导者学习研究组织行为学的目的在于理解、预测和影响员工的行为,达到有效管理的目的。要想对员工实施有效的领导,首先要做的就是理解员工,即正确地认识下级。人性假设就是指领导者在实施管理的过程中对员工的本质属性的基本看法。作为管理思想和管理观念的认识基础,人性假设决定着领导者的领导方式。领导方式是指领导者采取的具有各自特色的基本方式与风格。

关于人性假设的理论发展至今,概括起来共有四种:经济人假设、社会人假设、自我实现人假设和复杂人假设。

一、经济人假设

随着资本主义经济的萌生和发展,到了 18 世纪,西方的经济学家和英国古典政治经济学家亚当·斯密提出了"经济人假设"。他们认为每一个从事经济

活动有关的人都利己的,也就是说,每一个从事经济有关的活动的人都希望做到用最小的付出获得最大的收益。这种理论强调在实际的管理过程中,要用物质上的利益刺激员工努力工作。相应地,领导者采取的领导方式就应该是"胡萝卜+大棒":一方面用金钱等物质利益来收买员工,另一方面通过严厉的管理方式监督、控制员工的行为使其向组织目标方向努力。典型的代表:泰勒制。

二、社会人假设

在 1924 至 1932 年间,梅奥(George E. Mayo,1880—1949)领导了在芝加哥西方电气公司霍桑工厂进行的中后期试验工作。在试验中,他发现了人性的另一个侧面:个体不仅仅关心自己个人的物质利益,还会追求人与人之间的友情和集体归属感。他在《工业文明中人的问题》一书中,提出了"人是社会人"的观点。该观点的主要内容有:

(一)员工是社会人

除了物质需求外,还有对社会、心理等方面的需求,因此,不能用金钱来驱动他们创造效益。

(二)在企业组织中存在着非正式组织

员工在企业工作的过程中,与同事产生了一定的感情,这种感情也能够影响他们的行为。有一些具有共同兴趣爱好、价值观念和态度倾向的员工形成非正式的团体,这类团体具有它特殊的规则惯例,影响着团体成员的行为。

(三)通过提高员工的满足度来提高生产率

梅奥认为生产率取决于员工的工作态度和员工与同事之间的关系。如果这两项都能提高,工作的积极性、创新性就会提高,生产率也水涨船高。因此,社会人假设的启示就是领导者应当建立和谐的人际关系促进工作效率和企业组织效益的提高。

三、自我实现人假设

该假设的提出以马斯洛的需要层次理论和阿吉里斯的"不成熟—成熟"理论为基础。这个假设指出,"自我实现"是企业组织中的员工工作的最大动力。工作本身所具有的挑战性能够激发员工的工作热情,使他们承担更多的责任,做出业绩。领导者应该创造一个使员工发挥才能的工作环境,作为一个支持者和辅助者,领导者已经不再是一个指挥者、监督者的角色了。在管理权力的分配上,领导者应给予员工更多的自主权,实行自我控制和管理并参与决策,分享权力。

例 13-1

阿吉里斯的"不成熟—成熟"理论

克里斯·阿吉里斯是美国著名的行为学家,曾获哈佛大学和耶鲁大学的名誉博士学位,并在哈佛大学担任教育学和组织行为学的教学工作。他先后出版了 21 部著作,发表了 140 多篇论文。代表作有《个性与组织》、《理解组织行为》、《个性与组织的结合》、《组织研究》等。

1957 年 6 月,阿吉里斯将《个性与组织》中节选的短文在《管理科学季刊》第二卷中发表,这篇名为《个性与组织:互相协调的几个问题》的文章集中体现了阿吉里斯影响最为深远的"不成熟—成熟"理论。该理论认为:组织行为是由个人和正式组织融合而成的,组织中的个人作为一个健康的有机体,无可避免地要经历从不成熟到成熟的成长过程。在这个成长过程中主要有以下七方面的变化:

一是从婴儿的被动状态发展到成人的主动状态。

二是从婴儿的依赖他人发展为成人的相对独立。相对独立指在自立的同时又和其他人保持必要的依存关系。

三是从婴儿有限的行为方式发展为成人多种多样的行为方式。

四是从婴儿经常变化和肤浅、短暂的兴趣发展为成人相对持久、专一的兴趣。在这方面趋于成熟的标志是:成年人在遇到挑战时会专心一意从整体上深入研究某一问题的全部复杂性,并在自己的行动中得到很大的满足。

五是从婴儿时期只顾及当前发展到成人时期有长远的打算。

六是从婴儿时期在家庭或社会上处于从属地位发展为成年人与周围的人处于基本平等的地位甚至支配他人的地位。

七是从婴儿时期的缺乏自觉发展为成人的自觉自制。

由此可见,在成长的过程中,个体的自我世界扩大了,这样一个连续发展的过程也是一个从被动到主动,从依赖到独立,从缺乏自觉自制到自觉自制的过程。个体经历了这样一个成长过程之后,其进取心和迎接挑战的能力都会逐渐提高,而且随着这种自我意识的觉醒,个体会将自己的目标与自我所处的环境作对比,因此,个体在组织中所处位置在一定意义上代表了个体自我实现的程度。

然而对于一个正式组织而言,其传统的原则是众所周知的专业化分工、等级层次结构、集中统一领导等完全理性的、纯逻辑化的原则。这些原则希望能消除独立个人之间的性格差别给工作带来的影响(如专业化分工),希望个人能够循规蹈矩,严格遵从组织的规章制度行事。可见,正式组织的这些原则要求的是员工一直处于依赖、被动、从属的地位。阿吉里斯以这样的组织原则为前提,自然而然地得出结论:正式组织与成熟个性之间存在矛盾。

这种正式组织所要求的不成熟的成员特性与个体实际经历的成长过程的矛盾导致组织中的混乱,而且这种混乱与个体发展与组织要求的不协调程度成正比。这种混乱又导致个体的短期行为和思想矛盾。例如:个体难以自我实现,因此产生挫折感;个体因不能根据自身需要确定自己的奋斗目标以及实现道路,所以觉得自己无能、失败;个体无法确定自己的未来,因此只好作短期打算;个体自身并不愿意遭受这些挫折和打击,但是另外找一份工作也不会有什么根本的改变,因此个体会产生种种思想矛盾。此外,正式组织中等级化的层次结构使处于各个等级的人们产生压力。例如,职工为了更好地自我实现,就会为了提升拼命表现自己,相互仇视;组织的原则要求下属只要做好本职工作就给予奖励,下属因此变得只注重局部而忽视整体;组织为了协调局部和整体利益的矛盾加强了领导的控制力度,这进一步加强了下属的依赖性和从属性。

以上的矛盾在现实生活中常常表现为:员工频繁地离开组织;有些员工不择手段地往上爬;普遍产生对组织目标的漠视或抵触情绪,如精力不集中,侵犯他人,工作拈轻怕重、集体限制产量、对明显不利于组织目标实现的事件袖手旁观、极端重视物质利益等。

如何解决个体成长和组织原则之间的矛盾是管理者长期面对的挑战,领导者的任务之一就是努力减少这种不协调。在实践中,为了在健康的组织中培养出健康的个人,协调组织和个人的需要,要求管理者应该注意应用以下办法:工作扩大化;实行参与式的以员工为中心的领导方式;加重员工的责任,激发责任心和创造性;更多依靠员工自我指挥和自我控制;实行"以现实为中心"的领导方式等。

资料来源:(英)克雷纳.管理百年.海南出版社,2003

四、复杂人假设

在 20 世纪 70 年代,综合了上述三种假设之后,一些学者提出了第四种假设:复杂人假设。该假设认为人的需要和愿望是多种多样的,而且这些需要随着年龄、见识和地位的变化而不断变化。同一个员工在不同的部门岗位中也会形成不同的需要。这个假设要求领导者了解员工之间的差异,从而因材施教。研究证明,即使同一种管理风格,对不同的员工以及不同的部门单位,效果也会不同。

第二节　领导的内涵

一、领导与管理

领导和管理有着非常密切的关系。它们之间的共同之处在于:两者都是通过组织内部的政策、准则以及相关指示来影响员工,并且都与组织层级有关。区别是管理者是组织赋予其合法权力对员工进行领导,而领导者是由于个人人格魅力被追随或是服从,取决于追随者的个人意愿。有时候,领导者没有职位权力,他也可以影响其他人的决策、想法和观念。而管理者即使拥有很高的职位,也不一定能成为有效的领导者。二者区别详见表 13-1。

表 13-1　领导者与管理者的区别

领导者	管理者
剖析	执行
开发	维护
价值观、期望和鼓舞	控制和结果
长期视角	短期视角
询问"做什么"和"为什么做"	询问"怎么做"和"何时做"
挑战现状	接受现状
做正确的事	正确地做事

资料来源:周三多主编.《管理学》(第 2 版).高等教育出版社,2005 年 11 月。

例 13-2

德鲁克的有效的管理者研究

德鲁克是当代最著名的管理学家,被称为"大师中的大师"。1967 年由哈伯·罗出版公司(Haper&Row Publishers)出版他所著的《有效的管理者》,该作品获得了一致的好评,赢得了广大的读者。

《有效的管理者》是一部影响深远的作品。在该书中,德鲁克首先分析了管理的环境,明确了要提高管理者的工作效率必须首先解决的认识问题。最终告诉大家:有效性是必须学会的,也是可以学会的。书中还提出了"我们为什么需要有效的管理者? 谁是管理者? 管理者工作中面临的现实问题有哪些? 有效性是可以学会的吗?"等问题。通过讲故事般的叙述,德鲁克以其卓越的睿智告诉人们:管理者的效率,往往是决定组织工作效率的最关键因素;并不是高级管理人员才是管理者,所有的负责行动和决策而又有助于提高机构的工作效能的人,都应该像管理者一样工作和思考。他对管理者工作中面临的现实问题的描述,更是成为经典,被人们到处引用:

管理者的时间一般容易"属于别人"。

管理者除非采取积极行动去改变他们所生活和工作的现实,否则他们只好继续这样"工作"下去。

只有在别人利用管理者贡献出来的东西时,管理者才具有有效性。

管理者在组织之内,但是他如果要有效工作,还必须努力认识组织以外的情况。

德鲁克说:"这四个现实问题,是管理者所无法改变的。它们是管理者存在的必要条件。但是,管理者因此必须设想到,如果他不经特殊努力学会有效性,他将成为无效的管理者。"

德鲁克通过自己的研究和观察,提出了管理者要做到有效性所需要的条件,他认为要成为有效的管理者必须养成五种思考习惯:

一是知道把时间用在什么地方。管理者应该清楚,自己可掌握、支配的时间是很有限的,他们必须利用这点有限的时间进行系统的工作。关于利用时间,他提供了简便易行的办法:记录时间、安排时间和集中时间。把管理者对时间的分配情况记录下来,然后问一下这样的问题:"这件事如果不做,会出现什么情况呢?"如果没什么,就不去做。"哪些事是可以让别人办,效果也一样好的?"如果有,就安排给别人。"我是否浪费了别人的时间,无助于发挥别人的有效性?"如果要减掉这样的事而减少时间浪费,就是要找出:(1)由于缺乏制度或远见而造成的时间浪费;(2)人浮于事造成的时间浪费;(3)组织不健全带来的时间浪费(表现为会议太多);(4)信息失灵造成的时间浪费。对于利用时间,更为重要的是要善于集中利用可供支配的"自由时间"。

二是有效的管理者要注重外部作用,把力量用在获取成果上,而不是工作本身。在开始一项工作的时候,他们首先想到的问题是"人们要求我取得什么成果",而不是像现实生活中的许多管理者那样,从要做的工作开始着手。

三是有效的管理者把工作建立在优势上——他们自己的优势,他们的上级、同事和下级的优势,以及形势的优势,也就是建立在他们能做什么的基础上。他们不把工作建立在弱点上。配备人员,要用人所长,看他是否具备完成这项任务的能力和素质,而不是看他是否让自己喜欢。当然,还要运用上级的长处,来为提高自己的有效性服务。他们不着手进行他们不能做的事。

四是有效的管理者把精力集中于少数主要领域。在这些领域里,优异的工作将产生杰出的成果。他们给自己定出优先考虑的重点,并坚持重点优先的原则。他们知道,他们只能将首要的事情先做,次要的事情不做,别无选择。否则,将一事无成。

五是有效的管理者做有效的决策。他们知道,这首先是个有关系统的问题——按适当的顺序采取适当步骤的问题。他们知道,有效的决策常常是根据"不一致的意见"作出的判断,而不是建立在"统一的看法"基础上的。他们也知道,快速作出的许多决策都是错误的。所需要的决策,为数不多,但却是根本性的决策,所需要的是正确的战略,而不是令人眼花缭乱的战术。德鲁克的有效的管理者研究在很多组织中被广为宣传和推广,在实践中起到了很重要的作用。

资料来源:(英)克雷纳.《管理百年》.海南出版社,2003.

二、领导权力

领导是指能够指挥、引导和激励员工完成组织目标的过程。领导的核心是拥有某种权力影响他人。这种权力可以分为五种:

（一）法定性权力

这种权力是由个人在组织中的职位决定的。企业组织对各个职位做了权力责任安排，当个体担任某一职位时，就会有相应的权力。下级基于习惯、社会意识和责任感的驱使，主动服从上级的命令和指示。拥有法定性权力，并不代表该管理者是一名有效的领导者。有效的领导者具有一定的人格魅力，使员工自愿追随他。没有职位、权力的人也可能是领导者，在组织中一呼百应，对他人有很强的影响力。另外，即使是普通的员工也具有一定的权力，如宪法、劳动法对他们的保护。有了这些权力，员工也可以影响管理者。

（二）感召性权力

由于领导者具有吸引他人的人格魅力，引起他人的认可、赞美和欣赏，从而使他人主动追随、服从。公正不阿、关心他人、秉公执法、开拓创新等品格都会吸引他人，形成巨大的感召性。感召性权力的大小与个体在企业组织中的职位无关。但是企业组织中领导者的模范行为的放大具有乘数效应。即使是一件小事，领导者的举动也会产生很大的影响力。在组织中，有些员工并不是管理者，但是他们的影响力却远远超过正式的管理人员。

（三）专长性权力

当个体具有某种专业知识技能，能够指导他人工作，并帮助他们排除障碍时，表示该个体具有一定的专长性权力。在一些组织中，如大学、医院、私营企业等，某个专家学者可能对某个领域特别擅长，在该领域中影响巨大，那么其在该组织中就会有专长性权力，进而影响他人。

（四）奖赏性权力

当企业组织中的个体控制着某些稀缺资源时，就会对希望得到这些资源的他人产生奖赏性权力。运用奖赏性权力可以强化员工的积极性和创新性，使他们继续努力完成工作任务。例如公司中的上级控制着下属晋升、奖金、培训的资格，进而影响员工的行为。奖赏性权力的运用得当与否关键在于是否正确了解掌握员工的需要。不同个体的需要是不同的，管理者只有"对症下药"才能最大化激励员工。

（五）惩罚性权力

这是一种负强化的手段。该权力是指通过强制性的惩罚、剥夺他人的权力而影响他人的行为。上级对下属的惩罚有降级、扣除奖金、辞退等，这些措施的采用可以以儆效尤，对员工及他人产生警示的作用，但是也容易产生负面影响。领导者应尽量不运用这种权力，真正的领导会使他人信服而非惧怕。

在现实生活中，管理者只有理解领导权力的含义，才能成为有效的管理者。正确处理上级与下级的关系，才能充分调动员工的工作积极性，影响、领导他人完成组织目标，获得成功。不同层次的管理者面临不同的管理局面，要运用不同的领导权力引导、激励员工，成为员工自愿追随的上级，否则成为"孤家寡人"，就难成大事。

第三节　领导理论

在本节中，基于领导理论的发展，给出了具有代表性的六种理论：领导特质理论、领导行为理论、领导行为连续体理论、领导权变理论、管理方格理论和路径—目标理论。

一、领导特质理论

在 20 世纪二三十年代，研究的重点是领导的特质研究。这种研究的目的在于将领导者的特质总结归纳出来，以此来区分领导者与非领导者。研究者后来发现有效的领导者具有的七项特质：内在驱动力、领导愿望、诚实与正直、自信、智慧、工作相关知识以及外向性，具体见表 13-2。

表 13-2　与领导力有关的七项特质

内在驱动力	领导者非常努力，有着较高的成就愿望。他们进取心强、精力充沛，对自己从事的活动坚持不懈、永不放弃，并有高度的主动性。
领导愿望	领导者具有强烈的愿望去影响和领导他人，他们乐于承担责任。
诚实与正直	领导者通过真诚无欺和言行一致，与下属建立起相互信赖的关系。
自信	下属觉得领导者从没有怀疑过自己。为了让下属相信自己的目标和决策的正确性，管理者必须表现出高度的自信。
智慧	领导者需要具备足够的智慧来收集、整理和解释大量信息，并能够确立目标、解决问题和做出正确决策。
工作相关知识	有效的领导者对有关企业、行业和技术的知识十分熟悉，广博的知识能够使他们做出睿智的决策，并能认识到这些决策的意义。
外向性	领导者精力充沛，他们好交际，坚定而自信，很少会沉默寡言或离群。

资料来源：斯蒂芬·P. 罗宾斯，玛丽·库尔特著，孙建敏等译，《管理学》（第九版），中国人民大学出版社，2008 年

然而,仅仅通过这七项特质来解释有效的领导者的行为忽视了情境因素。因此,在20世纪40年代末,领导理论的研究重点发生了变化。

二、领导行为理论

美国密执安大学的伦西斯·利克特(Rensis Likert)教授提出了领导的四系统模型,即把领导方式分成四类:剥削式的集权领导、仁慈式的集权领导、协商式的民主领导和参与式的民主领导,见表13-3。他指出第四种类型——参与式的民主领导是最有效的领导,能够设定组织目标和达到目标。

剥削式的集权领导:采用这种领导方式的领导者非常专制,很少授权给下级,独自决策,最常用的沟通方式为下行沟通。对这类领导而言,他们更关心任务的完成情况,下级只是完成组织目标的工具。

仁慈式的集权领导:采用这种领导方式的领导者对自己的下级有一定的信任,采取"恩威并施"的态度,沟通上采取上行沟通和下行沟通的方式,会将一部分权力授予下级,但是控制权仍在该类领导者手中。

协商式的民主领导:采取这种领导方式的领导者对下级非常信任,激励方式也是正强化为主,积极倾听下级的意见,能够在一些决策制定前与员工讨论。虽然注重任务的完成情况,但是也关心员工的成长。

参与式的民主领导:采用这种领导方式的领导者对下级抱有充分的信任态度,积极采纳下级员工的意见,沟通上多种方式并行。这种类型的领导方式通常具有如下特征:一是组织中有一个良好的工作气氛,员工之间合作亲密无间,与领导者积极合作,共同努力完成组织目标。二是企业组织中的领导者对待员工的激励方式是正强化为主,将物质激励和精神鼓励相结合,进而调动员工的积极性,满足员工自我实现的需要,不断进步取得成就,承担起更大职责。三是鼓励员工自我控制,领导者不再是一个严厉的监督者,而是一个将信息、权力与组织成员分享的指导者、支持者。每一个成员都有自己独特的生活背景、价值观念和行为准则,领导者应该让成员感到自己是被重视的,对组织的贡献是非常重要的。如果领导者做到这一点,各种激励措施都会发挥作用,员工的工作效率就会提高。

表 13-3　四种领导方式的区别

组织变数		剥削式的集权领导	仁慈式的集权领导	协商式的民主领导	参与式的民主领导
上下关系	信任程度	不信任	有一定的信任	非常信任	充分信任
	沟通程度	下行沟通	有一定的上行沟通	双向沟通	沟通上多种方式并行
工作激励	激励方式	负强化为主	有一定的正强化	正强化为主	多种方式满足员工的需要
	员工参与决策程度	几乎没有决策权	有一部分权力下放	可以参与某些决策	完全放权

在一个具有高度竞争力的组织里,领导者的作用一定是双重的。他们不仅仅指引员工的工作方向,还将员工集合在一起,使员工凝聚成一个高效、负责的团队。

利克特提出的领导的四系统模型将参与式的民主领导理解为最有效的领导风格,其实用性和优越性在实践中得到了验证,在此基础上提出的领导行为理论也得到了广泛应用。

三、领导行为连续体理论

领导行为连续体理论由美国学者坦南鲍姆(R. Tannenbaum)和施密特(W. H. Schmidt)提出。他们认为没有一种领导方式可以适用于各种情景。领导方式没有对错之分,关键在于是否适用某种情境。领导的风格各异,这些不同的风格形成一个连续统一体,两端分别是独裁方式和完全民主方式,中间则是根据领导者具有的职权和下属拥有的自由度的不同比例而结合的多种领导方式。在实际的管理过程中,领导者具有的职权越大,下属拥有的自由度就越小。坦南鲍姆和施密特共划分出七种领导模式:

(1)领导自行做出决策并实施。在这种模式中,领导者是一个独裁者,员工没有参与权和决策权。当领导者做出决策时,员工要做的就是将该决策付诸实践。

(2)领导者"推销"自己的决策,说服下属执行该项决策。在这种模式中,领导者仍然独自做出决策,但是他提前向员工阐明做出决策的原因和完成该决策得到的利益,说服员工主动执行决策。

(3)领导者提出自己的计划并征求下属的意见。在这种模式中,领导者首先发表自己的看法和观点,提出自己的计划说明,并允许下属提出意见。通过这种方式,员工能更好地理解领导者的计划,进而达到目标。

(4)领导者提出暂行计划,接受员工的修改意见。在这种模式中,下属可以影响决策,尽管主动权仍在领导者手中。领导者首先对出现的问题进行思考,提出可修改的计划,并将计划与相关员工进行探讨。

(5)领导者提出问题,征求员工的意见然后做决策。在这个模式中,下属员工有机会在领导做出决策之前就提出自己的意见。领导者从大家提出的解决方案中选择一种作为解决方案并付诸实践。

(6)领导者提出限制条件,下属做决策。在这种模式中,领导者将决策权交给了下属。领导者的任务是确定要解决的问题,并提出决策的限制条件,下属按照相关要求做决策。

(7)领导者允许下属在规定范围内自由行动。这种模式代表了极度的决策自由。如果领导者参加决策过程,也是与其他员工处于平等的地位。

在上述各种领导模式中,坦南鲍姆和施密特认为,成功的领导者是在一定的具体条件下,综合各种因素,采取最恰当的领导方式的人。只有根据具体的情况,选择适当的领导风格,才能实现领导行为的有效性。

一般情况下,领导模式的采用要考虑以下三方面的因素:

管理者的特征——包括管理者的教育背景、知识经验、价值观和偏好等。

员工的特征——包括员工的教育背景、知识经验、价值观和偏好等。

环境因素——环境的复杂程度、问题的性质、工作氛围、时间压力等。

坦南鲍姆和施密特的领导行为连续体理论启示是:管理者在准确认识自己的情况下,综合各种环境因素,对不同的员工选择不同的领导风格。坦南鲍姆和施密特的理论也存在一定的不足,这是因为他们将影响领导方式的因素即领导者的特征、下属的特征和环境因素当做既定不变的,而实际上它们是相互影响、相互作用的,同时,在考虑环境因素时主要考虑企业组织内部的环境,对外部环境缺乏足够的重视。

四、领导权变理论

弗雷德·菲德勒(Fred E. Fiedler)是美国当代著名管理学家,他提出的领导权变理论,开创了西方领导学理论的新阶段,对以后的管理思想发展产生了重要影响。该理论的基本假设是:在不同的情境下,最适用的领导风格也会不同。因此,这一理论首先界定领导风格,然后与不同的情境相匹配。菲德勒认为,大多数的领导者的领导风格是不变的,所以要将领导者安排到适合他领导风格的工作环境。例如,将一个集权倾向的领导者安排到一个权力比较集中的岗位,给予他更多的权力管理员工。

菲德勒认为领导有效与否的关键因素之一是该个体的基本领导风格。他提出个体的领导风格主要有两种:任务导向和关系导向。为了测量不同领导者的基本领导风格,他开发了 LPC(least-preferred co-worker)问卷,即最难共事者问卷。如表 13-4 所示。

表 13-4　菲德勒的 LPC 问卷

快乐—8	7	6	5	4	3	2	1—不快乐
友善—8	7	6	5	4	3	2	1—不友善
拒绝—8	7	6	5	4	3	2	1—接纳
有益—8	7	6	5	4	3	2	1—无益
不热情—8	7	6	5	4	3	2	1—热情
紧张—8	7	6	5	4	3	2	1—轻松
疏远—8	7	6	5	4	3	2	1—亲密
冷漠—8	7	6	5	4	3	2	1—热心
合作—8	7	6	5	4	3	2	1—不合作
助人—8	7	6	5	4	3	2	1—敌意
无聊—8	7	6	5	4	3	2	1—有趣
好争—8	7	6	5	4	3	2	1—融洽
自信—8	7	6	5	4	3	2	1—犹豫
高效—8	7	6	5	4	3	2	1—低效
郁闷—8	7	6	5	4	3	2	1—开朗
开放—8	7	6	5	4	3	2	1—防备

最难共事者,是指领导者最不愿意与之一起工作的成员。在问卷调查中,菲德勒要求答卷者选出"最难共事者"进行答卷。如果得分在 64 分以上,说明该答卷者是趋向关系导向型的;而分数在 57 分以下,则说明答卷者是趋向任务导向型的。菲德勒承认在这两种基本领导风格之间还存在着其他的领导风格,很难概括这些风格特点。另外,菲德勒指出,每一个个体的领导风格都是不变的,不会随着时间、环境的变化而变化。

在确定个体的基本领导风格之后,需要接着评估情境,并将两者进行匹配。菲德勒将工作情境分解为三种因素:

(1)领导者与成员的关系。即领导者与员工之间是否相互信任,关系紧密。

(2)任务结构。即个体者所处的工作环境是不是界定清晰,规范化程度的高低。

(3)职位权力。领导者权力(如激励措施、晋升、解雇等)的使用对员工的影响如何。

菲德勒利用以上三个权变变量来评估领导情境。把三项权变变量综合起来,便可得到八种不同的情境类型(见图 13-1),每个领导者都可以从中找到自己所在的情境。

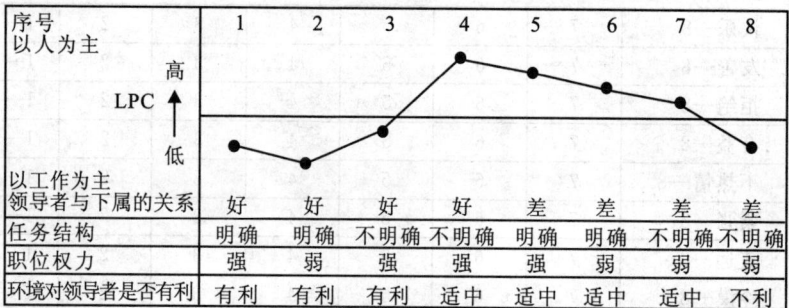

图 13-1 菲德勒模型图

资料来源:斯蒂芬·P. 罗宾斯,玛丽·库尔特著,孙建敏等译.《管理学》(第九版),中国人民大学出版社,2008 年.

菲德勒研究了 1 200 个工作群体,总结以上八种情境类型,得出结论:任务取向型的领导者在非常有利的情境和非常不利的情境下工作得很好。当面对Ⅰ、Ⅱ、Ⅲ、Ⅶ、Ⅷ类型的情境时,任务取向型的领导者干得好;而关系取向的领导者则在Ⅳ、Ⅴ、Ⅵ类型的情境中干得好。

菲德勒认为,不能改变领导风格去适应变化的情境。因此,提高领导者的有效性,实际上只有两条途径:替换领导者以适应环境或是改变情境以适应领导者。

菲德勒模型虽然得到大量研究的验证,但是在一些方面仍存在不足,比如LPC 量表的分数不确定,权变变量的确定困难等,尽管如此,菲德勒权变理论在实践中还是具有重要的指导意义的。该权变理论对领导者的启示有:企业组织中的领导者必须具有一定的适应能力,进而适应变化的情境;管理层的领导者必须根据实际情况选用合适的管理者。

五、管理方格理论

管理方格理论(management grid theory)是研究企业领导方式及其有效性的理论,是由美国管理学家罗伯特·布莱克(Robert R. Blake)和简·莫顿

(Jane S. Mouton)提出的。这种理论通过方格图来表示和研究领导方式。两位学者认为,在企业组织的管理工作中,往往会出现以生产为中心和以人为中心两种因素比例不同的结合。因此,他们就企业中的领导方式提出了管理方格法,设计了一张纵轴和横轴各 9 等分的方格图,纵轴表示领导者对员工的关心程度,横轴表示领导者对生产的关心程度。两种因素各分为 9 个维度,因此,共有 81 种组合,其中有 5 个典型的领导方式(如图 13-2)。

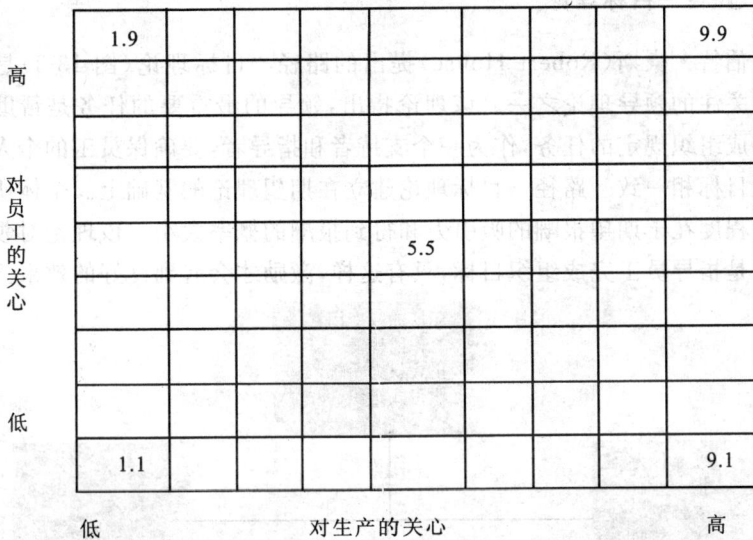

图 13-2 管理方格图

在管理方格图中,1.1 表示贫乏型的管理,该种领导方式的领导者对生产和员工的关心程度都很低。当下属的工作能力和各方面素质都很高时,这种领导方式是可行的。9.1 表示权威型管理,该种领导方式的领导者的工作重点在于组织目标的完成,对员工的关心很少。这类领导者的权力很大,可以通过强有力的职位权力来控制员工,因而也被称为"独裁型的管理方式"。1.9型领导风格被称为"乡村俱乐部式管理",该类领导者对员工的关心程度很高,企业组织内的气氛融洽友好,但是领导者对生产的关心却很少。5.5 型的领导风格是一种中庸型管理,领导者既不偏重关心生产,也不偏重关心员工,主张适可而止。领导者对达到目标有一定的要求,对员工的发展也表示关心,使两者能够有一个平衡点。但是这类领导往往没有强烈的进取心,只是乐于维持现状。9.9 型管理方式是一种理想型的领导风格,该类领导者对生产、对员工都非常关心,通过一定的激励方式使员工共同努力,完成组织目标。因此,被称为"团队型管理"。

20世纪60年代,管理方格理论受到推崇,但是后来一些学者提出了质疑,例如该理论只是从主观上提出几种典型的领导风格,没有实质性的根据支持理论的正确性;它只提供了方案,而没有提出如何培养管理者形成最有效的管理方式等。

六、路径—目标理论

罗伯特·豪斯(Robert House)提出的路径—目标理论(图 13-3)是管理界广受关注的领导理论之一。该理论指出,领导的最重要的任务是帮助下属员工完成组织规定的任务,作为一个支持者和指导者,要确保员工的个人目标与组织目标相一致。路径—目标理论建立在期望理论的基础上。个体所获得的激励程度在于期望报酬的吸引力和得到报酬的概率大小。该理论对领导者的要求是指导员工完成组织目标,只有这样,激励才会起到良好的效果。

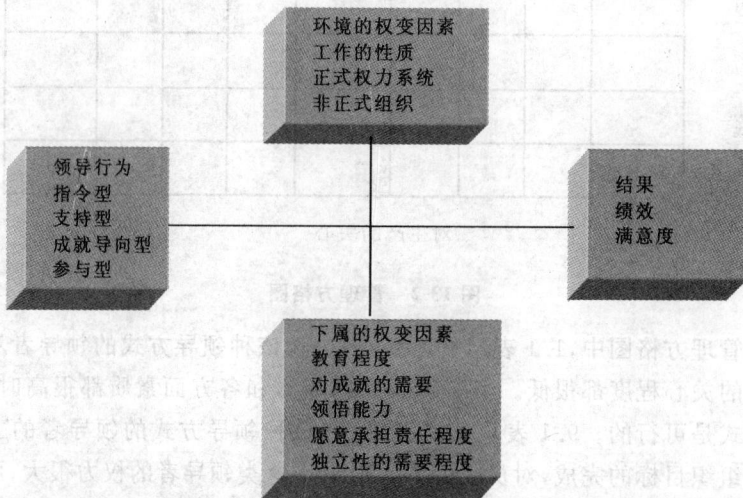

图 13-3　路径—目标理论

第四节　有关领导的新观点

一、柔性领导

在组织结构扁平化和网络化趋势越来越明显的今天,组织结构的柔性化越发显得重要。柔性是指企业面对环境变化时所具有的有效反应能力。国外学者研究认为,组织结构的柔性化对传统领导理论提出了挑战。企业的柔性也成为企业的一种核心竞争能力。越来越多的领导者培养柔性的领导风格,促使组织内部形成一种能够适应环境变化的氛围,从而使组织获得竞争优势。

柔性领导是情境和员工自愿追随的产物,提高领导的柔性是适应环境快速变化的必然选择。领导柔性是指企业组织中的领导者依据自身丰富的知识经验,通过灵活调整目标来适应环境的能力。柔性的领导也是知识、经验和能力的综合,是领导者为了实现组织目标,主动适应变化、利用变化来提高自身领导能力的一种技能。柔性的领导不仅表现在决策制定过程中,而且更多地表现在执行决策、控制实施过程的环节中。

在如今的管理实践中,大多数的员工都受过高等教育,有更多的收入和自我意识。这些知识员工的出现,使企业中的领导者不能再用传统的领导理论充分激励他们,这些变化引起了组织管理领域的一系列变化。只有那些具备充分的柔性,即创新能力、适应能力很强的领导者才能够满足知识员工的需要,进行有效的激励。

二、领导力

领导力是一种影响他人主动追随个体本身,从而协同合作完成某一项任务的艺术。罗马教区对领导力的定义是:在尊重他人自由的前提下,影响他人向一个群体目标努力的过程。在人与人交往的过程中,通常会对别人产生影响或者别人会对自己产生影响,这种影响会改变个体原来的目标、行为或价值观念等。领导力的提高可以促使领导者更有效地指导、激励员工,进而提高员工的执行力。

领导力提升的关键在于以下六点:

（一）建立共同的愿景

愿景是促进团队和个体不断前进的强大动力,当领导者向员工描述一个富有创新性和使命性的愿景时,员工不仅会更加坚定地追随领导者,而且会在彼此之间建立起信任关系。

（二）沟通与协调

良好的沟通能够促进信息发送者和接收者理解彼此真正的意图,完成相应的任务或目标。而协调则是一种组织、安排能力。在员工完成目标的过程中,通常会出现各种冲突,这时领导者的协调能力就会得到体现。

(三)有效地激励

对于员工,领导者需要做到信任、尊重他们,并且为他们的事业发展考虑,向他们提供一个展示自我的平台。肯定员工的工作成果,鼓励他们进行创新,这些都是有效的激励途径或方法。

(四)科学的决策

科学的决策是企业组织发展的重要条件之一。领导者对未来发展的方向的确定、内外部环境以及管理架构的选择都需要科学的决策。

(五)个人魅力

领导者个人的价值观、道德修养的不同会导致其个人魅力的不同。在领导者权力的五种来源中,感召性权力就是指领导者的个人魅力能够吸引员工自愿追随,从而完成组织目标或任务。

(六)高效的执行力

领导者在指导员工工作时,应该使他们充分发挥主观能动性,承担起相应的责任,强化他们的执行动机。同时,控制员工工作的进程,能够随时发现问题,解决问题。

约翰·马克斯韦尔是美国著名的领导学专家,他提出的领导力21法则在管理实践中为很多人所熟知。

第一法则:盖子法则

领导能力决定一个人办事的成效。

想爬得越高,需要的领导力就越大;想发挥更大的影响,就需要更大的领导力。

领导力是代表办事成效的盖子,为了达到更高的办事成效,就必须提高盖子的广度。

在很多行业中,缺乏领导力,就会使得个体或团队的成就大大受限。

第二法则:影响力法则

衡量一个人的领导力,就看他影响力的大小。

当别人愿意跟随你,哪怕是出于好奇,都足以表明你已经是一个优秀的领导者,具有领导的魅力。

领袖不仅必须走在前面,而且还得有人愿意跟随其后。

第三法则:过程法则

领导力来自日积月累,而非一日之功。

一个人开发与提升技巧的能力,决定他是否能成为领袖。

人的一生中,成功的秘诀是当机会来临时,你已经预备好自己。

第四法则：导航法则

谁都可以掌舵，但唯有领袖才会设定航线。

所谓的领导需要比别人看得更远，并且比别人早一步先看到。

预先决定行动纲领，设定优先级，并预期将会产生的问题。

第五法则：哈顿法则

真正的领袖一开口，人们就洗耳恭听。

真正的领袖拥有的权力并非仅仅是职位权力。

员工倾听领导的意见，有时候不是因为言语中所包含的真理或信息，而是因为他们敬重说话的人。

第六法则：根基法则

信任乃是领导的根基。

成功的领导关键在于领导过程。

领导者要坦承自己的错误，把跟随者以及组织的利益摆在自己利益之上。

第七法则：敬佩法则

员工只跟随比自己强的领袖。员工尊重、仰慕比自己优秀的领导者，并且自愿追随他。

第八法则：直觉法则

领导者应善于利用直觉评估每一件事。领袖要具有一种纵观全局的能力，不仅能回顾过去，还能预测未来。

第九法则：磁力法则

物以类聚，什么样的领导，吸引什么样的员工。

优秀的领袖寻找优秀的员工弥补自己的短处。

如果想提升员工的素质，首先提升自己的素质。

第十法则：亲和力法则

与人亲近的秘诀在于懂得：在一个团体里，尊重每一个个体。

领导者如果想要员工跟随他，就要建立起良好的人际关系。

第十一法则：核心圈法则

核心圈的水平，足以决定你的成就。艾科卡说过，成功不是来自你知道什么，而是来自你认识什么样的人，以及你如何表达你自己。

第十二法则：授权法则

最好的领导者懂得找到人才来做好计划中的工作，而且又能克制自己不横加干涉。

如果想做个成功的领袖，就必须懂得授权。

授权式的领导模式不依赖于职位权威,能使所有的员工都有机会担当责任。

第十三法则:增值法则

名师出高徒,只有领袖才能够带出领袖。

培养领袖的唯一方法,就是使自己成为更好的领袖。

组织成长的潜能取决于领袖是否拥有更多的人才,人才越多,成功的可能性就越大。

第十四法则:接纳法则

想要员工认同领导者的想法,必须先让他们接受该名领导者。领袖先找到目标,然后才找到跟随者;而一般人先找到领袖,然后有了共同的目标。

第十五法则:制胜法则

领袖必须为他的团队找出一条制胜之路。伟大的领袖在压力下最能发挥潜力,并且他们内在的特质才能浮现出来。

第十六法则:动能法则

动能是领袖最好的朋友。动能法则指导领导者要做准备和有效地激励员工。唯有那些能够引发他人动力的领袖才能够创造出动能。

第十七法则:优先次序法则

忙碌的领导者不一定就会有成就。领导者的事务繁多,但要根据优先次序解决它们。

第十八法则:"舍""得"法则

领袖必须懂得先"舍",才能有"得"。

成功的领导者想扭转组织的命运,必须有牺牲的态度,必须心甘情愿地付出代价把公司带上正常的轨道。

要获得成功,一次的牺牲是不够的。领导就是树立榜样,当你身处领导地位时人们就会仿效你的每一个动作。

第十九法则:时机法则

掌握时机与善用策略同样重要。了解该做什么是一回事,而抓住时机则是另一回事。

第二十法则:爆炸性倍增法则

培养追随者,得到相加的效果。培养领导者,得到相乘倍增的效果。领导者培养的领导者越优秀,所带进来的追随者就越优秀,而且数量越多。

第二十一法则:传承法则

领导者的最高成就就是传承优秀的领导风格,并使团队在没有他的情况下继续成就大事。成功不是看眼前做什么,而是看身后留下什么。

【本章小结】

领导者是一个企业组织的核心,他们通过对组织目标的确定和激励员工完成组织目标来使企业组织获得长足发展。本章从领导者面临的首要问题入手,即员工的本质究竟是什么来解释员工的需要以及领导者应该采取的管理方式。在第二节中,介绍领导和管理的联系与区别,指出如何成为一个有效的管理者和领导者。领导权力的来源有五种:法定性权力、感召性权力、专长性权力、奖赏性权力和惩罚性权力。领导者应该通过这五种权力的有效运用来使员工达到目标。最后,介绍了几种经典的领导风格:领导特质理论、领导行为理论、领导行为连续体理论、领导权变理论、管理方格理论和路径—目标理论。通过对这些领导理论的阐述,形成清晰的管理方式发展的脉络,给实践中的管理者和广大学生以启示。最后一节则介绍两种比较新的领导理论:柔性领导和领导力。

【思考题】

1. 介绍人性假设理论的发展脉络。
2. 说说领导权力的来源,并谈一谈这五种权力的观点以及运用的情境。
3. 管理和领导有何区别?
4. 论述利克特的领导行为理论。
5. 在当代都有哪些关于领导的新观点? 你是怎样理解领导的?

第十四章　激励理论与应用

【学习目标】　通过本章的学习,了解激励的基本原则,重点掌握两种类型的激励理论:内容型激励理论和过程型激励理论,并且能够提出有效激励员工的措施。

【关键词】　内容激励　过程激励　强化激励　工作激励　精神激励

导入案例

硅谷高科技员工的激励

一些人认为,典型的加利福尼亚人与世界上别的地方的人有所不同。尽管这是人们的某种成见,但是至少有一部分加州人确实与众不同。这部分人在硅谷工作,就职于那些推动科技与信息发展前沿的高科技公司。

以他们当中的一员凯西小姐为例,她典型的一天是这样度过的:白天工作 12 个小时后,晚上 9 点锻炼身体,然后接着工作。这就是她一贯的作息安排,每周 6 天,并能一直坚持好几个月。凯西是娱乐产品部的项目经理,主管电脑游戏光盘的制作。她一般每周工作 100 个小时左右。和她在硅谷的那些同事们一样,她并不需要遵守严格的时间规定,而只是在自己想工作的时候才工作,只不过她大多数时候都想工作而已。

什么东西可以激励人们过这样一种生活呢? 在硅谷,很多特殊的机会层出不穷,这就为某些人提供了强大的激励机制。在这里,一种普通的激励因素是金钱。在今天,硅谷有 1/3 以上的高科技公司给员工以股权,而对非高科技公司,这一比例不到 1/12。因此,在这一行业中,短时间内暴富是完全可能的。而且即使有人赚不到钱,他能得到的基本补偿金也非常诱人。例如,硅谷的软件、半导体工人每年平均可以得到 7 万美元的补偿金,而美国普通工人平均每年只能得到 2.7 万美元。

　　对于这个行业的人来说,对所从事工作的热爱是另一个重要的激励因素。虽说钱很重要,但很多人承认,如果只是为钱,他们是不会像现在这么努力的。事实上,很多人都认为自己的工作可以与音乐家的工作相媲美,因为工作给了他们发自内心的快乐,工作本身就是最吸引他们的地方。

　　第三个激励因素是:在硅谷的工作有很多高的显示度,容易为人所认可。相对于其他行业的人来说,他们有更多的机会在顾客中闻名。比如说,娱乐产品部发行了凯西监制的游戏光盘。成千上万的顾客会来买这种光盘,并在他们的电脑上使用。她的名字就会出现在制作人员的名单中,就像电影制片人的名字出现在影院中一样。

　　来自同行的压力和认同也是非常重要的激励因素。这个行业中的人工作时间都很长,这也成了整个行业通行的一种"标准"。人们去上班时就知道自己必定要工作很长时间,这是既定的事实。他们这么做是因为每个人都这样,不这么做的人就会遭到同行的讥讽。

　　最后一个激励因素是这些工作所提供的自主性。事实上,现在流行的很多管理方式,比如说授权,就诞生于硅谷。诸如惠普和苹果电脑一类的公司已经摒弃了传统组织机构中指令控制式的管理。公司从不对员工的工作时间安排、工作进度以及服装规范等方面加以规定。相反,员工可以来去自由,可以带宠物上班,也可以在家工作。简而言之,他们可以自主选择在何时、何地以及以什么方式开展工作。对于今天的很多员工来说,这种弹性是非常有吸引力的。

　　资料来源:张德,吴志明.《组织行为学(第二版)》,东北财经大学出版社,2006 年 1 月.

第一节　激励的基本原理与原则

一、激励的基本原理

　　激励员工是管理者不可回避的问题。组织的发展离不开员工,而如何使员工发挥他们的潜能、正确高效地完成工作是组织管理首先要面对的课题。在一个企业组织中,领导者应该知道如何激励员工去提高工作业绩。激励以员工的需要为出发点,以需求理论为指导,采取相应激励方法满足员工需求,进一步激发员工的积极性和创造性,从而更好地完成企业组织的任务。有调查显示:按小时计算薪酬的员工每天只需要发挥自身20%~30%的能力即可以保住饭碗。但是如果能够调动起员工的积极性,那么员工的潜力就可以发挥到80%~90%。由此可见,激励对于企业的发展运转是多么的重要。

所谓的激励,就是去激发个体或者组织的行为动机,使其能够按照激励发起者的意愿更加努力实现既定的目标计划。这个概念用公式表示为:

$$P = f(A \times M \times O)$$

其中,P 代表绩效(performance);

A 代表能力(ability);

M 代表动机(motivation);

O 代表机遇(opportunity)。

从上面的公式可以得出,动机是绩效的函数,有效地激发个体或组织的动机能够提高其绩效。动机能够影响个体或组织的行为,但是什么在影响动机呢? 心理学家认为人们的行为是环境与个体相互作用的结果,而决定动机的是人们的需要。需要是客观的刺激作用于人们的大脑而引起个体缺乏某种东西的状态。这里所指的刺激不仅有物质上的还有精神上的,丰富业余生活就是一例。一般而言,需要具有以下特性:

(一)多样性

人在社会这个复杂的环境中,形成的需要也是多种多样的。除了衣食住行这些基本的需要外,还有与人交往、成就、自我实现等精神方面的需要。

(二)结构性

人具有的多种需要之间相互联系、彼此制约形成一个体系。在这个体系中,有的需要占据主导位置,对个体的行为影响较大,被称为优势需要;有的需要对个体的行为影响比较弱,则这种需要就处于次要地位。不同时期、不同环境下的需要也不尽相同,因此人们的动机也不相同,导致个体或组织的行为各异。

(三)阶梯性

个体的需要有时具有一种阶梯递进性。当低层次的需要得到满足时,就会追求更高层次的需要。马斯洛的需要理论很好地诠释了这一特性。

(四)制约性

需要是个体或组织的主观感受与客观环境共同作用的结果,因此受到了一定的制约。社会发展水平、人类精神水平都会对个体的需要产生限制,任何个体都无法超越所处的历史阶段。

（五）发展性

历史条件制约着人的需要，与此同时，社会也是不断发展进步的，需要的内容以及如何满足需要的方式方法也发生着变化。随着时代的变迁，一些旧的需要渐渐退出社会的舞台，一些新的需要相继产生，并推动着社会发展。这是一个循环不封闭的前进模式。

动机直接激发人们的行为。动机的产生是由需要引起的。当人们产生某种需要时会引发紧张这种情绪状态，形成一种驱动力促使个体采取行动来满足需要。当需要得到满足时，紧张就会消除。当又有了新的需要，这个循环就会继续持续下去，如图14-1所示。

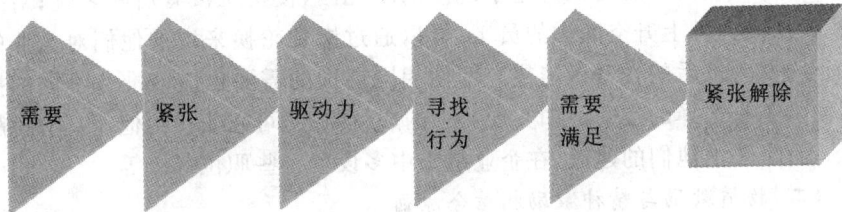

図14-1　人的行为循环

需要　紧张　驱动力　寻找行为　需要满足　紧张解除

图 14-1　人的行为循环

资料来源：斯蒂芬·P. 罗宾斯.《管理学》，中国人民大学出版社，1997年.略有改动

上图为领导者如何有效地激励员工提供了思路：个体的行为是由动机激发的，而动机又是需要引起的，所以领导者应该根据员工的需要进行激励。早期的激励方式——胡萝卜加大棒已经不能像先前那样有用武之地，随着员工需要的日益多样化，领导者的激励手段和方式也应该改进了；领导者要做到强化员工工作成就动机，使个体的需要与组织的目标相接近，这样两者都能得到好的结果；激励是一个连续循环的过程，当个体旧的需要得到满足时，为了持续激励个体，还要采取新的方法或者手段继续激励个体完成新的组织目标。

二、激励的原则

（一）按需激励原则

经济发展水平不同的国家、一个国家发展水平的不同时期，居民的需要是不一样的。同样，在一个小规模的组织中，由于年龄、教育程度、性别和职位等因素的不同，员工的需要也有差别；同一个人随着年龄、职位的变化需要也动态地变化着。因此,领导者如何有效激励员工是一个重要而又迫切的问题。激励的起点是需要,领导者只有"对症下药"才能激发员工的积极性和创造性。领导者应根据员工的需要、态度、个人特点等因素因势利导,用不同的方式来激励他们。这就是按需激励的原理。领导者在进行激励之前一定要对员工的需要做出一定的调查判断,这样才能使激励效果更佳。领导可以通过相应的需要理论,测试员工需要的方法和工具。如马斯洛的需要层次理论、赫兹伯格的双因素理论和麦克利兰的需求理论等。开发出的测试方法有问卷法、投射测试法等。企业组织要定期地对员工进行调查,找出不同年龄、教育程度、职位层次的人们的需求特点。领导者还应该在了解员工需要的基础上建立多种满足员工不同需要的体制。不同层次的需要都有具体的相应的激励措施。例如,对于有小孩的职工可以建立小规模的幼儿园,使员工没有后顾之忧;对工作积极性高并且上升空间大的员工,可以通过岗位轮换来增加他们对企业的全面了解,为以后的晋升做铺垫。即使相同层次的需要也应该准备不同的措施,使员工有选择的空间。如实现员工的成就需要,可以安排给他们具有挑战性的工作、采纳他们的建议、在企业组织中多设置一些职位等级等。

(二)物质激励与精神激励相结合原则

在激励的原则中,物质激励与精神激励相结合是非常重要的一条。物质激励是提高工作积极性的重要方式。由于受到我国经济发展的限制,员工非常关注企业组织所提供的物质待遇。物质利益可以理解成个体的生存需要和安全需要,这两种需要是人的最基本的需要。然而,仅仅具有物质需要是不够的。每个人的需要都是无尽的,而满足个体或组织的需要是消耗稀缺资源的过程,激励成本也会大大增加。另外,只有物质激励是不能满足员工的,所以对员工进行激励更好的方法是精神激励。马斯洛的需要层次理论指出,生存需要和安全需要是人们较低层次的需要,当这一层次需要得到满足时,人们会追求更高层次的需要,即社会交往的需要、尊重的需要和自我实现的需要。因此,在实际的管理过程中,领导者应该将物质激励与精神激励恰当地结合在一起。例如,对于企业组织中有能力、事业心强的年轻人,不仅要给予绩效薪酬,还要重视他们的积极性和意见,为他们创造良好的工作条件,促使他们早日担当重任。将物质激励与精神激励相结合的同时,要注意不要过分重视物质利益,以免产生"拜金主义"的思想。只有正确对待物质与精神的关系,才能最大化地激励员工。

(三)正面激励与负面激励相结合原则

正面激励是指领导者运用正面的方法,如认可、鼓励、提升或为员工创造良好的工作条件等来体现对员工的肯定和奖励。负面激励就是采用负面的做法,如批评、降职、警告等来对员工进行处罚促使其认识错误。在实际管理过程中,应该实行"奖罚分明"、"奖励与教育并行"的制度。对于员工的优秀表现,企业组织要及时进行表彰,这属于一种正强化,不仅能够使该员工继续努力,也可以向其他员工传递这样一种信息:工作优秀的员工可以得到嘉奖并为大家所知,这满足了员工物质和精神双方面的需要;而对于有破坏性的员工行为,要及时制止并惩罚,这种负强化使企业内部的员工认识到该种行为是不被认可的。在使用负面激励的时候,要注意员工的个人特点、年龄和教育背景等因素,以免造成严重后果。总之,如何恰当地使用正面激励与负面激励是领导者需要提高关注程度的问题。

（四）组织目标与个人目标激励相结合原则

设置目标是激励过程中的一个关键环节。组织的目标可以分解为部门目标,最终分解为部门中每个成员的个人目标。在进行目标设置的同时就要考虑将组织目标与个人目标相结合,员工个体或团队通过自身的努力可以满足他们所需要的物质激励或成就激励等。

例 14-1

自我激励

自我激励的方法有很多种,一般的自我激励的方法包含物质和精神两方面内容。物质方面主要指金钱、工作条件、福利等;精神方面主要包括业务成就、自我成长、尊重、承认等,物质方面的激励是基础,精神方面的激励则是更高层次的,可以给人持久的动力,二者相辅相成,缺一不可。虽然每个人的自我激励方法不同,但在实施自我激励时,以下两点颇为重要。

一、确立目标

目标是督促自我前进的方向和动力,根据自我需要制定的目标应是自我激励的最大动力。在确立目标时,可遵循 SMART 原则。

S(specific)代表目标应该是明确的。通常目标越明确,能提供的指引越多,激励的作用越明显。例如,一个销售代表今年的销售额是 400 万美元,而他想明年的销售额达到 500 万美元,那么他就会督促自己想方设法去达到 500 万美元的销售额。

M(measurable)代表目标的可衡量性,即目标应是可以用计量单位衡量的。

A(attainable)代表目标的可达性。确定的目标不能太高也不能太低,而应是通过努力可以达到的,这样才能起到激励的作用,因此在制定目标时要充分考虑和评估自己的欲望、能力、个性和资产。

R(relevant)代表相关性,即需将个人目标与组织目标结合起来,否则很难在组织中生存,实现个人目标也就无从说起。美国的哈利·李文森曾说:"一旦个人的需要与组织的目标有了互补性关联,那个人自我激励的最高点便会产生。因为两者的需要将会交融、联合,最后导致互动力。同时,个人与组织的能源将汇合、聚集,为两者产生最大互利。"

T(time-oriented)代表目标的时效性,即目标的实现应是有时间限制的,否则会失去目标的紧迫性和激励的意义。

二、培养积极的人生态度

生活在一个充满竞争和知识爆炸的时代,若要成功就需要积极的态度。积极的人生态度包括正确对待压力和挫折,树立自信心,正确理解公平、把握机会等。组织只能尽可能创造公平的环境和消除不利于发挥积极性的因素,成功与否关键还在自我。积极认识自我,不断改善自我,挖掘自我的潜力,保持乐观的心态,成功就在脚下。为了使自己科学地运用自我激励的方法,首先要全面地提高自己的认识能力。要不断通过学习来获取丰富的知识,锤炼自己的意志和胆略,增强自信心。

资料来源:侯丽敏主编.《中国市场营销经理助理资格证书考试教材》,电子工业出版社,2005年8月.

第二节　激励理论

激励理论主要由内容型激励理论和过程型激励理论两部分组成。内容型激励理论着重研究个体或者组织行为产生的影响因素,而行为产生的因素主要与需要有关,所以这一理论又被称为需要理论等。在本书中,重点研究马斯洛的需要层次理论、赫茨伯格的双因素理论、麦克利兰的需求理论和阿尔德弗的 ERG 理论。

一、马斯洛的需要层次论

美国心理学家和行为学家亚伯拉罕·马斯洛（Abraham Maslow，1908—1970）于 1943 年在其著作《人类动机理论》（*A Theory of Human Motivation Psychological Review*）提出了一种需要理论。他的理论成立条件中有 3 个假设：其一，个体的需要能够影响自身的行为。只有未满足的需要才能影响他的行为，已满足的需要不能起到激励的作用。其二，人的需要具有层次性。其三，只有个体的某一级的需要得到满足后，才会追求更高一级的需要，更高一级的需要就成为激励个体的动机。见图 14-2。

马斯洛提出的五个层次需要如下：

（一）生理需要

这是任何生物的基本需要。个体生存的生理需要最基本的就是衣食住行，没有这些条件，人类就无法维持生命。如果个体的人已经不存在了，那么根本就谈不上其他的需要。从这个角度考虑，生理需要是激励个体或组织最大的动力。马斯洛还认为，当这些需要还不能完全维持生命时，其他的需要不会起作用。

（二）安全需要

这个层次的需要包括心理与物质上的安全保障，主要涉及身体不受伤害、经济得到保障、职业稳定和老有所养等。这种需要在时间跨度上讲，不仅要考虑当下的需要，还包括对未来安全的需要。

（三）社交需要

行为科学的研究证明人的生活和工作不是孤立进行的，人是社会中的一员，需要被别人认可或者归属于某个群体。对于友谊、爱情及被接纳等方面的需要，使他们远离孤独，得到别人的关心和支持。在企业组织中存在着的正式群体和非正式群体，就是很好的例子。领导者可以通过对这两种群体的影响促使员工努力工作，完成组织目标。

（四）尊重需要

它包括别人对自身的尊重和内部尊重。内部尊重是指自尊和通过自身努力而获得的成就感。当个体被某些群体组织接纳之后，他就会产生一种被别人关注、尊重的需要，希望别人能够认可自己的才华、人品和工作能力，进而影响别人。

（五）自我实现需要

即发挥自己的能力，实现自己的理想和价值的需要。马斯洛认为这是个体最高层次的需要。这个层次的需要一般通过胜任工作获得成就感来得到满足。当个体完成难度较高的目标后,成就感所带来的自我实现需要的满足感远远超过成功之后的经济报酬所带来的满足感。

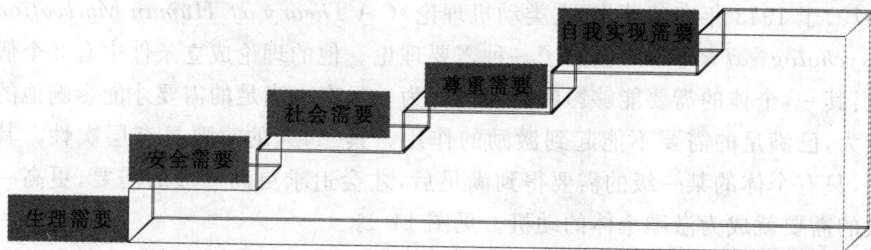

图 14-2　马斯洛的需要层次论

马斯洛将五种需要划分为高低两级,生理需要和安全需要被归于低级需要,社会需要、尊重需要和自我实现需要被列为高级需要。他认为高级需要使个体或组织从内部得到满足,是精神上的升华,而低级需要则从外部使个体或组织得到满足。在当今的企业组织中,员工的低级需要都会得到满足。

马斯洛的需要层次理论的优点在于简单清晰、内在逻辑性较强,所以得到人们的认可。特别是企业中的领导者,根据马斯洛的理论,可以针对不同的员工需要进行激励。但是,正由于该理论的简单易懂,一些学者专家们提出了疑问。争论的地方有:在个体或组织的某一层次理论得到满足后是否就会削弱该种需要;是否只有满足低级需要才能追求高级需要;在需要的顺序上,是否所有人都认同马斯洛的观点等。尽管马斯洛的理论受到质疑,但是该项理论仍然不失为一项积极的激励原则。马斯洛将千差万别的个体需要概括为五种,指出需要的发展层次,符合人类心理的发展趋势,对现代管理具有重要的指导作用。

二、赫茨伯格的双因素理论

双因素理论是由美国心理学家和行为科学家弗雷德里克·赫茨伯格(Fredrick Herzberg)提出来的。在 20 世纪 50 年代末期,赫茨伯格在美国匹兹堡地区对 200 多名工程师、会计师进行了调查访问,在此次调查中主要围绕的问题有工作中的哪些因素让他们感到满意和有哪些因素让他们感到不满意。根据调查的结果,赫茨伯格发现:引起人们满意的大部分是工作内在的因素;引起人们不满意的往往是工作外在的因素。他将促使员工感到满意的因素称之为激励因素,促使员工感到不满意的因素称之为保健因素(见表 14-1)。激励因素包括成就、认可、挑战性的工作和发展的机会等。保健因素包括公司政策与管理、人际关系、工作条件、工资、福利等。保健因素的满足不会使员工满意,只能防止员工不满的情绪产生;反之,如果保健因素得不到满足,就会严重打击员工积极性;激励因素的不满足也会使员工不满,打消他们的积极性。

表 14-1 保健因素和激励因素的内容

保健因素	激励因素
公司的政策与管理	工作中的成就感
工作条件	认可与赞美
工作环境	责任感
基本工资	发展空间
个人的地位	工作的挑战性
与上下级的关系	
工作的安全感	

赫茨伯格后来又进行了多次调查,他发现,由于调查对象和条件的不同,各种因素的归属有些差别,如对于普通员工来说奖金属于激励因素,但是对于高层管理者来说它可能就是保健因素。另外,赫茨伯格注意到激励因素和保健因素都有若干重叠现象,如晋升属于激励因素,基本上起积极作用,但当有能力的员工工作出色却没有得到赏识,则又可能起消极作用,这时就表现为保健因素。如图 14-3。

有些西方学者对赫茨伯格的双因素理论的正确性表示怀疑。首先,赫茨伯格调查取样的数量和对象并不具有很强的说服力,不能代表一般员工;其次,调查问卷和题目也有缺陷。并且,赫茨伯格所谓的"满意"无法具体量化,这些问题都使学者们产生疑问。但是,双因素理论的贡献也是毋庸置疑的。该理论告诫领导者要调动员工的积极性,不仅要注重工作条件和工资等外部因素,还要注意量才录用,对员工的工作给予表扬和认可,注重精神上的激励。

三、麦克利兰的需求理论

成就需要理论是由美国哈佛大学教授戴维·麦克利兰(David. C. Mc-Clelland)提出的。

麦克利兰指出个体在工作中有三种重要的需要:成就需要、权力需要和归

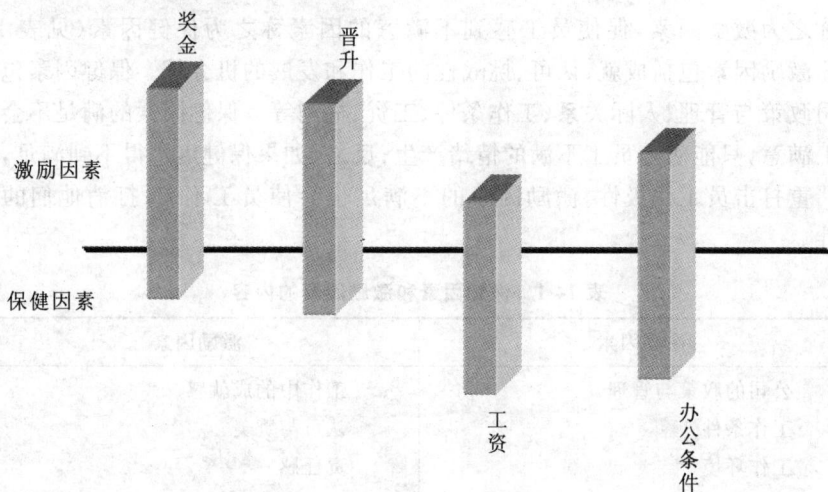

图 14-3　保健因素和激励因素的重合部分举例

属需要。

（一）成就需要（need for achievement）

这是个体渴望完成高难度的工作、追求卓越、赢得成功的需要。有成就需要的员工往往是这样的群体：他们热爱工作、工作积极性高、具有敬业精神、乐于接受挑战、勇于承担责任。

（二）权力需要（need for power）

权力需要是指通过控制一定的稀缺资源进而来影响或控制他人的需要。具有这类需要的员工向往权力，头脑冷静，善于提出问题和好胜心强。

（三）归属需要（need for affiliation）

员工在企业组织中希望能融入某一个团体，和别人建立友好亲密的关系，获得归属感。具有这类需要的员工关心他人、喜欢帮助别人并希望从他人那里获得友善的对待。

麦克利兰指出具有强烈的成就需要的个体渴望将事情做得完美无瑕，获得成功，他们追求努力工作的过程中解决难题、克服困难的乐趣和获得成功之后的成就感，至于物质上的奖励他们并不十分注重。成就需要与个体的教育程度、职位高低和所处的社会经济环境有莫大的关系，这些因素都制约着个体的成就需要。高成就需要者在自身感到成败机会各半的工作中表现得最出色。成功的可能性非常低的工作和成功的可能性很高的工作他们都不喜欢，通过设定目标并努力奋斗获得成功才能获得很高的成就感。高权力需要者喜欢具有竞争性和体现地位的场合,他们也追求出色的成绩,这不仅是为了满足成就需要,更重要的是希望获得地位和权力来满足自己的权力需要。权力需要是管理成功的一个关键要素。高归属需要的个体喜欢与人合作,有一个融洽的工作氛围,对人际关系更为敏感。归属需要是企业组织中协调人际关系的重要因素。

通过自己的研究调查,麦克利兰认为,高成就需要者青睐于能够获得信息反馈和中度冒险的工作环境,从这种环境中他们能获得高度的激励,较小的企业中的管理者如果是高成就需要者,他们往往会取得成功;而在大型企业组织中,高成就需要者不一定是一个优秀的管理者;最优秀的管理者往往是权力需要很高而归属需要很低的人。其中,具有成就需要的个体对于企业组织、国家都是十分重要的。一个企业拥有这样的人越多,效率越高,发展越快。一个国家拥有这样的人越多,就越发达繁荣。

四、麦格雷戈的人性假设理论

道格拉斯·麦格雷戈(Douglas McGregor,1906—1964)是美国著名的心理学家,他于 1957 发表了《企业的人性方面》一文,提出了有名的 X 理论和 Y 理论,探讨了人性的问题。

麦格雷戈认为,关于人性的假设可以使企业组织中的领导者有效地组织、引导和激励员工,基于这种想法,他提出了两种截然相反的理论:传统消极的 X 理论(theory X)和积极的 Y 理论(theory Y)。

X 理论的内容有:

一是多数人是懒惰的,他们尽可能地逃避工作;

二是多数人没有雄心壮志,不喜欢负责任,而宁愿让别人领导;

三是多数人的目标与组织目标相矛盾,为了达到组织目标必须对他们严加管制;

四是多数人不能理智地管理自己,并且容易受别人影响;

五是多数人为了满足生理和安全需要,选择获利最大化的方式做事。

根据 X 理论的假设,管理人员应该通过严密的规章制度督促员工提高生产率、完成组织目标,并且激励方式以物质报酬为主。

Y 理论的主要内容有:

一是员工并非好逸恶劳,对于他们来说,工作可能是一种满足而自愿执行,也可能是一种处罚手段,能逃避就逃避,这需要视情况而定;

二是员工愿意实行自我管理来完成组织目标；

三是员工愿意承担责任，并非缺乏抱负；

四是在遇到困难时，能够发挥聪明才智和创造性解决问题；

五是在日常工作中，只发挥了部分潜能，可以承担更重要的工作。

根据 Y 理论的假设，领导者应该创造一个使员工发挥才能的工作环境，实现个人和组织的目标。对员工的激励以工作激励为主，使其承担更具有挑战性的工作，实现自我的成就需要。

以上四种激励理论属于内容型激励理论，尽管在某些方面这些理论受到了质疑，但是它们仍然是在激励员工方面流传最广的解释。它们是当今很多理论的基础，在实践中，管理者们也会经常用到这些理论研究员工的需要，以此有效地激励员工。下面将介绍两种过程型激励理论和斯金纳的强化理论。

五、弗鲁姆的期望理论

期望理论是美国心理学家弗鲁姆（Victor Vroom）于 1964 年在其著作《工作与激励》中提出来的。期望理论的一个前提假设是每个个体都是决策者，他们在决策中选择最有利的方案。由于决策个体的知识范围和备选范围上的限制，他们只能在认知能力内对方案收益的大小进行比较，从而做出决策。弗鲁姆认为，个体之所以能够积极地工作在于他自身受到激励，满足自己某方面的需求。可以用以下公式表达：

$$F = \sum V \cdot E$$
$$= V_1 \cdot E_1 + V_2 \cdot E_2 + \cdots + V_n \cdot E_n$$

其中，F 代表激励程度，V 代表效价，E 代表期望，其中 $V_n \cdot E_n$ 可以是负数，即表示有些方式能够打消员工积极性。

效价是指个体完成某个目标或任务的结果给自己带来的满足程度，即对目标或任务有用性的评价。不同的个体对于相同的奖赏也会产生不同的激励效果。例如，对一个追求成就感的高层领导者来说，奖金并不能产生很大的激励作用；而对于一个需要养家糊口的一线员工来说，奖金则变得非常重要了。期望是达到这项工作的概率，是个体对自己采取一定行为导致预期结果可能性的估计。个体对于达到目标或任务的主观估计不同，采取的努力程度也会不同。

这个公式说明，个体越重视工作的结果，估计完成的概率越大，则受到的激励程度就越大。

通过该公式，可以得出：

高效价×高期望值＝高激励程度

高效价×低期望值＝低激励程度

低效价×高期望值＝低激励程度

低效价×低期望值＝低激励程度

中等效价×中等期望＝中等激励程度

期望理论给领导者的启示有:若想使员工具有很高的工作热情,就必须同时保持高的效价和期望值;根据员工的需要进行激励,并设置通过努力可以完成的工作目标;确定效价足够大等。

期望理论引起了人们浓厚的研究兴趣和激烈的讨论。其中批评的焦点在于弗鲁姆假设的个体是享乐主义者即理性的经济人,这对于社会中所有团体来说显然是不确切的。但该理论对于领导者却有实践的意义,能够指导领导者正确运用激励手段,提高员工积极性等。

例 14-2

波特和劳勒的期望激励理论(1968)

这是美国行为科学家爱德华·劳勒和莱曼·波特提出的一种激励理论。爱德华·劳勒在美国布朗大学获学士学位,在加利福尼亚大学伯克利分校获博士学位,曾在耶鲁大学任教,以后在密歇根大学任心理学教授和社会研究所组织行为室主任。他还是西雅图的巴特勒纪念研究所人类事务所研究中心的访问学者。莱曼·波特也是美国著名行为科学家,在耶鲁大学获得博士学位后,在加州大学伯克利分校任教11年,并在耶鲁大学管理科学系任访问教授1年。以后,他在加州大学管理研究院任院长和管理及心理学教授。波特—劳勒期望激励理论是他们在1968年的《管理态度和成绩》一书中提出来的。

这个模式的特点是:(1)"激励"导致一个人是否努力及努力的程度。(2)工作的实际绩效取决于能力的大小、努力程度以及对所需完成任务理解的深度,具体地讲,"角色概念"就是一个人对自己扮演的角色认识是否明确,是否将自己的努力指向正确的方向,抓住了自己的主要职责或任务。(3)奖励要以绩效为前提,不是先有奖励后有绩效,而是必须先完成组织任务才能导致精神的、物质的奖励。当职工看到他们的奖励与成绩关联性很差时,奖励将不能成为提高绩效的刺激物。(4)奖惩措施是否会产生满意,取决于被激励者认为获得的报偿是否公正。如果他认为符合公平原则,当然会感到满意,否则就会感到不满。众所周知的事实是,满意将导致进一步的努力。1967 年，波特和劳勒还在他们合作的《成绩对工作满足的影响》一文中提出了成绩对满足影响的一种理论模式：这种模式的具体内容是，一个人在做出了成绩后，得到两类报酬。一是外在报酬，包括工资、地位、提升、安全感等。按照马斯洛的需要层次论，外在报酬往往满足的是一些低层次的需要。由于一个人的成绩，特别是非定量化的成绩往往难以精确衡量，而工资、地位、提升等报酬的取得也包含多种因素的考虑，不完全取决于个人成绩，所以在图用了一条曲折的线把成绩与外在报酬联系起来，表示二者并非直接的、必然的因果关系。另一种报酬是内在报酬。即一个人由于工作成绩良好而给予自己的报酬，如感到对社会作出了贡献，对自我存在意义及能力的肯定等。它对应的是一些高层次的需要的满足，而且与工作成绩是直接相关的，所以图中用曲折程度不大的线连接了"成绩"与"内在报酬"。是不是"内在报酬"与"外在报酬"就可以决定是否"满足"呢？答案是否定的。我们注意到，在其间必然要经过"所理解的公正报酬"来调节。也就是说，一个人要把自己所得到的报酬同自己认为应该得到的报酬相比较。如果他认为相符合，他就会感到满足，并激励他以后更好地努力。如果他认为自己得到的报酬低于"所理解的公正报酬"，那么，即使事实上他得到的报酬量并不少，他也会感到不满足，甚至失落，从而影响他以后的努力。波特—劳勒期望激励理论在 20 世纪 60 至 70 年代是非常有影响的激励理论，在今天看来仍有相当的现实意义。它告诉我们，不要以为设置了激励目标、采取了激励手段，就一定能获得所需的行动和努力，并使员工满意。要形成激励→努力→绩效→奖励→满足并从满足回馈努力这样的良性循环，取决于奖励内容、奖惩制度、组织分工、目标导向行动的设置、管理水平、考核的公正性、领导作风及个人心理期望等多种综合性因素。

资料来源：克雷纳.《管理百年》.海南出版社，2003.

六、亚当斯的公平理论

公平理论又被称为社会比较理论，是美国心理学家亚当斯（J. S. Adams）在 20 世纪 60 年代提出来的。该理论着重研究个体报酬分配的合理性、公平性及个体的积极性影响。公平理论的前提是：当个体取得报酬后，他不仅关心自己所得报酬的绝对量，还关心自己所得报酬的相对量。因此，他要进行不同类型的比较来确定自己所获得的报酬是否合理,而比较的结果将直接影响个体以后工作的积极性。

个体选择的比较类型主要有两种:一种是横向比较,即个体将自己获得的报酬(包括工资、地位和获得的赏识等)与自己的投入(包括以前的教育成本、时间精力等)的比值与组织内其他人进行比较(如表 14-2);一种是纵向比较,即个体将自己目前投入的努力与目前所获得报偿的比值,同自己过去投入的努力与过去所获报偿的比值进行比较,个体将目前自己所获得的报酬与以前所获得的报酬进行比较。

表 14-2　公平理论

感知到的比率比较	员工评价
$\dfrac{\text{A 所得}}{\text{A 付出}} < \dfrac{\text{B 所得}}{\text{B 付出}}$	不公平(报酬过低)
$\dfrac{\text{A 所得}}{\text{A 付出}} = \dfrac{\text{B 所得}}{\text{B 付出}}$	公平
$\dfrac{\text{A 所得}}{\text{A 付出}} > \dfrac{\text{B 所得}}{\text{B 付出}}$	不公平(报酬过高)

说明:A 代表某员工,B 代表相关的他人或参照对象。

资料来源:斯蒂芬·P. 罗宾斯,玛丽·库尔特著,孙建敏等译.《管理学》(第九版),中国人民大学出版社,2008 年.

(一)横向比较

这是一种自己与他人所得与投入之比的大小比较。大多数个体都倾向于和别人进行比较,如果根据结果判断自己产生了不公平感,将影响个体以后工作的努力程度和心态。

当比较的结果是第一种情况时,即个体判断自己所得与付出之比小于参照对象的所得与收入之比,就会产生不公平感。公平的概念是指,当与他人(和自己教育背景、工作经历和职位等类似的个体)进行比较时,判断自己是否得到相同的对待。这时,该个体往往会采取这几种做法:采取某些行为改变自己的付出或所得,一般降低自己的工作努力程度或者向上级提出加薪;采取某些行为改变参照对象的付出或所得,例如要求管理者增加参照对象的努力程度或者减少参照对象的所得;离职。

当比较的结果是第二种情况时,即个体判断自己所得与付出之比等于参照对象的所得与收入之比,个体感觉到公平,他(或她)可能更加努力工作,保持积极性。

当比较的结果是第三种情况时,即个体判断自己所得与付出之比小于参照对象的所得与收入之比,个体也会产生不公平感。在这种情况下,一般不会要求上级降低自己的工资,而是自动增加自己的付出。

（二）纵向比较

个体除了与他人进行比较之外,还和自己过去的情况相比。比较结果反映了个体随着经验、能力的变化,自己所得的变化是大是小。但是工作环境的变换、薪酬制度的不同等因素会对结果产生影响。

当个体目前所得与付出之比小于过去自己的所得与付出之比,个体会感觉到不公平,积极性大大降低,并可能向上级要求增加自己的所得。

当个体目前所得与付出之比等于过去自己的所得与付出之比,会感觉到公平,积极性不变。

当个体目前所得与付出之比大于过去自己的所得与付出之比,这时该个体也不会认为自己的报酬过高,而是觉得自己的能力、经验增加,给企业组织带来的效益更多,因此并不一定增加工作努力程度。

公平理论表明员工个体的努力程度不仅受到他所获得的绝对报酬的影响,还受到相对报酬的影响。领导者在进行激励的时候要注重公平,避免员工产生严重的不公平感。而且要对员工进行一定的心理疏导,使其树立正确的公平观念,没有绝对的公平,不要盲目攀比等。

虽然公平理论有存在基础,但也有不足的地方。其一,公平感是个体的主观判断,无法具体量化。而个体对自己的付出总是估计过高,对别人却是估计过低。其二,评价个体的付出,并不能代表企业组织就会得到相应的效益。如何判断个体贡献也是一个难解的问题。

七、斯金纳的强化理论

强化理论是美国的心理学家斯金纳（B. F. Skinner）提出的一种理论。该理论认为人或动物为了达到自己的某种目的,会采取一定的行为作用于环境。当这种行为的结果对他有利时,这种行为就会重复出现;不利时,这种行为就会减弱或者消失。这种情况在行为学中称为"强化",领导者可以通过控制强化权力来修正员工行为,使其符合组织目标。常见的修正行为方式包括:正强化、负强化、忽视和规避性学习。

正强化,是指通过控制稀缺资源正面激励那些符合组织目标的行为,使得这些行为重复出现。即是利用稀缺资源刺激行为主体,增加积极行为的出现频率。这里所指的稀缺资源不仅包括奖金、薪酬等物质激励,还包括晋升、赞赏等精神激励。正强化的方式主要有两种,一种是在固定的时间间隔内持续定量的强化,另外一种是不定期、不定量的实施强化。第一种强化效果及时、立竿见影,但是如果时间久了,这种正强化对于行为主体来说变得理所当然,就不再是一种正强化,当取消这种奖励时,反而会引起不满。而且随着时间的推移,行为主体对于强化的期望也越来越高,希望增加奖励的绝对值,从而导致强化效果的减弱。有数据表明,第二种正强化方式更有利于企业组织目标的实现。根据不同行为主体在工作中的表现,领导者实施强化,这样使强化作用明显,并向周围的员工暗示,只要和该员工做得同样出色,就可以得到奖励。

负强化,是指通过控制权力警戒、惩罚那些不符合组织目标的行为,使得这些行为减少出现频率。在企业组织中,有时不进行正强化也是一种负强化,例如,当员工付出努力取得良好的工作成果时,并没有对他进行奖励、表扬等类似的正强化,那该员工有可能在下一项工作任务中就不会尽职尽责。负强化一般包括减少奖励、惩罚、批评和降职等。实施负强化要注意以持续负强化为主,对每一次出现的不符合组织目标行为的表现都立即予以负强化,这样不仅消除了员工的侥幸心理,还能够减少类似行为出现的概率。

强化理论研究了对个体进行刺激和其产生的行为之间的关系。

忽视,即对不符合组织期望的行为不予理睬,既不给予正强化,也不给予负强化,使该种行为自动减弱至消失。实践证明,如果一行为长时间不受到肯定或否定,行为主体就会丧失继续该行为的兴趣。

规避性学习,这也是一种负强化。个体改变自己的行为来避免不利的后果,如批评、降低奖金等。

通过强化理论,可以得出这样的结论:对员工的行为进行强化,可以使其行为更有利于组织目标的实现。但是在现实的管理中,领导者应该更重视正强化,另外,对于不期望的行为进行忽视而非惩罚等负强化。虽然负强化的效果很好,但是副作用也大,产生的消极影响很难在短时间内消除,如组织内部冲突、员工的辞职等。

学者们认为,强化理论只研究了外部因素或环境刺激对行为的影响,忽略了人的主观能动性以及对环境的反作用,因而该理论具有一定的机械论的色彩。尽管如此,强化理论也不失为一项实用的激励理论。

强化理论对领导者的启示有:

(一)正确选择强化方式

不同个体的年龄、教育背景、性格特点和需要不同,要选择不同的强化措施。员工都愿意接受正强化,要尽量避免负强化的方式。在不得不使用负强化时,告诉员工原因以及将来希望他们怎么做,当员工改正其行为时,要及时给予正强化。

(二)选择合适的强化方式和时间

不同个体的特点不同,所以采取的强化措施也不同。进行正强化时,首先确定该员工的需要,根据他的需要进行激励,这样强化的效果更佳。负强化也如此。在使用负强化的时候,降职、降薪还是批评,要选择更有利于其改变行为的方式。同时,注意时间频率和跨度,尽量使企业组织花费的费用少而员工的行为改变效果好。

(三)要做到及时反馈

若想取得良好的激励效果,就应该在行为发生后尽快采取合适的强化措施。当个体出现某种行为以后,领导者要及时作出反应,这能够使员工及时了解行为是否被认可,从而调整自己的行为。强化理论并不是对员工的操纵,而是对员工进行激励的原则。

(四)正强化比负强化更有效

所以,在强化手段的运用上,应以正强化为主;同时,必要时也要对坏的行为给以惩罚,做到奖惩结合。

第三节　激励的综合运用

一、工作激励

工作激励是指通过恰当的工作安排激发员工的工作热情,完成组织的目标。具体包括灵活的工作日程和工作设计等。

灵活的工作日程是指取消固定的 5 天 8 小时上班制,根据员工不同的需求安排自己的工作时间,方便及时完成工作。这种激励方式可以使员工得到更多的自己掌握的时间。有的员工孩子年纪还小,还要父母照顾,这样的工作时间安排就能满足他们的需求。

工作设计是指企业组织对员工的工作岗位进行调换,促使有发展潜力的员工了解各个岗位、部门之间的联系,为他们以后的职业生涯打下基础。对于一般的员工,扩大他们的工作范围,增强责任感,信任员工也是一种激励方式。越来越多的企业组织将工作设计看做是一种激励手段,这不仅有利于提高员工的工作兴趣,还能激发他们的工作热情,改善部门之间的关系等。

二、报酬激励

报酬激励就是企业组织通过薪金、认可、晋升等刺激激发员工的努力程度。报酬激励主要有两种方式:物质激励和精神激励。对于一般的员工来说,激励形式有薪酬、认可和赏识、员工持股、发展机会等。其中,激励效果比较明显的是员工持股计划。员工持股是企业组织给员工部分的股权,使他们能够分享公司发展壮大而得到的部分利润。实践表明,这种激励方式更能提高员工的积极性,因为他们不仅是公司的员工,也变成了公司的所有者,与公司共进退。

对于企业组织的领导者,激励的方式有长期奖励、特别的福利待遇和在职消费等。在职消费是指拥有豪华的办公室和商业性旅游等。对高层领导者的报酬要注意不能过高,一般要将其报酬与公司赢利状况相联系,要有一定的限制条件。

三、精神激励

精神激励可以满足员工的社交需要、尊重需要和自我实现需要。精神激励的成本低,但是效果很好。精神激励的方式有:

(一)目标激励

这一方式是将企业组织的目标层层分解至个人目标,员工在完成自己的目标的同时,就是对组织目标的贡献。同时,个人目标能够激发员工的自我管理意识,将个人目标与组织目标相结合,实现共赢。目标的设置要遵循具体性、挑战性和可实现性的原则,这样才具有激励作用。

(二)荣誉激励

每个员工个体都需要被认可,尊重需要是激励员工进取的动力。一个企业组织中,榜样的力量是巨大的,通过英雄人物的号召和引导,促使员工的行为符合组织目标期望的方向。在一些服务行业,工作认真、业绩出色的员工的照片贴在光荣榜上,这样的做法不仅强化了上光荣榜的员工的行为,而且也起到鼓舞士气的作用。领导者的榜样作用效果会更好,这就需要领导者身先士卒,做出一定的表率作用,鼓励员工踏实努力工作。

(三)参与激励

如果员工参与企业组织目标的制定,那么目标实施的过程会更加顺利,并且员工的责任感会加强。参与企业组织的决策会提高员工的主人翁精神,鼓舞他们为实现目标不懈努力。

（四）情感激励

从马斯洛的需要层次理论中可知，每个人都有情感需要。情感激励就是通过对员工的关心、尊重，让他们体会到企业组织对他的关爱，激发他们的责任感和使命感。这种激励方式可以使员工与领导者建立真诚的友谊，创造一个融洽的工作氛围。

例 14-3

从理论到实践：激励员工的一些建议

假设你是一名管理者，想要激励你的员工，你能从本章介绍的理论和观点中得到哪些启示？虽然这里并没有一个放之四海而皆准的简单原则，但是，以下一些建议对激励员工很有帮助。

认清个体差异。几乎所有的当代动机理论都承认员工并不是完全相同的，他们在需要、态度、个性及其他重要的个人变量上各不相同。

进行人与工作的匹配。大量研究证据表明，当个体与工作合理匹配时能够起到激励作用。比如，高成就需要者应该从事这样的工作：能让他们参与设置具有中等挑战性的目标，能有工作的自主权，能得到反馈。还要记住的是，不是每名员工都会由于工作自主性、多样性和责任感而产生工作积极性。

运用目标。目标设置理论告诉我们，管理者应确保员工拥有困难而具体的目标，并对他们工作的完成情况提供反馈。目标是应该由管理者分派，还是应该由员工参与设定？这一问题的答案取决于你对目标可接受性和组织文化的了解。如果你预期这一目标会受到抵触，那么参与目标设置的做法将会增加目标的可接受性。如果参与做法与组织文化相抵触，则应由管理者分派目标。

确保个体认为目标是可达到的。无论目标实际上能否达到，如果员工自己认为无法实现目标，他们就会降低努力程度。因为他们会认为"再怎么工作也是毫无意义的"。因此，管理者必须保证员工充满自信，让他们感到只要努力就可以实现绩效目标。

个别化奖励。每位员工的需要不同，因此对某人有效的强化措施，并不一定适合其他人。管理者应当充分了解员工的差异，并对他们实施个别化奖励。管理者能够支配的奖励办法包括加薪、晋升、表扬、提供理想的工作任务、使工作有自主性、在工作中拥有参与权。

　　奖励与绩效挂钩。管理者必须使奖励与绩效相联系,如果不对绩效因素进行奖励,则只会强化那些非绩效因素。当员工达到了特定目标时,应给予奖励,如加薪、晋升。管理者应当想办法增加奖励的透明度,以充分发挥它的激励作用。

　　检查体制是否公平。员工应当感到自己的付出与所得是对等的。简单地说,就是员工在经验、能力、努力及其他方面的明显付出应当使他们在收入、职责和其他所得方面体现出差异。不过在这里请注意,对某人来说的公平感可能对其他人来说并不具有公平感,所以理想的奖励体制应当能够对每项工作中各项投入与奖励所占的比重进行评估。

　　使用认可。认识认可的力量。在削减成本盛行的经济萧条中,使用认可是奖励员工的一种低成本方法,而且大多数员工认为这种奖励是有价值的。

　　表达你对员工的关怀。当管理者关心员工的时候,他们会表现得更好。盖洛普机构对数百万员工和成千上万名管理者进行的调查研究充分显示了这个简单的道理。最好的公司会营造关爱他人的工作环境。一般而言,当管理者关心员工时,绩效也就上升了。

　　不要忽视金钱的作用。我们可能很容易沉浸在设置目标、创造工作的趣味性、提供参与机会这些因素里,而忘记大多数人从事工作的主要原因是为了钱。因此,在工作业绩基础上进行的加薪、计件奖金及其他报酬奖励在决定工作积极性上起着重要作用。我们并不是要管理者只是向钱看,把它作为唯一的激励工具。我们只是阐述一个明显的事实:如果金钱这种刺激手段被取消,那么人们可能不会去工作,但是取消其他因素,如目标、丰富化的工作或参与决策就不会导致这种状况。

　　资料来源:斯蒂芬·P. 罗宾斯,玛丽·库尔特著,孙建敏等译,《管理学》(第九版),中国人民大学出版社,2008 年

【本章小结】

　　激励理论是研究如何引导个体或组织团队的行为符合组织目标的理论。由于需要是行为的动力,所以很多理论是围绕各类需要研究讨论的。本章第一节主要介绍了激励的基本原理与原则,随后介绍了两大类型的激励理论,即

内容型激励理论和过程型激励理论。内容型激励的代表理论有：马斯洛需要层次理论、赫茨伯格双因素理论、麦克利兰的需要理论和麦克雷戈的人性假设理论。过程型激励的代表理论有：亚当斯的公平理论、弗鲁姆的期望理论。强化理论是由美国心理学家斯金纳提出的，着重研究行为结果对行为的影响。在最后一节，提出一些建议，指导企业组织的管理者如何激励员工使其行为符合组织目标。

【思考题】

1. 激励理论包括哪几类？简要说明它们之间不同的侧重点。
2. 简述马斯洛需要层次理论及其优缺点。
3. 根据期望理论，说说你对如何提高员工工作积极性的看法。
4. 什么是强化？管理者的强化方式有哪些？
5. 通过本章的学习，试阐述管理者如何有效地激励员工。

第十五章　管理沟通

【学习目标】　通过本章的学习,理解沟通的定义,掌握沟通的类型、沟通的过程、沟通障碍的类型以及如何进行有效的沟通,了解谈判技巧。

【关键词】　沟通　沟通障碍　冲突　谈判

导入案例

EC 公司工资改革方案的出台

EC 公司作为通信制造业中最大的国有企业,从 20 世纪 90 年代初开始取得了长足的发展,生产规模从 80 年代末期的年产值 5 000 万元发展到 1998 年的年销售收入 59 亿元,公司业绩有目共睹。但随着中国经济和通信产业高速稳定发展和市场竞争日趋激烈,国外跨国集团长驱直入,国内同行快速成长,企业发展承受着巨大的压力。

同时,由于公司效益连年增长,职工收入也逐年提高,在职工身上出现了"小富即安"的思想,并出现了不求上进的懒散习气,而且公司仍然执行原有工资体系,年轻职工的工资水平明显比老职工的工资水平低,与华为、中兴通信等同行企业的工资水平差距更为悬殊,年轻职工的积极性受到极大的压制,导致了公司技术开发骨干和市场销售骨干大量流失。而在通信技术的激烈市场竞争中,年轻人在公司中的重要性已越来越突出。

为了调整公司不合理的工资结构体系,缩短同行业工资差距,激发员工的工作积极性,公司决定在 1998 年实现大幅度的工资改革,其基本思路是:(1)实行岗位工资制和工资总额制,根据各单位经营业绩,确定各单位的工资总额,各部门的工资发放以工资总额为限;(2)对公司现有岗位职责重新定义,根据重要程度进行排序,确定工资级别,并对富余人员进行下岗培训。

由于工资结构的调整将使效益较好的单位和年轻人获得较大的利益,而老职工的相对工资水平将大大降低,在公司开始讨论工资改革初步方案的时候,效益差的单位和老职工产生了明显的抵触情绪,包括部分担任职务时间较长的中层干部。许多老职工甚至扬言要到上级主管部门告状。工资改革尚未开始,就面临着重重压力。

集团公司人事部主任余平作为工资改革具体实施部门的领导,正面临着来自公司内部的双重压力:首先,公司董事会已经通过了进行工资改革的决议,并且要在1998年底或1999年初完成工资改革,而当时距1998年底只有不到3个月时间;其次,在董事会通过工资改革的决议以后,广大职工对改革方案十分关注,当改革初步方案开始酝酿时,公司内部谣言四起,众说纷纭,老职工的抵触情绪尤为严重。

同时,公司在外部同样承受着巨大的压力,华为、中兴通信等作为地处特区的著名通信企业,利用地域优势、体制优势和高工资吸引EC公司年轻的技术骨干。早在1996年,华为公司就把EC公司在上海进行移动通信交换机项目开发的10余名年轻技术骨干全部挖走,直接导致了公司移动通信交换机项目的流产。而在本次董事会召开期间,华为公司又在贸易中心召开人才招聘会,矛头又一次直接指向EC公司的年轻骨干,使全体董事大受震动,进行工资改革的决心更加坚定。同时,越来越多的跨国集团在国内的分公司、办事处和合资企业对国有企业的优秀人才虎视眈眈,用各种方法和手段吸引国有企业的年轻人。

鉴于工资改革从开始酝酿就在公司引起巨大反应,余平对前期工作进行了认真的总结和反思:首先,工资改革方案刚开始酝酿,公司内部对工资改革方案的意见和看法就四处流传,许多职工纷纷打电话询问或质问余平,有些说法甚至与工资改革方案基本一致。余平感到工资改革方案在酝酿过程中的保密工作存在问题,许多尚未成熟的工资改革方案通过非正式渠道在公司内传播,以讹传讹后各种说法都有。其次,现行工资体系延续了几十年,要在几个月内有较大幅度的改变,时间紧迫、准备仓促、大家在思想上很难马上接受,尤其是接近年末,许多老职工面临不利的工资调整,更有少数职工要面临下岗的严峻局面,与春节合家欢聚、吉祥喜气的气氛形成强烈的反差。最后,没有很好地与职工进行沟通,原有思想观念根深蒂固,认为工资改革是皆大欢喜的人人加工资。

针对以上问题,余平决定从五个方面着手开展工资改革。第一,向公司总经理办公会议提交报告,要求将工改的最后期限延迟到1999年二季度结束,如果仓促进行工改,容易产生强烈的抵触情绪,这会妨碍公司年底的冲刺,影响全年生产经营目标的完成。第二,在公司内部的报刊、广播、计算机网络等媒介上以较大的篇幅刊登华为、中兴通信等国内企业结构体系介绍,请各地的企业管理专家、教授作专题评论。在计算机网络专门开辟BBS让职工进行讨论,并且通过党支部、工会等在职工中进行广泛的思想教育和舆论宣传。第三,定期或不定期地召开职工座谈会,充分了解员工的想法。第四,向总经理办公会议提议,由于公司技术开发中心均为年轻职工,建议在技术开发中心首先进行工资改革试点,也有利于突出对年轻人的重视,让技术开发人员首先从中受益。第五,强调工资改革小组的纪律性,精简小组成员。在工资改革方案提交公司总经理办公会议讨论之前,不许对外透露任何消息,否则后果自负。

公司总经理办公会议在接到余平提交的报告后,经过充分讨论研究,基本同意余平的建议。1998年11月,在EC公司技术中心实行了工资改革试点,开发人员的工资有了实质性的提高,开发热情日益高涨,开发进度大大加快。人事部根据试点情况,对部分实施办法进行了补充、修正。同时,经过大量舆论宣传和相互沟通,广大老职工基本接受了工资改革方案,对效益差的部门实行一定的优惠和扶持政策,在根据其经营业绩确定工资总额后,做到减人不减额度,使效益差的部门对管理体制、人员结构进行了大幅度调整,拉大工资差距档次。经过6个月的辛勤劳动,公司的工资改革得到顺利实施。

资料来源:程延江.《管理学教程》,哈尔滨工业大学出版社,2003年10月.

第一节 沟通的原理

一、沟通的定义

在现代管理过程中,沟通是重要的组成部分。不同个体之间的差异性决定了他们在认知、态度和行为上的冲突,而这种冲突必须借由沟通来解决。良好的沟通是保证组织成员交流信息、理解他人的前提。在企业组织中,若想使一个团队或者群体成员向同一个组织目标努力工作,就离不开有效的沟通。沟通在管理学上的定义是:沟通者通过一定的渠道,排除干扰,将信息传递给沟通对象,并期望沟通对象做出一定反应的过程。信息性质的不同、沟通双方关系的不同会导致这个过程也有所不同。有的沟通过程非常简单,信息清晰明了,沟通双方都没有分歧;而有的沟通过程却非常复杂,需要沟通双方的多次反馈交流才能使信息准确传达给接收者。因此,沟通是组织中领导者面临的一项重要的管理课题。

从沟通的定义中,可以得出以下几个需要注意的地方:

一是沟通是一个信息传递的过程。如果信息没有被传达到,那么就算不上"沟通"了。在现实生活中,所需要传达的信息必须具备精确性、完整性和及时性的特点。只有精确的信息才能保证接收者准确理解信息。完整的信息可以避免接收者对信息以偏概全或是断章取义。有效的信息必须是及时的,这样才能够传达发送者当时的意愿、想法和指令。所以,在信息传递过程中要尽量减少不必要的中间环节,以免信息失真、延时。

二是沟通是一个需要反馈的过程。之所以进行沟通,是希望接收者能够准确无误地明白发送者的意思。实际上,不同个体的教育程度、职位和经历的差异能够使这个沟通过程变得非常复杂。发送者编辑的信息传达给接收者之后,接收者根据自己的理解解码信息。由于上述差异,他们对信息的定义和解析很可能是不同的。所以,沟通必须有一个反馈的过程。信息发送者和接收者达成共识,才能使沟通成功。

三是沟通是一个准确理解信息的过程,而不是双方达成协议的过程。很多人认为沟通的成功是双方最终能够达成协议。然而,有时候信息接收者可以理解信息发送者的意思,却不能达成协议。例如,在商业谈判中,谈判双方都清楚地了解对方的意思,但是都不退步,最终没有达成一个协议,但他们之间沟通的过程却已经发生了。

四是沟通过程中不仅仅是信息的传递,在进行面对面的沟通时,还有双方态度、立场的传递。这些言外之意往往不是由语言表达出来,而是通过身体姿势、动作传达给对方的。接收者不仅要完整地理解信息的意思,还要分析发送者的个人特征、价值观和态度等,这样才能达到良好沟通的效果。

二、沟通的类型

根据不同的划分标准,沟通可划分为如下几种类型:

第一种是按照沟通过程中借助的中介手段的不同,可划分为言语沟通和非言语沟通。如图 15-1。

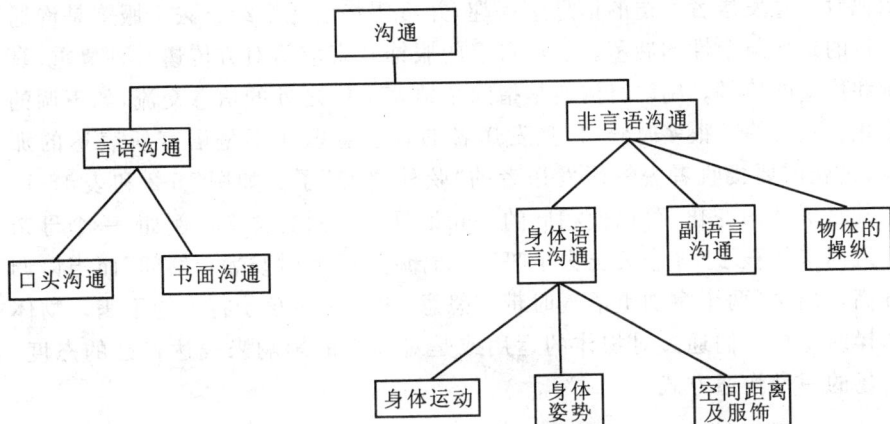

图 15-1　沟通分类

资料来源:程延江,《管理学教程》,哈尔滨工业大学出版社,2003 年 10 月

言语沟通包括口头沟通和书面沟通。口头沟通是指那些通过口头传达的信息。这种传递方式灵活直接。传送者能快速传达信息并得到及时反馈,但是如果信息是经过多个人传达出来的则有可能失真。书面沟通是指将信息以文字的形式记录下来,传达给接收者。这可以使信息保存时间增长,也拥有法律依据。在将信息形成书面的同时会让传送者有更多的思考空间,因此,也使其具有逻辑性强、条理清晰的特点。对于复杂的信息显得尤为重要。然而相对于口头沟通而言,书面沟通更耗费时间,并且传送者需要较长的时间才能得到反馈。另外,收到书面信息的接收者在不理解一些信息的时候不能直接询问发送者,由此可能导致信息曲解,从而影响工作。

非言语沟通有:身体语言沟通、副语言沟通和物体的操纵。

身体语言沟通是指通过人的表情、目光、身体姿势和服饰等形式来进行的沟通。表情可以传递一个人的态度或者情绪状态,喜怒哀乐等心理都可以通过面部表情表现出来。例如,当一位领导者和他的下属谈话时,在解决了他们讨论的问题后,下属仍未离开。领导者这时的目光并没有投向下属,而是频频低头看自己桌子上的文件,这反映了领导者现在的心里想法,除非下属太专注自己所谈论的事情,否则会自动结束话题离开。目光是重要的身体语言沟通方式之一。在与人交往沟通的过程中,需要用眼睛捕捉对方的沟通信号,同时也向对方传递自己的态度、心绪等信号。目光可以表示赞美、困惑、愤怒等情感,因而对沟通起到"无声胜有声"的作用。在进行沟通的时候,身体姿势可以传递出一个人的心理。如当信息接收者挪近自己的椅子,头向前倾的时候,表示他对信息发送者发送的信息感兴趣,并希望将话题继续下去。服饰是沟通风格的延伸与个性的展示。通过自己的服饰装束应给对方传递一种尊重、真诚和稳重的信号。副语言沟通是指除了语言文字之外的信息交流,如声调的变化、哭、笑等。很多时候,信息发送者的真正意思并不是语言所表达的那样,这就需要接收者去领悟发送者的"弦外之音"了。如图 15-2 和表 15-1。尤其是语调的变化,可以使相同的一句话具有不同的含义。例如,一个母亲下班回来问孩子"你今天出去了吗",当音调较轻的时候表示疑问,而当语调升高,"出去"两个字加重语气时带有怒意,表示她对孩子行为的不满。物体的操纵是指人们通过对物体的运用或是对环境的影响来表达自己的态度、立场的一种沟通方式。

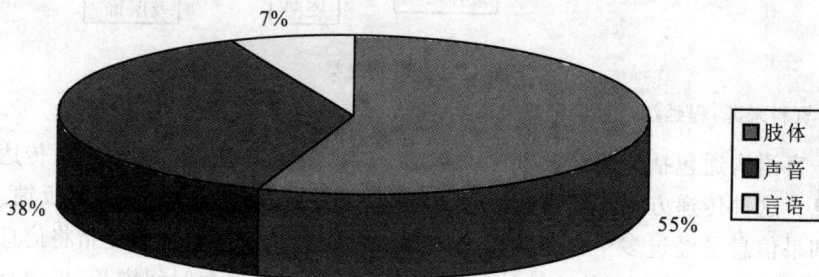

图 15-2　沟通形式分类图

表 15-1　手势代表的含义

含义	手　势
自信	自豪挺拔的身姿、持续的目光接触、双手合起来放在头后抱着、下巴抬起、含蓄的微笑
真诚	摊开双手、距离上更靠近信息发送者、解开外衣纽扣、脱掉大衣、坐在椅子上、目光炯炯有神
评价	抬着头、手碰到脸颊、身体前倾、手托着下巴、抬眉头

续表

含义	手 势
冷淡	没精打采、较少的目光接触、嘴唇松弛、视而不见、目光不集中
拒绝	双臂交叉放在前胸、双腿交叉、身体向后缩、环顾左右、触摸式揉鼻子、不易觉察地摇着头
挫折	紧握双手、摸着脖子、挥拳头、鼻孔张大、驼背坐着
紧张	眯着眼睛、嘴唇嚅动、微微地张开嘴巴、来回走动、摆弄物品、轻微的颤抖
防御	身体僵硬、双臂紧紧交叉放在前胸、双腿紧紧交叉、没有或者很少的目光接触、握紧拳头、嘴唇紧闭

第二种按照是否进行反馈这一环节来划分,包括单向沟通和双向沟通。这需要判断信息发送者和信息接收者的角色在沟通过程中是否相互转变。在单向沟通的过程中,发送者与接收者的角色是固定不变的,如领导者下达指令,信息发送者是领导,接收者是下属。而在双向沟通的过程中,双方的角色会发生改变,如领导下达指令后,下属完成任务报告给领导,领导在进行检验之后又重新提出要求。在这个过程中,首先信息发送者是领导,但是在下一个环节里,他却变成了信息接收者,由于下属对领导进行工作任务完成情况报告,下属就变成了信息发送者。谈判、讨论等都是双向沟通。

美国心理学家利维特(H. Leavitt)在 20 世纪 50 年代末期进行了一个实验,研究单向沟通和双向沟通哪个更有效果。实验见例 15-1。

例 15-1

经典研究:单向沟通与双向沟通

利维特通过让被试在单向沟通与双向沟通两种不同的情境下画出一系列相连接的矩形的实验来进行研究。下图所示就是他所使用的材料。

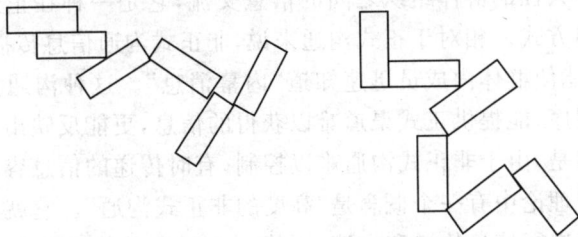

　　图中这些矩形的连接点或者是顶点或者是边线的中点，两个矩形之间的夹角是 90° 或者是 45°。发送者手中拿着这张图，向接收者描述图形，接收者根据发送者的描述在白纸上画下这个图形。实验分为如下两种情况：

　　第一种情况是单向沟通。发送者背对着接收者，避免有视觉上的沟通；用语言尽可能准确、尽可能快描述上述图形；接收者不能用提问、发笑、叹气或者其他形式，只能就听到的信息与发送者沟通。

　　第二种情况是双向沟通。发送者面对接收者；接收者可以随意打断发送者的陈述，提出任何问题。

　　实验的结果表明：

　　单向沟通的速度比双向沟通快。

　　双向沟通准确性程度较高。

　　在双向沟通中，接收者对自己的判断比较自信，也清楚自己所画的图形是否正确；但发送者可能会有比较大的心理压力，因为他会随时受到接收者的发问、批评和挑剔。

　　单向沟通显得比较有秩序、有条理；双向沟通则显得混乱无序。

　　资料来源：张德，吴志明.《组织行为学（第二版）》.东北财经大学出版社，2006 年 1 月.

　　从这个实验中，可以看出两种沟通类型都有优缺点。在不同的环境条件下要选择不同的沟通方式。

　　第三种是按照组织系统进行划分，包括正式沟通和非正式沟通。正式沟通是指按照组织中正式的沟通渠道进行的信息传递过程。正式沟通的形式有领导指示的下达、任务的分派和工作进程的报告等。非正式沟通是指企业组织内具有某一共性的群体组织之间的信息交流，它是一种在正式沟通渠道之外的信息传递方式。相对于正式沟通来说，非正式沟通信息传播速度更快，形式更为灵活，能使群体内成员迅速知道"内幕消息"。这种沟通方式可以省去很多烦琐的程序，能提供正式渠道难以获得的信息，更能反映出员工真实的想法和态度。但是，由于非正式沟通难以控制，有时传递的信息容易失真而被曲解。现代管理理论中有一个概念是"高度的非正式沟通"。它就是指利用各种非正式组织来进行信息传递和交流，形成一个巨大的信息沟通系统。经过实践证明，这种系统的确可以节省更多的成本，获取更真实的信息，并且能够有效地改善人际关系。

第四种按信息流通方向划分,有上行沟通、下行沟通和水平沟通三种类型。如表 15-2。

表 15-2　沟通类型

沟通类型	定　义	优　点	缺　点
上行沟通	组织信息从低层次流向高层次的沟通方式	下属可以将自己的意见传递给上级,获得一定的满足感,觉得受到重视;上级通过这种沟通方式了解情况,提高管理水平。	因级别、地位的差异,下属不一定反映真实情况,即信息不真实;底层员工很难将真实信息传递给高层领导者。
下行沟通	组织中信息从高层次流向低层次的沟通方式	下级员工及时了解组织目标和领导指令,增加团队之间的归属感;协调组织团队,增强凝聚力。	这种沟通方式使用频率过高会造成独裁局面,下属会产生抵触情绪;由于信息层层传递,经由一个层级管理者的取舍很可能导致信息失真。
水平沟通	组织中信息在同一层次不同部门之间传递的沟通方式	促使各个部门之间的协调活动,培养员工的整体观念和合作精神;节省了一些时间,提高工作效率。	信息量很大,容易混淆员工如何取舍信息。

在实际的管理活动中,下行沟通更为容易,上级可以利用电话、电子邮件等联络方式下达指令,而上行沟通就困难一些。上行沟通过程需要上级更深入了解下级的实际情况从而做出合适的决策。传统的沟通方式偏重于下行沟通,而民主的管理风格同时重视上行沟通,因为这样能够使员工参与到决策中来,以此增强员工的自主意识。

三、沟通的过程

沟通是一个信息相互传递的过程,是一个有目的地提供信息、说服和反馈的过程。同时,沟通也是一个双向的过程,如图 15-3 所示。

(一)传送者和接收者

显而易见,沟通需要两个及两个以上的人参与。传送者的第一个职责是提供信息,其中很重要的一点是传送者的个人特质、选择信息传达的方式对信息交流的过程有着不可忽视的影响。而接收者的个人特质、教育程度及

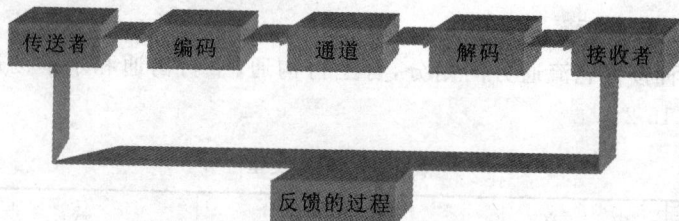

图 15-3　沟通模型

对传送者的信任程度也会对此过程有影响。如果接收者对这些信息抱着对抗的态度，那么曲解信息、片面地选择对自己有利的信息片段的可能性就会提高。

（二）传送器与接收器

传送器与接收器是指传递和接收信息的工具。信息传递的过程需要通过语言性或非语言性的交流进行。传送器一旦将信息传达出去就很难收回。所以信息传递之前一定要慎重考虑。

（三）编码和解码

编码是指信息传送者将自己的想法、观点和意向等根据一定的规章制度翻译成可传达的信息，而编码则是指信息接收者将自己接收到的信号翻译还原成原来的含义。每个人的语言水平、表达能力不同，因此他们编码和解码的能力、对信息的选取会有差异，所以并不是每一个人都能准确地传达信息，接受信息。信息交流需要外在工具的帮助，如电子计算机、卫星等。

（四）通道和噪声

信息通道包括语言和非语言两种，传送者可以当面或者通过电子通讯将信息传达出去，也可以通过身体语言和副语言等非语言形式传递。在这一过程中，会产生一些干扰，影响接收者对信息的理解。这些干扰就是噪声。噪声也是一种信息，它可以存在于信息交流的各个层次、各个阶段。它使信息变得模糊失真，从而影响了信息的传递接收。噪声与传送者和接收者的情绪心态、沟通环境、认知水平所造成的心理落差和地理距离有关。在传递信息时还要注意传送者和接收者在编码、解码过程中的差异。

（五）反馈

沟通是一个循环往复的过程，传送者将信息传达出去，接收者得到信息后需要进行一个反馈的过程。这个过程可以使信息被准确地接收而非曲解。通过反馈，沟通就变成一个双向动态的过程，并检验信息传递的程度、速度和质量。倾听是沟通过程中关键的一环,它能使信息接收者更好地了解发送者的本意并做出正确的决策。

第二节 沟通的障碍和有效沟通

一、沟通的障碍

人际沟通就是人与人之间的信息交流。在企业组织中,有效的沟通是正确高效工作的前提。哈佛大学就业指导小组曾经对 500 名被解雇的职员进行调查,发现有 82% 的人因沟通不良导致失去工作。在沟通过程中出现的干扰因素被称为"噪音",又被称为沟通障碍。由于企业组织中的员工个人特点和沟通渠道的不同等原因,干扰因素会出现在沟通的各个环节。

沟通障碍主要来自发送者、接收者、信息传递双方的文化背景差异以及沟通环境障碍。

(一)来自发送者的沟通障碍

内容不明确:发送者如果对自己将要传递的信息缺乏真正的了解,那么在信息交流的第一步就会遇到无法逾越的障碍。下面就是一个生动的例子,发送者不了解信息内容以至于严重曲解了信息。

例 15-2

沟通中的信息失真

一个上校向他的执行官发布命令:"明晚 8 点左右我们会在这个地区看见哈雷彗星。这种现象大约 75 年才出现一次。让所有人身着军装在原地解散,我将向他们解释这种罕见的现象。如果下雨,我们什么都看不见,那就把大家集合在礼堂里,我给他们放映有关的影片。"

执行官对连长说:"上校命令,明晚 8 点哈雷彗星将在营地上空出现,如果下雨,全体着装原地解散,然后列队去大礼堂,在那儿这种 75 年才发生一次的罕见现象将出现。"

连长对少尉说:"按上校的命令,明晚 8 点着装,哈雷彗星将在礼堂出现。如果营地上下雨,上校将发布另一个命令,75 年才会发生一次。"

少尉对上士说:"明晚 8 点上校将同 75 年才出现一次的哈雷彗星一起在礼堂出现。如果下雨,上校将命令哈雷彗星进入营地。"

上士对士兵说:"明晚8点下雨时,少见的75岁的哈雷将军将由上校陪同,驾驶他的彗星着装穿过礼堂营地。"

资料来源:张德,吴志明,《组织行为学(第二版)》,东北财经大学出版社,2006年1月

表达不清:这是指发送者的表达不清楚,如语无伦次、闪烁其词或是词不达意等,这些都使信息失真,造成沟通障碍。同一个词语,在不同的情形下使用会有不同的语义。当信息传递的双方对同一词语的理解不同时,就会产生分歧。

选择失误:发送者对发送信息的时机把握不准,会大大降低信息交流的价值。渠道选择的不恰当可能使信息传递受堵,延误时机。当传递私人信息的时候,打电话或者登门造访要比书面的形式更为有效、得体。电子邮件对于发送者有方便快捷的优点,但是对于接收者来说,这种沟通渠道不能确切了解发送者的真实意图或是由于繁忙看不见邮件反而误事。

(二)来自接收者的沟通障碍

知觉偏差:每一个个体都有不同的特点、认知水平、价值标准和情商等,这些因素直接影响个体对信息的理解。在沟通过程中,接收者对于不利于自己的信息往往会采取忽视或者更改信息的做法。

心理障碍:接收者对上级的敬畏心理,或是曾经有过不良的情感体验,造成心理障碍,对上级心存疑惑、不安,就会拒绝接收或传递信息,造成信息流通的不畅。

思想差异:由于接收者与传递者在认知水平、价值观念和思维模式上的差异,双方对同一条信息的理解可能会不同,从而导致误解、冲突,影响了沟通的顺畅性。

缺少反馈:从利维特的试验中知道,单向信息交流速度较快,而双向信息交流更加精确。在复杂的沟通过程中,双方交流既有助于传递者与接收者判断自己的理解是否有误,也可以消除误解。

(三)文化背景差异

不同的文化背景下的员工,不仅在语言符号上有差异,在一些风俗习惯、规范禁忌上也有所不同。在沟通的过程中,一定要注意文化背景上的差异,否则会引起双方的误解摩擦。例如,在世界上大多数国家中,点头表示"是"或者"同意",摇头表示"不"或者"不同意",但是在印度的一些地区,意思却截然相反。"V"字形手势同时手背朝对方,在希腊表示"2",在英国表示无礼的意思,

如果手心朝对方,在英国就表示"胜利"了。

(四)环境障碍

外界干扰:在沟通过程中会遇到很多外界干扰,如外界的噪声,使信息传递受到影响;距离过远,看不清对方的身体姿势和表情等。比较常见的干扰还有通讯信号不好,设备本身不灵敏,这些都会对沟通过程产生不良的影响。

物理障碍:在进行沟通时,环境中存在或突然出现的障碍被称为物理障碍,如信息传递者和接收者之间的墙壁、干扰信号的静电。这些干扰出现后,应当立即消除,以免影响沟通。

二、克服沟通障碍的方法

对于各种沟通障碍,管理者应当采取适当的方式方法来进行消除,实现有效沟通。

克服沟通障碍的方法有以下几种。

其一,选择合适的沟通方式。根据不同的沟通对象、不同的信息内容,信息传递者应该采取不同的沟通方式进行交流。在一定的情况下,编辑信息的内容时,语言文字越简练越好。

其二,有效倾听。沟通不仅是一个信息发送的过程,也是一个对信息接收、理解的过程。这就需要积极的倾听。积极倾听比传递信息更容易疲劳。因为普通的说话速度是每分钟 150 个词汇,而倾听则接近每分钟 1 000 个词汇。两者之间的差距使得接收者很容易神游八方。积极倾听则需要投入大量的脑力,积极搜集信息,集中注意力。良好沟通的一个重要因素是理解对方的需求和潜在需求,从而达到理想的效果。

在实际的管理过程中,对领导者来说,倾听也是一门艺术,见表 15-4 和图 15-4。

表 15-4　倾听的艺术

有效地倾听,要做到:	有效地倾听,不要:
表现出极大的兴趣	无精打采,没有兴趣
集中精力,全神贯注	总是打断对方,进行争辩
必要的时候应该沉默	过快做出判断,草率作出决定
选择一个适合交流的环境	沟通时情绪激动
注意对方的"弦外之音"	不去注意对方的非语言提示
针对不同的对象,选择恰当的沟通技巧	
以平和的心态进行沟通	

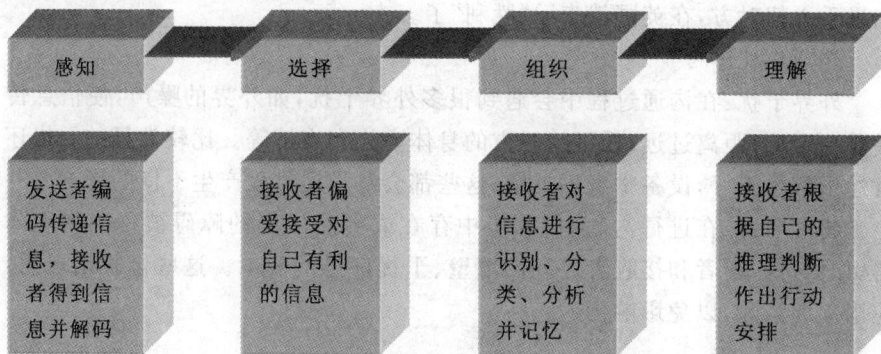

感知	选择	组织	理解
发送者编码传递信息,接收者得到信息并解码	接收者偏爱接受对自己有利的信息	接收者对信息进行识别、分类、分析并记忆	接收者根据自己的推理判断作出行动安排

图 15-4　有效倾听的过程

资料来源:侯丽敏.《中国市场营销经理助理资格证书考试教材》.电子工业出版社,2005 年 8 月.

其三,进行反馈。很多沟通问题是由于误解造成的。如果管理者在沟通过程中不进行反馈,就很难知道对方对信息的了解程度。领导者在进行沟通时运用反馈就会减少这类问题的产生。在企业组织中,反馈的形式有绩效评估、晋升等。在进行面对面沟通时,注意对方的非语言提示,这样可以了解对方是否接收到自己的信息。反馈的最大的优点在于能够及时改进不足之处,调整行为以达到沟通的目的。

其四,建立良好的关系。在进行沟通时,如何增进和对方的关系是一个重要的前提。良好的沟通氛围可以使信息传递更为顺畅。在积极的交流中,可以使用有效的四种方法,见表 15-5。

表 15-5　沟通中的润滑剂

寒暄:进行正式沟通之前与对方互相问候。虽然寒暄没有特定的意义,但是可以拉近双方的距离,使不熟悉的人相互认识。
幽默:幽默可以营造良好的交流气氛,使沟通双方放松下来,缓解紧张的情绪,达到积极交流的目的。
赞美:赞美是一种百试不爽的沟通技巧。它可以使对方放下敌意,接受自己的建议。但是注意不能过分赞美,以免给人一种过于虚假的感觉。
委婉:在人际沟通过程中,这是一种经常采用的技巧。说话委婉,给对方一种高雅、素质高的感觉,反映出内在的文化修养。可以使对方感觉到平易近人而非咄咄逼人的气势。

资料来源:侯丽敏.《中国市场营销经理助理资格证书考试教材》.电子工业出版社,2005 年 8 月.

第三节　冲突及谈判

一、冲突的定义

在企业组织中，人员之间需要进行不断的沟通、联络和交往，由于个体的差异性，往往会产生在观点、利益等方面的矛盾，这种矛盾普遍存在于组织中，并带来了不可忽视的影响。有研究结果表明，企业组织的管理者大约要花费20％的时间解决冲突以及由冲突带来的问题。冲突在管理学中的定义是：由于个体之间的某些差异导致的相互对立、抵触甚至敌对的状态。

提起冲突，我们立刻想到的是这样一些场景：矛盾、争吵、剑拔弩张等。然而，冲突却有着广泛的内涵。首先，早期的冲突观点是，冲突是一种消极的、应该避免的状态，它显示了内部系统的失调。这种观点盛行于19世纪末至20世纪40年代。到20世纪70年代中期，冲突的人际关系观点占据了统治地位。这种观点认为，冲突在企业组织中不可避免，应该正视冲突从而解决冲突。冲突不会被彻底消除，它的存在要合理化，并且有的时候冲突对于提高绩效有益。而当今的相互作用观点认为冲突虽然会对组织产生一定的负面影响，但是对于提高组织的活力，进行创新有一定的帮助。管理者要保持组织内存在一定限度的冲突，使员工能够时刻提醒自己，不断改善工作业绩，保持积极性和创新性。

冲突的影响在于两方面：

（一）消极影响

1.冲突能够增加员工的压力

在企业组织中，冲突几乎无处不在。它对员工的直接影响是在无形中增加了员工的压力。对于稀缺的资源，每个人都想得到，因而产生了竞争和冲突，这时压力也随之而来。长期处于高压之下，员工的身心都会受到不小的伤害。

2.冲突使员工之间的沟通变得困难

沟通需要信息发送者和接收者之间的相互信任和良好的沟通意愿。如果双方处于敌对状态，就很难进行沟通，即使进行了沟通，也不会有良好的效果。工作难以协调，企业组织目标的实现就会变得困难。

3.冲突会降低领导者和员工的工作效率

这个消极的影响是显而易见的。企业组织的发展离不开员工的共同努力,当员工之间不能协同合作时,就会出现1+1<2的状态。领导者把大量的时间花费在解决冲突上而没有进行管理决策,这会影响组织目标的实现。

(二)积极影响

1.冲突能够使组织中出现的问题明朗化

如果企业组织没有出现过正面冲突,那一定会潜伏着危机。一旦矛盾被激化,问题就产生了。领导者和员工就都会去注意问题从而解决问题。例如,当领导者做出一项决策时没有人反对,但是在实施过程中,员工却消极执行或暗中抵制,这势必会引起不必要的资源耗费。当领导者在做决策的时候,有人出来反对,问题当时就明了清晰,大家会共同考虑决策的可行性,进而改进决策。这样不仅能够减少资源浪费,还能使团体之间的关系更加紧密,增强了凝聚力。一个明显的例子就是企业组织的工资改革方案。与其面对改革方案实施过程中骨干员工的跳槽和老员工的抱怨,还不如在决策伊始就将问题明朗化,找出员工都认可的方案。

2.冲突能够增强企业的创新力

冲突能打破企业表面的平静,使大家认识到需要进行一定的变革来解决问题。冲突是一种催化剂,给企业组织带来活力和创新力,促使组织成员寻找新思路、新方法。在群体成员共同做决策时会出现一种现象——群体思维,这种现象具体表现为成员都不发表意见,表面上一团和气、没有冲突。但实际上,有些成员对做出的决策并不认可,因此,在实施过程中就会出现偏差。如果在决策时就提出问题,成员之间共同思考,不同的意见和想法相互辩论,会更加透彻地分析问题,找出更有效的决策。

3.冲突能够增进群体成员的归属感和凝聚力

冲突使组织成员表达自己的观点,更深刻地了解彼此,从而加深彼此的交往程度。当得到别人的认可和信任时,组织成员之间的归属感就会增强,凝聚力也随之增强。

二、冲突的过程

冲突的过程一般可以划分为五个阶段,如图15-5所示。

阶段一:潜在的对立或抵触;阶段二:认知情感投入;阶段三:行为意向;阶段四:实际行动;阶段五:结果。冲突的开始是因为存在潜在的对立或是抵触因素,这些因素被称为冲突源,即为冲突的第一阶段,如资源的竞争,信息不对

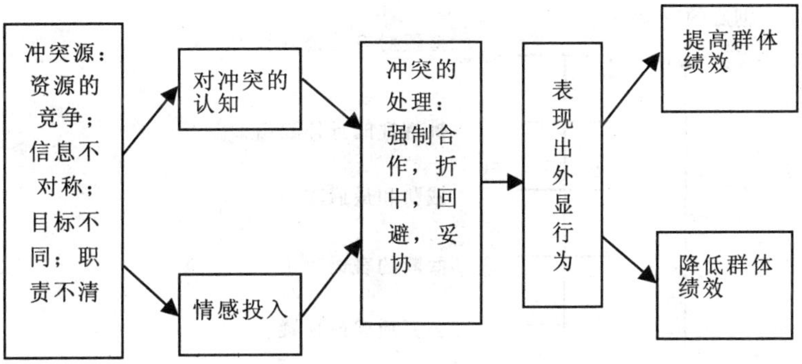

图 15-5　冲突的过程

资料来源：张德，吴志明.《组织行为学（第二版）》.东北财经大学出版社，2006 年 1 月.

称，个体或群体之间的目标不同，职责不清等。如果这些抵触因素没有被认识到，问题不明朗，是不会产生冲突的。当冲突源被激发时，冲突主体就会有感情的投入，从而产生了压力，感到紧张，这意味着冲突已经发生，即冲突的第二阶段。第三阶段是冲突的处理方式，包括强制、合作、折中、回避和妥协五种。在实际的管理过程中，优秀的领导者可以通过上述五种方式对待冲突。(1)强制：领导者通过本身具有的职位权力对员工进行管理，迫使员工服从命令。这种处理冲突的方式虽然可以解决冲突，但是很可能冲突一方会受到伤害，例如降级、解雇等。一般情况下，不适合使用。(2)合作：冲突双方共同努力寻找冲突的原因进而找出一个双赢的方案，采用这种方式的领导者可以促进冲突问题明朗化，增强员工之间的凝聚力。(3)折中：是指弱化冲突双方的差异，强调共同利益，降低双方的紧张感。折中方案不是最好的解决方案，但是在一定的情况下，可以使员工都能接受。(4)回避：当冲突难以调和的时候，回避是一种较好的方案。一般在这几种情况下，领导者应该采取回避的做法：冲突的问题无关紧要，不值得耗费精力解决；冲突双方情绪都比较激动需要平服的时候；领导者想拖延时间而后解决问题时。(5)妥协：冲突双方都各退一步达成一定的协议的局面。当双方势均力敌，争执不下需要都能作出一定让步时，领导者可以采取妥协的方案。在谈判过程中，妥协方案经常出现。第四阶段是冲突的双方或一方做出实际行动。冲突过程也是一个动态的过程。当冲突的一方对另一方实施攻击时，很可能会遭到反击，然后再攻击。冲突的行为随着时间的推移程度会渐渐加深。如图 15-6 所示。

　　冲突产生的结果主要有两种：提高员工的绩效，增进创新性和群体的凝聚

彻底的冲突

摧毁对方的公开努力

挑衅性的身体攻击

威胁和最后攻击

武断的言语攻击

公开质问或怀疑

轻度意见分歧或误解

无冲突

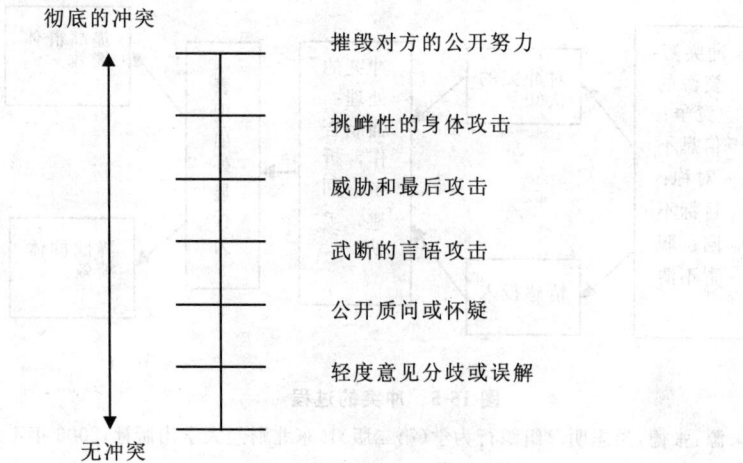

图 15-6　冲突的发展

资料来源:张德,吴志明.《组织行为学(第二版)》.东北财经大学出版社,2006 年 1 月.

力;降低绩效,组织失调,成员不和。

三、谈判

在企业组织内部,领导者可以运用各种行政手段进行冲突管理,而在企业组织外部则需要寻求其他策略手段管理冲突。例如在企业之间,行政手段就不会奏效了。谈判是解决企业之间冲突的最好的方法。

谈判是双方或多方为实现某一个目标达成协议的过程。在这个过程中,谈判者要坚持客观、理性和真诚的态度,积极主动地寻找双方共赢的利益协调方案。

(一)谈判的原则

一是轻立场,重利益。在谈判过程中往往会出现双方不同的价值判断,在这个时候,不能坚持自己的立场不放,否则很容易使谈判陷入僵持的局面。在谈判过程中,要牢记成功的结果比立场更为重要,只有这样,才能取得谈判的胜利。

二是对事不对人。谈判需要人员的参加,而每个人都有他独有的价值体系、思维方式等。在谈判时,要把人与事分开,冷静地思考双方的利益共同点,尊重彼此的差异,设身处地地为对方着想。

三是努力寻找解决问题的方案。谈判的双方需求各异,解决的方案也绝不会只有一个。当其中的一个或几个不能使双方都满意的时候,还可以继续寻找彼此都接受的方案。谈判的宗旨在于寻找一个双赢的局面,避免一方或两方都输的局面。

（二）谈判的策略

1.冷暖空调策略

像空调一样,或冷或热,以调节谈判的气氛。

最佳使用时机:谈判之初。

使用环境、注意事项或小型案例:若双方有过业务关系,且合作关系颇佳,则应“暖风频吹”,使气氛热烈、真诚、友好和轻松愉快;但如果关系一般,则应控制热情程度。如果对对方印象不好,甚至不满,则应“开冷空调”,语言礼貌、严谨、冷峻,造成严肃、凝重的气氛。若是首次交往,则应礼貌、友好、沉稳而不失热情,自信而又不傲慢,以创造一个真诚、友好的气氛。总之,应根据具体情况做到“冷热自如”。

2.饿虎扑食策略

当本方谈判实力明显优于对方时,应像饿虎扑食一般志在必得。

最佳使用时机:谈判之初。

使用环境、注意事项或小型案例:当自己一方的谈判实力、资本明显优于对方并估计将达成的协议又会大大有利于自己时,为了不至于吓跑对方而丧失机会,应在谈判初期(如进攻前的老虎)谨小慎微,审时度势,察言观色,寻找最佳时机发起进攻。这种情况下,关键要不露声色,不要吓跑对手。

3.老虎遇狮子的策略

当双方实力旗鼓相当,或难分伯仲之时,应创造友好、轻松、和谐的气氛。

最佳使用时机:谈判之初。

使用环境、注意事项或小型案例:双方实力势均力敌,容易产生戒备乃至敌对情绪,此时当以谈判的互利结果为重,友好合作,避免争斗。谈判人员待人接物应当谨慎、自信、友好。

4.空城计策略

当本方谈判实力明显弱于对方,应像诸葛亮布空城计阵势那样,镇定自若,不让对方小觑自己。

最佳使用时机:谈判之初。

使用环境、注意事项或小型案例:如果本方实力与对方实力相差甚远,则应避免对方对自己了如指掌;否则,对方在气势上会占上风,从而不利于谈判。所以,应在语言、态度上显得自信、沉稳,应谈笑自如、不卑不亢,甚至适当虚张声势。

5.红白面孔配合策略

一方谈判小组中有人先扮演"恶人"角色,此人要价很高,态度傲慢,以使对手产生反感;然后由另一个人出场扮演"好人",对人友好礼貌,通情达理,使对手放松戒心,直至被这种"好人"的礼遇所迷惑。

最佳使用时机:谈判之中。

使用环境、注意事项或小型案例:谈判一方的"恶人"和"好人"先后出面与对手交锋,使对手先受一股恶气,然后再有一种"知遇"之感,从而放松警惕,同时,为了回报"好人"的尊重之情而乐于同"好人"达成协议。这种策略适用于缺乏经验的对手及达成协议意向强烈的对手。千万不能用于经验老到的对手,也不能用于谈判需求不强的对手。如果对方对自己使用这一策略,则不要被"坏人"气得乱了方寸,也不要被"好人"的态度所迷惑,应坚持自己的立场;或者以其人之道还治其人之身;或者解除其武装——给他们讲一个"红脸白脸配合"的故事。

6.投其所好策略

在谈判之前或谈判过程中,迎合对方之好恶,使其在心理上得到满足,然后再提出自己的要求,以使对方容易接受。

最佳使用时机:谈判之前或谈判之中。

使用环境、注意事项或小型案例:这一策略也是"知己知彼,百战不殆"原则的具体应用。摸清对方的好恶、需要、愿望,然后以一定的方式加以满足,使对方觉得"受惠"于自己,这就为自己进一步提出要求做了最好的铺垫。对方潜意识中有可能意识到全部或部分地答应你的条件正是报答你的机会。谈判各方应清醒地懂得自己的好恶、需要、愿望及私心杂念暴露给对方,会成为自己的致命弱点。一旦自己半推半就让对方实施这种策略,那么自己所代表的利益主体受到或大或小的经济损失就为期不远了。没有法人治理结构并由内部人员控制的国企派出的谈判代表尤其应当引起警惕。投其所好的具体做法不胜枚举:请客吃饭、娱乐、旅游、送礼、行贿甚至美人计等。

7.挡箭牌策略

假借公司的规定、自己权力有限等外在因素来搪塞对方,以婉拒对方的过高要求。

最佳使用时机:谈判之中。

使用环境、注意事项或小型案例:如果对方要价太高,或自己已经做出让步,但对方仍得寸进尺,那么就有必要拿出各种挡箭牌,以减少自己让步的幅度和次数。使用这一策略,应事先考虑好本方使用的挡箭牌是否合理,对方能否理解和接受;不然,应更换挡箭牌。

8. 刘邦立场策略

鸿门宴中刘邦为了摆脱险境,借口解手而离场,终于逃脱虎口。销售谈判中找个借口离场,能变被动为主动,或者强迫对方让步。

最佳使用时机:谈判之中。

使用环境、注意事项或小型案例:很多僵局可以采用离场的方式解决。例如,如果同对方经过长期艰苦谈判,正要进入签约阶段时才发现,本方完全可以以更低的价格购进另外一个供货商的产品,则可以让本方主管借口离场,并告知对方再等两个星期才能回来签字,而实际上早已"暗度陈仓"。这种离场的目的是使谈判永远破裂,并找到更有利的交易。"离场"是谈判发生问题的明显信号。对付离场的最好办法是采用下文中的"设定期限策略",以便探明虚实,免得望穿秋水还被人骗。

9. 设定期限策略

给对方一个明确的期限,催促对方做出决策,以便约束对方活动的时间和空间。

最佳使用时机:谈判尾声。

使用环境、注意事项或小型案例:研究表明,很多协议是在最后期限之前达成的,所以设定期限能使自己占据谈判优势。例如,"我方报价以你方在两周内接受有效","因为行情看涨,我方产品下月起将适当调高售价","我方的采购经费过了本月底将被冻结,请尽快答复"……给报纸、杂志投稿也可给编辑部设定一个较短的期限,因为通常的 3 个月实在太长了且又如泥牛入海。

10. 最后通牒策略

给谈判设定一个最后期限,迫使对方让步以便达成协议,否则本方将退出谈判而使谈判破裂。

最佳使用时机:谈判尾声。

使用环境、注意事项或小型案例:本策略也可以看做是"设定期限策略"的一个特例,有一定的特殊性,故单独列出。该策略的目的是强迫对方让步,所以条件不成熟而采用它会使谈判破裂,引发可怕的后果。

以下情况可采用本策略:本方明白自己的谈判地位不容置疑,对方将只能接受我方要求;本方确实已经退无可退,或已别无他法,时间又紧迫。发出最后通牒应注意:内容应具体明确,如在主场谈判可以撤退工作人员,在客场或第三地谈判则打点行装、订购机票等。这样让对方知道"狼真的来了"。

11. 沉默是金策略

节骨眼上一言不发,迫使对方感到不安而继续说话,以便得到更多信息。

最佳使用时机:谈判之中或尾声。

使用环境、注意事项或小型案例:沉默并不代表无声,安静有时更有力量。沉默有时更能影响他人。

12. 假痴不癫策略

不要急于告知对方你什么都懂,你很能干;相反,即使知道了,也装糊涂,迫使对方乱了分寸,最后因气急败坏而草草收场,从而达成有利于自己的协议。

最佳使用时机:谈判之初或谈判之中或谈判尾声。

使用环境、注意事项或小型案例:有时谈判中会遇到准备充分、气势强大的对手,此时最适宜用此策略,本策略又称“人遇熊瞎子”策略。人遇到棕熊、黑熊等,是无法与之抗衡的,也跑不了,只能就地躺着或五体投地趴下装死,因为熊不吃死的动物。等熊走远了,人才能设法逃离险境。

13. 铁公鸡扮君子让步策略

向对方做出让步,但不损失任何经济利益。

最佳使用时机:谈判之中。

使用环境、注意事项或小型案例:该策略最适用于营销过程中的谈判。例如,在你向客户推销某项产品时,对产品本身的任何要素不做任何让步,同时让顾客体会到你在态度情意上时时在让步,从而使顾客非常满意而最终达成交易。做法如下:倾听顾客的每一句话,对其提出的问题尽量给他满意的解释;为了让他理解你,可以示范给他看,即边游说边示范,以增强说服力,并使其没有空闲时间对你产生怀疑,极其耐心地侍候着他,态度温和而礼貌;可以一再重复你的理由;向顾客暗示他受到了比其他顾客更好的待遇;向他保证售后服务将是完美的;向他介绍一些名人也拥有这种产品;让他亲自动手体验;让自己的上司亲自出面为他提供服务,使其更加体会到重视与优待的服务等。

14. 慢四步让步策略

交谊舞中的慢四步动作较慢,男女舞步你来我往,进退自如,动止有法,故取此名。谈判中本方在某点上让步,同时让对方在另一个问题上也做出相应的让步,即本方每做一次让步前总把它跟另外一个希望对方也做出让步的问题联系起来。

最佳使用时机:谈判之中。

使用环境、注意事项或小型案例:任何时候都不要做免费的无谓的让步,在自己做出让步的同时也让对方做相应的让步。例如,按本公司惯例,交易中从不付定金给卖方,但卖方强调这是首次交易,为了使他放心,一定要我方支付 5 万元的定金。鉴于我方的确急需该批货物,于是你就告诉他:"本公司 15 年来从未支付过定金,这是严重违反公司规定的事情,我们这次破例支付定金,但你们必须再给我方 3% 的额外折扣,这样也好让我向公司交代",结果,你可能拿到 2% 的额外折扣,尽管这个破例可能是不真实的。

15.剥笋策略

剥一个大毛笋不可能一下子剥个精光,只能一片一片地剥去外壳。销售谈判中为了使自己实现最大利益,可能经常会发现对方不愿意也不可能全部答应我方的所有要求,所以只能一点一点地提,步步为营,如同剥笋,最终达到目的。

最佳使用时机:谈判之中。

使用环境、注意事项或小型案例:该策略被广泛运用,在西方人们称之为"意大利香肠"策略,说的是一个乞丐为了得到一根香肠,先乞求施主给他薄薄一片,第二天又来讨一片,第三天也如此……最后他得到了这根香肠。这个故事告诉人们,为了得到全部,对方不放时,不能去抢(这样谈判会陷入僵局,"剥笋"一说也明示了一下子剥掉的困难性),只能得寸进尺,方能成功。这种策略在东西方都行之有效。如果是处于防守的一方,则要特别警惕,因为很多谈判者不知不觉发现自己中了计。

17."鸡蛋里挑骨头"的策略

对商品或服务等从不同的角度不断挑刺,迫使对方让步。

最佳使用时机:谈判之中。

使用环境、注意事项或小型案例:如果本方在谈判中明显处于有利地位,而且即使谈判破裂也可另找供应商,那么可以采用这种吹毛求疵的策略。对付本策略的最好办法是上述"铁公鸡扮君子让步策略"。

18.诱敌深入策略

先给对方足够有吸引力的甜头,把对方拴住,使之进入我方"伏击圈"(即让自己从不利地位转到有利地位),然后再收拾对方。

最佳使用时机:谈判之中。

使用环境、注意事项或小型案例:如果发现本方处于明显不利的谈判地位,如自己的实力与对方差距太大,有可能导致对方不屑于同自己合作,那么这是一个好办法。

19.暗度陈仓策略

参与谈判各方的内部往往并不是铁板一块。有时各成员因地位不同,利益也不同,所以可以找到对方的关键人物或次要人物私下接触以达到自己的目的。

最佳使用时机:谈判之中。

使用环境、注意事项或小型案例:该策略适合于本方或对方内部存在不同的利益关系时,即谈判一方是联合型团队。如果本方是不同利益方组成的联合团队,谈判中意见相左,则必要时不得不甩开本方的一半,私下找对方谈;如果对方是联合型的,又发现他们明显有不同的谈判需求,并且随着谈判的深入,他们很难再合作下去,那么即可毫不犹豫地找自己中意的一方私下接触,只有这样,才能把谈判破裂的可能性降到最低。

20."周瑜醉酒梦呓"的策略

销售谈判中僵局产生以后,可以采用故意泄密的方式让对方采用使之有利于自己的行动。

最佳使用时机:谈判之中的关键时刻。

使用环境、注意事项或小型案例:假如你是买主,在价格问题上与卖方僵持不下,且对方态度强硬,再谈下去也看不出对方会让步。此时可以设法"泄密"给对方,让对方知道"困于居高不下的价格"使你在考虑另找卖方。这时对方心跳就会加快,一般会做出适当让步。运用本策略的关键是不让对方察觉这是一个假秘密。至于"泄密"的方法不胜枚举:找一个第三者,在闲谈中"不经意"地透露本方对价格的失望;发个传真给公司抱怨卖主太吝啬,然后把传真"遗忘"在对方容易看到的地方。

21.戒急用忍慢慢来的说服策略

英国的弗朗西斯·培根在其《论谈判》一文中说"在所有艰难的谈判中,都不可能有一蹴而就之想,当戒急用忍,以便水到渠成。"为了说服对方,如果十分有耐心,在短期、中期或长期谈判中一而再、再而三地提出自己的主张、观点,对方就有可能从不接受到接受。

最佳使用时机:谈判之中。

使用环境、注意事项或小型案例:无数案例表明,谈判中的耐心弥足珍贵。短期谈判、中期谈判或长期谈判因为历时较长,所以本方有机会一再适时地提出自己的主张。使用这种策略时应注意:一开始可以"顺便"提一点(算作铺垫),以后再说得多一点;后来再提时可以从不同的角度提出,这样让对方有一种新鲜感。如此一再重复,便有可能说服对方。[①]

【本章小结】

　　沟通是指信息在多个主体之间的传递。沟通的过程一般包括发送者、接收者、信息的编码解码、渠道和反馈。依据不同,沟通的类型也不同。在本章中一共介绍了四种类型的沟通,分别是:言语沟通和非言语沟通、单向沟通和双向沟通、正式沟通和非正式沟通以及按照信息流通方向划分的上行沟通、下行沟通和平行沟通。在实际管理过程中,针对常见的沟通障碍,本章给出了克服沟通障碍的方法。最后的一节提出如何有效地管理冲突,在现实的谈判桌上,可以利用相应的谈判策略来赢得成功。

【思考题】

　　1.什么是沟通? 试描述沟通的基本过程。

　　2.在本书中,沟通可以分为哪几种类型? 都有哪些优缺点?

　　3.妨碍有效沟通的因素有哪些? 怎样克服沟通障碍?

　　4.试提出几种谈判技巧,并解释在何种情况下运用的效果较好。

---

　　① 资料来源:侯丽敏,《中国市场营销经理助理——资格证书考试教材》,电子工业出版社,2005 年 8 月。

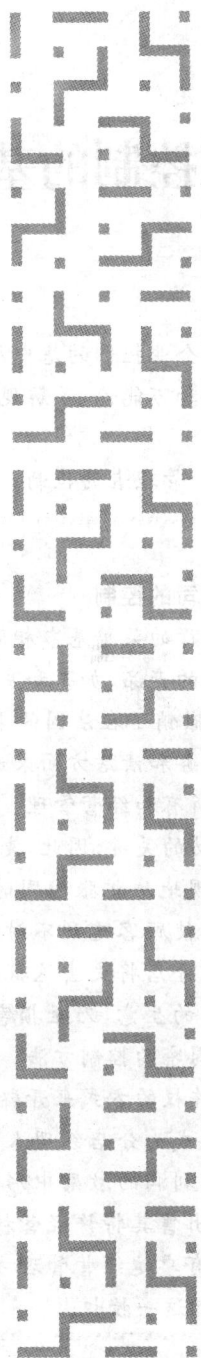

第五篇 控 制

第十六章　控制的基础

【学习目标】　通过本章学习,了解企业控制的基本原理、有效控制的概念和影响因素,掌握管理者控制的无能论和万能论,了解现代企业中存在的控制问题。

【关键词】　控制管理　有效控制　管理者的控制

导入案例

麦当劳公司的控制

麦当劳金色的拱门允诺:每个餐厅的菜单基本相同,而且"质量超群,服务优良,清洁卫生,货真价实"。它的产品、加工和烹制程序乃至厨房布置,都是标准化的,严格控制的。它撤销了在法国的第一批特许经营权,因为它们尽管赢利可观,但在快速服务和清洁方面未达到相应的标准。

麦当劳的各分店都是由当地人所有和经营管理。在快餐饮食业中维持产品质量和服务水平是其经营成功的关键,因此,麦当劳公司在采取特许连锁经营这种战略开辟分店和实现地域扩张的同时,特别注意对连锁店的管理控制。如果管理控制不当,使顾客吃到不对味的汉堡包或受到不友善的接待,其后果就不仅是这家分店将失去这批顾客及其周遭人光顾的问题,还会波及影响到其他分店的生意,乃至损害整个公司的信誉。为此,麦当劳公司制定了一套全面、周密的控制方法。

麦当劳公司主要是通过授予特许权的方式来开辟连锁分店。其考虑之一,就是使购买特许经营权的人在成为分店经理人员的同时也成为该分店的所有者,从而使其在直接分享利润的激励中形成了对其扩展中的业务的强有力控制。麦当劳公司在出售其特许经营权时非常慎重,总是通过各方面调查了解后挑选那些具有卓越经营管理才能的人作为店主,而且事后如发现其能力不符合则撤回这一授权。

麦当劳公司还通过详细的程序、规则和条例,使分布在世界各地的麦当劳分店的经营者和员工们都进行标准化、规范化的作业。麦当劳公司对制作汉堡包、炸土豆条、招待顾客和清理餐桌等工作都事先进行翔实的动作研究,确定各项工作开展的最好方式,然后再编成书面的规定,用以指导和规范各分店管理人员和一般员工的行为。公司在芝加哥开办了专门的培训中心——汉堡包大学,要求所有的特许经营者在开业之前都接受为期一个月的强化培训。回去之后,还要求他们对所有的工作人员进行培训,确保公司的规章条例得到准确的理解和贯彻执行。

为了确保所有特许经营分店都能按统一的要求开展活动,麦当劳公司总部的管理人员还经常走访、巡视世界各地的经营店,进行直接的监督和控制。例如,有一次巡视中,公司总部管理人员发现某家分店自作主张,在店厅里摆放电视机和其他物品以吸引顾客,这种做法因与麦当劳的风格不一致,立即得到了纠正。除了直接控制外,麦当劳公司还定期对各分店的经营业绩进行考评。为此,各分店要及时提供有关营业额、经营成本和利润等方面的信息,这样总部管理人员就能把握各分店经营的动态和出现的问题,以便商讨和采取改进的对策。

麦当劳公司的另一个控制手段,就是要求所有经营分店都塑造公司独特的组织文化,这就是大家所熟知的由"质量超群,服务优良,清洁卫生,货真价实"口号所体现的文化价值观。麦当劳公司共享价值观的建设,不仅在世界各地的分店及其上上下下的员工中进行,而且还将公司的一个主要利益团体——顾客也包括进这支队伍中。麦当劳的顾客虽然要自我服务,但公司特别重视满足顾客的要求,如为他们的孩子们开设游戏场所,提供快乐餐和生日聚会等服务,以形成家庭式的氛围,这样既吸引了孩子们,也增强了成年人对公司的忠诚感。

分析讨论:

1. 麦当劳公司所创设的管理控制系统具有哪些基本构成要素?

2. 该控制系统是如何促进麦当劳公司全球扩张战略实现的?

3. 麦当劳的控制方法对你有什么启发?

资料来源:http://qhmba.blog.sohu.com/88132101.html

第一节　控制的基本原理

一、控制的定义

控制是对各项活动的监视,从而保证各项行动按照计划进行并纠正各种显著偏差的过程。控制是管理人员为了保证实际工作与计划一致而采取的一切行动。具体地讲,控制就是检查工作是否按既定的计划、标准和方法进行,发现偏差,分析原因,进行纠正,以确保组织目标的实现。在现代管理中,控制的作用主要表现在以下几个方面:首先,控制是完成计划任务、实现组织目标的保证。缺乏控制过程的计划是注定要失败的。其次,控制是及时改正缺点、提高组织效率的重要手段。这一作用表现为两个方面:一是降低失误对组织效率的负面影响;二是提高未来管理工作的效率。最后,控制是组织创新的推动力。控制是一种动态的、适时的信息反馈过程,它不是简单地对受控者进行管、压、卡,而是一种积极主动的管理实践活动。

但是,控制并不只是在问题出现之后的反应,而且是企业在保持其正常运转的过程中对未来可能出现的问题的预测。因此,在企业运作的过程中,不仅要保持员工解决面临问题的积极性,而且要充分利用有助于组织发展的机遇。因此,企业的控制系统越完善,目标的实现相对就越容易。

二、控制的必要性和前提

(一)控制的必要性

控制是管理工作的最重要职能之一,是保证组织计划与实际运作动态相适应的管理职能。斯蒂芬·罗宾斯认为:"尽管计划可以制订出来,组织的结构也可以协调得非常有效,员工的积极性也可以调动起来,但是这仍然不能保证所有的行动都能够按计划执行,也不能保证管理者所追求的目标一定能够实现。"因此,管理控制是非常有必要的。具体来讲,管理控制的必要性是由以下三个因素决定的:

第一,环境的变化。企业所处的内外环境并不是固定不变的,企业环境的变化必然要求其对原先制订的计划作出必要的调整,重新审视企业经营活动的内容。

第二,管理权力的分散。当企业达到一定的规模,受时间与精力的限制,企业主管不可能直接地、面对面地组织和指挥全体员工的行为,此时他就需要委托助手并授予他们一定的权力来管理部分事物。企业分权程度越高,控制就越有必要。企业每个层次的管理人员都需要定期或者不定期地对下属的工作进行检查,以确保权力的正常使用和组织目标的顺利实现。

第三,工作能力的差异。即使企业所处的环境稳定,计划比较完善,对企业经营活动的管理控制仍然不可避免,这是因为不同的员工在认知和工作能力上存在着一定的差异,这种差异会造成其对计划的理解或者执行与计划要求不符,影响组织目标的实现,因此,加强对这类员工的控制也是非常有必要的。

(二)控制的前提

组织控制工作职能的开展必须建立在一定的基础和前提之上,忽视了这些基础和前提,控制工作将无法进行。

1. 控制要有明确而完整的计划

控制与计划是同一个问题的两个方面。计划是控制的依据,没有计划,就无法进行控制。

2. 控制要有明确的组织结构

通过建立专职控制职能的组织机构,配备专门的人员并授予其权力,明确其责任,可解决由谁来控制的问题。因此,明确的组织结构的存在是控制工作的又一个前提。同样,组织结构越明确、越完整,控制工作就越有效。

3. 控制要依据及时有效的信息

控制必须依据有效的信息,没有准确、全面和及时的信息,就难以保证控制的有效性。为了保证获得有效的信息,在组织中必须建立完善的信息收集传递网络和机制,从而保证信息的畅通。

计划和控制是密不可分的辩证统一体。控制的基本要素包括:控制标准;偏差信息;纠正措施。在现代管理活动中,管理控制工作的目标主要有两个:

(1)限制偏差的累积。一般来说,工作中出现偏差是不可避免的。但小的偏差失误在较长时间里会积累放大并最终对计划的正常实施造成威胁。因此,管理控制应当能够及时地获取偏差信息。

(2)适应环境的变化。制定出目标到目标实现前,总是需要相当一段时间。在这段时间里,组织内部的条件和外部环境可能会发生一些变化。需要构建有效的控制系统帮助管理人员预测和把握这些变化,并对由此带来的机会和威胁做出反应。

三、控制的类型

1. 根据控制获取的方式和时点的不同,可将管理控制划分为前馈控制、现场控制和反馈控制三类。

（1）前馈控制

也称为预先控制,是在工作正式开始前对工作中可能产生的偏差进行预测和估计并采取防范措施,将可能的偏差消除于产生之前。其特点是能在偏差发生之前就告知管理者,使他们一开始就采取各种预先防范措施,预防或尽可能地减少偏差的出现,从而把偏差带来的损失降到最低程度。控制的目的是在开始之前就将问题的隐患排除掉。控制的内容包括资源的筹备情况和预测其预期效果两个方面。

为了保证企业的正常运行,管理人员必须在企业运营开始之前检查企业是否能够筹措到足够的资源。如果预先检查发现企业无法保证足够的资源,那么就需要改变计划和目标、产品加工的方式或内容。如果预先检查发现符合企业需要,那么经营活动就可以按照原计划进行。

前馈控制可防患于未然,也适用于一切领域的所有工作,它是针对条件的控制,不对人,易于被接受并实施。但是前馈控制也有一定的缺点,例如,需要大量准确信息,要求管理人员了解经营过程并能够及时了解新情况及问题。

（2）现场控制

现场控制也称为同步控制或同期控制,是指在工作正在进行中所施予的控制。它有监督和指导两项职能。监督是指按照预定的标准检查正在进行的工作,以保证目标的实现。指导是指管理者针对工作中出现的问题,根据自己的经验指导下属改进工作,或与下属共同商讨矫正偏差的措施以便使工作人员能够正确地完成所规定的任务。其特点是在工作进行过程中,一旦发生偏差,马上予以纠正。控制的目的是及时纠正工作中发生的偏差,改进本次而非下次工作活动的质量。现场控制是一种主要为基层管理人员采用的控制方法。

现场控制有指导职能,可提高工作能力及自我控制能力。但是受管理者时间、精力、业务水平的制约,其应用范围较窄,易形成心理上的对立,因此,它不可能成为日常性的控制办法,只能是其他方法的补充。

（3）反馈控制

是在工作结束或行为发生之后进行的控制,故常称为事后控制或者成果控制。由于这种控制是在企业的经营活动结束之后进行的,因此,不论其分析得如何中肯,都不可能改变既成的事实。反馈控制的主要作用,甚至可以说是其唯一作用在于通过对前一阶段工作的总结,对比标准进行测量、比较、分析和评价,发现存在的问题,并以此作为改进下一次工作的依据。

反馈控制主要包括成本分析、财务分析、质量分析以及员工成绩评定等内容。

成本分析是指利用成本核算及其他资料,比较分析实际成本和预定成本,了解成本构成的变动情况,研究造成这种变动的因素,以寻求降低成本的途径和方法。

财务分析是指通过对各种财务资料的分析了解本期资金占用和利用的结果,弄清企业的赢利能力、运营能力、投资能力以及偿债能力,为企业下期活动的开展提供指导。

质量分析是指通过研究质量控制系统所搜集的数据,判断企业产品的平均等级以及企业产品质量与其费用要求的关系,找出企业产品质量薄弱的环境,为下期活动中的质量管理和控制提供指导。

员工成绩评定是指定期检查员工的表现,判断其提供的劳动的数量和质量贡献。员工成绩评定是员工薪酬管理的依据之一。

总之,反馈控制可以总结规律,为进一步实施创造条件,实现良性循环,提高效率,唯一遗憾的是实施措施前,偏差已产生。

2. 根据控制的结构不同可以将控制分成分散控制和集中控制。

(1)分散控制

分散控制的特点是由若干分散的控制机构来共同完成组织的总目标。在这种控制方式中,各种决策及控制指令通常是由各局部控制机构分散发出的,各局部控制机构主要根据自己的实际情况,按照局部最优的原则对各部门进行控制。分散控制的针对性强,信息传递效率高,但是整体协调困难,信息不完整。因此,分散控制与集中控制相反,适应组织结构复杂、功能分工细的特点。

(2)集中控制

集中控制的特点是由一个集中控制机构对整个组织进行控制。在这种控制方式中,把各种信息都集中传送到集中控制机构,由集中控制机构进行统一加工处理。在此基础上,集中控制机构根据整个组织的状态和控制目标,直接发出控制指令,控制和操纵所有部门和成员活动。集中控制方式比较简单,指标控制统一,便于整体协调。但缺乏灵活性和适应性,机构的变革和创新会很困难。

3. 根据整个组织控制活动的来源不同,可以将控制分成正式组织控制、群体控制和自我控制三种类型。

(1)正式组织控制

正式组织控制是由管理人员设计和建立起来的一些机构或人员来进行控制,组织可以通过规划指导成员的活动,通过审计监督来检查各部门或各个成员是否按规定进行活动,并提出具体的更正措施和建议、意见。

(2)群体控制

群体控制基于群体成员们的价值观念和行为准则,它是由非正式组织自发发展起来和维持的。群体控制可能有利于达成组织目标,也可能给组织带来危害,所以要对其加以正确引导。

(3)自我控制

自我控制即个人有意识地按某一行为规范进行活动。这种控制成本低、效果好。但它要求上级给下级以充分的信任和授权,还要把个人活动与报酬、提升和奖励联系起来。

4. 根据组织控制所使用的手段不同,可以将控制分为直接控制和间接控制。

(1)直接控制

管理中的直接控制是指主要通过行政命令和手段对被控制对象直接进行控制的形式。实现直接控制的关键是对施控人员的精心选择和有针对性地培养。

(2)间接控制

通常是指不对运行过程直接干预,而是通过间接的手段来引导和影响运行过程从而达到控制的目的。

5. 按照控制的逻辑发展,可将控制分为试探控制、经验控制、推理控制和最优控制。

(1)试探控制

试探控制也叫随机控制,是一种原始的控制方式,也是其他控制方式的基础。

试探控制完全建立在偶然机遇的基础上,是"试试看"思想在控制活动中的体现。试探控制在成功的同时,常常伴随着失败。这种控制方式有较大的风险,对事关重大的活动,一般不宜采用这种控制方式。

(2)经验控制

经验控制也叫记忆控制,是一种应用广泛的控制方式。把由试探控制得出的结果用于指导下一次控制,就是经验控制。在经验控制中,最重要的是经验的可靠性。它包括两层含义:一是真实性;二是必然性。

（3）推理控制

推理控制也叫逻辑控制,是试探和经验控制相结合的产物。它通过中间起过渡作用的媒介实现控制,因此也叫共轭控制。

（4）最优控制

最优控制是控制方式发展的高级阶段。所谓最优控制,就是符合最优标准的控制。其核心思想是:不仅要保证实现控制目的,而且强调要在较短的时间内,以尽可能少的人力、物力、财力的消耗（即系统的输入量）来实现控制目的。

例 16-1

魏文王问名医扁鹊说:"你们家兄弟三人,都精于医术,到底哪一位最好呢?"扁鹊答说:"长兄最好,中兄次之,我最差。"文王再问:"那么为什么你最出名呢?"

扁鹊答说:"我长兄治病,是治病于病情发作之前。由于一般人不知道他事先能铲除病因,所以他的名气无法传出去,只有我们家的人才知道。我中兄治病,是治病于病情初起之时。一般人以为他只能治轻微的小病,所以他的名气只及于本乡里。而我扁鹊治病,是治病于病情严重之时。一般人都看到我施行在经脉上穿针管来放血、在皮肤上敷药等大手术,所以以为我的医术高明,名气因此响遍全国。"

文王说:"你说得好极了。"

事后控制不如事中控制,事中控制不如事前控制,可惜大多数的事业经营者均未能认识到这一点,等到错误的决策造成了重大的损失去去弥补,有时是为时已晚了。

四、控制的过程

控制是根据计划的要求,设立衡量绩效的标准,然后把实际工作结果与预定标准相比较,以确定组织活动中出现的偏差及其严重程度,在此基础上,有针对性地采取必要的纠正措施,以确保组织资源的有效利用和组织目标的圆满实现。控制的过程如图 16-1 所示,主要包括:

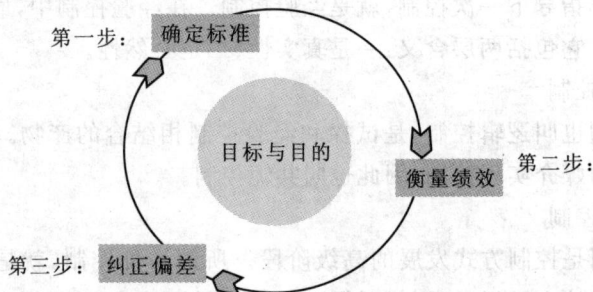

第一步： 确定标准

目标与目的

衡量绩效 第二步：

第三步： 纠正偏差

图 16-1　控制的过程

资料来源：（美）斯蒂芬·P.罗宾斯（Stephen P. Robbins），（美）玛丽·库尔特（Mary Coulter）著；孙健敏等译：《管理学》（第 9 版），中国人民大学出版社，2008 年。

（一）确定标准

标准是人们检查和衡量工作及其结果（包括阶段结果与最终结果）的规范。制定标准是进行控制的基础。具体来说，制定标准主要有以下过程：

1.确定控制的对象——确立标准的前提

企业经营活动的成果是企业需要控制的重点对象。企业控制工作的最初动机是保障企业经营活动的预期效果。因此，要保证预期效果的实现就必须对影响企业经营活动的因素进行分析，并将其列为企业控制的对象。影响企业经营效果的因素主要有：

（1）关于环境特点及其发展趋势的假设

企业的经营活动或者计划是决策者在对企业环境认识和预测的基础上制定的，但是企业环境是变化的，有时候甚至是无法预测和抗拒的，此时就会使企业原来的计划无法正常运转，从而影响企业预期目标的实现，因此，应该将环境作为控制的对象之一。

（2）资源投入

企业经营活动的开展离不开相关的资源，如果没有或者缺乏这些资源，企业的经营活动就会变成无源之水，难以实现预期的目标。因此，必须对企业经营中需要投入的各项资源进行控制，使其能够在数量、质量等方便满足计划的要求。

（3）组织活动

企业经营成果的实现需要企业员工在不同的时间或者空间上利用相关的设备或者技术对资源进行加工才能取得。因此，企业员工的工作绩效是决定企业经营活动成果的又一重要因素，因此，必须加强对各个部门及其员工的控制。

2.选择控制重点

由于各方面的限制,企业不可能对所有成员的活动进行控制,因此就有必要选择若干关键环节作为控制的重点。而关于关键环节的选择,美国的通用电气公司选择了影响企业经营成败的八个方面进行分析,给我们提供了良好的借鉴和指导。

(1)获利能力

获利能力是衡量企业经营成败的关键指标之一,可以用与销售额或者资金占用量相比较的利润率来表示,反映了企业在一定时期内对投资应获利润的要求。

(2)产品领导地位

产品领导地位是指产品的技术先进水平和工程完善程度。企业必须定期地评估其产品在质量、成本方面的情况及其消费者偏爱的程度。

(3)市场地位

市场地位是指企业产品在其所有渗透区域内的综合市场占有率,或指在主营产业中的排名次序。这一指标反映了企业在市场上相对于其他厂商的竞争实力。

(4)生产率

生产率是指单位资源所能生产的产品的数量,反映了企业资源的利用效率。

(5)短期目标与长期目标的平衡

企业在制订和实施计划时,必须要统筹长期与短期的关系,分析企业目前的利润水平是否会影响未来的收益,保证企业并不是以牺牲未来的利益为代价来发展的,保证企业长期目标和短期目标的平衡。

(6)员工态度

员工的态度对企业的经营活动有着重要的影响。因此,有必要评估员工的态度,并与企业预期进行比较,及时发现问题,并采取有效的措施改善或提高其满意度,保证企业经营计划的实现。

(7)人员发展

组织的长期可持续发展在一定程度上依赖于人员素质的不断提升。因此,需要对其现在及未来的经营活动所需要的人才进行评估,并与企业现有的人力状况进行比较,为企业员工提供良好的教育和培训机会,为人员发展提供良好的条件。

(8)公共责任

企业的存在是以社会的承认为前提的。企业要获得社会的认可就必须积极地履行社会责任。公共责任的好坏关系到企业形象,因此,企业有必要积极地关注并践行公共责任来提升企业的声誉和形象,为企业经营计划的顺利实现提供良好的条件。

3.制定标准的方法

由于控制的对象不同,因此,为其建立标准的方法也存在差异,具体来说企业建立标准的方法有以下三种:

(1)统计性标准,也叫历史性标准,是以分析反映企业经营在各个历史时期状况的数据为基础来为未来活动建立的标准。而这些数据可能来自企业的历史统计,也可能是其他企业的经验。需要特别说明的是,根据本企业的历史统计建立的标准,虽然简便易行,但是有可能会脱离行业的实际状况,低于行业平均水平。在这种情况下,即使企业计划顺利实现,但是其成果仍然劣于竞争对手。因此,为了避免这种情况的出现,企业在制定标准时也要充分考虑该行业的平均水平与竞争对手的经验。

(2)根据评估建立标准。根据管理人员的经验、判断和评估来为之建立标准。这种方式适用于新从事的工作。但是采用这种方法建立标准时要综合利用各方面管理人员的经验和知识,建立一个相对合理的标准。

(3)工程标准,是根据对工作情况的客观定量分析来实现的。例如,机器的产出标准、工人操作标准、劳动时间定额等就是在这一标准基础上得来的。

(二)衡量绩效

管理控制要求在企业经营活动中能够迅速地发现偏差并尽快采取纠偏行动。因此,管理人员必须用预定的标准对实际的工作进行检验,及时、正确地提供反映偏差的信息。但是管理者在衡量工作绩效的过程中还必须注意以下问题:

首先,通过衡量成绩,可以检验标准的客观性和有效性。衡量工作绩效可以以预先制定的标准为依据来检验实际运作过程中的各项工作,同时这一检查过程也是对标准的客观性和有效性进行验证的过程。

其次,确定适宜的衡量频度。控制过多或者不足都会影响管理活动的有效性,因此,控制活动的频度必须适宜。控制活动究竟在什么样的频度或者什么时候进行衡量主要取决于被控制活动的性质。

最后,建立信息管理系统。为了保证控制活动的有效性和及时性,组织可以建立相关的信息系统,使工作实际情况的信息能够及时、适时地传达给管理者,以便能够及时地发现问题。

(三)纠正偏差

为了保证纠偏措施的有效性,管理者在制定和实施纠正偏差的措施中应注意以下三个问题:

第一,找出偏差产生的主要原因。并非所有的偏差都会影响企业的经营成果,因此在企业采取纠正偏差的措施之前,需要对偏差的危害程度进行评估,然后再探求该类偏差产生的原因。

企业纠偏措施的制定必须建立在偏差产生的原因的基础上。同一类偏差可能是由不同的原因引起的,因此,需要采取的措施也不同。这就要求管理者对反映偏差的信息进行详细的分析和评估,找出偏差产生的深层次原因,为纠偏措施的制定提供依据。

第二,确定纠偏措施的实施对象。企业纠偏措施的对象可能是企业的实际活动,也可能是企业的计划或者标准,因此,企业的管理人员在采取纠偏措施前还需要明确纠偏措施的实施对象。

第三,选择恰当的纠偏措施。针对偏差产生的原因,制订相应的纠正方案。需要说明的是,在选择和实施纠偏措施的过程中需要注意:原计划实施的影响、人们对纠偏措施的疑虑等。

第二节　有效的控制管理

一、有效控制工作的组成

通常所说的有效控制是以围绕着标准为基础,在允许幅度内上下均匀波动。因此纠偏不宜采取过于激进的行动。如果纠正偏差的力量大于产生偏差的力量,则会产生新的偏差,反而不利于偏差的纠正和原有状态的维持。所以纠正偏差要有一个适当的度,在纠正偏差的过程适可而止,保持控制的状态和效果。

有效的控制工作一般包含三个方面的内容:第一,建立控制标准,这是有效控制的前提、依据和尺度;第二,偏差信息,与标准要求偏离的信息,是工作的重要环节;第三,矫正措施,据信息分析原因,采取行动。有效控制工作的主要目的是纠正偏差,保证计划顺利进行。

从逻辑关系上说,制订计划本身实际上构成控制过程的第一步。但由于计划相对来说都比较概要,不可能对组织运行的各方面都制定出非常具体的工作标准。一般来说,计划目标并不可能直接地用作控制的标准。因此,需要将专门制定的控制标准作为管理控制过程的开始。

二、有效控制的原则

1. 目标明确原则

控制活动是一种管理活动过程,具有很强的目的性。也就是说,控制工作必须围绕既定的目标开展。从根本上讲,控制工作的目标就是保证实现组织目标。

2. 重点原则

控制不仅要注意偏差,而且要注意不同偏差的重要程度,我们不可能控制工作中所有的项目。有效的控制只能针对关键项目,而且只有当偏差超过了一定限度,足以影响实现计划目标时才予以控制。抓住活动过程中的关键和重点进行局部的和重点的控制,这就是重点原则。

3. 及时性原则

高效率的控制系统,能迅速发现问题并及时采取纠偏措施。控制的及时性原则,一方面要求及时准确地提供控制所需的信息,避免时过境迁,使控制失去应有的效果;另一方面要估计可能发生的变化,使纠偏措施有一定的预见性。

4. 灵活性原则

控制的灵活性原则要求制订多种应付变化的方案和留有一定的后备力量,并采用多种灵活的控制方式和方法来达到控制的目的。

5. 经济性原则

控制是一项需要投入大量的人力、物力和财力的活动,耗费较大。行使控制职能的时候,必须考虑控制的经济性,要把控制所需的费用与控制所产生的效果进行经济上的比较,只有当有利可图时才实施控制。

三、有效控制的基本要求

为保证控制工作的有效性,必须满足以下几点要求:

(1)控制工作要具有全局观点。组织的一切行为都应当围绕组织的目标实现而展开,控制工作也应当从组织发展的全局出发,有计划、有步骤地展开。

(2)控制工作应面向组织的未来发展。组织所谋求的是长远发展,而不是一时的繁荣。因此,控制工作既要保证当前目标的实现,又必须着眼于组织的长远发展。

（3）控制工作应确立客观标准。管理工作中有许多主观因素，但是对下属各项工作的评价，不能仅靠主观来判断，还要采用定量的客观标准。

（4）控制系统应切合主管人员的个别情况。控制系统是为了协助每个主管人员行使其控制职能的。因此，建立控制系统必须符合每个主管人员的情况及其个性，为主管人员所理解、信任，并自觉地运用。

（5）控制工作应有纠正措施。有效的控制系统，包括三个主要的步骤，即制定标准、衡量工作绩效和采取纠正措施。其中，制定标准是基础，但落脚点是采取有效措施以纠正偏差。

只有采取了有效的措施，才能保证企业经营活动符合计划的要求以及企业目标的实现。

四、有效控制的技巧

如何进行有效控制，关系到工作能否顺利进行，保证工作不偏离轨道。我们可以采取一些有效的控制技巧来实现我们的目标。

（一）采用积极而有效的控制艺术

管理是一门科学也是一门艺术。控制是上级主管部门对下级员工的控制，上级的工作直接影响员工对工作的看法，因此，要注意控制方法，在控制的过程中可以注意领导艺术、语言艺术等。

（二）客观公正的态度和做法

管理者在与企业员工工作的过程中，难免会产生一定的情感，但是由于控制者与被控制者难免会因为情感、习惯等对他人产生一定的看法或者偏见，这种偏见使得处于被控制地位的一方处于不利的地位，这不利于控制的有效性。因此，在控制过程中，为了保障控制的效率，一定要坚持客观公正的态度，不能带着偏见来处理问题。

（三）利用人际关系实施控制

在人的关系网中，包括同学、同事、亲人和战友等的关系，如果其中某个具有影响力的人同其他人有较好的关系的话，那么该人的行为将会对其他人产生较大的影响，因此，在企业管理过程中，要善于利用这些关系进行控制和监督。

（四）鼓励成员参与制定目标

员工积极地参与目标的制定，可以使其更好地接受目标，了解目标制定的必要性，使员工在态度上产生认同感，对于这种自己制定的目标，员工会积极地开发自我潜能,并接受组织的监督和控制。

(五)运用事实控制

运用事实控制是指企业在进行控制和纠正偏差时,必须从实际情况和问题出发,提高控制工作的针对性和有效性。

第三节　管理者的控制

在团队形成的过程中,管理者对团队成员的控制力是体现团队管理者领导力的关键环节。团队中的每个个体都有各自的性格、脾气、兴趣和爱好,每个人的价值观也不完全相同,要想将大家凝聚在一起,强大的管理控制能力是管理者必须具备的,管理者自身的素质在团队建设中起到关键作用。然而,关于组织的绩效是否与管理者的控制有着直接的关系,管理者是否需要控制等问题,存在两种意见,即管理无能论和管理万能论。

一、管理的无能论和万能论

(一)管理无能论

管理无能论认为,管理者对组织的业绩几乎没有什么影响,一个组织的成败完全取决于管理者无法控制的环境因素。管理无能论从"管理者影响结果的能力受制于组织内外部各种环境因素"这一假设出发,认为一个组织的绩效受到大量管理者所无法控制的因素的影响,因此,管理者对组织绩效的影响是极其有限的。

按照管理无能论的观点,当一个足球队的队员缺乏敬业精神,而足球队员的选拔确定权力又受制于球队投资者时,球队的教练很难通过自身的努力来提高球队的绩效,哪怕更换教练,也很难使球队的绩效能够有所改观。管理者真正能够起到的作用大多是象征性的:有人在管理着球队,当事情进行顺利、取得良好绩效时,需要有人受到赞扬;当事情进行不顺利、绩效不佳时,需要有一个替罪羊。管理者充当的就是这一角色。

(二)管理万能论

与管理无能论相反,管理万能论认为不论环境条件如何,管理者对组织的成败负有直接的责任。当组织运行不良时,则由管理者承担责任;当组织运行良好时,管理者得到荣誉。这种观点在管理学理论和社会中占主导地位。

事实上,管理者既不是万能的,也不是无能为力的。每一个管理者的工作都受到了来自组织内外的各种因素的制约,但管理者仍可以在一定范围内对组织的生存与发展产生重大的影响,管理者可以通过管理工作变消极因素为积极因素,这也是一个好的管理者与一个差的管理者相区别的地方。

二、对管理者监控产生的根源

由于规模经济和技术发展的要求,以及分散的产权基础,导致所有权与经营权的分离。所有权与经营权在多大程度上分离,首先是生产力发展带来的规模效益问题。因为只有拥有一定的经营规模,才有必要雇用专门的经营人员以提高组织的经营效率,也只有拥有一定的经营规模才能负担专门的经理人员的费用。

一旦所有权与控制权分离开来,就出现了所有者与经营者之间风险分享、收益分配和动力机制的关系问题,处理这些关系的讨论产生了许多理论如依靠组织结构调整的理论,委托—代理理论(通过设计一种机制或合同,给代理人提供某种刺激和动力,使他按有利于委托人的目标努力工作),这些理论要解决的中心是对经理(管理人员)的监督问题,即所有权对经营权的控制问题。

由于所有权和控制权的分离,控制权(经营权)从企业所有者转移到专职的经理层,从一定意义上讲,企业所有者确实由此失去了对企业财产的直接控制权和支配权,发生了权力上的损失。而从另一个角度看,一些没有股权但是却有非凡管理才能的阶层,即专职经理,他们更能胜任对企业财产的控制和支配这项工作,会使企业处于更佳的运行状态,创造更大的效益,当然也为企业所有者创造更多的收益,即通过两权分离会使所有者可能获得更多的收益。再则,企业所有者在不满于当前管理者对企业的经营时,可通过对财产的最终处置权,即抛售股票来达到对企业的影响和控制。同时,企业所有者拥有的财产交付给他人(经理人员)支配使用,在此过程中,为制约经理人员可能为私利而损害投资者利益的行为,形成了权力制衡机制。它包括激励机制和约束机制,它们都属于内部机制。实际上,约束也就是反面激励,无论是激励或是约束,若想得以有效实施都以产权界限明晰为前提。外部市场制约是制衡机制的另一重要方面,它促使经理人员遵纪守法,遵守公司章程,同时为保持个人的名誉和身价、现实利益或长远利益,他们不仅要考虑企业即期效益,还要对其长远发展负责任。

企业经理人员既对资产承担保值增值责任,同时也对社会发展有不可推卸的义务,其自身同时也在追求个人收益与个人价值的最大值。这其中可谓矛盾重重,潜藏种种利益冲突,所有权、经营权的分离促使企业建立相应的制衡机制。

三、对管理者实施有效控制

(一)报酬机制

企业应该建立什么样的薪酬体系才能有效控制高层管理者,对于这样的问题任何一个企业都没有绝对的答案。不同的企业建立的不同薪酬体系,都存在这样或那样的问题。通常状况下,经营者的全面薪酬体系包括基薪、风险收入、股权收入、特殊津贴和福利保险。

基薪包括工资和基本年薪,是固定的无风险收益。风险收入包括风险年薪、增值年薪和奖金,是浮动的有风险收益。股权收入包括股权红利和期权计划,是长期的高风险收益。特殊津贴是职位消费,是一种特权收益。福利保险包括医疗保险、养老金和离职补偿等,是保障性收益。

(二)声誉机制

在两权分离的企业,管理者收益分配决策的基本问题就是如何将可分配收益在员工和投资者之间进行分割。影响管理者做出这种分割决策的重要因素是声誉机制。

管理者声誉是指企业高管人员作为行为主体时,其特定行为与能力给交易对象和利益相关者留下的印象,即利益相关者对其行为与能力的看法。良好的声誉等于向各种利益相关者发出关于企业管理质量等信号,使其得到利益相关者的信赖,从而取得各方的支持。声誉的信号传递作用不仅能降低市场中的信息不对称程度,还能给企业带来超额收益。传统的声誉理论认为,经理的工资取决于以往的经营业绩;从长期看,经理必须对自己的行为负完全的责任。社会上出现很多上市公司高管的天价年薪报道,可以看出,部分上市公司的高管薪酬已经严重地损害了上市公司及中小股民的利益。所以,管理者通过自身的努力来增加信息的可信度,并有选择地把信息传达给公众,起到监督的作用,此外,它又通过降低代理人搜集和评估信息的成本,为管理者树立和积累声誉起到了重要作用。通过建立这样的声誉机制,让社会和企业所有者承认,反过来获得长期利益的期望迫使管理者视声誉为生命。

(三)市场竞争机制

在市场竞争机制发挥作用的大背景下,业绩反映能力和努力程度,优胜劣汰证明企业能力。企业应建立对经营者严格而科学的经营绩效评价体系、建立完善的监督体系、建立完善离任审计制度等,完善内部监督管理机制,强化激励约束控制。社会市场竞争机制还不是很健全,仍然有很多制度需要我们去完善,在不断完善的过程中,对企业管理者的控制和监督便有据可依,同时,激发管理者的管理才能,发挥其最大的积极性。

第四节 当代控制问题

对企业而言,控制是最不可取消的基本限制因素。任何组织都必须有管控,只有这样才能使组织成员遵循共同的行为准则。如果组织控制与管理脱节,必然会带来永无止境的冲突,使组织陷于无法节制、失去管制的困境。因此,设计一个组织的控制架构时,必须了解与分析企业的管理目标及其决策的需要。企业的管理目标,就是企业中的各级管理人员共同制定的目标,确定彼此的责任,并以此作为衡量贡献的依据。如果没有方向一致的分目标来指导每个人的工作,则企业的规模越大、人员越多,发生冲突和浪费的可能性就越大。在企业里,管理人员和员工都要以预期达到的目标为依据,进行自我控制,同时通过对达到目标过程的控制来完成组织目标。

控制是一个重要的管理职能,当今的管理者面临以下几个问题:企业控制环境的完善、信息技术的运用、企业内部的风险控制、控制的道德问题。

一、企业控制环境的完善

企业控制环境主要指企业的核心人员以及这些人的个别属性和所处的工作环境,包括个人诚信正直、道德价值观与所具备的完成组织承诺的能力,董事会与稽核委员会、管理阶层的经营理念与营运风格,组织结构,职责划分和人力资源的政策与程序。它是实行内部控制的基础和前提,是内部控制的核心,它直接影响到公司内部控制的贯彻执行,以及公司控制目标的实现。企业控制环境可分为内部环境和外部环境。内部环境不完善,主要表现在公司治理结构权责不分,导致内控组织虚设或根本没设;一股独大;董事长与总经理重合;人事政策不相匹配;独立董事与内部审计形同虚设。

控制环境是指企业对建立、加强或削弱企业制定的管理程序以及对其效率产生影响的各种因素。它是一种氛围,通过对控制体系的认识和理解,影响企业员工的控制意识,影响企业内部各成员实施控制的自觉性,控制不是处罚,控制是预防,控制环境直接影响到企业各项控制制度的贯彻和执行,以及企业经营目标及战略目标的实现。影响控制环境的因素是多方面的。

（一）董事会

董事会是公司内部控制系统的核心,对内部控制而言,一个积极、主动参与的董事会,才能适当履行其监控、引导和监督的责任。目前,公司董事会在控制上还存在许多误区,董事会的监控作用有弱化倾向。加强企业内部控制,首先要加强董事会的建设,发挥董事会的作用和职能,使股东及其他利益团体的利益真正受到保护。

（二）企业管理者的素质

管理者素质在企业经营管理中起绝对重要的作用。管理者的素质直接影响到企业的行为,进而影响到企业控制的效率和效果。企业制定的任何制度都不可能超越设立这些制度的人,企业内部控制的有效性同样也无法超越那些创造、管理与监督制度的人的操守及价值观。操守及价值观是构成控制环境的一个基本要素。因此,企业高层领导人除了自身起表率作用以外,还要引导全体员工形成正确的职业道德观。

（三）企业文化

企业文化是组织逐步形成的具有本企业特征的基本信念、价值观念、道德规范、规章制度、生活方式、人文环境以及与此相适应的思维方式和行为方式的总和。企业文化始终以一种不可抗拒的方式影响着企业。它可以促进企业的发展,阻止企业的衰败,但也可以使企业陷入困境。企业在培养自身的文化时,应避免一种只注重内部和短期的企业文化,应注重健康的企业文化的培育,包括道德及行为准则培育。企业的管理制度可以决定想让什么发生,而企业文化则决定什么会发生。要引导企业正确认识建立控制管理架构。

（四）信息技术

一个良好的信息和沟通系统可以使企业及时掌握企业营运的状况和组织中发生的事情。一般而言,企业的信息系统还包括企业的财务信息系统和管理信息系统:企业的财务信息系统以会计为主,提供有关企业财务方面的信息,而管理信息系统提供非财务的信息。企业应及时获取相关信息和对信息的控制管理。

二、信息技术的运用

信息技术在企业管理中的应用已经从单一的数据处理向更综合、更广泛的方向发展,已经为当前的企业管理提供了巨大的帮助。在现代企业管理中,企业需要不同类型的信息系统来为一定范围内的不同职能领域提供不同层次的信息。

信息技术促进企业变革,信息技术支持企业高层管理。

（一）企业变革

企业信息化实施必涉及企业管理模式、组织架构、业务流程、组织行为的改变等,是一个复杂的组织与管理变革过程。在信息管理变革中,通过变革目标导向确保变革有一个具有方向性的、可以监测的、有领导的管理环境,为整个变革历程制订计划,形成有实效的项目小组以及有效管理项目进程。企业应采用新的领导方式,对信息技术支持下的企业变革过程的管理的核心价值进行宣传,提高管理层领导工作的有效性;采用有效措施激励员工,提高业务人员在新工作环境下的工作绩效。通过全员参与,使员工了解和明白变革的意义,鼓励员工提出创新性的想法以推动变革的进程;通过变革导向、领导方式、激励支持、全员参与四方面的变革管理,使员工逐步深入参与到信息管理变革中,以尽快提高企业员工的工作绩效。

（二）管理控制

管理控制系统能够帮助中层管理人员进行监督和控制。管理控制系统产生的信息包括生产效率、预算控制或差异分析报告、特定部门的预测和工作结果,以及短期的采购需求。管理控制系统检测一切是否顺利。

（三）运营控制

运营系统针对运营常规问题进行控制,并对交易进行处理和追踪。这些信息能够帮助运营管理人员追踪特定的日常经营活动和交易。

在中小企业中,52.3％的企业具有不同程度的信息化应用,但是核心业务应用低于10％,只有9％的中小企业开展了电子商务应用。在信息化建设的过程中遇到了许多难题。

第一,人员规模不大,工作流程不好固化,岗位职责较难各就各位,这势必造成管理软件所设计的流程很难按照完整的步骤走下来。第二,除了人力有限,还缺少专业人才,应用能力、维护能力、开发能力、实施能力等都普遍较弱。第三,由于中小企业的生存问题,根本没办法做到"先信息化,再做业务"的要求,这决定了信息化的实施时间必须极短,所以,必然要求信息化实施过程要短,要简单。

企业需要能解决自己问题的工具,用信息化手段弥补自己在管理方面的缺失,企业所需要的是蕴含管理思想的武器,它帮助企业贯彻企业战略,加强团队执行力,充分发挥人的能动性。

三、企业内部的风险控制

公司面临的经营风险和财务风险不断增加,风险程度不断提高,导致公司破产不断出现。在建立与发展现代企业制度的同时,公司舞弊防范、经营和财务风险的防范成为现代企业制度必须解决的问题。对风险的控制不仅面向过去,而且也面向未来,风险管理不仅贯穿于作业层次也贯穿于管理层次,不仅贯穿于战术层次也贯穿于战略层次,不仅贯穿于执行层次也贯穿于决策层次。企业风险管理涉及企业全要素、全过程、全层次的风险控制。既然把风险本身作为一个特定的要素进行管理,就必然涉及风险管理目标的设定、风险识别、风险评估和风险应对这样一个完整的风险管理过程。事实上,在内部控制中,每一个被控风险要素都必须经历这 4 个风险管理的环节,也就是风险管理程序。

（一）企业风险评估系统

环境控制和风险评估是提高企业控制效率和效果的关键。目前,企业经营外部环境变化很快,企业间竞争也越来越激烈,企业经营风险不断提高,其内部控制的执行也深受影响。对企业控制体系进行设计须从环境及其风险的分析入手。企业对内应该分析自身的优势与劣势,对外应该分析外界的机会和威胁,研究自己的生存机遇与威胁,同时建立企业风险评估系统,降低企业风险,对企业管理进行有效控制和调节。因此,有效的企业控制体系,才能将企业控制目标达不成的风险降至最低。

（二）培养良好的行为控制习惯

企业的控制体系是确保公司指令得以实现的保障,旨在确保企业组织的健康。控制管理应该涉及整个企业内的各个环节与各种职能部门,包括制定、核准、授权、调节、管制、生产、安全、资产保护等。一般而言,控制体系包括三个要素:制度、程序和监控。制度规定应该做什么,程序规定怎么做,监控规定什么不能做。控制体系重点是要分析了解公司的关键点,针对关键点行为进行控制。因此,企业在制定控制体系时,关键在于要寻找关键控制点。

（三）企业的内部监督

企业管理是一个过程,这个过程确保公司利益的实现。因此,要确保企业经营成果实现,就必须对这一过程进行控制。在企业控制的监督过程中,有两项职能发挥着重要作用:一是内部审计。企业内审机构应将自己视为公司的一种资源。其作用不仅在于监督企业的内部控制是否被执行,还应该帮助企业营造控制环境。二是控制自我评估。目前,企业控制的一个新趋势是实行

"控制自我评估",意指每个企业不定期或定期地对自己的内部控制系统进行评估,评估内部控制的有效性及其实施的效率效果,以期能更好地达到控制管理的有效性。在企业的管理中,我们会制定很多的管理制度,这些制度执行和落实的好坏直接影响着企业的发展,企业建立控制管理架构就是对企业经营的全过程施以恰当的监控,确保企业各个层级员工遵循企业管理制度,避免企业资产出现意外损失。

四、控制的道德问题

(一)管理者的道德问题

在企业内部,管理者在对待员工的问题上有时会有欺骗或者不公平的现象。例如,承诺了某些条件却未履行;或者根据私交远近决定员工的薪水或者晋升人选,未能公平对待每一个员工;盲目追求利润,不顾员工的生存和工作环境,侵犯员工的隐私、专横地对待员工,等等。

管理者在对待诸多社会上产生的道德问题时往往已经触及法律,例如挪用公款,行贿受贿,为自身利益不择手段等。

一个企业如果想谋求长期的发展,必须谨慎地对待管理者的道德问题。这不仅仅是对整个社会负责的做法,也是避免由于道德问题给企业和管理者自身带来损失的有效途径。毕竟,由于管理者不道德而造成企业受到舆论的谴责、形象受损进而业绩受挫的实例并不少见。管理者要想谋求与员工、顾客、利益相关者的全力合作、增强企业竞争实力,就需要认识到自身道德的重要性,并以身作则,以德促使企业和自身的长足发展。

总之,控制问题是一个综合性问题。控制是在管理及管理学发展的基础上产生的,并推动管理科学的进一步完善。

(二)内部控制机制

在企业内部,建立一套自律机制进行自我控制,是企业减少或消除违背道德、法律的运营行为的主要途径。

企业在开展经营活动中,要有正确的经营指导思想,要用正当的、合法的手段获利,不能唯利是图,更不能见利忘义,要以社会市场营销观念为导向,其营销活动不仅要满足广大消费者的需求,而且要符合消费者和社会的长远利益。企业要承担相应的社会责任,关心社会福利的增进,要将获取利润与满足消费者需要以及社会利益结合起来,统一起来,最终获得企业自身利益的满足和实现自己的利益目标。

企业要有效地约束自己的行为,必须建立起一套切实可行的道德规则,作为自己行动的指南。重视企业内部的日常管理工作,加强对突发性事件的控制。要实行管理责任制,分工到人,明确奖惩,不允许出现违背道德和法律的行为。

(三)外部控制机制

在激烈的企业竞争环境下,光靠企业自身的约束和控制是不够的,还需要对整个社会环境和行业环境进行控制。这就需要国家加强相应立法,规范企业管理和控制行为;建立严厉的处罚机制,实施对经营管理有效的监督,完善社会监督机制,发挥社会监督作用。

【本章小结】

由于企业所处环境的不稳定性、员工工作能力的差异性以及管理权力的分散性,企业计划的制订和执行并不能达到尽善尽美,因此,有必要对企业的管理活动进行适当的控制。通过本章的学习,首先,了解控制的必要性、概念、类型以及控制活动的过程,明确如何有效地开展管理控制活动;其次,了解管理者控制的基本理论,掌握如何对管理者实施有效的控制;最后,要紧跟时代的步伐,了解当代存在的控制问题。

【思考题】

1. 简述控制的基本类型。
2. 简述控制的过程。
3. 如何进行有效的控制?
4. 当代面临的控制问题有哪些?

第十七章　控制的方法与工具

【学习目标】　通过本章学习,了解传统控制方法,掌握现代控制方法,熟悉管理控制系统的内涵、企业管理控制系统框架。

【关键词】　控制方法　控制工具　管理控制系统

导入案例

成本管控:告别"生意",走向精益

早在几年之前,美容服务行业就被视为将成为房地产、汽车、电信、旅游之后的第五大消费热点。实际上也的确如此,近几年国内的美容及相关市场一直保持 15％以上的增长速度。2008 年,金融危机给全球美容业带来了彻骨的寒冷,导致大多数主要依赖欧美市场的化妆品公司销售业绩下滑。不过中国市场却"风景这边独好",以 23.8％的速度高歌猛进,实现工业总产值近 3 200 亿元,行业利润以 37.9％的速度增长。

中国美容市场的巨大潜力,不仅吸引了诸如自然美、现代美容、莎莎国际、修身堂等国际品牌的不断强势加入,也使得本土品牌呈现遍地开花之势。南京美的世界也是其中的角逐者之一。"我们打算在 2014 年和2015 年完成上市。"南京美的世界纤体 SPA 国际连锁机构董事长谢璞若这样说。美的世界成立于 1994 年,总部注册于香港。这家历时近 20 年的公司,依然走在优化管理的路上。

一、转变赢利模式

作为中国 SPA 行业的十佳企业之一,从 1994 年创立至今,美的世界已经被打造成江苏省唯一一家集美容、纤体、SPA 和专业咨询、管理、教育为一体的集团化公司,目前拥有 10 余家连锁直营店,2012 年计划新增连锁店总数能达到 60 家。对于同质化竞争激烈的美容 SPA 行业,谢璞若认为美容业发展到一定规模,赢利点必须发生转变。

在诸如餐饮连锁等不断遭遇挑战之际,美容、美发、美甲、SPA等本土服务业连锁以非常迅速的生长速度崛起。但是雷同的赢利模式,客户的不稳定性和员工的频繁流动,使得很多带有浓重的小本生意色彩的连锁服务业在连锁店上升到一定数量时遭遇了经营瓶颈。

谢璞若告诉我们:"其实连锁服务行业跟其他连锁行业在本质上是不同的,以美容院连锁为例,当店铺和连锁规模都很小时,我们的赢利模式可能是'营业额主要依靠护肤美容产品的销售';但当行业演进到开大店、大型连锁的时候,赢利模式就需要'依靠护理、按摩、纤体等服务收费,以及提供一种休闲放松和社交的空间',服务型连锁企业的眼光,需要从物质层面挪开,转向消费者所注重的精神层面。"

伴随赢利模式的转变,总部的功能也被放大,从原来单一的产品配送、人才培训,到现在的企业文化输出,品牌塑造,在高附加值上争取差异化经营空间。

连锁服务业的总部需要具备梳理整个组织框架的能力,做到各有所长、各有所施,通过整合各方资源,实现组织目标利益的最大化,对整个机构有一个翔实、真切的掌控。通过对制度流程的梳理及对管理体系的完善,总部要将管理工具更加细化、更有针对性,这样更有助于总部管控直营机构,同时减少烦乱管理工作的弊端,全部实现考核制和数字化管理。此外,还要通过对岗位的调整以及为员工提供常年的辅导培训,推动一些有能力的员工发挥其专长,实现自己和企业的共同价值,拉近员工与企业的距离,突出人性化管理的理念。在资金管理上,尤其需要完善现金流预算管理制度。

谢璞若强调,只有这样才能使连锁经营总部管理职责实现发展理念明确化、运作模式明了化、后勤保障系统顺畅化、研发能力持续化、资金管理精细化。

二、强化管理

2010年,自然美这家做了近40年的家族企业,在短短几个月时间内完成了彻底的"去家族"化:从公司的股权结构到高管团队的重组。除了多家族式管理少职业经理人的问题之外,不能标准化也是很多连锁企业扩张的瓶颈。

以直营为主的美的世界同样面临管理上的难题。有人将现金流充沛的美容连锁店比喻为"美容银行"。这并不夸张。美容行业通过预售美容套餐的营销方式,获得了与银行"吸储"一样的功能,使其能够将客户预付款滚存和集中使用,以支持企业的运营和扩张。这种"类金融特性"使得美容连锁机构可以在没有外部金融资源的支持下扩张,且每年底账面均有大额银行结存及现金。但是这也蕴藏着巨大的风险。而且由于连锁企业的分支机构较多且分散,财务管理和规范的难度较大,所以其财务规范问题也较易受到监管部门的特别关注。

美的世界财务总监李恩军表示,美容连锁企业一般有两个财务问题:一是财务制度的不规范,二是为偷税逃税所产生的财务造假问题。在财务制度方面,连锁企业通常存在会计核算不统一、会计政策运用不正确、会计凭证不合格等问题。而且还多存在不开或少开发票、少计收入、多计成本以及账外账等现象。对于即将运作上市的企业来说,这两点更是亟待解决的。

李恩军强调,管控风险的关键在于对现金、银行存款、应收账款、应收票据、存货等建立基本的资金管理制度。只有这样,管理者才能对连锁店的实际情况了如指掌,也才能打通这条支撑连锁服务业不断发展壮大的资金链条。

虽然并"不缺钱",但李恩军强调现金管理仍是财务管理的第一要任。"目前,对现金管理的目的是要在确保现金生产的同时,尽可能节约现金业务,减少现金持有量,将闲置的现金投资,以便获得更多的投资回报。"

对于美容SPA这个行业来说,管理现金流的基本原则之一是要有一个稳定的收入,还要建立完善的现金流预算管理制度,包括总预算和日常预算。其实,美容院的日常管理模式并不复杂,现金业绩来源包括会员卡业绩以及部分客人购买疗程、产品及单次护理所支付的现金。"现金流为正,这绝对是好事;但是由于很多消费属于预付费,所以也会有现金流为负的时候,但并不意味着当期利润为负。所以,做好预算管理是服务行业现金流管理的重中之重。"

在李恩军看来,优化现金流管理流程对财务管理更具实战性。服务行业从业人员素质普遍不高,所以一些硬性的执行标准和指标在外人看来可能有些教条,但是对于规范企业的运营和财务管理却异常重要。主要方法是通过制度规范涉及现金流的组织、岗位、授权及办理现金收支业务的内控手续与程序来进行管控。比如建立非常详细的顾客跟踪表、订货表、领用产品表(院装、非卖品)、库存明细表、每月护理项目次数统计表、每月产品消耗总计算表以及美容师晋升期间工作报告表、美容师测试评分表、美容师每月销售计划表、美容师每月工作成绩表、美容师业绩表、美容师排班表等。

"除此之外，加强应收账款管理、存货管理，减少流动资金占用等也对有效的现金流管理起着很大的作用。"李恩军表示，即将开启资本行程的美的世界将在管理上更加重视和严谨。

资料来源：http://www.gototsinghua.org.cn/wenku/guanliyuny-ing/mba_20352.html(有删减)

管理控制中有许多不同种类的控制手段和方法，有些方法属于传统的控制方法，如亲自观察、预算控制和非预算控制。另外一些方法，如计划评审法，则代表了新的计划和控制方法，它说明科学技术的进步、社会活动规模的扩大必然伴随着管理理论的发展和管理技术的进步。从控制范围的构成看，有些方法是适用于局部控制的，如程序控制方法，而另一些方法是用于综合控制的，如损益控制法。随着组织规模的扩大和分权管理的发展，对管理工作的综合控制显得日益重要。其中有单一的控制手段，也有综合性的控制工具。此外，我们还要注意一个显著的特点，那就是许多控制方法同时也是计划方法。

第一节 传统控制方法

在管理控制中使用最广泛的一种控制方法就是预算控制。预算是以数量形式表示的计划。预算的编制是作为计划过程的一部分开始的，而预算本身又是计划过程的终点，是一种转化为控制标准的数量化的计划。预算控制就是根据预算规定的收入与支出标准来检查和监督各个部门的生产经营活动，以保证各种活动或各个部门在充分达成既定目标、实现利润的过程中对经营资源的利用，从而使费用的支出受到严格有效的约束。

预算控制清楚地表明了计划与控制的紧密联系。但在一些组织中却存在着计划与预算脱节的情况。预算就是用数字编制未来某一个时期的计划，也就是用财务数字或非财务数字来表明预期的结果。

一、预算控制方法

（一）预算的性质

预算是一种计划，编制预算的工作是一种计划工作；预算是一种预测，它是对未来一段时期内的收支情况的预计；预算主要是一种控制手段，编制预算实际上就是控制过程的第一步，即制定标准。由于预算是以数量化的方式来表明管理工作的标准，从而本身就具有可考核性，因而有利于根据标准来评定工作绩效，找出偏差（控制过程的第二步），并采取纠正措施，消除偏差（控制过程的第三步）。

如果要使一项预算对任何一级的主管人员真正具有指导和约束作用，预算就必须反映该组织的机构状况。为了有效地从预期收入和费用两个方面对企业经营进行全面控制，不仅需要对各个部门和各项活动进行预算控制，并且要对企业编制进行全面预算。这里，分预算是按照部门和项目来编制的，全面预算则是在对所有部门或项目分预算进行综合平衡的基础上编制而成的。只有充分按照各部门业务工作的需要来制订、协调并完善计划，才有可能编制一个足以作为控制手段的分部门的预算。

（二）预算的种类

预算在形式上是一整套预计的财务报表和其他附表。按照不同的内容，可以将预算分为经营预算、投资预算和财务预算三大类。

1. 经营预算

是指企业日常发生的各项基本活动的预算。它主要包括销售预算、生产预算、直接材料采购预算、直接人工预算、制造费用预算、单位生产成本预算、推销及管理费用预算等。

2. 投资预算

是对企业的固定资产的购置、扩建、改造、更新等，在可行性研究的基础上编制的预算。它具体反映在何时进行投资、投资多少、资金从何处取得、何时可获得收益、每年的现金净流量为多少、需要多少时间回收全部投资等。由于投资的资金来源往往是任何企业的限定因素之一，而对厂房和设备等固定资产的投资又往往需要很长时间才能回收，因此，投资预算应当力求和企业的战略以及长期计划紧密联系在一起。

3. 财务预算

是指企业在计划期内反映有关预计现金收支、经营成果和财务状况的预算。它主要包括现金预算、预计损益表和预计资产负债表。必须指出的是，前述的各种经营预算和投资预算中的资料,都可以折算成金额反映在财务预算内。这样,财务预算就成为各项经营业务和投资的整体计划,故亦称"总预算"。

(三)预算的优缺点

预算是有时间期限的,它是数字化的计划,其通常由预算委员会负责编制,并且预算具有严肃性,预算执行情况通常由财务部门负责收集和反馈预算控制报告,预算直接涉及企业中心目标,并且激励管理实践活动。

它同时存在一定的缺陷:预算过细过繁,造成无灵活性、花费时间过多;错把手段当目标;预算依据不足;传统预算现象(要么提高预算,要么压低预算,以便项目通过);因循守旧倾向,缺乏灵活性。预算目标取代了企业目标,潜在危险是效能低下、缺乏弹性。

二、比率控制方法

对于组织经营活动中的各种不同度量之间的比率分析,是一项非常有益的和必需的控制技术或方法。"有比较才会有鉴别",也就是说,信息都是通过事物之间的差异传达的。一般说来,仅从有关组织经营管理工作绩效的绝对数量的度量中是很难得出正确的结论的。企业经营活动分析中常用的比率可以分为两大类,即财务比率和经营比率。前者主要用于说明企业的财务状况,后者主要用于说明企业经营活动的状况。

(一)财务比率

企业的财务状况综合地反映着企业的生产经营情况。通过对财务状况的分析可以迅速地、全面地了解一个企业资金来源和资金运用的情况,了解企业资金利用的效果以及企业的支付能力和清偿债务的能力。

财务比率及其分析可以帮助我们了解企业的偿债能力和赢利能力等财务状况。衡量财务比率的指标主要有:流动比率、速动比率、负债比率和赢利比率。

流动比率=流动资产/流动负债

它反映了企业偿还需要付现的流动债务的能力。一般生产企业合理的最低流动比率是2。

速动比率=(货币资金+短期投资+应收票据+1年内应收账款)/流动负债

速度比率是衡量企业资产流动性的一个指标,当企业库存较大且库存周转率较低时,速度比率比流动比率更能有效反映企业的客观情况。

负债比率＝(流动负债＋长期负债)/资产总计

该指标一般在 50％左右为宜。

负债比率反映了企业所有者提供的资金与企业外部债权人提供的资金之间的比率。它反映企业偿付债务本金和支付债务利息的能力。

赢利比率是企业利润与销售额或全部资金等相关因素的比例关系。常用的比率有销售利润率和资金利润率。销售利润率是企业净利润与销售额之间的比率,它反映了企业从一定的时期内的产品销售中获得利润的情况。资金利润率是指企业在一定时期内的净利润与该时期占有的全部资金之比,它是衡量企业资金利用效果的一个重要指标,反映了企业是否从投入的资金中获得了足够的利润。

(二)经营比率

财务比率是衡量一个企业生产经营状况和财务状况的综合性指标。除此以外,还有一些更直接的比率,可以用来进一步说明企业的经营情况。这些比率称为经营比率。常用的经营比率有三种:库存周转率、固定资产周转率和销售收入与销售费用的比率。

1.库存周转率

库存周转率是销售金额与库存平均值的比,反映了与企业的销售收入相比,企业的库存是否合理。

2.固定资产周转率

固定资产周转率是企业销售总额与固定资产的比率,反映了企业单位固定资产所获得的销售收入,也说明了企业固定资产的利用状况。

3.销售收入与销售费用的比率

销售收入与销售费用的比率反映了单位销售费用能够获得的销售收入,反映了企业营销活动的效率。

三、审计

审计是对反映企业资金运动过程及其结果的会计记录及财务报表进行审核、鉴定,以判断其真实性和可靠性,从而为控制和决策提供依据。

根据审查主体和内容的不同,可将审计分为三种主要类型:(1)由外部审计机构的审计人员进行的外部审计;(2)由内部专职人员对企业财务控制系统进行全面评估的内部审计;(3)由外部或内部的审计人员对管理政策及其绩效进行评估的管理审计。

（一）外部审计

外部审计是指独立于政府机关和企事业单位以外的国家审计机构所进行的审计，以及独立的执行业务会计事务所接受委托所进行的审计。外部审计包括国家审计和社会审计，是对企业内部虚假和欺骗行为的一个重要的系统检查，起着鼓励诚实的作用。由于外部审计的不可避免性，企业就会努力地避免那些在审计时可能会被发现的不光彩的事。

在进行外部审计时，由于审计人员与管理当局不存在行政上的依存关系，因此，不需要看企业管理当局的眼色行事，只需要对国家、社会和法律负责，因此，具有一定的独立性和公正性。但是与此同时，由于外来的审计人员不了解企业的实际情况，在对企业的具体业务进行审计时就可能会产生一定的困难，处于被审计地位的企业内部成员可能会产生抵触情绪，增加了审计的难度。

（二）内部审计

我国内部审计协会认为，内部审计是指组织内部的一种独立客观的监督和评价活动，它通过审查和评价经营活动以及内部控制的适当性、合法性和有效性来促进组织目标的实现。通过内部审计活动的开展，内部审计人员可以提供有关改进公司政策、工作程序和方法的对策和建议，促进公司政策的实用性、工作程序的合理性和方法的正确性。

与外部审计相比，内部审计有其独特性。

1.独立性

内部审计的独立性主要表现在两个方面：一是内部审计人员履行职责时免受威胁，二是审计机构的独立。

2.审计的目标不同

外部审计的目标受法律或者服务合同的限制，而内部审计的目的是评价和改善风险管理、控制和提高公司治理的有效性，帮助企业实现目标。

3.重点关注领域不同

外部审计侧重会计信息的质量和合规性，内部审计侧重的是经济活动的合法合规、目标达成、经营效率等方面。

4.业务范围不同

外部审计的业务范围受到法律和合同的指定，而内部审计是以企业经济活动为基础，拓展到以管理领域为主的一种审计活动。

5.审计标准不同

外部审计的标准是法定的独立审计准则和相关法律法规，而内部审计的标准是非法定的公认方针和程序。

6.专业胜任能力要求不同

由于内部审计的目标是帮助企业实现其目的,改善机构运作并增加价值,因此,要求审计人员必须具备一定的管理知识水平。

(三)管理审计

与外部审计和内部审计相比,管理审计的对象和范围更广,它是一种对企业所有管理工作及绩效进行全面、系统评价和鉴定的方法。管理审计虽然可由组织内部的有关部门进行,但是为了保证评价的客观性,企业通常会聘请外部的专家进行。

管理审计的方法是利用公开记录的信息,从反映企业管理绩效及其影响因素的若干方面将企业与同行内其他企业或者其他行业的知名企业进行比较,从而判断企业管理与经营的健康程度。

第二节　现代控制方法

一、平衡计分卡

平衡计分卡的英文为 The Balanced Score Card,简称 BSC。平衡计分卡于 20 世纪 90 年代初由哈佛商学院的罗伯特·卡普兰(Robert Kaplan)和诺朗诺顿研究所(Nolan Norton Institute)所长、美国复兴全球战略集团创始人兼总裁戴维·诺顿(David Norton)提出的一种绩效评价体系。平衡计分卡自创立以来,在国际上特别是在美国和欧洲,很快引起了理论界和客户界的浓厚兴趣与反响。

平衡计分卡被《哈佛商业评论》评为 75 年来最具影响力的管理工具之一,它打破了传统的单一使用财务指标衡量业绩的方法。而是在财务指标的基础上加入了未来驱动因素,即客户因素、内部经营管理过程和员工的学习成长,在集团战略规划与执行管理方面发挥着非常重要的作用。根据解释,平衡计分卡主要是通过图、卡、表来实现战略的规划。

平衡计分卡方法打破了传统的只注重财务指标的业绩管理方法。平衡计分卡认为,传统的财务会计模式只能衡量过去发生的事情(落后的结果因素),但无法评估组织前瞻性的投资(领先的驱动因素)。在工业时代,注重财务指标的管理方法还是有效的。但在信息社会里,传统的业绩管理方法并不全面,组织必须通过在客户、供应商、员工、组织流程、技术和革新等方面的投资,获得持续发展的动力。正是基于这样的认识,平衡计分卡方法认为,组织应从四个角度审视自身业绩:创新与学习、业务流程、顾客、财务。

这样,不仅能有效克服传统的财务评估方法的滞后性、偏重短期利益和内部利益以及忽视无形资产收益等诸多缺陷,而且是一个科学的集公司战略管理控制与战略管理的绩效评估于一体的管理系统,其基本原理和流程如下:

1. 以组织的共同愿景与战略为内核,运用综合与平衡的哲学思想,依据组织结构,将公司的愿景与战略转化为下属各责任部门(如各事业部)在财务(financial)、顾客(customer)、内部流程(internal processes)、创新与学习(innovation & learning)等四个方面的系列具体目标(即成功的因素),并设置相应的四张计分卡,其基本框架见图 17-1:

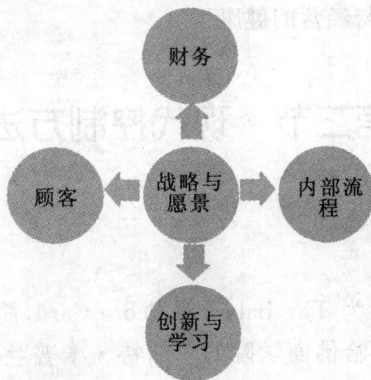

图 17-1 平衡计分卡的四个角度

2. 依据各责任部门分别在财务、顾客、内部流程、创新与学习等四种计量可具体操作的目标,设置一一对应的绩效评价指标体系,这些指标不仅与公司战略目标高度相关,而且是以先行(leading)与滞后(lagging)两种形式,同时兼顾和平衡公司长期和短期目标、内部与外部利益,综合反映战略管理绩效的财务与非财务信息。

3. 各主管部门与责任部门共同商定各项指标的具体评分规则。一般是将各项指标的预算值与实际值进行比较,对应不同范围的差异率,设定不同的评分值。以综合评分的形式,定期(通常是一个季度)考核各责任部门在财务、顾客、内部流程、创新与学习等四个方面的目标执行情况,及时反馈,适时调整战略偏差,或修正原定目标和评价指标,确保公司战略得以顺利与正确地实行。

财务方面计分卡:股东如何看待我们?

顾客方面计分卡:顾客如何看待我们?

内部流程方面计分卡:我们应有的优势是什么?

创新与学习方面计分卡:我们能否继续提高和创造价值?

其中,财务和客户是外部(结果、短期),内部流程和创新与学习是内部(驱动、长期)。

由上文描述可知,一方面,平衡积分卡不仅是一种管理手段,也体现了一种管理思想,只有量化的指标才是可以考核的;必须将要考核的指标进行量化。组织愿景的达成要考核多方面的指标,不仅是财务要素,还应包括客户、业务流程、创新与学习。实施平衡计分卡的管理方法主要有以下优点:克服财务评估法的短期行为;使整个组织行动一致,服务于战略目标;能有效地将组织的战略转化为组织各层的绩效指标和行动;有助于各级员工对组织目标和战略的沟通和理解;利于组织和员工的学习成长和核心能力的培养;实现组织长远发展;通过实施 BSC,提高组织整体管理水平。

另一方面,运用平衡计分卡的难点在于试图使其"自动化"。平衡计分卡中有一些条目是很难解释清楚或者是衡量出来的。确定绩效的衡量指标往往比想象的更难。企业管理者应当专注于战略中的因果关系,从而将战略与其衡量指标有机结合起来。当组织战略或结构变更的时候,平衡计分卡也应当随之重新调整。然而,因为保持平衡计分卡随时更新与有效需要耗费大量的时间和资源。平衡计分卡的另外一个缺点是它很难去执行。一份典型的平衡计分卡需要 5～6 个月去执行,另外再需几个月去调整结构,使其规则化。因此,总的开发时间经常需要一年或者更长的时间。衡量指标有可能很难去量化,而衡量方法却又会产生太多的绩效衡量指标。

二、标杆控制

(一)标杆控制的概念

标杆控制是以在某一项指标或某一方面实践上竞争力最强的企业或行业中的领先企业或组织内某部门作为基准,将本企业的产品、服务管理措施或相关实践的实际状况与这些基准进行定量化的评价、比较,在此基础上制定、实施改进的策略和方法,并持续不断、反复进行的一种管理方法。

标杆管理的基本做法是寻找一个最佳竞争对手或最佳实践者作为标杆对象,模仿他的一些最好的做法并改进。施乐公司是实施标杆控制的典范,于1979 年率先执行标杆管理,而后在复印机上重新获得竞争优势。之后,杜邦等许多公司都把标杆管理作为标准管理工具。

（二）标杆控制的步骤①

1.确定标杆控制的项目

标杆控制的项目一般是对企业竞争力影响最重要的因素,但同时也是企业的薄弱环节。

2.确定标杆控制的对象和对比点

标杆控制的对象应该是在同行业、同组织、同部门中业绩最佳、效率最高的具有代表性的对象。标杆控制的对比点应该在标杆控制项目范围内确定,一般是作业流程、关键要素等,在此基础上确定测量指标以作为控制的依据。

3.组成工作小组,确定工作计划

在企业内进行标杆控制,通常选择能够识别专业流程优劣的具有一定的知识和技能的专业人士参与组成工作小组,制订工作计划。

4.资料收集和调查

在实地调研之前,搜集相关项目、调查对象的资料,拟定调研问题和调研提纲,并对问卷和提纲的有效性和可行性进行评估,在调研的过程中需要着重观察造成差异的地方。

5.分析比较,找出差距,确定最佳纠偏做法

对搜集来的资料进行分析比较,确定出各个调查对象存在的差异,并对差异形成的原因进行详细的评估,并确定最佳的纠偏方法。

6.明确改进方向,制订实施方案

在明确最佳的纠偏方法的基础上,找出弥补差异的途径或者机会,并设计出具体的方案。

7.沟通与修正方案

利用各种途径将方案的有效性和所要达到的目标的前景同组织内全体成员进行沟通交流,争取得到全体成员的理解和支持,并根据成员提出的意见对方案进行完善,使方案的实施更加顺利。

8.实施与监督

将方案付诸实施,并将实施的情况和最佳做法进行比较,及时地采取有效的纠偏措施,努力达到理想水平。

9.总结经验

完成标杆控制之后,对实施效果进行合理评价,并及时总结经验。

---

① 周三多.管理学(第二版)[M].高等教育出版社,2005,11.

10.进行再标杆循环

针对环境的变化和管理的新要求,确定下一次的标杆项目和对象。

(三)标杆控制的作用和缺点

虽然标杆控制可以全面提升企业的竞争力,但是标杆控制容易导致企业的竞争战略趋同;也可能使企业陷入"落后——标杆——又落后——再标杆"的"标杆管理陷阱"之中。

三、信息控制

信息与控制关系密切,控制依赖信息,只有有效地进行信息控制与反馈,才能更好地发挥信息的作用。控制处于系统的中心,它的目标是保证满足系统需要的输出。

控制系统依靠信息系统,因为迅速而有效的纠正行动依靠收到信息的种类。控制系统需要的信息不同于计划所需要的信息。制订计划是将重点放在构筑将来的问题上,而控制则更多地关注最近的过去和现在,以及具体的趋势。

企业可以分为五个分系统,并分别控制每个分系统。

(1)管理级分系统。上层管理,是和战略有关的等级;中级管理,是与短期计划和业务有关的经理人员系统;基层管理,是日常工作系统的管理。

(2)资源级分系统。人力资源、资本资产、原材料、流动资产和信贷分系统。

(3)职能分系统。市场活动信息;关于直接劳动、原材料、管理费、存货等数量和质量方面的信息以及生产系统方面的信息;关于人事的执行情况、招工报告、人员配备报告等方面的人事信息;关于财务信息;关于完成情况、费用、设计时间以及与设计有关的定期报告等方面的研究、发展和工程信息。

(4)产品组分系统。销售额、利润状况、市场趋势、竞争等。

(5)经营方面的分系统。商情预测、财务工作、设计工作、原材料处理和加工、成本工作以及销售活动等。

四、全面质量管理

全面质量管理(total quality management,简称 TQM),是指企业中所有部门,所有组织,所有人员都以产品质量为核心,把专业技术、管理技术、数理统计技术集合在一起,建立起一套科学严密高效的质量保证体系,控制生产过程中影响质量的因素,以优质的工作、最经济的办法提供满足用户需要的产品的全部活动。

全面质量管理基本工作的内容包括设计开发过程、制造过程、辅助过程和使用过程的质量管理。

(一)全面质量管理的特点

与前文所述的其他管理控制方法相比,全面质量管理有其独特性:

首先,与其他控制方法相比,全面质量管理要求对产品生产过程的各个环节和阶段进行全面的控制。

其次,全面质量管理强调质量管理工作不局限于质量管理部门,要求企业所属各单位、各部门都要参与质量管理工作,共同对产品质量负责。

最后,全面质量管理要求把质量控制工作落实到每一名员工身上,让每一名员工都关心产品质量。

(二)全面质量管理的形式

1. QC 小组

QC 小组就是质量管理小组,是一种行之有效的、群众参与的质量管理活动形式。

2. PDCA 循环

PDCA 管理循环是全面质量管理最基本的工作程序,一般可划分为四个阶段,即计划——执行——检查——处理(plan,do,check,action)。这是美国统计学家戴明(W. E. Deming)发明的,因此也被称为戴明循环(如图 17-2)。

(1)计划阶段,又叫 P 阶段(plan)。该阶段主要工作是分析现状,找出存在的质量问题;分析产生质量问题的各种原因;找出影响质量的主要因素;针对影响质量的主要因素,提出计划,制定措施。

(2)执行阶段,又称 D 阶段(do)。该阶段实施 P 阶段所规定的内容。

(3)检查阶段,又称 C 阶段(check)。该阶段主要是在计划执行过程中或执行之后,检查计划的执行情况是否符预期结果。

(4)处理阶段,又称 A 阶段(action)。该阶段的主要工作是根据检查结果,采取相应的措施。

综上所述,PDCA 循环管理有以下特点:PDCA 循环工作程序的四个阶段按顺序进行,组成一个大圈;每个部门、小组都有自己的 PDCA 循环,并都成为企业大循环中的小循环;阶梯式上升,循环前进。

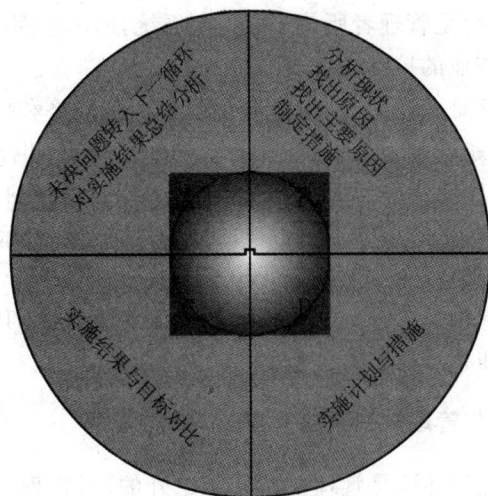

图 17-2 PDCA 循环

第三节 管理控制系统

管理控制系统的变化与创新无疑是近 20 年来企业组织对经营环境巨变所做的适应性调整中最为显著的一部分,在这样的背景下,人们开始创造和尝试预算之外更多的新的管理控制工具,包括 BSC、EVA、ABM 以及试图克服传统预算弊端的改进预算和超越预算等,这些工具在为人们提供了更多、更有效的管理控制手段的同时,也为管理者带来了巨大的挑战,那就是如何综合有效地将这些新的管理控制工具与传统管理控制流程联系起来,并将其整合在一个有机的管理控制系统之中。因此,对于组织而言,更为重要的是首先认识到各种管理控制工具的优势和局限,并试图在各种工具之间建立起联系,构建整合多个工具的管理控制框架。

一、管理控制系统的内涵

管理控制系统作为一种控制工具,是管理者为了保持或改变组织内部活动模式而采用的正式的、基于信息的例行程序和步骤。管理控制系统重点关注的是正式的例行程序和步骤,虽然也涉及那些影响管理者行为的非正式方法;管理控制系统是基于信息的系统,管理者利用信息来实施战略和控制战略实施;管理控制系统是管理者所使用的控制系统,而不是那些用来协调和管理具体业务活动即作业的控制系统。

管理控制系统是一种工具,是帮助管理者实施战略和控制战略实施的一种工具;管理控制系统是一系列程序或者步骤,这些程序也构成了管理控制程序或步骤,这些程序或步骤通常是重复出现、一环扣一环的,是一个循环反复的过程,执行这些程序的目的是为了帮助管理者实现其目标。

管理控制系统作为企业管理系统中一个相对独立的子系统,也应该是一个由若干基本因素构成的具有管理控制功能的有机整体,其组成因素之间同样具有相互联系和相互作用的关系。

二、企业环境与管理控制系统

管理控制系统的环境是管理控制系统之外的,对管理控制系统有影响作用的一切因素的总和。我们研究管理控制系统,不得不考虑企业的内部环境和外部环境。因此,我们研究企业环境与管理控制系统的关系,就从企业环境的因素着手,将管理控制环境分为企业内外部环境,更能全面、系统地说明问题。这里的企业外部环境包括道德环境和经济体制,内部环境包括企业战略和组织结构。下面将分别介绍道德环境、经济体制、企业战略,以及组织结构与管理控制系统的关系。

(一)道德环境与管理控制系统

进入 21 世纪以来,道德因素越来越受到企业的重视,更强的道德意识对企业有更高的期望,社会诚信的缺失导致对公司治理和管理实践的规范性与合理性要求不断加强。从长远来看,企业的社会责任和道德因素将在很大程度上影响企业的利益和总体战略。管理控制的目标与企业的目标是一致的,企业不能违背道德,应该肩负起道德责任,甚至因为这样放弃了一些利润最大化的机会,如果企业在一个毫无限制的环境运行,必然导致混乱。一个最低的必要的规则框架应是对我们市场有效的、低成本运作,并且能保护所有参与成员。加强管制是对可耻行为或者不断增加的社会道德需要的一种反应。

(二)经济体制与管理控制系统

我国的经济体制经历了两次重大转变,企业经营方式的转变也引起了企业内部管理控制系统的转变。进入市场经济体制后,企业改革的方向不得不考虑现代企业发展所需的标准,满足市场的需要,符合经济发展的规律。企业改革方向是建立适应市场经济要求的产权清晰、权责明确、政企分开、管理科学的现代企业制度。企业经营方式在由生产经营型向资产经营型转变的基础上,进一步向资本经营型转变。企业管理控制的目标从追求单纯的利润,一定资产投入的利润最大化,向一定资本投入的利润最大化方向转变,即追求资本增值这一根本目标。企业管理控制的内容进一步扩展到资本投入的控制、资本结构的控制、资本成本的控制、资本收益的控制。企业管理控制的方式正在从封闭系统向开放系统转变,授权时代的控制手段被广泛采用,不仅边界控制被采用,诊断控制、信任控制等方式也在一些企业中推广。

（三）企业战略与管理控制系统

企业管理控制是管理者影响企业中其他成员以实现企业战略的过程,理解企业战略对管理控制系统建立有着至关重要的影响。战略制定是决定组织目标和达到这些目标的战略过程;管理控制是保证企业战略实现的过程。战略制定是决定新战略的过程;管理控制是决定如何执行战略的过程。从系统设计的观点看,二者的最重要区别在于战略制定是非系统的,管理控制是系统的。另外,一个战略提出往往涉及相当少的人,而管理控制过程则涉及组织中各个层次的管理者和职工。战略制定仅涉及组织的某部分,引起某一战略的变化,而许多其他战略不受影响;管理控制过程必然涉及整个组织,以使管理控制的各部分相互协调。

不同的战略层次决定其管理控制重点与方式不同。企业各层次管理者应根据本层次战略事项与战略选择采取相应的管理控制方式、确定管理控制的重点。

（四）组织结构与管理控制系统

企业组织结构与企业管理控制方式及控制内容紧密相关。企业组织结构包括企业管理体制和企业责任中心两部分。从企业管理体制角度看企业组织结构,通常可分为直线职能制组织结构、事业部制组织结构和矩阵制组织结构。不同的企业组织结构,其管理控制方式与权限各具特点。

三、企业管理控制系统框架

我国企业内部管理控制系统框架由制度控制系统、预算控制系统、考评控制系统和激励控制系统组成。

（一）制度控制系统

制度控制是指企业通过规章、制度的形式规范与限制企业各级管理者与员工的行为,以保证管理活动不违背或有利于企业战略目标的实现。

制度控制系统从控制环节看,包括制度的制定、执行和考核。制度控制系统从层级角度看,包括战略控制制度、管理控制制度、作业控制制度。制度控制系统从内容角度看,包括财务控制制度、人事控制制度、营销控制制度、采购控制制度、生产与技术控制制度。制度控制系统的作用在于使管理者及员工明确哪些事该做,哪些事不能做。制度控制系统的优点表现在:企业行为规则明确;操作简单,便于全员执行;制度控制系统建立的环境与条件限制较小。制度控制系统的缺点表现在:限制管理者及职工的主观能动性;定量控制不够,缺乏与企业目标直接衔接。制度控制系统适用于或应用于所有的组织或企业。对于管理基础较差的企业,更应加大制度控制系统建设的力度。我们从不同的侧面分析控制系统对企业的重要意义,从内部分析,是公司文化的一种延伸,规范企业员工的行为和操作;从外部看,符合市场的运营规律,符合经济发展的趋势,增强企业的市场竞争力。

(二)预算控制系统

预算控制是指企业通过预算的形式规范各级管理者的经济目标和经济行为过程,调整与修正管理行为与目标偏差,保证各级管理目标和企业战略目标的实现。预算控制系统从控制环节看,包括预算的制定、预算的执行、预算差异分析和纠正偏差。

预算控制系统从控制层级看,包括公司预算控制、部门预算控制和项目预算控制。预算控制系统从控制内容角度看,包括经营预算控制、财务预算控制、资本支出预算控制。预算控制系统从控制标准角度看,包括比率标准刚性控制和总量标准弹性控制。预算控制系统的作用在于使管理者及员工明确自身量化目标,并能及时发现行为偏差对目标的影响,从而随时纠正偏差,保证目标任务的完成。预算控制系统的优点表现在:企业行为量化标准明确;企业总体目标与个体目标紧密衔接;突出过程控制,可及时发现问题、纠正偏差。预算控制系统的缺点表现在:预算控制系统制定复杂;在某种程度上限制了管理者及职工的主观能动性;预算标准刚性使控制不能随着环境变化而变化。与制度控制系统相同,预算控制系统适用于或应用于所有的组织或企业。但对于管理环境和基础较差的企业,建立与执行预算控制难度较大;对于管理环境和基础很好的企业,预算控制相对容易,但过分强调预算控制可能会束缚主观能动性。

全面预算管理是现代化企业控制成本和费用的关键环节,在预算制定和管理中体现出企业运营的好坏,计划着你的工作,工作着你的计划,预算的背后一定有行动是预算管理的根本。

(三)考评控制系统

考评控制是指企业通过考核评价的形式规范企业各级管理者的经济目标

和经济行为。考评控制强调的是控制目标而不是控制过程,只要各级管理目标实现则企业战略目标将得以实现。考评控制系统从控制环节看,包括考评指标的制定、考评程序与方法、考评结果与奖惩。

考评控制系统从控制层级看,包括董事会对高级经理的考评控制、高级经理对部门经理的考评控制、部门经理对项目经理的考评控制。考评控制系统从控制内容角度看,包括财务绩效考评、管理绩效考评、质量技术绩效考评、作业绩效考评等。考评控制系统的作用在于使各级管理者和员工明确自己的工作效果与自身利益及上级、同级目标的关系,从而调动其主观能动性,规范其行为,为自身目标和企业目标而努力。考评控制系统的优点表现在:既有明确的控制目标,又有相应的灵活性,有利于管理者及员工在实现目标过程中主观能动性的发挥。考评控制系统的缺点表现在:缺少程序或过程控制,不利于随时发现与纠正偏差。考评控制系统相对于预算控制和制度控制是一种较高层次的控制。企业选择、应用考评控制系统,需要管理者及职工有较高的素质,企业文化与理念已深入人心,职工以为企业贡献而自豪。

(四)激励控制系统

激励控制是指企业通过激励的方式控制管理者的行为,使管理者的行为与企业目标相协调。激励控制强调的是管理者的创造性。激励控制系统从控制环节角度看,包括激励方式选择、激励中的约束、业绩评价。激励控制系统从控制层级角度看,包括企业所有者对高级管理者的激励控制、高级管理者对下级管理者的激励控制。激励控制系统从激励方式角度看,包括股票期权激励、年薪激励、工效挂钩激励、奖金激励等。激励控制系统的作用在于使管理者,特别是高层管理者将企业所有者目标与管理者个人目标相协调,根据不断变化的社会经济与技术环境,调整目标及战略,从而为企业创造更大价值或财富。激励控制系统的优点表现在:将管理者的利益与所有者的利益相联系,通过利益约束机制规范管理者的行为;管理者可根据变化的环境及时调整目标和战略,保证企业价值最大化目标的实现。激励控制系统的缺点表现在:具体目标不明确,对企业文化、管理者素质要求较高。激励控制系统是一种高层次的、灵活的控制系统。选择应用激励控制系统要求企业有较高的管理水平和良好的经济运行环境。

信息系统作为控制的工具。良好的信息系统可以提供管理者所需要的信息,以供规划、决策与控制之用,信息技术的应用从支持管理者工作的工具性角色,提升到为组织创造竞争力的策略性角色。信息系统作为控制的标的。信息系统本身的质量,也必须受到监督与控制。

【本章小结】

控制是职能管理的最后一个环节,它是管理者知晓企业目标实行情况及存在问题的唯一方法,在企业运作过程中有着十分重要的作用。通过本章的学习,首先了解传统的控制方法,明确预算控制、比率控制和审计的内容;其次掌握现代控制方法平衡计分卡、标杆控制、全面质量管理以及信息控制的内容,以及企业如何在实际运作过程中实施控制;最后了解管理控制系统的含义和框架,从整体上把握企业管理控制的工具和方法。

【思考题】

1. 简述审计的类型及其优缺点。
2. 简述平衡计分卡的内容和优缺点。
3. 简述标杆控制的步骤和优缺点。
4. 什么是全面质量管理?
5. 简述企业管理控制系统的框架。

第十八章 运营与价值链管理

【学习目标】 通过本章学习,掌握运营管理的含义、范围、决策及作用,学习价值链管理的概念、作用和实施,简要分析当前运营管理的问题。

【关键词】 运营管理 价值链管理

导入案例

控制案例

苏南机械有限公司是江南一家拥有 3 000 多名职工的国有企业,主要生产金属切削机。公司建立于新中国成立初期,当初只是一个几十人的小厂。公司从小到大,经历了几十年的风雨,为国家作出过很大的贡献。在 20 世纪 80 年代,公司获得了一系列令人羡慕的殊荣。经主管局、市有关部门及国家有关部委的考核,公司各项指标均达到了规定的要求,被评为国家一级企业;厂里的当家产品,质量很好,获得了国家银质奖。随着外贸改革的开展,国家对外贸的垄断被打破了,除了外贸公司有权从事外贸外,有关部门经考核挑选了一部分有经营外贸潜力的国有大中型企业,赋予它们外贸自主权,让它们直接进入国际市场,从事外贸业务。苏南机械有限公司就是在这种形势下,得到了上级有关部门的青睐,获得好评。

进入 20 世纪 90 年代,企业上上下下都感到日子吃紧,虽然经过转制,工厂改制成了公司,但资金问题日益突出:一方面,公司受"三角债"的困扰;另一方面,产品积压严重,销售不畅。为此,公司领导多次专题研究销售工作,大部分人都认为,公司的产品销售不动,常常竞争不过一些三资企业和乡镇企业,问题不在产品质量上,而主要在销售部门的工作上。因此,近几年公司对销售工作做了几次大的改革,先是打破了只有公司销售部门独家对外进行销售的格局,赋予各分厂(即原来的各车间)进行对外销售的权力,还另外组建了几个销售门市部,从而形成一种竞争的局面,利用多方力量来推动销售工作,公司下达包括价格浮动幅度在内的一些指标来加以控制。与此同时,公司对原来的销售科进行了充实、调整,把销售科改为销售处。后来又改为销售部,现在正式改为销售公司。在人员上也作了调整,抽调了一批有一定技术、各方表现均不错的员工充实进销售公司。这样一来,从事销售工作的人员增加了不少,销售的口子也由原来的一个变成了十几个。

当初人们担心,这样会造成混乱,但由于公司通过一些指标加以控制,所以基本上没有出现混乱,但是销售工作不景气状况却没有得到根本改变,这是近年来一直困扰公司领导的一大问题。与此同时,公司的外销业务有了长足的发展。当初公司从事外销工作的一共只有五六个人,是销售科内的一个外销组,后来公司获得了外贸自主权,公司决定成立进出口部从事外销工作,人员也从原来的几个发展到了今天的 30 个:12 个人在外销仓库工作,5 个外销员,5 个货源员,其他的人从事单证、商检、海关、船运、后勤等各项工作。公司专门抽调了老王担任进出口部经理。老王今年 50 岁,一直担任车间、科室的主要领导,是公司有名的实力派人物。在王经理的带领下,进出口部的业绩令人瞩目:1996 年达到了 450 万美元,1997 年达到 500 万美元,1998 年计划为 650 万美元,到 9 月份已达到了 500 多万美元,看来完成预定的计划是不成问题的。成绩是显著的,但问题、矛盾也不少。进出口部成立以来,一直被三件事困扰着:一是外销产品中,本公司产品一直上不去。公司每年下达指标,要求进出口部出口定量的本公司产品,如 1998 年的指标是 650 万美元的外销量,其中本公司的产品应达 350 万美元。公司的理由是:内销有困难,进出口部要为公司挑担子,虽然做公司产品,对进出口没多大利润,但这关系到全公司 3 000 人的吃饭问题。因此,进出口部只得接下这项任务,王经理再将指标分解给外销员,即每人做 70 万美元的本公司产品,可结果总是完不成。王经理和外销部都反映,完不成的责任不在进出口部,因为订单来了,本公司分厂不能及时交货,价格也有问题,所以只能让其他厂去做,进出口部做定购,这样既控制价格、质量,又能及时交货。说穿了,做本公司的产品,进出口部门要去求分厂,而做外购是人家求进出口部,好处也就不言而喻了。公司一直对进出口部完成不了本公司产品的出口任务有意见,进出口部门与各分厂的关系也搞得很僵,而且矛盾还在发展之中。

　　二是内部奖金的问题。近几年,公司对工资奖金的发放也作了些改革,公司负责发工资以及奖金的额度控制,但具体如何发放,由各部门自行确定。这样一来,王经理就要与公司谈判奖金额度了,但这仍是项艰难的讨价还价工作。好在王经理经验丰富,为进出口部门争取到了较好的奖金额度。对王经理来说,更难的是有了奖金额度,如何进行内分配。开始的时候,王经理采用基本平均的分配方式,理由是:进出口部的成绩是一起做的,缺少了哪个人的努力都不行,虽然各人干的工作不一样,贡献也不同,但工资里已有所体现,因为现在的工资主要实施的是岗位工资制,仓库工人的工资大约只有员工工资的一半,差距已经拉开了,而奖金发放的标准主要看大家在各自的岗位上有没有努力工作,如果大家都在努力工作,那么就拿一样的奖金。这样做引起了一部分人,特别是外销员工的不满,他们认为这是平均主义在奖金分配上的反映,奖金是分配中的一个组成部分,而且随着公司的发展,这一块在收入中占的比重会越来越大,工资在收入中占的份额在下降,因此,奖金分配搞平均主义,大锅饭弊病就无法根除。王经理想想也有道理,经过反复考虑,他决定拉开奖金分配的差距。

　　王经理将外销员和与之相配合的货源员的奖金与他们的创利结合在一起,这样各种人员所得的奖金数额差距拉大了,最高的和最低的有时相差 10～20 倍。这样一来,拿得少的人不满意了,他们认为外销员拿得那么多,这不公平,好事都是他们的,要么出国、参加广交会等,已经获得了很多好处,现在奖金又拿那么多,我们拿得少,以后我们少干点,看看他们怎么完成那些订单! 这些反映传到王经理的耳中了,据说有人还到公司总经理那儿去告状了。王经理感到右也不是,左也不是,到底该怎么办呢?

　　三是外销员队伍的稳定问题。近几年,已有几位外销员跳槽了,而且跳出去的人据说都“发”了,有的已开公司做贸易,有的跳到别的外贸公司,因为他们是业务熟手,手中又有客户,所以都享有很高待遇。这又影响了现在的外销员。公司虽然在工资、奖金上向外销员作了倾斜,但与跳槽了的人相比,收入还差一大截,因此,总有些人心不定,有的已公开扬言要走,王经理也听到了些消息,说是有的人已在外面悄悄干上了。面对这样的状况,王经理心里万分着急,他知道培养一个好的外销员不容易,走掉一个外销员,就会带走一批生意。他深知问题的严重性,也想了好多办法,想留住人心,比如搞些活动,加强沟通等,但收效甚微。

困扰王经理的三大问题应该如何处理呢？

资料来源：http://wenku.baidu.com/view/e40a013a580216fc700afd89.html

第一节　运营管理

一、运营管理的含义

运营管理就是对运营过程的计划、组织、实施和控制，是与产品生产和服务创造密切相关的各项管理工作的总称。从另一个角度来讲，运营管理也可以指对生产和提供公司主要的产品和服务的系统进行设计、运行、评价和改进。

企业运营管理要控制的主要目标是成本、质量、时间和柔性，它们是企业竞争力的根本源泉。运营管理的对象是运营过程和运营系统，运营过程是一个投入、转换与产出的过程。如图 18-1 所示，系统吸收技术、设备、资本、人员、原材料和信息，通过加工、生产、劳动等活动将其转化为产品或者服务。运营管理对组织和管理者非常重要，因为运营管理涵盖服务业和制造业；对组织进行成功的竞争有着重要的战略作用；对组织高效率地运转也有重要影响。

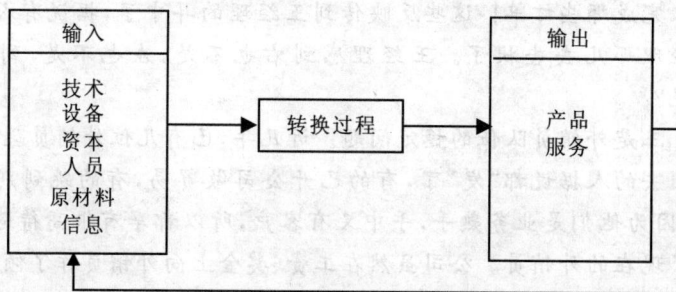

图 18-1　运营系统

资料来源：(美)斯蒂芬·P. 罗宾斯(Stephen P. Robbins)，(美)玛丽·库尔特(Mary Coulter)著；孙健敏等译：《管理学》(第 9 版)，中国人民大学出版社，2008 年。

（一）运营管理的全球化

随着全球经济一体化趋势的加剧，"全球化运营"成为现代企业运营的一个重要课题，因此，全球化运营也越来越成为运营学的一个新热点。

（二）运营系统的柔性化

生产管理运营的多样化和高效率是矛盾的，因此，在生产管理运营多样化前提下，努力搞好专业化生产管理运营，实现多样化和专业化的有机统一，也是现代运营追求的方向。为做到这一点，现代运营实践中努力推广柔性运营系统。例如，产品设计中的并行工程、快速原型法、虚拟制造技术、CAD/CAM技术、模块化技术等，产品制造中的数控机床、柔性制造单元、成组技术等。

在当今社会，不断发展的生产力使得大量生产要素转移到商业、交通运输、房地产、通讯、公共事业、保险、金融和其他服务性行业和领域，传统的有形产品生产的概念已经不能反映和概括服务业所表现出来的生产形式。

供应链管理成为运营管理的重要内容。企业开始致力于整个供应链上物流、信息流和资金流的合理化和优化，与供应链上的企业结成联盟，以应对日趋激烈的市场竞争。

二、运营管理的内容

企业运营系统的目标是谋求运营活动的质量、成本、弹性、刚性与创新，并提高产出率，实现有效性与高效率的统一。运营管理主要包括以下几个方面的内容：

（一）流程

该部分的决策在于确定企业产品生产或者服务提供的过程中所需要的资源与设备的数量，具体主要是设备与技术的类型与布局、过程流程、职位设计与人力资源等。在企业运营的过程中，有很多决策对企业有长期的影响而且不可逆转，因此，对物流过程的设计需要考虑企业的长期战略与人力情况。培育良好的企业文化，使企业员工能够在流程设计完成后的改进过程中发挥积极的作用。

（二）质量

运营管理要对企业产品和服务的质量负责，企业产品质量是获得竞争优势的关键因素之一，而要保证生产满足相关的标准，运营是一个非常重要的环境，对企业管理者来说，持续的质量改进是企业管理人员的职责，为保障企业产品与服务的质量，在企业中每个员工都要对自己的行为与工作负责。

（三）生产能力

进行生产能力决策的关键在于能够在适当的时间和地点确定合适的生产能力，而企业长期的生产能力是由建设完成的设施的规模或者通过加班、转包、租赁等来实现。企业生产能力计划不仅决定了设施的规模，也决定了作业中员工的数量。

（四）库存

运营中库存决策涉及原材料的采购与库存、在制品和成品的存货，以及订货的种类、时间与数量。为了在减少存货降低库存成本的情况下企业计划得以实现，计算机化的库存管理系统和准时制存货的方法开始在企业管理中得到应用。

（五）员工

员工是企业产品生产和服务提供的重要因素，也是企业运营管理中最重要的决策领域之一。员工决策主要包括员工的招聘、培训、激励等。这些决策的制定通常是在人事和人力资源办公室的协助下由基层的运作经理做出的。如何有效地对企业员工进行管理是当今企业运作过程中的一项重要任务。

以上五个领域是企业运作管理成功的关键。能否让这五个决策领域密切配合并有效地发挥作用直接决定着企业运营管理的成败。

三、运营管理的范围和决策

（一）运营管理的范围

现代运营管理涵盖的范围越来越大。现代运营的范围已从传统的制造业企业扩大到非制造业。其研究内容也已不局限于生产过程的计划、组织与控制，而是扩大到包括运营战略的制定、运营系统设计以及运营系统运行等多个层次的内容。把运营战略、新产品开发、产品设计、采购供应、生产制造、产品配送直至售后服务看做一个完整的"价值链"，对其进行集成管理。

信息技术已成为运营管理的重要手段。由信息技术引起的一系列管理模式和管理方法上的变革，成为运营的重要研究内容。近30年来出现的计算机辅助设计（CAD）、计算机辅助制造（CAM）、计算机集成制造系统（CIMS）、物料需求计划（MRP）、制造资源计划（MRP Ⅱ）以及企业资源计划（ERP）等，在企业生产运营中得到广泛应用。

（二）运营管理决策

运营管理决策有三个层面：战略层面的决策、战术层面的决策和运营计划与控制决策。

1. 战略层面的决策

例如，企业如何生产产品和提供服务？如何进行工厂选址和店面选址？在何处安置设施和设备？需要多大的生产能力？何时应该增加生产能力？战略层面的决策决定了企业如何更好地满足客户需求和企业运营的有效性。

2. 战术层面的决策

主要解决在一个给定的时期内，如何有效地安排原材料和劳动力的决策问题。

3. 运营计划与控制决策层次

例如，企业一周内安排多少工作？安排谁来完成此项工作？与战略和战术层面的决策相比，运营计划与控制决策范围较窄，时间较短。

四、运营管理的战略作用和贡献

1. 能够更好地支持和完成企业的总体战略目标

运营管理能够对包括企业生产管理运营过程和生产管理运营系统的基本问题等进行根本性的谋划，并为生产管理运营过程和生产管理运营系统的长远目标、发展方向和重点、基本的行动方针和步骤等提供系统的指导思想和决策原则。

2. 能够更好地支持和配合企业在市场中获得竞争优势

对企业的设施选址、运营能力、流程选择和纵向集成等长期的战略决策问题进行系统全面的谋划；为劳动力的数量和技能水平、产品的质量、生产的计划和控制甚至企业的组织结构等短期问题提供科学的解决方案。

3. 是一项能够最有效地利用企业的关键资源，以支持企业的长期竞争战略以及企业的总体战略的长期的战略规划

运营管理是一种理念，将逐渐渗透到不同的领域，运营管理的各种工具，如ERP、MIS、标杆管理、运筹学等也将被广泛运用。传统的运营观念是被动适应，现代的运营观念有极大的提高和改善，通过创造效用增加企业的产品附加值。

运营管理是一项长期的规则，它通过公司结构性战略和基础性战略的运用和实施，最大限度地利用企业的关键资源，支持企业的长期竞争战略和企业总体规划，在激烈的市场竞争中获得优势。

第二节　价值链管理

一、价值链管理的概念

(一)价值链管理的含义

价值链管理(value chain management,VCM)是指将企业的生产、营销、财务、人力资源等方面有机整合起来,做好计划、协调、监督和控制等各个环节的工作,使它们形成相互关联的整体,真正按照链的特征实施企业的业务流程,使得各个环节既相互关联,又具有处理资金流、物流和信息流的自组织和自适应能力,使企业的供、产、销形成一条价值链。

(二)价值链管理的目标

价值链管理的目标之一是创造一个价值链战略,该战略为了满足和超越客户的需要和欲望,使价值链中成员能够充分无缝整合。一个好的价值链可以使其中的成员像团队一样工作,每个成员都为全部过程增加相应的价值,实现快速组装、更加准确的信息、更快的客户反应和更好的服务等。价值链中成员合作得越好,就越能更好地为客户解决问题。

另外,在价值链管理中最终是客户掌握着权力,因此,作为管理者希望发现唯一的组合,通过这个组合为客户提供解决方案,而且该方案能够及时向客户提供其所需要的产品或者服务。

(三)价值链管理的要求

斯蒂芬·P.罗宾斯认为成功的价值链管理必须满足六个主要条件(如图 18-2 所示):领导、员工、组织过程、协调与合作、技术投资、组织文化和态度。

1. 领导

强有力的领导是价值链管理成功的重要因素之一。组织的各层管理人员都需要积极地支持、配合价值链管理中的各种活动。管理人员必须清楚什么是价值,怎样才能提高这种价值。与此同时,管理人员也需要指出组织价值链管理中所包含的期望。公司的所有管理人员还应该清楚每个员工在价值链中所扮演的角色,形成一种全体员工上下一心的氛围。

2.员工

员工是企业的重要资源,同样也在价值链的成功管理中扮演着重要的角

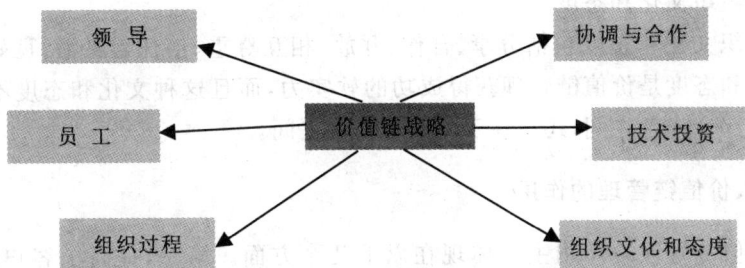

图 18-2　成功战略管理的六个主要条件

资料来源:斯蒂芬·P. 罗宾斯,玛丽·库尔特著,孙健敏译. 管理学,中国人民大学出版社,2010,5.

色。但是实现价值链管理要求企业的人力资源必须满足三个条件:有效的招聘、持续的员工培训与职务设计。

在价值链管理的组织中,灵活性是职务设计的关键。因为在价值链管理的过程中,传统的职务设计是远远不够的,职务设计应该围绕为顾客提供价值的流程来进行,因此,就需要一定的灵活性。

在价值链管理的组织中,为了满足灵活性的要求,还需要通过组织的招聘工作识别出学习能力和适应能力较强的员工。另外,还需要对员工进行培训,不断地更新员工知识,发挥员工潜能,提高价值链管理绩效。

3.组织过程

价值链管理从根本上改变了组织运行的方式。企业管理人员在利用价值链进行管理时,需要对组织的核心能力进行评估,需要找出能够增加价值的切入点,对于多余的、不能为企业带来价值的环节予以剔除。在对每个活动进行分析时,需要不断地思考这样的问题:内部知识在哪里可以发挥杠杆作用,以促进信息和资源的流动?怎样才能生产出让客户满意的产品?怎样才能更好地为客户服务?怎样才能加速资源和信息的流动?

4.协调与合作

价值链的目的是满足和超越客户的要求,为了实现这个目标,价值链中成员之间的协调与合作就显得非常重要。为了更好地进行协调与合作,成员之间的信息共享与沟通就显得十分重要。

5.技术投资

成功的价值链管理需要共享大量的信息,因此,企业就必须进行大量的信息技术投资来重新构造价值链,从而更好地为最终客户服务。

6.组织文化和态度

组织文化和态度包括分享、合作、开放、相互尊重、信任与灵活,良好的组织文化和态度是价值链管理获得成功的软实力,而且这种文化和态度不仅存在于内部合作者之间,还存在于外部合作者之间。

二、价值链管理的作用

价值链管理的作用主要体现在以下几个方面。第一,提高了客户服务。第二,节约成本:当组织砍掉价值链中的那些低效率的和不增加价值的工作后,组织就会在不同的工作和领域中降低成本。第三,提高交货速度:当价值链中的成员在分享信息和重要活动上合作时,供货速度就会提高。第四,存货的降低:大量的存货(包括原材料和成品)会导致大量的成本,通过价值链中各成员紧密和谨慎的合作,渠道中的物流速度将会提高,这样便会降低成本。第五,后勤管理提高。第六,销售量提高。第七,市场份额增加。

例 18-1

从现代起亚"利润率"领跑全球看全价值链管理

站在北京街头观察来来往往的车流,在满眼的豪车衬托之下,现代起亚汽车显得局促、简朴而毫不起眼。很少有人会认为它跟奔驰、宝马这些名流有多大可比性,因为"压根儿不在一个档次"。然而,最近在一项考核企业经营业绩的核心指标上,现代起亚不仅跑赢了奔驰、宝马等这些传统列强,而且跑到了全球行业第一的位置。

现代起亚"利润率"全球居冠

2011 年 11 月 10 日,盖世汽车网发布的报告显示,2011 年三季度(财年第二季度),全球排名前 10 的汽车公司中,起亚和现代净利润率并列全球第一,远远超过宝马、大众、本田这些传统高利润车企。

现代起亚之所以取得如此优秀的成绩,其中一个很重要的原因在于企业对其所在行业全价值链的成功管理和渗透。

汽车产业是一条完整的产业链,它涵盖了汽车的制造、营销、后市场、环保、能源、交通等多个领域。对于汽车制造企业来说,其核心价值链在于设计、研发、采购、生产制造、营销、售后服务等环节。现代起亚通过大量采购旗下公司现代摩比斯的零部件,并帮助其进入全球子公司配套体系,进而使其成为克莱斯勒、戴姆勒等公司的供应商,使得现代起亚在汽车产业全价值链获得利润,而不是仅仅依靠销售整车赚钱。因此,尽管现代起亚的整车销售毛利不如高端轿车,但它依然能够依靠全价值链上的多个关键环节的利润贡献夺得利润率排行榜冠军。

价值链上的秘密

价值链的概念最早由美国哈佛商学院著名战略学家迈克尔·波特提出,他把企业内外价值增加的活动分为基本活动和支持性活动。

基本活动涉及企业生产、销售、进料后勤、发货后勤、售后服务,支持性活动涉及人事、财务、计划、研究与开发、采购等,基本活动和支持性活动构成了企业的价值链。

不同的企业参与的价值活动中,并不是每个环节都创造价值,实际上只有某些特定的价值活动才真正创造价值,这些真正创造价值的经营活动,就是价值链上的"战略环节"。企业要保持的竞争优势,实际上就是企业在价值链某些特定的战略环节上的优势。

在波特看来,通过价值链的对比可以识别企业的竞争优势,但是,对于市场环境变化迅速、产业技术更新较快的汽车行业来说,其行业内企业的价值链永远处于不断变化与革新当中。

那么,人们不禁要问,企业的竞争优势源自哪里? 答案不在价值链本身,而在价值链的重构和变革当中,因为在飞速发展的行业,企业的核心能力便是不断地构建和重构企业的价值链,以不断发现企业的价值资源和竞争优势,哪怕这些资源和优势都是短暂的。

对于汽车企业来说,竞争优势的重要来源便是基于动态环境中价值链的机动管理能力,这种能力是对市场行情科学准确的预测,是对企业内外部资源的有效整合,是一种创新型的价值链管理。

现代起亚正是在把握经济环境、产业环境的动态变化基础上,不断调整企业自身资源在全价值链上的布局,把资源重点布置到产业链的核心环节,使得生产环节的零部件供应能力、生产成本的控制能力都大幅提高,从而造就了"低端车、高利润率"的业内奇迹。

中国车企如何舞动"全价值链"利器?

事实上,中国汽车企业对"价值链"的概念并不陌生。20世纪90年代后期,价值链管理理论被逐步引入国内,中国汽车企业也逐渐认识到价值链管理的价值。尤其进入2010年,全价值链管理俨然成为各大汽车企业高管的口头禅。

2010 年 9 月 8 日,在东风日产第 200 万辆整车下线仪式上,东风日产总经理松元史明表示:东风日产在制造、设计、服务、市场等涉及汽车产业的每个环节,都以"趋零故障"为目标,建立了一套完整的品质管控机制——全价值链品质管理。很多车企把质量管理的重点放在工厂内,东风日产则重视在产品价值链的各个环节进行全程品质管理,这种方式更有利于保证产品品质的稳定。

10 月 20 日,一汽和大众奥迪从技术转让和合作生产开始,逐步过渡到合资生产,在研发、采购、生产和营销这四大环节上循序渐进、有条不紊地推进奥迪的本土化。"全价值链本土化"不仅为一汽大众奥迪降低生产成本、缩短供货周期、提高市场应变能力提供了有力的支持,也为企业的长远发展奠定了坚实的基础。

10 月 28 日,全国首家二手车合资公司——上海诚新二手车经营管理有限公司正式成立,新合资公司注册资本 3 500 万元,上汽、通用、上海通用分别占股 34%、33% 和 33%。此举意味着上海通用渗透二手车经营,开始谋划行业全价值链。

全价值链分析的关键在于确定价值链的关键环节并合理布置企业资源,从而获得企业的核心竞争力。

现代起亚的成功经验给了中国汽车企业一个很好的启示:只要用好全价值链这个利器,培育企业的核心竞争力,中国汽车企业完全可以跟世界老牌的汽车厂商一比高低。

资料来源:http://finance.ifeng.com/stock/roll/20120302/5694572.shtml

三、价值链管理的实施

要成功地实施价值链管理,就必须改变传统的管理方式、业务流程和组织结构,把企业的外部价值链与企业的内部价值链有机整合起来,形成一个集成化的价值链条,把上下游企业之间以及企业内部的各种业务及其流程看作一个整体过程,形成一体化的价值链管理体系。从采购原材料开始,到制成中间产品以及最终产品,最后由销售网络把产品送到消费者手中,最终将供应商、制造商、分销商和零售商,直到最终用户连成一个整体的功能网链和组织结构模式。这条价值管理链条不仅包含了企业内部各部门、各分公司和办事处,而且包括了所有联盟的上下游企业;不仅是一条连接供应商和用户的物料链、信息链、资金链,而且是一条增值链。它更加注意企业内部和企业之间的合作,使企业内部和外部分担的采购、生产、分销和销售的职能和流程协调发展。

在价值链管理的实施中,需要注意以下几个方面的问题:第一,更新管理者的观念。只有企业管理者认识到了价值链管理的内容和意义,才能在企业发展规划中更好地运用价值链理论,才能更好地服务于企业。因此,应该加大价值链管理的宣传力度,让更多的管理者学习价值链管理理论。第二,完善企业信息处理系统。在企业快速发展的今天,企业的发展离不开信息的支持,尽快完善信息处理系统,提高信息的利用率和透明度。第三,加强相关管理环境的建设。健全市场经济体制,重视对基础网络设施的建设,提高社会化所要求的专业化分工和协作,加快人才培养,为企业竞争打下基础。

【本章小结】

良好的运营管理有利于组织高效率生产运营,价值链管理在企业提高竞争实力的过程中发挥着举足轻重的作用。通过本章的学习,首先,了解运营管理的内涵与其战略作用,明确运营管理在企业管理中的地位;其次,掌握价值链管理的概念以及成功的价值链管理必备的条件;再次,明确价值链管理给企业带来的好处,掌握价值链管理实施中存在的问题,并提出自己的解决思路。

【思考题】

1. 简述运营管理的内涵。
2. 简述运营管理的战略作用和贡献。
3. 成功价值链管理的六个主要条件是什么?
4. 简述当前运营管理中存在的问题。
5. 价值链管理的实施中存在哪些问题?

参考文献

1. (美)斯蒂芬·P. 罗宾斯(Stephen P. Robbins)，(美)玛丽·库尔特(Mary Coulter)著；孙健敏等译：管理学(第 10 版)[M]. 清华大学出版社，2011.11.

2. (美)罗宾斯，(美)德森佐著. 罗宾斯 MBA 管理学(第 6 版)[M]. 清华大学出版社，2011.11.

3. (美)达夫特，(美)马西克著. 管理学原理(第 7 版)[M]. 机械工业出版社，2011.11.

4. (美)韦里克，(美)坎尼斯，(美)孔茨著. 管理学——全球化与创业视角(第 13 版)[M]. 英文. 北京市：经济科学出版社，2011.11.

5. (美)约翰·R. 舍默霍恩著. 管理学(第 8 版)[M]. 中国人民大学出版社，2011.09.

6. (美)威廉姆斯著. 管理学(第 2 版)[M]. 机械工业出版社，2011.04.

7. (美)里基·W. 格里芬著. 管理学(精要版)[M]. 中国市场出版社，2011.01.

8. (美)卢西尔著. 管理学基础：概念、应用与技能提高(英文影印版). 北京大学出版社，2011.01.

9. (美)弗雷德·R. 戴维著. 战略管理：概念与案例(第 12 版)[M]. 清华大学出版社，2010.10.

10. (美)里基·W. 格里芬著，刘伟译. 管理学(第 9 版)[M]. 中国市场出版社，2008 年.

11. (美)塞缪尔·C. 瑟托，(美)特里维斯·瑟托著. 现代管理学(第 10 版)[M]. 清华大学出版社，2008.12.

12. (美)彼得·德鲁克著. 齐若兰，译. 管理的实践[M]. 北京：机械工业出版社，2009.

13. (美)彼得·德鲁克著. 王永贵译，管理：使命、责任、实务[M]. 机械工业出版社,2006.6.

14.(美)弗雷德·R.戴维著,李克宁译.战略管理(第10版)[M].经济科学出版社,2006年5月.

15.(美)斯蒂芬·P.罗宾斯著,大卫·A·德森佐著.管理学原理[M].东北财经大学出版社,2005年11月.

16.(美)哈罗德·孔茨,海因茨·韦理克著,韦福祥等译.管理学精要(第6版)[M].机械工业出版社,2005年8月.

17.(美)理查德·L.达夫特,马西克著,高增安等译.管理学原理(第4版)[M].机械工业出版社,2005年11月.

18.(美)加里·哈默,C.K.帕拉哈莱德,霍华德·托马斯,唐·奥尼尔著.战略柔性:变革中的管理[M].机械工业出版社,2000年1月.

19.(美)弗莱蒙特·E.卡斯特,詹姆斯·E.罗森茨维克.组织与管理——系统方法与权变方法[M].中国社会科学出版社,2000年9月.

20.(美)赫伯特·西蒙著.管理行为——管理组织决策过程的研究[M].北京经济学院出版社,1988年5月.

21.刘汴生主编.管理学:理论与实务[M].北京大学出版社,2012.02.

22.徐碧琳主编.管理学原理[M].机械工业出版社,2012.03.

23.张议元主编.管理学[M].清华大学出版社,2012.01.

24.王凤彬,李东编著.管理学[M].中国人民大学出版社,2000.09.

25.周三多,陈传明,鲁明泓.管理学——原理与方法[M]第五版.复旦大学出版社,2011.09.

26.邢以群著.管理学[M].高等教育出版社,2011.07.

27.吴志清,黄忠林主编.管理学基础[M].机械工业出版社,2011.05.

28.王力,赵渤编著.管理学流派思想评注图鉴:历史、方法、趋势[M].社会科学文献出版社,2011.03.

29.茅渝锋著.经济学视角与管理学思维[M].上海三联书店,2011.03.

30.李东进,秦勇主编.管理学原理[M].中国发展出版社,2011.03.

31.郭占元编.管理学理论与应用[M].中国经济出版社,2011.10.

32.李发林主编.管理原理与实务[M].大连理工大学出版社,2011.09.

33.周劲波主编.管理学[M].人民邮电出版社,2011.04.

34.蒋先平,谭宏编.管理学——理论案例与技能[M].北京师范大学出版社,2011.07.

35.冯国珍主编.管理学(第二版)[M].复旦大学出版社,2011.03.

36. 杨娅婕主编. 管理学理论与实务[M]. 云南大学出版社, 2010.08.

37. 李伟, 佟伯承主编. 管理学. 哈尔滨工业大学出版社, 2010.08.

38. 周三多主编. 管理学(第三版)[M]. 高等教育出版社, 2010 年 2 月.

39. 邵喜武, 林艳辉主编. 管理学实用教程[M]. 中国农业大学出版社, 2010.08.

40. 张智光主编. 管理学原理: 领域、层次与过程(第 2 版)[M]. 清华大学出版社, 2010.09.

41. 林建煌著. 管理学[M]. 复旦大学出版社, 2010 年 7 月.

42. 黄晓鹏著. 企业社会责任: 理论与中国实践[M]. 社会科学文献出版社, 2010 年 1 月.

43. 周三多, 陈传明, 鲁明泓编. 管理学: 原理与方法(第 5 版)[M]. 复旦大学出版社, 2009 年 6 月.

44. 王利平编著. 管理学原理(第三版)[M]. 中国人民大学出版社, 2009 年 12 月.

45. 沈远平, 沈宏宇编著. 管理沟通: 基于案例分析的学习[M]. 暨南大学出版社, 2009.11.

46. 刘兆峰, 企业社会责任与企业形象塑造[M]. 中国财政经济出版社, 2008 年 12 月.

47. 陈传明, 周小虎. 管理学原理[M]. 机械工业出版社, 2007 年 7 月.

48. 包国宪, 吴建祖, 雷亮编著. 管理学: 理论与方法(第二版修订)[M]. 兰州大学出版社, 2009 年 2 月.

49. 鲍丽娜, 李孟涛, 李浇主编. 管理学习题与案例[M]. 东北财经大学出版社, 2007 年.

50. 张彩利, 靳洪. 管理学概论[M]. 北京师范大学出版社, 2010 年 4 月.

51. 娄成武, 魏淑艳编著. 现代管理学原理(第二版)[M]. 北京: 中国人民大学出版社, 2008.02.

52. 王凤彬, 刘松博, 朱克强著. 管理学教学案例精选(修订版)[M]. 上海: 复旦大学出版社, 2009.04.

53. 吴照云编著. 管理学(第 4 版)[M]. 经济管理出版社, 2006 年 7 月.

54. 芮明杰主编. 管理学: 现代的观点(第 2 版)[M]. 上海人民出版社, 2005 年.

55. 张存禄主编. 企业管理经典案例评析[M]. 中国人民大学出版社, 2004 年 2 月.

56. 张勤国,朱敏主编. 管理学——理念、方法与实务[M].立信会计出版社,2003 年 1 月.

57. 周祖城著. 管理与伦理[M].清华大学出版社,2000 年 6 月.

58. Frederick W. Taylor(泰勒):"The Principles of Scientific Management"《科学管理原理》,1911 年。

59. Henri Fayol(法约尔):"General and Industry Management"《工业管理和一般管理》,1916 年。

60. George Elton Mayo(梅奥):"The Human Problems of an Industrial Civilization"《工业文明的人类问题》,1945 年。

61. Michael Hammer(哈默),James Champy(钱比):"Reengineering The Corporation"《再造公司》,1993 年。

62. James Collins(柯林斯),Jerry Porras(波拉斯):"Built to Last"《企业精神,贯彻始终》,1994 年。

63. Spencer Johnson(约翰逊):"Who Moved My Cheese?"《谁动了我的奶酪?》,1998 年。

图书在版编目(CIP)数据

管理学/田虹,杨絮飞主编. —厦门:厦门大学出版社,2012.9
(战略与运营管理教材系列)
ISBN 978-7-5615-4268-2

Ⅰ.①管… Ⅱ.①田…②杨… Ⅲ.①管理学-教材 Ⅳ.①C93

中国版本图书馆 CIP 数据核字(2012)第 092256 号

厦门大学出版社出版发行
(地址:厦门市软件园二期望海路 39 号 邮编:361008)
http://www.xmupress.com
xmup @ xmupress.com
厦门市明亮彩印有限公司印刷
2012 年 9 月第 1 版 2012 年 9 月第 1 次印刷
开本:720×970 1/16 印张:28.5
字数:500 千字 印数:1~3 000 册
定价:43.00 元
本书如有印装质量问题请直接寄承印厂调换